SITIADOS

Os cercos às fortalezas portuguesas na Índia
(1498-1622)

Andréa Doré

SITIADOS
Os cercos às fortalezas portuguesas na Índia
(1498-1622)

alameda

Copyright © 2010 by Andréa Doré

Publishers: Joana Monteleone/ Haroldo Ceravolo Sereza/ Roberto Cosso
Edição: Joana Monteleone
Editor assistente: Vitor Rodrigo Donofrio Arruda
Projeto gráfico: Vinícius G. Machado dos Santos
Assistentes de produção: Patrícia Jatobá U. de Oliveira
                         Natalia Marcelli de Carvalho
Revisão: Laudizio Correia Parente Jr.
Capa: Pedro Henrique de Oliveira
Imagem da capa: *Batalha naval, pintura sobre papel*. National Museum, Nova Delhi.

CIP-BRASIL. CATALOGAÇÃO-NA-FONTE
SINDICATO NACIONAL DOS EDITORES DE LIVROS, RJ

D748i

Doré, Andréa, 1969
SITIADOS: OS CERCOS ÀS FORTALEZAS PORTUGUESAS NA ÍNDIA (1498-1622)
Andréa Doré.
São Paulo: Alameda, 2010.
320p.

Inclui bibliografia
ISBN 978-85-7939-010-4

1. Fortificações portuguesas - Ásia. 2. Portugal - Colônias - Ásia - Defesa. 3. Portugueses - Ásia - História. 4. Fortificações - Portugal - Colônias. 5. Portugal - História. 6. Ásia - História. I. Título. II. Título: As fortificações portuguesas na Índia.

09-5081.

CDD: 946.9
CDU: 94(469)"14/17"

015481

ALAMEDA CASA EDITORIAL
Rua Conselheiro Ramalho, 694, Bela Vista.
CEP: 01325-000 – São Paulo – SP
Tel. (11) 3012-2400
www.alamedaeditorial.com.br

Para Walter, Theo e Ivan.

Ulisses:
Quando o quartel-general não é como a colmeia para onde devem convergir todas as legiões forrageiras, que mel pode ser esperado?

Shakespeare
Tróilo e Créssida, Ato I, Cena 3.

Sumário

PREFÁCIO 09

INTRODUÇÃO 13

CAPÍTULO I
O traçado de um roteiro: as viagens às Índias antes 21
da rota do Cabo

O oriente da Europa e os viajantes medievais 23

As cidades italianas, Portugal e a saída para o mar: 35
experiências individuais, trajetórias coletivas

As viagens de Nicolo di Conti e Ieronimo da Santo Stefano 42

Portos e cidades no caminho das especiarias 52

CAPÍTULO II
O reino intramuros: uma estratégia de fixação no território 63

"Nem tanto ao mar, nem tanto à terra" 65

A cultura das fortificações 74

A experiência africana 80

A realidade asiática e a política para o Índico 87

As fortalezas para além do Cabo da Boa Esperança: espaços de 115
uma rede

CAPÍTULO III

As muralhas del Rei: entre a proteção e a opressão 137

As viagens de Vasco da Gama e Pedro Álvares Cabral: 139
uma visão prática da Índia

Os viajantes italianos: 149
uma visão "de fora" da presença portuguesa

A movimentação dos homens: 190
súditos, estrangeiros e naturais

Fugindo do cerco: degregados, renegados e aventureiros 199

CAPÍTULO IV

O cerco: a ameaça se concretiza 209

A fortaleza e o navio: espaços de reclusão 211

A vida no interior das muralhas 226

As Índias vistas do interior das muralhas 246

CONCLUSÃO

Os cercos e a epopeia portuguesa 265

CADERNO DE IMAGENS 283

BIBLIOGRAFIA GERAL 293

AGRADECIMENTOS 317

Prefácio

FEITO INDISCUTÍVEL DA GRANDEZA E DA BRAVURA PORTUGUESA, a chegada de Vasco da Gama à Índia em 1498 marcou o caráter expansionista e triunfante do reino luso no cenário europeu e católico da época. Sua finalidade cruzadística ou pragmática e comercial, a depender do ângulo de análise, não muda a magnitude da façanha. A confiança e o ânimo estimulados pelo sucesso da empreitada levaram o rei D.Manuel I a acrescentar ao seu já alentado título o de *Senhor da conquista, navegação e comércio da Etiópia, Arábia, Pérsia e da Índia.*

A história da presença portuguesa no Oriente foi quase sempre tratada exatamente pelo viés da conquista que tanto animou o Venturoso, sinônimo de alcance, mas também de submissão e domínio dos espaços e das gentes, a marcar mais a proeza do que os percalços da impressionante aventura portuguesa. Se já não se pode mais afirmar a existência de um projeto previamente concebido para chegar ao Índico, e se estudos importantes descortinaram o caráter fragmentado do chamado império português na região, o princípio da superioridade do conquistador se manteve quase inalterado, talvez pela falta de estudos como este que felizmente nos oferece agora Andréa Doré.

Sitiados, já no título, relativiza a ideia de conquista, ao inverter o foco de observação e a escala de análise: do reino longíquo para a concretude da empreitada de fixação em território alheio e hostil; dos planos imperiais para o desafio cotidiano de enfrentamento do desconhecido em meio a inúmeras privações e desafios. Partindo do já consagrado modelo feitorial e de fortalezas que caracterizou a concepção portuguesa de um "Estado da Índia", Doré nos faz visitar os intramuros dos fortes em seus momentos máximos de vulnerabilidade e risco, quando em diversas ocasiões os portugueses viram-se acuados nos espaços reduzidos de muralhas recém-construídas. Mas a situação de risco não foi provisória: o império asiático português teria se caracterizado por uma dominação cercada, tanto em tempos de guerra como de paz, acossado por populações hostis e das quais dependia para a satisfação das necessidades cotidianas mais triviais, da alimentação dos soldados ao abastecimento das embarcações.

A originalidade da tese defendida pela autora não se limita, porém, às novas interpretações que propõe. A arquitetura da narrativa – e suas incursões pelos temas maiores do período analisado – cruza a história do Renascimento e da consolidação do império Habsburgo na Europa com as agruras da vida nas fortalezas e nos navios, estes últimos, por vezes, únicos redutos "seguros" dos portugueses na costa e em momentos em que sequer havia "terra firme". Da chegada de Vasco da Gama ao cerco de Ormuz em 1622, marco do incontornável declínio da presença lusa na região, *Sitiados* acompanha o esforço e as estratégias de fixação no novo território, esforço continuado, corajoso, tortuoso e temerário.

A viagem portuguesa para o Oriente se inspirou nos roteiros de viajantes italianos, anteriores a 1498, e divulgados através de coleções de cartas e relatos de viagem. A partir das trajetórias do veneziano Nicolo di Conti e do genovês Ieronimo da Santo Stefano, os lusitanos teriam seguido um percurso já conhecido e do qual pouco se desviaram. Para se fixarem no novo território o método tampouco foi novo: basearam-se na experiência norte africana, na qual a construção de fortalezas e a presença litorânea pareceu estratégia suficiente. A autora discute como essa opção apoiou-se numa espécie de "cultura das fortificações" e na forma de comércio praticada entre a costa oriental da África e praças do Índico, observando ainda como a relação com os sultanatos voltados para o oceano foi se moldando às exigências do tempo. Essas mudanças ou adaptações estratégicas foram influenciadas tanto pelos *projetos* ou anseios dos diferentes monarcas ibéricos entre fins do século xv e as primeiras décadas do xvii, como pelas diferentes conjunturas enfrentadas no esforço de manter o domínio na região.

O sítio ao império português do Oriente foi especialmente agravado durante a União Ibérica, entre 1580 e 1640, período no qual os inúmeros inimigos de Espanha passaram a assediar e fustigar os diversos territórios portugueses no além-mar. Ao submeter-se ao governo Habsburgo, Portugal ficou ainda mais vulnerável no Índico: às instáveis relações com os reinos asiáticos, somaram-se as dificuldades impostas por concorrentes europeus na região, com destaque para a pressão holandesa, produto da rivalidade com Castela, mas cujas consequências para os lusitanos foram tremendas. E este é mais um ponto alto do trabalho de Andréa Doré, pois poucos são ainda os estudos acerca do chamado império português a considerar o peso da Coroa espanhola sobre os espaços coloniais lusitanos.

Da estratégia de ocupação a autora parte para a implementação concreta da ambicionada fixação no território. A partir deste momento, passamos a acompanhar a rede tecida através das fortalezas na infiltração comercial e católica liderada pelos portugueses na Ásia. Mas, se este enunciado parece retomar a ênfase no tema da conquista, *Sitiados* nos aproxima das imensas dificuldades enfrentadas para o controle interno de seus próprios espaços, ainda que reduzidos: a correspondência entre o vice-reinado de Goa e Lisboa informa sobre a incapacidade de conter a circulação de homens nas fortalezas, impedir que acolhessem inimigos de fé como mouros e judeus ou mesmo concorrentes estrangeiros e locais. *As muralhas del rei* não controlaram nem mesmo os súditos que embarcaram na aventura asiática. Ao contrário, foi grande o movimento não só entre os diferentes fortes, como o abandono das guarnições por soldados indisciplinados, mal pagos e despreparados para funções militares de tamanha envergadura.

Por fim, chegamos ao cerco inimigo. Momento máximo de fragilidade, nas palavras da autora, a fortaleza foi o único espaço fechado "ancorado no porto" e o navio tornou-se, em momentos dramáticos, numa espécie de "fortaleza flutuante", redutos amesquinhados da expansão e do império português no Oriente. Ao analisar algumas narrativas de cercos, a autora abre rica e interessante discussão sobre as possibilidades de uso dessa documentação, considerada, por muito tempo, fonte limitada por seu comprometimento laudatório e retórico, fosse para louvar a coragem portuguesa, fosse para marcar exatamente o contrário. As histórias dos cercos sofridos pelos portugueses são aqui tomadas como expressão de múltiplos aspectos da época: contaram sobre enfrentamentos reais e imaginários, fantasiaram sobre o inimigo e sobre si mesmos, e nos permitem acesso tanto ao que pode ter acontecido, como ao que sonhavam ou temiam.

Sitiados é, portanto, muito mais do que se pode esperar de uma tese de doutorado, base original do texto que ora, felizmente, se publica: dialoga com as mais altas questões da historiografia recente sobre temas clássicos e maiúsculos, como o caráter da expansão ou os debates acerca dos muitos sentidos atribuídos à conformação do império colonial português, mas adentra territórios novos e sobre os quais ainda há muito a desvendar. A dinâmica da vida nas fortalezas, as formas de contato com as populações locais, as urgências impostas pela convivência com o inimigo, as alianças possíveis, as estratégias ditadas ao sabor do perigo iminente e constante são algumas das sendas abertas para novas pesquisas. Andréa Doré nos apresenta uma nova possibilidade de olhar para o monumental empreendimento português no Oriente: ao combinar expansão e confinamento como faces da mesma moeda, nos leva a refletir sobre a história acionada a partir do tema do império, mas conectada à gestão cotidiana dos espaços ocupados, seus impasses e acomodações, sua feição mais corajosa, mas também a mais apequenada pelas exigências do sítio permanente. Longe de desmerecer a importância ou a magnitude dos portugueses, *Sitiados* desdobra novas camadas dessa assombrosa empresa, humaniza seus personagens e discute os limites da utopia que sobreviveu na literatura e nos sonhos de um império universal que, na prática, manteve-se circunscrito, cercado pelos muros de fortalezas atravessadas entre o inimigo e a costa, o navio e o oceano.

Jacqueline Hermann

Introdução

Ao COMEÇAR O INVERNO DE 1507, em Cananor, na costa ocidental indiana, um grupo de soldados portugueses "jogava a bola" junto a uma tranqueira construída havia pouco enquanto alguns mouros assistiam. Subitamente, outros que estavam escondidos se juntaram a eles e avançaram sobre os portugueses, "com grandes gritas, muy armados e cometerão tão rijamente que fizerão recolher os nossos para dentro da porta".[1]

Independentemente da curiosidade despertada a respeito do lazer desses soldados, verifica-se que assim tinha início uma forma de conflito que marcaria a presença portuguesa na Índia: o cerco. A existência desse primeiro conflito, e de todos os que o sucederam, está vinculada à própria estratégia de fixação no território adotada pelos portugueses, pela qual, ao surgir uma ameaça, "dietro al muro *salvus est*",[2] como afirmou o viajante e humanista italiano Filippo Sassetti ao observar a precariedade dos estabelecimentos portugueses na Índia.

Não é nenhuma novidade, e os historiadores não discordam a esse respeito, que a presença portuguesa para além do Cabo da Boa Esperança se caracterizou por uma rede de fortalezas, sem significativa penetração no território. Esse modelo, já empregado no norte da África e na costa da Mina, no oeste africano, reforçava-se com o controle marítimo por meio

---

1 Gaspar Correia. *Lendas da Índia*. Porto: Lello & Irmãos Editores, 1975, vol. i, p. 701.

2 "Carta de Filippo Sassetti a Michele Saladini". [Cochim, dezembro] 1585. In: Filippo Sassetti. *Lettere dall'India (1583-1588)*. A cura de Adele Dei. Roma: Salermo Editrice, 1995, p. 130.

das armadas. Os enclaves no litoral ofereciam pontos de apoio para o comércio das especiarias, monopolizado pela Coroa, e para a cobrança de direitos alfandegários. Funcionavam, igualmente, como instrumento de intimidação das populações locais.

Essa dinâmica, tão familiar aos homens da expansão portuguesa, desdobrou-se em várias outras, impulsionadas segundo os diferentes interesses envolvidos. Interesses do rei contra os de seus opositores na corte; interesses de Lisboa contra os dos administradores na Índia; interesses da fidalguia contra os dos homens comuns. Este livro desenvolve alguns aspectos da contradição entre a conformação do que se chamou Estado da Índia Portuguesa e o desenho resultante da intensa circulação de soldados, marinheiros, comerciantes – portugueses e estrangeiros – cristãos e renegados, vassalos e traidores no espaço das Índias. O que está em questão é o fato de que a aplicação do modelo das feitorias-fortalezas às margens do Oceano Índico fez com que o império asiático português se caracterizasse por uma *dominação cercada*, tanto durante os numerosos cercos que marcaram a história do Estado da Índia, quanto em tempos de paz. A administração portuguesa se via protegida no espaço restrito das fortalezas, mas estava cercada por populações hostis de quem dependia para alimentar os homens e abastecer as naus de carga.

Uma vez que as atenções de Portugal se concentraram nos portos asiáticos desde a chegada de Vasco da Gama a Calicute, em 1498, deles se pretende tratar a partir de vários pontos de vista. O marco final é a queda de Ormuz, em 1622, não exatamente pelo que a perda dessa praça representou, já que os portugueses não deixaram de frequentar e policiar a entrada do Golfo Pérsico nos anos seguintes, mas porque, ainda no período filipino, o evento sinalizou o ocaso da presença lusa no Índico.

Para a concepção deste livro, que tem sua origem em minha tese de doutorado defendida na Universidade Federal Fluminense em fevereiro de 2002, posso dizer que duas obras tiveram especial importância e me despertaram para questões instigantes ligadas ao meu objeto: a presença portuguesa na Ásia no século XVI e início do XVII.

A primeira obra é uma coletânea de cartas de Filippo Sassetti, que esteve na Índia de 1583 até sua morte, em 1588: *Lettere dall'India (1583-1588)*. Esse humanista florentino, que foi para a Índia a fim de cumprir um dos primeiros contratos feitos entre a Coroa de Portugal e particulares para o comércio da pimenta, chegou a escrever 126 cartas de Cochim, no Malabar, para seus parentes, amigos ilustres e os Médici de Florença. Em suas cartas encontram-se observações pouco generosas em relação aos portugueses, mas bastante agudas a respeito da forma como o Estado da Índia se apresentava a um observador estrangeiro, porém cristão e ocidental, cuja permanência na Ásia estava ligada à própria rede comercial estabelecida pelos portugueses. Este livro me levou a buscar outras narrativas de italianos, muitas delas reunidas pelo veneziano Giovanni Batistta Ramusio na sua célebre obra *Navigationi e Viaggi*.

O segundo texto é de autoria do fidalgo português Lopo de Sousa Coutinho. Ele participou de num dos mais dramáticos e comentados episódios da presença portuguesa na Índia quinhentista e seria, em seguida a esse feito, nomeado capitão da fortaleza de São Jorge da Mina. Em torno do *Livro primeiro do cerco que os turcos poseram a fortaleza de Diu*, publicado em 1556, sobre o cerco sofrido em 1538, foi se desenhando a complexidade da permanência portuguesa na região. Esse gênero de documento tão pouco estudado, as narrativas de cerco, oferece aspectos de grande importância para a compreensão do modelo português de fixação no território, enriquecendo e em alguns casos contradizendo o que se encontra nos textos dos cronistas já amplamente trabalhados. As observações de Sousa Coutinho partiam não só do interior do grupo de interesse – os portugueses – como do interior das muralhas, das fortalezas, o espaço que, junto com o navio, mostrou-se o lugar por excelência da dominação lusitana no Oceano Índico.

Entravam então em cena os complexos defensivos do século XVI, as técnicas de construção, a circulação de concepções e de especialistas da península itálica para a ibérica; a interferência dos portugueses em conflitos locais como meio de se inserirem, física e politicamente, na dinâmica asiática; o enfrentamento, no Índico, com os inimigos de sempre, os muçulmanos; a necessidade de negociação com soberanias locais a fim de obter uma porção de território e ali transplantar, nos limites reduzidos da fortificação, uma concepção ocidental de organização do tempo e de ocupação do espaço.

O momento-limite vivido durante o cerco exacerbava os problemas que, de forma diluída, os portugueses enfrentaram durante todo o século XVI e bem avançando o século XVII em suas possessões asiáticas: a surpreendente heterogeneidade cultural de seus interlocutores, a crônica falta de homens, a sua dispersão impossível de ser contida pelas ordens régias, a corrupção...

A estrutura do livro obedece então a esse percurso. No primeiro capítulo trata-se das viagens de europeus à Ásia antes da empreitada de Vasco da Gama, com ênfase nas trajetórias do veneziano Nicolo di Conti e do genovês Ieronimo da Santo Stefano no século xv. Como se verificou ao longo da pesquisa, os portugueses não tinham um projeto arquitetado para o Oceano Índico, mas há evidências de que havia um roteiro de portos que foi cuidadosamente seguido sem grandes alterações.

O segundo capítulo aborda as razões que teriam levado os portugueses a investir na construção de fortalezas como estratégia de fixação no território. A partir da análise que Sérgio Buarque de Holanda faz em *Raízes do Brasil*, verificou-se a disposição do caráter português de se fixar no litoral, sem concretas ambições territoriais. As outras razões apontadas seriam o que podemos chamar de uma cultura das fortificações, então existente na Europa; a experiência portuguesa na África, especialmente no norte; e a forma de comércio que então se praticava na costa oriental africana, desde a Índia até o Extremo Oriente, com pequenos sultanatos voltados para o mar. Essa estratégia sofreu oscilações ao longo do século xvi e inícios do xvii de acordo com os anseios do monarca, as mudanças políticas – com ênfase nas novas componentes surgidas no período filipino, – os interesses dos vice-reis, os recursos disponíveis para sua implantação, a política de alianças com os reinos asiáticos, as alterações políticas no Oceano Índico, e as ameaças a essa presença litorânea impostas tanto por forças locais como europeias, holandesas principalmente.

As narrativas de viagens e as cartas de italianos na Ásia ao longo do século xvi são retomadas no terceiro capítulo como uma fonte importante para obter uma visão "de fora" a respeito da presença portuguesa. Os italianos deixavam de ser os principais concorrentes europeus no abastecimento de produtos orientais para a Europa para usufruir os benefícios oferecidos pela rede cristã estabelecida pelos portugueses. A correspondência entre Lisboa e o vice-reinado em Goa apontou as preocupações ligadas à circulação dos homens, vassalos, estrangeiros ou naturais e a dificuldade em circunscrever a ação de particulares aos limites dos interesses régios. As incansáveis ordens do reino não conseguiram impedir que se passasse de uma fortaleza à outra, que se desfizessem as guarnições compostas por solados mal pagos e indisciplinados, nem que, para o espaço da fortaleza, convergissem mouros, gentios, judeus e estrangeiros interessados na atividade tradicional nas águas do Índico: o livre comércio. Dessa forma, a documentação analisada permite concluir, como indica o título do capítulo – as muralhas do Rei – que o Estado português da Índia esforçou-se por se manter no interior da fortaleza, enquanto os homens desejavam fugir ao seu controle e dela sair.

Os portugueses foram cercados em vários momentos durante sua presença na Índia, sendo o cerco a forma mais comum de perda das praças. O quarto e último capítulo trata desses momentos. Fortaleza e navio, dois espaços essenciais da expansão portuguesa, são colocados lado a lado. A fortaleza como um espaço fechado ancorado no porto e o navio como uma fortaleza flutuante. Os relatos de cercos e de naufrágios indicam como era também semelhante o comportamento dos homens nesses locais de reclusão marcados pela rigidez hierárquica, e por uma forte componente militar. São analisados aspectos do cotidiano das fortalezas, levando-se em conta o fato de que cada uma dessas unidades autônomas – ao menos esse era o objetivo – se inseriam numa realidade diversa, que também se alterava com relativa rapidez. Para análise dos cercos foram priorizados, por serem os mais documentados, os cercos impostos à fortaleza de Diu, no Guzerate: o primeiro, pelo rei de Cambaia apoiado pelos turcos em 1538; o segundo novamente pelos guzerates e uma coligação de reinos da costa ocidental indiana, em 1546.

No momento em que os cercos se encontram no centro da análise, as fontes privilegiadas são justamente as narrativas de cercos militares. Esse gênero de documento tem sido pouco trabalhado e de certa forma estigmatizado por seu caráter laudatório das ações portuguesas. Seu estudo, no entanto, amplia as possibilidades de compreensão das estratégias portuguesas no confronto com as sociedades africanas e asiáticas, assim como permite destacar componentes da mentalidade dos homens do período, suas percepções da alteridade e de sua própria identidade.

Essa documentação enriquece ainda o conhecimento sobre a historiografia produzida no contexto de um pensamento humanista que foi, seguramente, absorvido e expresso de formas diversas. Quanto se trata da historiografia do Renascimento tem-se, além das crônicas referentes aos sucessivos reinados, o trabalho dos humanistas, dedicados à filologia e à retórica, e o de expoentes ilustres como os historiadores florentinos, homens políticos e embaixadores, Leonardo Bruni, Nicolau Maquiavel e Francesco Guicciardini à frente. As narrativas de cercos – que aqui são associadas aos relatos de naufrágio – representam uma vertente importante desta historiografia.

Talvez não aquela que compreendia o "fazer a história" como o ato de retraçar o nascimento de novas leis, novos costumes e instituições, e que se atribuía a função de compreender o sentido desta evolução para reencontrar a coincidência da experiência e da razão, conforme esperava Maquiavel. O saber histórico permitiria, na visão desses homens, tirar proveito de toda experiência levando a uma melhor utilização da razão.[3] Os relatos dos confrontos militares são, por sua vez, resultados quase irreflexivos, que poderiam integrar uma *historiografia da experiência*, ou como afirmou João Rocha Pinto a respeito de relatos de viagem durante a expansão portuguesa, uma "corrente de cultura experiencialista subalterna".[4] Seus autores, porém, partilhavam com os homens de letras os valores historiográficos da Antiguidade. Entre suas motivações estava a importância atribuída aos registros do passado. Preceitos como a veracidade dos relatos, defendida por Tucídides e garantida por meio da presença do autor nos acontecimentos, ou a necessidade de preservar e divulgar as ações valorosas dos indivíduos e dos povos, estão presentes expressamente nas histórias de cercos.[5]

A realização dessa pesquisa enfrentou – e em muitos momentos, seguramente, de forma insatisfatória – as dificuldades de abordar uma geografia física, política e humana tão pouco estudada no Brasil: o continente asiático, especialmente o subcontinente indiano e a Ásia do sudeste. Felizmente já surgem trabalhos importantes para reverter esse quadro: o livro de Célia Cristina Tavares, *Jesuítas e Inquisidores em Goa*, a tese defendida por Anita Correia Lima de Almeida sobre a Inconfidência de Goa em 1787 e o livro de Margareth de Almeida Gonçalves sobre a missionação em Goa.[6] O uso bastante restrito de fontes orientais – não esgotando sequer

---

3   Ver Eugenio Garin. "L'Histoire dans la pensée de la Renaissance". In: *Moyen Age et Renaissance*. Paris: Gallimard, 1969 (1ª ed. italiana: 1954), p. 151.

4   João Rocha Pinto. *A viagem. Memória e Espaço*. Cadernos da Revista História Econômica e Social, 11-12. Lisboa: Livraria Sá da Costa, 1989, p. 212.

5   Sobre a historiografia do Renascimento, ver além do texto de Garin, já citado, Arnaldo Momigliano. *As raízes clássicas da historiografia moderna*. Bauru: Edusc, 2004; e Josep Fontana. *A história dos homens*. Bauru: Edusc, 2004, o capítulo "Renascimento e renovação da história".

6   Ver Célia Cristina da Silva Tavares. *Jesuítas e inquisidores em Goa: a cristandade insular (1540-1682)*. Lisboa: Editora Roma, 2004; Anita Correia Lima de Almeida. *Inconfidência no império: Goa de 1787 e Rio de Janeiro de 1794*. Tese (Doutorado em História), Rio de

SITIADOS

os textos que foram traduzidos para idiomas ocidentais – leva-me a considerar que também minha visão foi vítima do enclausuramento vivido pela organização do Estado da Índia portuguesa. Só muito lentamente alguns aspectos da sociedade indiana foram se esclarecendo. Trata-se, assim, de uma pesquisa sobre os portugueses *na* Ásia, e não um estudo sobre o impacto da atuação portuguesa, o que exigiria um conhecimento muito mais aprofundado das sociedades asiáticas.

Os portugueses foram capazes, ou talvez obrigados, a transferir suas obsessões – se posso chamar assim – aos espaços ultramarinos. Para o rei D. Manuel, assim como para homens como Afonso de Albuquerque, o vice-rei D. João de Castro e os cronistas Gaspar Correia e Diogo do Couto, a construção de fortalezas confundia-se com o ato de dominar. "Vos dou o titulo de Visorey, tanto que fizerdes a primeyra fortaleza do Cabo da Boa Esperança pera dentro",[7] afirmou D. Manuel ao nomear o primeiro vice-rei D. Francisco de Almeida em 1505. Podemos ver também na política adotada pelos portugueses na Índia a mesma obsessão pela realização de casamentos pouco mais tarde verificada no Brasil e analisada por Ronaldo Vainfas em *Trópico dos Pecados*. O casamento – e a família dele resultante – tinha a função de reordenar a sociedade à luz dos valores cristãos. Este sacramento "permaneceu, como na Península, um ideal a ser perseguido, uma garantia de respeitabilidade, segurança e ascensão a todos os que o atingissem";[8] na Ásia, a importância foi tal que os únicos que podem ser chamados de colonos portugueses pertenciam à categoria dos *casados*.

O mapa em que figuram os domínios portugueses na Ásia teve grande importância na elaboração deste trabalho. A historiografia tem buscado descrever a imagem que ele retrata: o "rosário de praças fortes", de Luís Filipe Thomaz, a "cadeia militarizada", de Sanjay Subrahmanyam, para citar apenas dois importantes estudiosos da atualidade, aos quais devo muitas das reflexões contidas neste livro. Ele se insere como uma tentativa de compreender

---

Janeiro: UFRJ, 2001; Margareth de Almeida Gonçalvez. *Império da Fé. Andarilhas da Alma na Era Barroca*. Rio de Janeiro: Rocco, 2005.

7   *Lendas da Índia*, I - 527.

8   Ronaldo Vainfas. *Trópico dos Pecados*. Rio de Janeiro: Editora Nova Fronteira, 1997, p. 99-100.

de que forma os portugueses se estabeleceram na Ásia, por que fizeram dessa maneira e como se acomodaram às situações que ali encontraram.

As formas de fixação no território adotadas pelos portugueses, que redundaram em modelos de dominação e exploração do comércio, são aqui entendidas como estratégias, no sentido dado por Michel de Certeau. Estratégia é "o cálculo (ou a manipulação) das relações de forças que se torna possível a partir do momento em que um sujeito de querer e poder [...] pode ser isolado. A estratégia postula um *lugar* suscetível de ser circunscrito como *algo próprio* e ser a base de onde se podem gerir as relações com *uma exterioridade* de alvos ou ameaças". Paralela à compreensão das estratégias está a compreensão das "táticas", "a ação calculada que é determinada pela ausência de um próprio. Então nenhuma delimitação de fora lhe fornece a condição de autonomia. A tática não tem lugar senão o do outro. E por isso deve jogar com o terreno que lhe é imposto tal como o organiza a lei de uma força estranha. [...] Em suma, a tática é a arte do fraco." Entende-se como táticas as formas como os homens reagiram e agiram frente às estratégias, e como usaram a estrutura existente para outros fins. Como afirma o mesmo autor referindo-se aos ameríndios em confronto com os espanhóis: "Eles metaforizaram a ordem dominante: faziam-na funcionar em outro registro".[9] Não se trata de comparar ou aproximar a experiência dos índios da América frente aos colonizadores e o cotidiano dos portugueses frente aos rigores da administração e dos interesses da Coroa. O que se verifica é a variedade e a variabilidade dos usos que se fez da estrutura de dominação e das leis, normas e edificações que a sustentaram e deram forma.

Os domínios portugueses na Ásia no período aqui estudado representaram uma ambiciosa utopia: a transplantação de uma ordem cristã no seio de sociedades muito diversas capaz de garantir, por meio da solidariedade religiosa, uma rede de comércio seguro e lucrativo. O império que esta utopia pôde construir, porém, nasceu e se manteve sitiado, produzindo, no entanto, nas brechas da monumentalidade de suas fortificações, um sem número de experiências individuais que recusam qualquer enquadramento.

---

9   Michel de Certeau. *A invenção do cotidiano. 1. Artes de fazer.* Petrópolis: Vozes, 2007, p. 99, 100 e 95. Grifos do autor.

Capítulo 1

O traçado de um roteiro: as viagens às Índias antes da rota do Cabo

O oriente da Europa e os viajantes medievais

À DISPOSIÇÃO DOS PORTUGUESES QUE imaginaram contornar a África para chegar à Índia, ao Cataio, ao Cipango[1] ou à terra do Preste João e na bagagem dos que para lá se aventuraram, havia já um arsenal de informações, reais ou fabulares, sobre o que mais tarde se convencionou chamar Oriente e que, naquele momento, eram apenas "as Índias".[2] Detalhes sobre os costumes praticados naquelas terras, as riquezas de suas cidades e portos produziram no século XIII, na Europa, o que Olschki chamou a "moda

---

1 Cataio e Cipango eram nomes pelos quais a Europa medieval identificava respectivamente a China e o Japão a partir do *Livro das Maravilhas*, de Marco Polo. O viajante designava por Cathay uma vasta região da China setentrional e muitas vezes o termo foi utilizado para se referir a toda a China e assim se vulgarizou pela Europa. Ver "Cataio", de José Manuel Vargas. In: *Dicionário de história dos descobrimentos portugueses*. Direção de Luís de Albuquerque. Lisboa: Círculo de Leitores, 1994, vol. I, p. 223 e ss. Cipango era também grafado Zipangu, Çipingu, numa transcrição aproximada do chinês *jih, pen, kuo*, literalmente, "sol", "origem", "país", isto é, "país do sol nascente". Era o nome mais corrente do Japão e o termo utilizado por Marco Polo no capítulo CLX de seu livro, na primeira alusão ao Japão em textos europeus. Ver "Cipango", de Luís Filipe Thomaz no mesmo *Dicionário de história dos descobrimentos portugueses*, p. 251 e ss.

2 No início do século XVI passou-se a usar as designações Índias orientais e ocidentais, uma consequência que perdurou da confusão feita por Cristóvão Colombo ao defender que chegara às Índias das especiarias e não a um novo continente.

asiática"[3] que, embora mais restrita do que a "moda árabe", marcou aquele século como o mais rico em informações sobre o Oriente, principalmente para os italianos. Essa "moda" se baseava no interesse despertado pela Ásia a partir da divulgação das histórias de Alexandre, o Grande, das lendas de São Tomás e do Preste João, das narrativas de comerciantes e missionários, das notícias levadas pelos cruzados e das impressões deixadas pelos mongóis nas regiões da Europa Oriental.

Como classifica Giuseppe Gabrieli ao analisar os conhecimentos de Dante Alighieri sobre o Oriente, as fontes de informações teriam como base para a Europa do século XIII três territórios de cultura: o hebraico-bíblico e o clássico greco-romano, através do veículo literário, e o islâmico, a ele contemporâneo, isto é, o sarraceno-mongol, cultura esta obtida pela notícia de viajantes, mercadores, tradutores e missionários.[4] Magalhães Godinho completa que os ambientes no interior da cristandade que dominavam o latim, como os que o poeta frequentava, podiam dispor "de um capital científico enriquecido de cultura indiana, persa e muçulmana que contrasta com a herança latino-medieval feita de fantasias e incertezas".[5] Ele cita como exemplo a aritmética e a álgebra indo-muçulmanas, a geometria de Euclides, a astronomia de Ptolomeu, as cartas astronômicas judaico-muçulmanas e os tratados ou livros de astrolábio.

Sem nos ater aos dois primeiros territórios, e apesar de sua incontestável importância, aqui se fará um panorama das narrativas medievais que alimentaram o interesse pela Ásia. O que se lê nessas narrativas a respeito das cidades para além da cristandade esboça um roteiro que se construiu em paralelo ao florescimento de cidades, contornando áreas em conflito, abandonando vilas em ruínas para eleger localidades mais prósperas. Dois

---

3 Leo Olschki. "Dante e l'Oriente". *Il Giornale Dantesco,* vol. XXXIX, Nuova Serie – Annuario Dantesco, IX. Firenze: Leo S. Olschki Editore, 1936, p. 68.

4 Ver Giuseppe Gabrieli. "L'Oriente nella 'Divina Commedia'". *Atti del IV Congresso Nazionale di Studi Romani.* s.l.: Istituto di Studi Romani, 1938-XVI, p. 5.

5 *Les Découvertes XVe - XVIe: une révolution des mentalités.* Paris: Autrement, ("Série Mémoires"), 1990, p. 10. Tradução livre assim como as seguintes, caso não haja referência em contrário. Sobre as imagens da Índia produzidas pelo Ocidente, que se dividiriam em dois registros, o das monstruosidades e o da sabedoria, ver Catherine Weinberger-Thomas. "Introduction. Les yeux fertiles de la mémoire. Exotisme indien et représentations occidentales". *L'Inde et l'Imaginaire.* Paris: Editions de l'EHESS, 1988.

SITIADOS

textos produzidos no século XV – pelos viajantes Nicolo di Conti e Ieronimo da Santo Stefano –, analisados na sequência, apresentam, por sua vez, um traçado que será, com pequenas variações, frequentado por italianos e portugueses durante suas viagens no século seguinte. Suas escalas foram sustentadas pela dinâmica circulação dos mercadores muçulmanos em atividade no Oceano Índico desde o século IX, enriquecidas em grande parte pelos peregrinos-mercadores a caminho da Meca.

Assim como há uma periodização histórica que corresponde, exclusivamente, à trajetória vivida no Ocidente – Teotónio de Souza intitula seu livro *Goa Medieval* e trata do século XVII, afirmando ainda que "o período medieval da história de Goa não teria acabado até ao final da presença colonial portuguesa naquele território, não fosse a ocupação militar de Goa pelo regime britânico da Índia nos inícios do século XIX"[6] –, o espaço que se chama Oriente também não é uma categoria facilmente reconhecida fora do Ocidente. Edward Saïd, crítico contundente do orientalismo considerado como área cultural, propõe uma longa análise das significações que o Oriente ganhou ao longo dos séculos. Num resumo dessa trajetória, o autor assinala que, pelo menos desde o século II a.C., o Oriente era subdividido em regiões já conhecidas e conquistadas por Heródoto, por Alexandre e seus descendentes e regiões que ainda não tinham sido percorridas e conquistadas.

> A cristandade conclui essa definição das principais esferas do Oriente: havia o Oriente Médio e o Extremo Oriente, um Oriente familiar chamado por René Grousset de 'império do Levante' e um Oriente inédito.[7]

---

6 Teotónio R. de Souza. *Goa medieval. A cidade e o interior no século XVII*. Lisboa: Estampa, 1993, p. 12.

7 Edward Saïd. *L'Orientalisme*. Paris: Seuil, 1980, p. 74. Para a citação de Grousset, ver *L'Empire du Levant. Histoire de la question d'Orient*. Paris: Payot, 1946. O cuidado que hoje acompanha o uso da denominação Oriente, considerada simplista e generalizante, foi fortemente impulsionado pelas críticas ao orientalismo, termo utilizado por Saïd para "descrever a abordagem ocidental do Oriente; é a disciplina por meio da qual o Oriente era (e é) sistematicamente abordado, como tema de estudo, de descoberta e de prática". Saïd, *op. cit.*, p. 91.

26   Andréa Doré

A definição dessa categoria fluida chamada Oriente, como explica Denis Sinor, contra outra igualmente ampla chamada Ocidente, resulta numa oposição binária imaginária, uma vez que se o Ocidente pode distinguir-se por certas características como o uso quase universal da escrita latina e a dominação histórica do cristianismo, é em vão que procuramos fatores unificadores análogos no Oriente.[8]

A fim de limitar os erros de interpretação, poderíamos adotar uma outra oposição, desta vez entre a Europa e a Ásia. Mas, também nesse caso, é possível estabelecer alguns pontos pelos quais, no decorrer da história, a Europa apresentou uma unidade que não se verificou na Ásia. Um primeiro ponto seria a existência de sistemas políticos hegemônicos na Europa: o Império Romano – quer o antigo, quer o medieval restaurado por Carlos Magno, no século IX, núcleo do Sacro Império Romano Germânico – com a fixação da noção de império, e a ideia do papa como representante único do poder religioso. Essas instituições políticas não podem ser localizadas na história do continente asiático. A grafia representa um outro ponto: enquanto a escrita na Ásia modificou-se ao longo dos séculos e diferentes famílias linguísticas conviveram simultaneamente (árabe, chinês, sânscrito...), na Europa não ocorreu essa ruptura e as traduções foram muito mais frequentes. O terceiro ponto diz respeito ao sistema educativo: na Ásia o sistema foi ocidentalizado pela colonização e os estudantes foram levados a se interessar pela literatura europeia no lugar daquelas de seus vizinhos.

Se o objetivo é falar do período das descobertas marítimas levadas a cabo pelos portugueses, o espaço geográfico de interesse se restringe àquele que envolve os mares a partir de então navegados pelos europeus de forma intensa e conflituosa, nomeadamente o Oceano Índico. E no espaço conhecido como Ásia incluía-se então o litoral da África Oriental. Como explica Charles Boxer, durante muito tempo a costa suaíli, desde a Somalilândia até Sofala, esteve inteiramente ligada à Arábia e à Índia, do ponto de vista político, cultural e econômico.[9]

Nos séculos XV e XVI não se utilizava o termo Oriente com a função aglutinadora que possui o substantivo. Os diferentes reinos ou áreas geo-

---

8   Ver Denis Sinor. "Langues et échanges culturels le long des routes de la soie". *Revue Diogène*, nº 171, 1995, p. 3.

9   Ver Charles Boxer. *O império marítimo português (1415-1825)*. São Paulo: Companhia das Letras, 2002 [1969], p. 54.

gráficas existentes naquele lado do globo eram nomeados e encontramos longos títulos para as narrativas de viagem. Não se viajava ao "Oriente", mas à Arábia, Índia e Ásia do Sudeste, como indica o título do texto de Lodovico de Varthema (1550) ou a Tana, Pérsia, Índia e Constantinopla, como fez Aloigi Giovanni (1543).[10] Termos muito comuns eram a "Índia" e "as Índias", como forma de se referir às regiões banhadas pelo Oceano Índico. Essa "ampliação" da Índia era possível a partir do desenho estabelecido pela geografia medieval que considerava não uma, mas três Índias: a Índia Maior, ou Hindustão – o que se entende como o subcontinente indiano –, a Índia Menor – englobando as penínsulas do Sudeste asiático –, e uma terceira Índia – a Etiópia e a costa da Ásia do Sudoeste.[11]

A primeira onda

As tentativas de negociação entre a Europa cristã e o Império Mongol, junto com as iniciativas missionárias, deram origem às principais narrativas de viagens ao Oriente no período medieval. Os protagonistas dessas viagens, com exceção do franciscano de origem flamenga Guillaume de Rubrouck, eram filhos de cidades italianas. As aventuras desses mercadores, missionários e diplomatas podem ser identificadas com a primeira onda de italianos na Ásia, a segunda sendo contemporânea à chegada dos portugueses naquele continente. Os mercadores medievais interessados nas Índias eram principalmente venezianos e genoveses, o que nos remete às duas principais cidades rivais e aos dois principais portos do Mediterrâneo na época: Veneza, no mar Adriático, e Gênova, no mar Tirreno.

Os "homens de negócios"[12] dessas duas cidades já estavam familiarizados com o comércio com o Levante desde, pelo menos, o século IX, período

---

10 Ver relação das fontes impressas na bibliografia.

11 Ver Luís Adão da Fonseca. "O imaginário dos navegantes portugueses dos séculos 15 e 16". *Estudos Avançados*. Vol. 6, nº 16, 1992, p. 37.

12 Esse termo foi utilizado por Yves Renouard para tratar dos agentes do dinamismo comercial registrado nas cidades italianas a partir do ano Mil. "Ce sont les hommes que l'on désignait au Moyen Age d'un terme général aussi vague, "*mercatores*", dont "homme d'affaires" par son imprécision identique est le meilleur équivalent. (...) Par l'évolution

em que os venezianos, na intenção de dominar o fluxo comercial que unia a Europa ao Oriente Médio desde a Antiguidade, estabeleceram-se nos locais de escoamento dos produtos orientais: Constantinopla e Alexandria. O esforço da diplomacia veneziana foi coroado em 1082 com o Grande Privilégio, por meio do qual Veneza obteve do império bizantino a liberação aduaneira para todo o território do império grego, ao menos para as mercadorias que nele se produzia. Além disso, foi-lhe concedida a administração autônoma de um bairro em Constantinopla, que incluía igrejas, entrepostos, oficinas e cais no porto.[13]

Em seguida à quarta Cruzada, de 1204, instalou-se em Constantinopla o Império Latino do Oriente, que não cessou de sofrer ataques, sobretudo dos gregos, empenhados na reconquista da cidade e entrincheirados próximos à capital, em Niceia. Dessa cidade, em 1261, Michel IV Paleólogo, com navios e galeras genovesas, avançou sobre Constantinopla e, em 26 de julho, seus soldados entraram na capital, destruindo o bairro veneziano, incendiando lojas e igrejas de culto romano e pondo fim ao Império Latino do Oriente.[14] Depois desse massacre, muitas famílias retornaram a Veneza e outras avançaram em direção ao Oriente, como foi o caso de Nicolau e Mafeu Polo, pai e tio de Marco Polo, o mais célebre de todos os viajantes medievais. Vivia-se o período da *pax mongolica*, quando reinava Kublai Khan, e as estradas no interior do Império Mongol dispunham de segurança suficiente para atrair mercadores cristãos e árabes. Os comerciantes das cidades italianas familiarizaram-se com as rotas asiáticas e avançaram cada vez mais a fim de adquirir os produtos orientais consumidos com avidez pela Europa.

Em um artigo clássico, Roberto Lopez apresenta uma visão geral da presença dos italianos no Extremo Oriente no período anterior à viagem de Cristóvão Colombo à América e afirma que, antes da narrativa de Mar-

---

même de leur mentalité et de leur structure intellectuelle, par l'essor de l'esprit capitaliste qui les anime, ils ont été le principal facteur de la transformation de la civilisation, de la culture e de l'éthique que nous appelons la Renaissance." *Les Hommes d'affaires italiens du Moyen Age*. Paris: Armand Colin, 1968, p. 8 e ss.

13 Ver *op. cit.*, p. 31 e ss.

14 Ver Jacques Heers. *Marco Polo*. Paris: Fayard, 1983, p. 61-63. Ver também J. Bompaire. "Diplomatie et rhétorique à l'époque de Michel VIII Paléologue". In: *La Vie, la mort, la foi, le temps*. Mélanges offertes à Pierre Chaunu. Paris: PUF, 1993, p. 671.

co Polo, não há nenhum registro de mercadores italianos naquelas regiões.[15] Marco Polo, na Ásia de 1271 a 1295, chega mesmo a declarar em seu livro que seus parentes foram convidados à corte do khan mongol por um mensageiro que afirmava: "o grande soberano dos tártaros nunca viu um latino e tem muita vontade de conhecê-los".[16] Quando Marco Polo partiu de Veneza, o Império Mongol se estendia, sem interrupção, das planícies da Rússia ao mar da China. A porção ocidental desse império era dividida em três reinos, ou *khanatos* – o da Pérsia; o da Horda de Ouro, também chamado *Kiptchak*, na Rússia do sul; e o khanato do Turquestão, ou de *Djaghataï* –, cada um com seu chefe, ou *khan*, mas todos submissos ao imperador mongol da China, o gran khan de Khambalic (Pequim).[17]

A narrativa de Marco Polo, *Il Milione*, inundou a Europa com informações, muitas delas fabulares, sobre a Índia, a China, o Japão e a Ásia do Sudeste. Muitas das descrições contidas em sua narrativa de viagem pela China e seu retorno passando pelo arquipélago indonesiano foram as primeiras notícias sobre essas regiões que chegaram ao Ocidente; daí o grande interesse despertado entre os estudiosos que utilizam seu livro como fonte para reconstrução histórica e geográfica do oriente medieval. Ao mesmo tempo, um grande número de informações por ele difundidas é colocado em questão, como aponta o livro de Frances Wood, *Did Marco Polo go to China?*,[18] que entre outros pontos afirma que o veneziano não chegou à China, uma vez que não faz menção à Grande Muralha ou à escrita chinesa por ideogramas. Explicações e justificativas para essas ausências são também propostas

---

15 Ver Roberto S. Lopez. "Nouvi luci sugli italiani in Estremo Oriente prima di Colombo". *Studi colombiani*, III, Genova, 1952, p. 337-398.

16 *O Livro das Maravilhas*. Tradução de Elói Braga Júnior. Porto Alegre: L&PM, 1996, p. 36. Esta é a edição brasileira mais acessível. Para o conteúdo da primeira edição em português, ver *O Livro de Marco Polo. O Livro de Nicolau Veneto. Carta de Jeronimo de Santo Estevam*, conforme impressão de Valentim Fernandes, introdução e índices de Francisco Maria Esteves Pereira. Lisboa: Oficinas Gráficas da Biblioteca Nacional, 1992, com três fac-símiles da edição de 1502.

17 Khambalic ou Cambalic, que significa cidade real ou cidade do khan, passou a ser a capital do Império Mongol em 1260. Kublai, neto de Genghis Khan, foi eleito gran khan em 1259 e transferiu a capital de Caracorum, na Mongólia, para a China. Ver Ildefonso Silveira, O.F.M. *Enfrentando os guerreiros tártaros medievais*. Petrópolis: Vozes, 2000, p. 16.

18 Londres: Secker & Warburg, 1995. Trad. bras. Rio de Janeiro: Record, 1997.

30   Andréa Doré

por outros estudos.[19] Cabe considerar, porém, que a repercussão do seu relato torna a comprovação da sua viagem uma questão secundária.

O primeiro relato de um ocidental sobre a Ásia Central, no entanto, não é de autoria de Marco Polo, nem de nenhum mercador. Foi outro grupo, o dos missionários, que forneceu as primeiras notícias. Também nesse caso os italianos foram numerosos. Os missionários partiam como enviados do Ocidente, seja do papa, seja do rei da França, para suprir a Europa de informações sobre os mongóis. A primeira narrativa pertence a um franciscano, Giovanni de Plan Carpino, autor de uma obra intitulada *Historia mongolo-*

---

19   Se, de um lado, os estudos que confrontam as fontes e refazem os itinerários percorridos por Marco Polo podem banalizar as aventuras do veneziano, por outro as tornam mais verossímeis. Pode-se citar aqui dois exemplos. Marco Polo é com frequência chamado *Il Milione*. Essa denominação segundo a lenda se deveria ao fato de que, no momento de seu retorno a Veneza, Marco Polo contava suas aventuras e os valores ultrapassavam sempre a marca dos milhões. Michel Mollat apresenta uma outra explicação destimitificando essa imagem de Marco Polo contador de histórias. *Milione* viria do diminutivo que possuía Nicolau, pai de Marco, do nome de um dos ancentrais da família, Emilio. Ver Michel Mollat. *Les Explorateurs du XIIIe au XVIe siècle.* Paris: Éditions du CTHS, 1992, p. 31. Roberto Gallo apresenta ainda uma outra interpretação onde o nome *Milione* seria uma deformação de *Vilione*, nome de uma família de ricos comerciantes que viveu em Veneza no final do século XIII. Ver Jacques Heers, *op. cit.*, p. 41-48. Outro exemplo é a tão discutida missão que Marco Polo teria recebido de Kublai Khan, de governar uma província no sul da China. Tratava-se da cidade de Yang-tchéou, onde ele teria exercido a função de governador por três anos. Italo Molinari fala da confusão feita entre Marco e Bóluo Chéng Xiàng que era então vice-conselheiro naquela província. Bóluo, segundo os Anais Imperiais de Yuànshì, foi nomeado em 1277. Molinari acrescenta que outros autores têm endossado essa confusão, trocando o nome de Bóluo em Baoluo. Ver Italo Molinari. "Un articolo d'autore cinese sur Marco Polo e la Cina". *Annali*, Sup. 30, vol. 42. Napoli: Istituto Orientali di Napoli, 1982, p. 9-11. Vários pontos da vida de Marco Polo e de sua narrativa ainda provocam estudos e reclamam precisões. É o caso das pesquisas realizadas por dois chineses a partir de uma enciclopédia chinesa compilada nos anos 1403-1407 sobre a data real de partida de Marco Polo da China. Confrontando o relato do veneziano com documentos chineses, eles creem que a data de partida é pouco posterior a 11 de setembro de 1290 ou princípio de 1291, enquanto os estudiosos europeus colocam a partida no princípio de 1292. Na verdade, teriam ocorrido duas partidas, sendo que na primeira vez a viagem não pôde prosseguir pela guerra que bloqueava as estradas, como conclui Giovanni Vacca em "Un documento cinese sulla datta del ritorno di Marco Polo". *Studi colombiani*, vol. III, p. 45-48. Sobre as pesquisas nas fontes orientais, ver Yang Chih-Chiu & Ho Yung-Chi. " 'Marco Polo quits China', notizia inviata da Chungking". *Harvard Journal of Asiatic Studies*, vol. 9, n. 1, Setembro de 1945.

rum.[20] Para conhecer as intenções dos dirigentes mongóis e ter informações sobre os costumes de seu povo, o papa Inocêncio IV, eleito em 1243, enviou ao gran khan, à capital do Império Mongol, Caracorum, esse franciscano italiano. Ele partiu em direção ao Oriente levando uma carta na qual a cristandade convidava o soberano mongol a se converter e, ao mesmo tempo, o papa manifestava sua contrariedade diante da violência cometida pelos mongóis durante suas conquistas, sobretudo na Europa Oriental.

O gran khan Guyuk enviou como resposta a essa embaixada um convite para que os príncipes do Ocidente reconhecessem a soberania mongol antes de qualquer negociação. Plan Carpino permaneceu na Ásia de 1245 a 1247 e depois dele André de Longjumeau foi enviado como embaixador, mas sua missão também fracassou.[21] Em seguida, tem-se o franciscano Guillaume de Rubrouck, já citado, que esteve na Ásia de 1253 a 1255 a mando do rei Luís IX, deixando uma longa carta com informações sobre os mongóis.[22]

A narrativa de Guillaume de Rubrouck contém uma série de observações nunca antes feitas por ocidentais a respeito da Ásia Central. Rubrouck foi responsável dessa forma por uma aproximação da Europa com a Ásia no que se refere ao conhecimento dos costumes das civilizações das estepes. A partir de uma compilação realizada pelos Kappler, verificam-se as novidades trazidas por seu texto.[23] Ele estabeleceu, por exemplo, os contornos geográficos relativos ao Mar Cáspio. Ptolomeu já havia esclarecido que se tratava de um mar fechado, mas durante a Idade Média o Ocidente insistia em se basear em descrições mais antigas. Em sua carta mencionou-

---

20 O texto completo de sua narrativa de viagem está na edição Jean du Plan Carpin. *Histoire des Mongols. Enquête d'un envoyé d'Innocent IV dans l'Empire tartare (1245-1247).* Traduit par P. Clément Schmitt. Paris: Ed. Franciscaines, 1961. Há uma edição em português de alguns trechos dessa narrativa em Ildefonso Silveira, O.F.M. *Enfrentando os guerreiros tártaros medievais.*

21 Existem apenas algumas indicações da narrativa de André de Longjumeau, recolhidas na *Chronica majora. Additamenta,* de Mathieu Paris. Ver também sobre esse enviado, J.J. Sanders. "Matthew Paris and the Mongols". *Essays in Medieval History,* Toronto, 1969.

22 Ildefonso Silveira traduziu do latim para o português a carta de Rubrouck (que ele grafa Rubruc), mas o livro, editado pela Universidade S. Francisco, de Bragança Paulista, não foi comercializado. A edição completa mais recente é Guillaume de Rubrouck. *Voyage dans l'Empire Mongol.* Traduction de Claude et René Kappler. Paris: Payot, 1985. (1ª ed. completa e traduzida do latim para o inglês, 1625-26.)

23 Ver Guillaume de Rubrouck, *op. cit.,* p. 35.

se pela primeira vez a existência do onagro, uma espécie de burro selvagem da Ásia e da África, que ele chamou *culam*. Foi também o primeiro a assinalar o parentesco entre as línguas eslavas e a identificar o país de Seres com o Catai.[24] Sua narrativa fornece o testemunho mais antigo sobre as práticas dos médicos chineses e de sua doutrina da pulsação, e traz em poucas palavras alguma ideia sobre a natureza da escrita chinesa. Kappler salienta, ainda, que Rubrouck e seu companheiro de viagem foram pioneiros entre os missionários franciscanos a viajar na Ásia Central vestidos do hábito da ordem franciscana.

O texto seguinte é de autoria de Giovanni di Montecorvino, enviado pelo papa Nicolau IV, e que permaneceu no Oriente de 1289 a 1328 para fundar a primeira missão cristã na China, próspera durante três quartos de século. André de Perusia (1307-1326), também enviado pelo papa, foi juntar-se a Montecorvino. O mesmo pontífice mandou à Ásia Odorico de Pordenone no período de 1318 a 1330. Em 1338 foi a vez do papa Bento XII receber, em Avignon, dois embaixadores do gran khan, que teve como resposta a missão de Giovanni de Marignolli (1342-1346).

Em torno de 1340, um comerciante, Francesco Balducci Pegolotti, empregado da Companhia dos Bardi, de Florença, escreveu um livro intitulado *Pratica della Mercatura*. É pouco provável que ele mesmo tenha chegado à China, mas era um homem muito bem informado. Seu texto foi bastante difundido, e continha conselhos sobre a rota a seguir para atingir o Extremo Oriente e um guia dos diferentes pesos e medidas empregados na região.

Pode-se afirmar, então, que as viagens sucediam-se, de maneira aparentemente contraditória, como consequência da ameaça mongol, no caso dos franciscanos/diplomatas, e devido à paz mongol, no caso dos mercadores; contradição apenas aparente porque não seria esta uma situação singular em que o comércio e a diplomacia agem em conjunto.[25] Os acontecimentos em torno dos quais ocorreram todas essas viagens ajudam a

---

24 Seres era o nome dado na Antiguidade aos povos do Extremo Oriente de onde se originava a seda. Catai, como já foi visto, designava a China.

25 Sobre este caso em particular tratei no artigo "Diplomacia e relações comerciais entre o Oriente e o Ocidente: duas experiências do século XIII". *Tempo*, Niterói, nº 10, Dezembro 2000, p. 137-158.

SITIADOS   33

compreender o que se passou depois e preparou o terreno para o projeto
português de contornar a África.

Desde 1250, a dinastia mameluca[26] reinava no Egito e, assim, sobre os
principais portos de escoamento dos produtos do Oriente para a Europa,
especialmente o de Alexandria. Quando, em 1291, os mamelucos tomaram
dos francos seu último território conquistado na Terra Santa, Acre (ou São
João d'Acre), o papa Nicolau IV, como retaliação, proibiu que os cristãos
negociassem com os egípcios. De difícil controle e prejudicial tanto para os
muçulmanos como para os cristãos, a restrição foi suspensa em 1295 por
Bonifácio VIII e depois, em 1303-1305, por Bento XI. A proibição passou a
se restringir a material de guerra. Novamente em 1308 o bloqueio total foi
restabelecido e Urbano V, em 1360, definiu que a interdição se limitaria a
armas e a víveres em tempo de guerra. Simultaneamente, no início do século XIV, os italianos passaram a investir nas rotas terrestres às margens
orientais do Golfo Pérsico dominadas pelos mongóis, então seguras e muito frequentadas, deixando em segundo plano os portos do Egito.[27]

Algumas décadas mais tarde, também esse trajeto deixou de ser praticado. Num extremo da "rota da seda", na China, caiu em 1368 a dinastia
mongol, e a dinastia Ming iniciou um período de xenofobia com o fecha-
mento do país aos comerciantes estrangeiros. As rotas da Ásia que atravessavam o mar Negro, a Armênia e a Pérsia foram fechadas por guerras e
pelo ataque de bandidos, como consequência da desagregação dos estados
mongóis. Tana, uma cidade entreposto cobiçada por venezianos e genoveses, foi tomada por Tamerlão, que assumiu o trono mongol em 1370. Quase
a totalidade do comércio da Índia com o Ocidente cruzava o Mar Verme-

---

26 Os mamelucos formavam uma dinastia de escravos libertos que reinou no Egito de 1250
    a 1517. Entre os sultões mais ilustres desta dinastia está Baybars (1261-1277) que, ao mesmo
    tempo, venceu os mongóis e expulsou os cruzados. No início do Quinhentos estavam
    em decadência, mas ainda controlavam a Síria e Palestina e as cidades santas de Meca e
    Medina. A dinastia terminou com a derrota dos mamelucos pelos turcos otomanos em
    1517 numa batalha em Adem. A palavra deriva do árabe "mamluk", que eram os filhos
    dos inimigos derrotados que os árabes levavam para serem criados em suas escolas para
    depois enviá-los de volta e tê-los como aliados. Os jesuítas, no Brasil, passaram a chamar
    assim os índios ou mestiços, que controlavam grandes contingentes indígenas em nome
    dos portugueses.

27 Ver Roberto S. Lopez. "Nuovi luci sugli italiani in Estremo Oriente prima di Colombo",
    p. 356 e ss.

lho, itinerário ainda mais atraente porque permitia aos mercadores muçulmanos ligar seus negócios aos deveres religiosos fazendo a peregrinação à Meca. O porto das cidades santas, Djeddah, era uma parada obrigatória. "É de forma excepcional que um genovês ou um veneziano ainda tentam alcançar as Índias",[28] conclui Renouard, referindo-se ao século xv.

O Oceano Índico tinha se tornado, como se usa dizer, um lago muçulmano. "O maior mercado do mundo",[29] na definição de Geneviève Bouchon, tinha seu acesso pelo Mar Vermelho fechado aos cristãos, sobretudo venezianos e genoveses, intermediários na aquisição dos bens asiáticos: seda, tecidos finos, pedras preciosas e especiarias. Há aqui uma questão a esclarecer. Comumente atribui-se às especiarias do Oriente o poder de atrair os mercadores europeus, e elas estariam na base do esforço em empreender tão longas e arriscadas viagens. Roberto Lopez lembra, no entanto, que até o século xiv, para aqueles comerciantes que se dirigiam ao Extremo Oriente, os produtos mais valorizados eram os tecidos finos, e Pearson, por sua vez, afirma que até 1470 não havia falta de especiarias asiáticas porque a Europa estava bem fornecida devido ao uso da rota tradicional do Mar Vermelho, sendo Alexandria o porto de abastecimento de Veneza. Geneviève Bouchon também salienta que o famoso "comércio das especiarias" era apenas parte de uma imensa rede de comércio. Ela cita a troca de víveres e têxteis por especiarias do oceano oriental (canela, cravo e noz moscada); o comércio de animais de guerra (elefantes do Ceilão, cavalos da Arábia e de Ormuz); pedras e metais preciosos.[30]

As dificuldades enfrentadas por cristãos para realizar viagens à Ásia refletem-se deste modo na escassez de relatos. De outras origens, outros viajantes produziram textos que nos permitem conhecer pontos de vista diversos a respeito das regiões visitadas. É o caso do extenso relato do "viajante do Islã", Ibn Battuta, que saindo de Tânger, no Marrocos, em 1325, retornou em 1349, depois de viajar pelo norte da África, China, Índia, ilhas do sudeste asi-

---

28 *Les Hommes d'affaires italiens du Moyen Age*, p. 253.

29 *Vasco de Gama*. Paris: Fayard, 1997, p. 133.

30 Ver Roberto Lopez, *op. cit.*, p. 344; M.N. Pearson. *Os portugueses na Índia*. Lisboa: Teorema, 1990, p. 23 e Geneviève Bouchon. "L'Océan Indien à l'époque de Vasco da Gama". *Mare Libeum*, nº 1, 1990, p. 75.

ático, Rússia meridional, Espanha e Itália.[31] A este juntam-se os textos chineses produzidos pelas sete expedições do eunuco Zheng-He nos mares do Sul, de 1403 a 1433, a narrativa de Abdur-Razzaq, embaixador persa em missão a Vijayanagar (reino hindu do interior da Índia que os portugueses chamarão Bisnaga) e o relato do viajante russo Afanasij Nikitin.[32]

Essa primeira onda de viagens sedimentou algumas imagens sobre a Ásia, já presentes em textos antigos, e ajudou a construir outras, que serão retomadas por viajantes dos séculos xv e xvi. Ao mesmo tempo, porém, os resultados desses contatos, comerciais, diplomáticos ou conflituosos realizados num período de curiosidade mútua entre a Europa e a Ásia ampliaram o conhecimento e a troca de informações entre os indivíduos e os grupos humanos neles envolvidos.

As cidades italianas, Portugal e a saída para o mar: experiências individuais, trajetórias coletivas

As experientes cidades italianas contribuíram com dois representantes para o exíguo grupo de indivíduos que realizaram algum tipo de relato de viagem pelo Oriente no século xv: os comerciantes Nicolo di Conti, de Veneza, e o genovês Ieronimo da Santo Stefano. Da narrativa do primeiro e da carta deixada pelo segundo interessa-nos destacar três ordens de questões. Em primeiro lugar, há o intrincado conjunto de elementos econômicos, políticos e culturais relacionado às experiências que eles descreveram. Essa análise nos permitirá cotejar – nos aspectos em que isso é possível – as experiências desses viajantes, frutos de cidades italianas, e as dos portugueses, a quem mais tarde caberia o papel de principais concorrentes no comércio das especiarias.

---

31 Seu périplo está descrito em *Voyages*. Tradução do árabe de C. Defremery e B.R. Sanguinetti (1855). Introdução e notas de Stéphane Yerasimos. Paris: La Découverte, 1994. 3 vols.

32 Alguns desses textos foram parcialmente publicados em inglês por R.H. Major. *India in the 15th century*. Londres, 1857. Ver ainda W.W. Rockhill. "Notes on the relations and trade of China with the Eastern archipelago and the coast of Indian Ocean during the fourteenth century". *T'oung Pao* 16, 1915 e Afanasij Nikitin. *Le voyage au-delà des trois mers*. Traduction et présentation de C. Malamoud. Paris, 1982.

ANDRÉA DORÉ

A segunda questão diz respeito ao que seus textos revelam do roteiro de cidades e portos da Ásia, os quais seriam também seguidos pelos europeus no século XVI, principalmente pelos portugueses. Espera-se identificar em que medida os portugueses buscaram se instalar – construindo fortalezas – em pontos estratégicos consolidados em muitas décadas de movimento de homens e mercadorias. A conclusão sobre o paralelo entre os portos preexistentes e já considerados escalas obrigatórias e os locais escolhidos para a edificação de fortalezas nos leva a esbarrar na teoria defendida por autores como M. N. Pearson de que a presença portuguesa muito pouco alterou da geografia econômica e social da Ásia. Pearson chega a afirmar que "poucas pessoas na Índia foram afectadas pela chegada e actividades dos Portugueses, quer neste século [o XVI], quer mais tarde".[33]

E a terceira questão a ser examinada a partir dos relatos citados trata dos aspectos que chamaram a atenção desses viajantes em relação à geografia humana e física das regiões percorridas, leitura relevante se considerarmos a possibilidade de que as informações contidas nesses textos tiveram certa repercussão nos meios letrados de Portugal. A carta e a narrativa, juntamente com a relação de viagem de Marco Polo, foram editadas em Lisboa em 1502 pelo editor flamengo Valentim Fernandes. O texto de Nicolo di Conti já circulava manuscrito em latim desde 1448 e não se pode descartar a hipótese de que a coroa portuguesa já tivesse acesso a ele.[34] A narrativa de Marco Polo, por exemplo, não havia esperado a tradução portuguesa para chegar às mãos de D. Pedro, tio do rei D. João II. Uma edição lhe fora ofertada pelo doge de Veneza Francesco Foscari.

Podemos percorrer o século XV, o século que antecede o nosso período central, a partir de dois fatos essenciais da expansão portuguesa e desses dois documentos selecionados. Em 1415, quando os portugueses tomaram Ceuta e assim inauguravam seu avanço bem sucedido em direção às conquistas na África,[35] o veneziano Nicolo di Conti deixava a

---

33 M.N. Pearson, *op. cit.*, p. 37.

34 Cf. Geneviève Bouchon, *op. cit.*, p. 51 e ss. Dejanirah Couto também não exclui essa possibilidade. Ver "L'Inde Portugaise". *Historiens & Géographes*, nº 353, s.d., p. 105.

35 Para o ataque a Ceuta juntou-se no Tejo, em julho de 1415, uma armada com mais de 200 velas e 20 mil homens. A expedição passou por Lagos, onde aportou, esperando ventos favoráveis para cruzar o Estreito, o que ocorreu em 7 de agosto. O desembarque em Ceuta deu-se a 21 de agosto, sem grande perda de homens. A presença portuguesa

SITIADOS

Itália em busca das Índias, naquele momento ainda as únicas. Oitenta anos depois, Vasco da Gama percorria pela primeira vez a rota do Cabo para chegar a Calicute e o genovês Ieronimo da Santo Stefano iniciava uma viagem de negócios ao Oriente das especiarias.

Primeiramente, é preciso salientar que comparar essas iniciativas é um exercício que guarda muitas limitações. Enquanto a tomada de Ceuta e a viagem de Vasco da Gama, em 1497, envolviam um grande volume de interesses e se revestiam de um caráter "estatal",[36] as viagens dos italianos diziam respeito, à primeira vista, a uma decisão pessoal e isolada. De qualquer forma, e mesmo que não corresponda ao escopo deste trabalho abordar as componentes da saída portuguesa para o mar, observando, de maneira ainda que superficial, o motor das iniciativas portuguesa e italiana, pode-se cotejar o impulso português com o que ocorria ao mesmo tempo entre os grandes especialistas do Mediterrâneo. A experiência de Nicolo di Conti e, mais tarde, a de Santo Stefano podem assim revelar aspectos do momento italiano de forma mais abrangente.

De acordo com a interpretação de António Sérgio, hoje já muito refutada, a expansão portuguesa teria sido impulsionada pela burguesia, o que a vincularia diretamente ao dinamismo comercial vivido em muitas partes da Europa na Baixa Idade Média e só enfraquecido pela peste que assolou o continente a partir da década de 1340. Uma vez que esse dinamismo teve sua origem nas cidades mercantes italianas – como bem demonstra Yves Renouard[37] –, até a abertura do Oceano

---

no Magreb começou com esse desembarque e só terminou em 1769, com o abandono de Mazagão. Ver Pedro Dias. "As fortificações portuguesas da cidade magrebina de Safi". *Revista Oceanos*, nº 28, outubro – dezembro, 1996, p. 11.

36 Utiliza-se aqui o termo "estatal" uma vez que o soberano estava envolvido. Havia uma conotação estatal, mas não nacional. Como salienta Luís Filipe Thomaz, Zurara em sua *Crónica da Guiné*, ao narrar a expansão portuguesa no século xv, não fala sequer de "portugueses", atribuindo aos "cristãos" as vitórias no continente africano. "A mentalidade neomedieval, guelfa e feudal, de Zuara o impede de ver a pátria portuguesa: ele enxerga somente a respublica christiana, presidida pelo papa, e a casa de D. Henrique [...]." " A idéia imperial ‚amuelina". In: Andréa Doré; Luis Felipe Silvério Lima e Luiz Geraldo Silva (orgs). *Facetas do Império na História conceitos e métodos*. São Paulo: Hucitec, 2008, p. 88. Já D. Manuel, em cartas ao Papa, trata dos portugueses como um povo escolhido". Thomaz cita a carta ao Sacro Colégio, de 25.09.1507.

37 Ver *Les Hommes d'affaires italiens du Moyen Age, passim.*

38 ANDRÉA DORÉ

Atlântico produtoras e exportadoras de mestres na arte dos negócios, os dois acontecimentos que tiveram lugar em 1415 teriam à frente o mesmo grupo social: a viagem de Nicolo e de seus amigos *mercatores*, de um lado, e a conquista de Ceuta e seus mentores da burguesia, de outro. Essa conclusão, no entanto, mostra-se duplamente equivocada.

Em primeiro lugar, no caso português, vale a pena enfatizar e esclarecer em que medida a leitura de António Sérgio foi criticada e superada. Como explica Luis Filipe Thomaz, no início do século XV não se verificava em Portugal uma superpopulação que exigisse a busca de novos espaços ou um crescimento econômico que justificasse a expansão geográfica, dois aspectos essenciais do chamado renascimento comercial. Além disso, o que sucedeu à conquista de Ceuta – os reinados de D. Duarte (1433-1438) e de D. Afonso V (1438-1481) – apresenta a nobreza como a grande entusiasta das conquistas no Marrocos, enquanto a burguesia mercantil se mostrava hostil.[38] Segundo esse autor, a expansão portuguesa – anterior à ação empreendida por D. João II, aclamado rei em 1481 – foi mais um "derradeiro episódio medieval que o primeiro da história moderna",[39] ou seja, foi em certo sentido uma continuidade do movimento de Reconquista.[40]

Já a política ultramarina de D. João II, no período que antecedeu a chegada à Índia, teria sido "a primeira política de expansão coerente e integrada da nossa história e da história europeia".[41] O Estado português, ao tentar dirigir as atividades comerciais nas terras exploradas, estabeleceu uma das diferenças fundamentais entre o modelo português e o italiano. Como se pode constatar no estudo da participação dos italianos nas grandes descobertas – participação esta que resultou na produção de importantes fontes utilizadas neste livro –, iniciativas pessoais de financistas, mercadores ou de homens do mar foram frequentes e superaram o envolvimento das cidades-estado italianas.

---

38 Ver Luís Filipe Thomaz. *De Ceuta a Timor*. Lisboa: Difel, 1994, p. 16-26.

39 *Op. cit.*, p. 28.

40 Vale ressaltar a distinção feita pelo próprio Luís Filipe Thomaz entre as Cruzadas dos séculos XII e XIII e a Reconquista empreendida pela Península Ibérica. Enquanto a Reconquista previa o estabelecimento de uma supremacia política, com implicações tributárias, a Cruzada, "bem mais radical" visava o extermínio dos infiéis que recusassem a conversão. Ver "A idéia imperial manuelina", p. 70.

41 Luís Filipe Thomaz. *De Ceuta a Timor*, p. 149.

SITIADOS

A presença italiana em águas infiéis já vinha de muitos séculos. O número de incursões isoladas é impossível de ser determinado, mas o certo é que não se pode afirmar que a preocupação dos estados italianos, sobretudo de Veneza, Florença e Milão (Gênova estava ligada a Milão), tenha sido a de levar adiante um projeto de conversão religiosa. O comportamento das autoridades de Veneza, por exemplo, por ocasião da quarta Cruzada (1204), deixa bem claro que o interesse da República dos Doges se fixava na questão comercial.[42]

A disputa pelo controle dos entrepostos comerciais era o que então mobilizava as cidades italianas. O procedimento mais comum era a concessão, pelo país de acolhida, de um bairro de uma importante cidade portuária para servir de entreposto aos mercadores italianos, como já havia obtido Veneza em Constantinopla na segunda metade do século XI. Assim, em Alexandria, Constantinopla, Acre e muitas outras, o mapa da cidade se dividia em colônias de mercadores de diferentes origens. As Cruzadas e a criação de estados pelos cruzados na Palestina e na Síria tiveram um papel relevante no desenvolvimento desses entrepostos. Os cruzados receberam grande ajuda econômica e militar de Veneza, Gênova e Pisa e essas cidades, depois da conquista do litoral do Levante, obtiveram como recompensa uma parte do resultado das pilhagens. Pisa recebeu seus benefícios no principado de Antióquia e no ducado de Trípoli e os venezianos e genoveses, no reino de Jerusalém.[43]

O segundo aspecto a cotejar nas iniciativas lideradas por portugueses e italianos diz respeito ao fato de que não se pode, no caso italiano, falar de um projeto de expansão mais amplo no qual estivessem envolvidos homens comuns como Nicolo di Conti. A história desse viajante

---

42 A quarta cruzada celebrizou-se por priorizar sem disfarces os interesses comerciais da Europa nos ataques aos territórios muçulmanos. A esse respeito ver o testemunho de Geoffroi de Villehardouin. *La Conquête de Constantinopla.* Ed. et tr. Edmond Faral, Paris, 1938-39. O autor negociou junto a Veneza o apoio financeiro e material para a realização da Cruzada que acabou arruinando um porto cristão rival dos venezianos. Ver também Henri Pirenne. *Storia d'Europa dalle invasioni al XVI secolo.* Roma: Orsa Maggiore editrice, 1991.

43 Veneza mantinha representantes em numerosos estados com os quais possuía relações comerciais e políticas. Além dos enviados oficiais, havia uma rede de agentes secretos e espiões que recebiam o nome de "amigos fiéis" e muitas vezes se disfarçavam de monges ou peregrinos. Ver M. Potiemkine (dir.). *Histoire de la diplomatie.* Tome Premier. Paris: Librairie de Médicis, 1953, p. 145.

pode ser considerada um exemplo da tradição de relações comerciais com o Oriente, marcada por uma série de contatos que colocam a península italiana, intermediária entre a Europa ocidental e a Ásia, como uma região na fronteira do mundo cristão.

Nas cidades italianas mais prósperas, da mesma forma que em Portugal, vê-se então a continuidade do movimento registrado no final da Idade Média. Estamos falando de cidades mercantes e a herança medieval, nesse caso, não se traduz na perseguição e expulsão dos infiéis, mas na expansão comercial. Uma outra nuança a considerar é que, se a conquista de Ceuta marcou o início de um movimento de descobertas, mesmo que não programado, a viagem de Di Conti foi apenas a retomada de contatos já estabelecidos havia quase dois séculos.

No plano político, Portugal e as cidades italianas viviam momentos bastante distintos. Aquele inaugurava um período de conquistas que acabaria por fortalecer a centralização do poder monárquico, enquanto na península italiana, ao contrário, assistia-se ao florescimento e valorização dos pequenos estados. São contudentes as afirmações registradas em importantes cidades contra o Estado imperial e centralizador. No início do século xv, Leonardo Bruni, chanceler e historiador de Florença, criticava ferozmente a Roma do tempo dos césares e lembrava que, mesmo antes do domínio dos romanos, outros estados dentro da Itália já haviam florescido e "todos eles foram sufocados sob o peso do Império Romano. Contudo, cessando depois o poder de Roma, logo começaram a se reerguer os demais estados, pois a debilitação da soberania de Roma restituiu o que o seu vigor havia tirado".[44] Bruni exaltou o Estado de pequeno porte como o ideal da burguesia urbana com uma eloquência insuperada no século xv.

Esse posicionamento político ajuda a compreender porque uma cidade como Florença, rica do ponto de vista científico e intelectual, ou Veneza e Gênova, com vasta experiência nas atividades mercantis e marítimas, não foram capazes de desenvolver um papel independente no período das grandes navegações. À ausência de uma potência política aliava-se a falta de uma força militar apta a levar adiante um programa de descoberta e de colonização autônomo. À diferença do período precedente, a expansão eu-

---

44 Citado por Eugenio Garin. *Ciência e vida civil no Renascimento italiano*. São Paulo: Unesp, 1994, p. 63.

SITIADOS

ropeia exigia a um só tempo uma potência econômica e militar, categoria na qual não se enquadrava nenhuma das cidades-estado italianas.[45]

Ao final daquele século, em 1498, quando Ieronimo da Santo Stefano partiu para a Ásia, a situação já havia se modificado em muitos aspectos, tanto em Portugal como na Itália e no Oriente. As cidades italianas que mantinham territórios controlados, os entrepostos comerciais que visavam facilitar e incrementar as transações comerciais, perdiam seu poder. Constantinopla foi perdida em 1453, Caffa, cidade às margens do Mar Negro controlada pelos venezianos, caiu em 1475, e outras cidades foram tomadas também pelos turcos otomanos ao longo do século. No Índico assistia-se então ao florescimento desse grande império, o Império Otomano, que concentrou em muitas situações a resistência aos projetos de Portugal. Já os herdeiros do império mongol de Genghis Khan, os mogóis, tiveram papel importante em vários momentos das relações entre os portugueses e os reinos da Índia, mas sua extensão e sua influência foram bem mais restritas.[46]

Ieronimo da Santo Stefano trabalhava para mercadores genoveses na Síria e partiu para a Índia acompanhado de Ieronimo Adorno. Nesse período, no entanto, os genoveses já buscavam uma via alternativa para seus investimentos. Frederic Lane considera que vencer a concorrência dos venezianos, mais experientes e organizados no comércio do Levante, pareceu difícil aos genoveses, que passaram a investir seu capital financeiro e *savoir faire* em economias em plena expansão, a saber, na Espanha e em Portu-

---

45 No caso específico de Florença, a crise política que sucedeu a morte de Lourenço, o Magnífico, se somou à crise econômica de seus homens de negócio, superados no início do século XVI pelos mercadores e banqueiros franceses, alemães e flamengos. Ver Franco Cardini. "I fiorentini e l'espansione europea". *Mare Liberum*, nº 2, 1991, p. 35 e ss.

46 Os mogules, mogores ou mogóis eram os herdeiros do império mongol, fundado por Genghis Khan na Mongólia oriental no século XIII. O império de Tamerlão, que o sucedeu, não era um império mongol. Tamerlão foi um soberano turco que tinha a seu lado um descendente de Genghis Khan para legitimar sua usurpação. Um terceiro império, o de Babur, não pôde se sustentar nos territórios antes dominados por Tamerlão na Ásia central e foi obrigado a se refugiar na Índia. Seus descendentes construíram o império dos "Grandes Mogóis". Em 1576, no auge do poder mogol sobre a Índia, os domínios se estendiam por toda a Índia setentrional, com exceção do sul da província do Sind. Ver Louis Hambis. "Les Empires mongols". In: Maurice Duverger (dir.). *Le concept d'empire*. Paris: PUF, 1980, p. 417-431.

gal.[47] Os venezianos continuaram a predominar nos mercados de Alexandria, que recebia o maior volume de pimenta, e de Damasco, na Síria, para onde iam as outras especiarias.

As viagens de Nicolo di Conti e Ieronimo da Santo Stefano

Narrativas

Comerciantes, aventureiros ou embaixadores tinham o objetivo comum de informar o leitor sobre as regiões visitadas "como prometi ao partir".[48] Os dois textos de que trata este capítulo têm, sem dúvida, a função de informar o leitor, mas duas características se destacam. Nicolo di Conti e Ieronimo da Santo Stefano não escreveram suas viagens por iniciativa própria, ou seja, não o fizeram apenas pelo prazer ou pelo interesse de divulgar notícias das Índias. Di Conti foi levado a contar suas aventuras como forma de ser perdoado pelo papa por se ter feito muçulmano por conveniência. Da Santo Stefano, por sua vez, a crer na avaliação de Roberto Lopez, como um bom genovês não era muito afeito a divulgar suas façanhas comerciais,[49] discrição agravada pelas más lembranças que guardava de sua viagem. Ele abre assim seu relato: "De nossa desventura-

---

47 Ver *Venise, une république maritime*. Paris: Champs Flammarion, 1985, p. 388.

48 Assim escreveu Andrea Corsali que viajou como enviado do papa ao rei da Etiópia em 1515. "Due lettere dall'India di Andrea Corsali (1515-1518)". In: G.B. Ramusio. *Navigazioni e Viaggi*. Torino: Giulio Einaudi editore, 1979, vol II, p. 21.

49 Sobre as diferenças nos comportamentos de florentinos, venezianos e genoveses, escreve Lopez: "Nessun mercante di Genova ci ha lasciato una relazione di viaggio o un prontuario-baedeker paragonabili al *Milione* del veneziano Marco Polo o alla *Pratica della Mercatura* del florentino Pegolotti. La ragione probabilmente risiede nella profonda differenza tra il carattere espansivo e loquace dei Veneziani e dei Fiorentini, amici della compagnia in affari come negli spassi, e l'individualismo chiuso e taciturno del Genovesi. Lungi dal raccontare i fatti propri in un libro, i Genovesi spesso tacquero la destinazione ultima dei viaggi più che ordinari fin nei contratti stesi, alla presenza del solo notaio e di pochi testimoni". In: "Nouvi luci sugli italiani in Estremo Oriente prima di Colombo", p. 347.

da viagem, ainda que em mim se renove o sofrimento, para satisfazer ao que me pedistes, contarei o que se segue".[50]

A segunda característica pode ajudar na explicação para essa ausência de entusiasmo. As viagens ocorreram antes da chegada dos portugueses à Índia. Se, de um lado, o percurso da rota do Cabo significou uma via alternativa para se atingir o Índico, de outro, provocou nos italianos, sobretudo nos venezianos, visivelmente ameaçados comercialmente, o interesse urgente de conhecer cada passo dos portugueses. No tempo dos nossos viajantes, no entanto, o sigilo era importante e ao extraordinário da viagem às Índias não se aliava a urgência em disseminar uma informação. Foi só depois de Vasco da Gama que o ritmo se acelerou e os italianos e seu monopólio no trato das especiarias foram forçados pelos acontecimentos.

O título da narrativa de Nicolo di Conti é uma prova de que houve uma ruptura nos contatos entre a Europa e a Índia, mais numerosos com a primeira onda registrada na Idade Média. Quando foi impressa em Cremona, em 1492, a primeira edição de *India recognita*, as relações entre as duas regiões – ao menos as relações tornadas públicas – foram reatadas. A história desse texto começou quando o humanista florentino, Poggio Bracciolini, redigiu em latim uma obra sobre a Índia chamada *De varietate fortunae*, que começou a circular manuscrita em 1447 ou 1448, e nela integrou o texto ditado por Nicolo di Conti.

Segundo Marica Milanesi, o quarto livro do *De varietate fortunae* teve ampla circulação em manuscritos latinos e italianos. Antes da primeira edição, feita em 1492 por Ulrico Scinzenzeler, alguns trechos já haviam sido incluídos na segunda edição do *Supplementum Chronicarum* de Jacopo Filippo Foresti, em Veneza, entre 1485 e 1486. Esses mesmos extratos foram usados num pequeno volume de compilação, *De ritu et moribus Indorum*, impresso em 1492.[51]

Em 1502, a narrativa foi traduzida para o português na edição de Valentim Fernandes intitulada *Marco Polo, Ho livro de Nycolao veneto. O trallado da carta de huum genoues das ditas terras* (este último se refere à carta de Ieronimo da Santo Stefano). Como lembra Rocha Pinto, é notável que Valentim Fernandes,

---

50 "Viaggio de Ieronimo da Santo Stefano". In: Ramusio, II-825.

51 Ver "Introduzione". In: Ramusio, II-783.

ao querer divulgar os negócios e feitos da Índia, [o faça] editando um texto do século xiii e dois do século xv, mas não qualquer relato de um viajante da rota do Cabo; repetindo um gesto automático do princípio de todo o conhecimento, fornece a matriz apriorística para o confronto com a realidade, fazendo o *Marco Polo* destacar-se como símbolo.[52]

Esse conjunto de três obras tinha a vantagem de oferecer a visão dos mais importantes rivais dos portugueses. E, ao mesmo tempo, não havendo conexão entre os espaços envolvidos – as rotas do Golfo Pérsico e do Mar Vermelho, de um lado, e, de outro do Cabo –, as narrativas revelavam a forma como os italianos chegavam às Índias.

Na introdução à edição de maior divulgação do texto de Di Conti, a coletânea organizada pelo humanista Giovanni Battista Ramusio, *Navigazioni e Viaggi*, a interpretação de que a viagem do veneziano reabria o caminho para as especiarias é endossada e admite-se o encantamento diante da "redescoberta" das Índias:

e é realmente coisa maravilhosa a considerar as ilhas e os países descritos no livro do senhor Marco Polo, o que foi já há 250 anos, e que ao presente estão sendo *reencontrados* pelos pilotos portugueses, como a ilha de Sumatra, Giava maior e menor, Zeilam, o país do Malabar e Dely e muitos outros.[53]

O texto de Nicolo de Conti publicado por Valentim Fernandes serviu a Ramusio para sua edição e foi em seguida traduzido para várias línguas. Entre as edições modernas estão a da Hakluyt Society (Londres, 1857) e a de Mario Longhena, de 1929.

Poggio Bracciolini, para quem foi ditada a narrativa, era um legítimo representante do humanismo italiano. Junto com Coluccio Salutati, Leonardo Bruni e Bartolomeo Scala, esse florentino confirmou que a cátedra mais importante do Humanismo inaugurado por Petrarca, a retórica, dei-

---

52 *A viagem. Memória e Espaço*. Lisboa: Livraria Sá da Costa Editora, 1989, p. 148.

53 "Discorso sopra il viaggio de Nicolo di Conti veneziano". In: Ramusio, ii-786. Grifo nosso.

SITIADOS

xava a universidade para se instalar no Pallazo dei Signori de Florença.[54] Seu interesse pelas aventuras de Di Conti corresponde à curiosidade comum entre os humanistas italiano em relação às navegações portuguesas e a outros mundos desconhecidos já propostos pela cultura clássica. Como explica Carmem Radulet, "o fluxo de informações sobre as empresas ultramarinas reforça nos humanistas a convicção de que o homem moderno é capaz de ir além dos valores da Antiguidade".[55]

A presença de Bracciolini como "redator" poderia implicar alguns problemas para o exame do texto. No entanto, não se pode estar seguro de que o mesmo problema, ou seja, saber de quem exatamente é a informação ali contida ou a imagem utilizada para descrever determinado aspecto, não se apresenta nos outros textos da época, supostamente de autoria do próprio viajante. Em outros textos compilados por Ramusio, verifica-se "a falta de 'respeito' pela integridade do texto, visto como documento. A manipulação do texto, a glosa, o 'melhoramento' formal e/ou do conteúdo são operações perfeitamente aceitáveis ou até impostas pela mentalidade da época",[56] comenta Radulet. Os editores faziam o que fosse preciso para tornar a obra mais atraente: cortes e enxertos, divisão arbitrária em capítulos, inclusão de trechos de outras obras. Seja como for, qualquer dado ou descrição que integre o texto fazia parte dos conhecimentos disponíveis na Itália de meados do século xv. Nada impediu, no entanto, como afirma Marica Milanesi, que o humanista Bracciolini incluísse na narrativa suas próprias noções geográficas, tiradas de Plínio e Ptolomeu.[57] Ainda sobre essa questão, é relevante salientar que o compilador pode ter exercido a função de traduzir as informações do viajante para a retórica da época. Como afirma Luciana Stegagno Picchio, "sempre existe uma retórica, isto é, uma norma codificada de época, de escola ou de disciplina, que preside à apresentação de qualquer produto do engenho humano". Assim, a

---

54 Cf. Eugenio Garin, *op. cit.*, p. 25. O primeiro capítulo traz um panorama da Florença humanista: "Os chanceleres humanistas da república florentina, de Coluccio Salutati a Bartolomeu Scala", p. 21-56.

55 Carmem Radulet. *Os descobrimentos portugueses e a Itália*. Lisboa: Vega, 1991, p. 43.

56 *Idem*, p. 47.

57 Ver "Introduzione". In: Ramusio, p. 783.

46 ANDRÉA DORÉ

leitura desse texto, como dos que virão a seguir, implica conhecer esta convenção e fixar sua cronologia.[58]

Além do conhecimento geográfico, Bracciolini recuperou da Antiguidade a preocupação com a veracidade do que era relatado, considerando a importância do testemunho daquele que participou dos eventos, como ensinava Heródoto, Tucídides ou Luciano de Samósata. Ao concluir o texto, Bracciolini afirma que quis escrever as aventuras de Nicolo di Conti com toda verdade e diligência, "assim como por ele me foram ditas, não acrescentando nem diminuindo, mas exprimindo tudo o melhor que pude, observando as ordens e os preceitos daqueles que escrevem histórias".[59] O redator também atesta a credibilidade do viajante ao enfatizar que este falava com gravidade e prudência e de nenhuma forma parecia que quisesse fingir, mas se reconhecia que tudo contava com sinceridade e realidade.

Ao finalizar, é o humanista florentino quem manifesta seu interesse pelo que foi dito e sua utilidade como fonte de conhecimento: "e estas coisas assim grandes e admiráveis são dignas de serem escritas, a fim de que os que nos sucederem o saibam e delas tenham conhecimento".[60] E é justamente o que farão os editores seguintes. Em sua coletânea, Ramusio afirma que o editor flamengo Valentim Fernandes se aventurou na tradução e edição do texto de Nicolo di Conti a pedido do rei D. Manuel, a quem dedicou a obra. Ramusio cita parte da dedicatória de Valentim Fernandes ao rei:

> Eu me dispus a traduzir esta viagem do veneziano Nicolò [...] conhecendo o grandíssimo serviço que resultará à Vossa Majestade, advertindo e informando seus súditos sobre as coisas das Índias, ou seja, quais cidades e povos que são dos mouros, e quais são idólatras, e da grande utilidade e riqueza das especiarias, joias, ouro e prata que possuem; e acima de tudo para con-

---

58 "A literatura de viagens e o diálogo ítalo-português. Postilas a um Colóquio". *Mare Liberum*, nº 2, 1991, p. 89.

59 "Viaggio di Nicolò di Conti veneziano, scritto per messer Poggio fiorentino". In: Ramusio, II-820. Sobre os elementos fundamentais da historiografia da Antiguidade e sua retomada no Renascimento, ver Arnaldo Momigliano. *As raízes clássicas da historiografia moderna*. Bauru: Edusc, 2004, p.53-84 e François Hartog. *Os antigos, o passado e o presente*. José Otávio Guimarães (org). Brasília: Editora Universidade de Brasília, 2003, p.11-96.

60 *Idem.*

solar a atribulada mente de Vossa Majestade, que manda as suas caravelas em tão longa e perigosa viagem visto que nesta viagem de Nicolò se fala particularmente de outras cidades da Índia, além de Calicute e Cochim, que já ao presente temos descoberta [...]. E esta foi a principal razão de me ter imposto o esforço desta tradução por ordem sua.[61]

O texto de Di Conti se divide em duas partes. Na primeira é descrita a viagem propriamente dita, as cidades por onde passou, os meios de transporte utilizados, os produtos comercializados. Na segunda faz-se uma descrição, em alguns casos minuciosa, dos homens encontrados – seus rituais religiosos e o comportamento das mulheres –, da fauna e da flora.

A fim de falar dos diferentes costumes no interior do subcontinente, a Índia, para o viajante, compreende três regiões. A primeira parte se estende da Pérsia ao rio Indo; a segunda vai do Indo ao Ganges; e a terceira está além do Ganges. Sobre essa terceira uma importante informação introdutória: "e esta é a melhor, a mais rica e mais civil, porque no viver, no seu governo e costumes são semelhantes a nós".[62] Ieronimo da Santo Stefano também se orienta por uma divisão semelhante. Ao falar de Calicute ele a localiza na "Índia alta",[63] também denominada Índia superior. A geografia ocidental, até o final da época clássica, distinguia a Ásia meridional em duas ou três Índias separadas pelos rios Indo e Ganges e que tinham definições que variavam com os geógrafos.

A carta de Ieronimo da Santo Stefano normalmente é publicada como apêndice ao texto de Di Conti. Ramusio, como Valentim Fernandes, reuniu as duas narrativas, utilizando a edição portuguesa do texto de Da Santo Stefano. O texto original é conservado na Biblioteca Universitaria de Bologna e foi publicado em 1905 por Mario Longhena (*Il texto originale del viaggio de Girolamo Adorno ecc.*). O documento, apesar de bastante sucinto, deixa mais clara ao leitor a forma como os negócios eram realizados nos principais portos da Índia do final do Quatrocentos. O relato de sua viagem, marcada por desastres constantes e um completo fracasso como resultado, nos permite compreender me-

---

61 "Discorso sopra il viaggio de Nicolò de Conti veneziano", p. 786.

62 "Viaggio di Nicolò di Conti", p. 808.

63 "Viaggio de Ieronimo da Santo Stefano...", p. 826.

lhor as dificuldades de uma aventura desse tipo, e supor que um bom número de viagens semelhantes ocorreram e tiveram o mesmo fim.

Itinerários

Antes da descoberta da rota do Cabo da Boa Esperança, três eram os itinerários básicos para se chegar às Índias e ao Catai partindo da Europa. As intenções do viajante, aliadas à ou prejudicadas pela situação política vigente, definiam o roteiro a seguir.

O itinerário mais curto para a China era o que seguia pelo centro do continente asiático. Ao chegar à Pérsia após a viagem pelo interior do Mediterrâneo ou do Mar Negro, os mercadores atravessavam o deserto do Kirman, o altiplano do Pamir, a bacia do Lopnor e o deserto de Gobi, de onde alcançavam a Grande Muralha e Pequim. Essa rota passava por algumas das principais cidades da Ásia Central, como Merv, Samarkanda, Kashgar e Yarkand. Mas ela também era marcada por grandes dificuldades do relevo: desertos, montanhas e o altiplano mais elevado do mundo.

O outro itinerário era o setentrional, descrito por Pegolotti em *Pratica della Mercatura*. Esse trajeto começava na Crimeia e prosseguia quase que em paralelo ao central para com ele convergir no final. Era o caminho mais longo mas o mais seguro. A ausência de obstáculos naturais – com exceção de grandes rios, e ao final, o deserto de Gobi – tornava-o mais interessante para aqueles que não tinham negócios a tratar na Pérsia ou no Turquestão.

O terceiro itinerário, seguido por Nicolo di Conti, era a rota tradicional do Golfo Pérsico com algumas variações. Esse trajeto seguiu Alexandre, o Grande, em suas conquistas. Foi ainda em parte o mesmo trajeto feito por Marco Polo no momento de voltar da corte de Kublai Khan para Veneza. Para aqueles que pretendiam chegar à China, porém, esse itinerário era o mais longo.[64] Ele se desenvolvia quase que inteiramente por mar, partindo eventualmente do Mar Vermelho – no caso de Ieronimo da Santo Stefano –, ou do Golfo Pérsico em direção ao Oceano Índico e depois ao longo da costa da Índia, da Indochina e da China. Desde a Antiguidade, o custo dos transportes marítimos, a possibilidade de navegação à vela com as monções, e o fato de que no Índico todo o percurso se fazia ao longo de

---

64 Ver Roberto S. Lopez, *op. cit.*, p. 343 e ss.

costas ricas e habitadas, fizeram com que esta fosse a rota preferida pelos mercadores dos estados helênicos e do Império Romano, pelos persas e pelos árabes e, mais tarde, pelos italianos.

Os roteiros das viagens, no entanto, não eram rígidos e no caso de Di Conti, particularmente, aproveitou-se tanto o contato com as cidades da costa do Oceano Índico como com aquelas localizadas ao longo dos rios Eufrates e Ganges. Fato pouco comum, entre os viajantes conhecidos pelo menos, ele percorreu o interior do país. Essa prática, que caracterizou as viagens à Ásia durante a baixa Idade Média – pensa-se sobretudo nas viagens dos missionários e diplomatas enviados à corte mongol –, deixava de ser adotada e seria praticamente abandonada no início do século XVI, com a chegada dos portugueses e o estabelecimento de pontos de contato na costa que interessavam tanto aos ocidentais quanto aos habitantes da região. A Ásia que se faz conhecer nos séculos XV e XVI é fundamentalmente aquele dos entrepostos comerciais e dos *carrefours* de mercadores das mais diversas procedências.

Vida e viagem

Muito pouco se sabe a respeito de nossos viajantes. Nicolo Di Conti nasceu em Chioggia, próximo a Veneza, provavelmente em 1395, como escreve Marica Milanesi na introdução à reedição de Ramusio, e acrescenta: "mercador de profissão, se converteu ao Islã e com a família viajou ao Oriente entre 1415 e 1439".[65] Ao voltar ao Cairo, em Carras, faleceram sua mulher e duas filhas, e talvez no mesmo ano de seu retorno foi encontrado nesta mesma cidade pelo frade Alberto da Sarteano e por ele persuadido a retornar à pátria. Foi então levado ao papa Eugênio IV e perdoado por ter abjurado desde que relatasse a Poggio Bracciolini, *cancelliere*, a narrativa de suas viagens. Di Conti retornou em seguida a Chioggia onde há documentos que atestam ter exercido sua profissão até a morte, em 1469.

Sobre sua conversão, esse acontecimento crucial, tanto para o sucesso de sua viagem como para a própria existência de seu relato, não há muitas informações. A viagem se iniciou em Damasco, na Síria, mas a frequência de italianos nessa região, provavelmente, levou o viajante, assim como

---

65 "Introduzione". In: Ramusio, II-783.

quem escreveu suas aventuras, a poupar o leitor de informações já então conhecidas referentes ao trajeto de Veneza a Baldacco (Bagdad, antiga Babilônia), a primeira cidade descrita.

Navegando pelo rio Eufrates e seguindo por terra ele chegou ao Golfo Pérsico, ao porto de Calcum e depois a Ormuz. Sua conversão deve ter ocorrido em Calazia, uma cidade localizada depois de Ormuz em direção à Índia e que marca, na trajetória de Di Conti, a fronteira entre o Ocidente e o mundo das especiarias. Segundo afirmou a Bracciolini, ali ele permaneceu por algum tempo "a aprender a língua persa, da qual depois muito se valeu".[66] O fato de mencionar o aprendizado de um idioma a fim de facilitar os negócios não é muito comum entre os viajantes narradores. Essa menção pode ser atribuída à preocupação do redator, um humanista curioso dos conhecimentos que pudessem advir de qualquer empreendimento.

Em toda a narrativa, o único momento em que se pode localizar sua conversão é quando trata dessa cidade. O texto não a explicita e parece maquiá-la sob um compromisso realizado entre amigos. Não é muito difícil supor as razões desse eufemismo. Bracciolini, como secretário do Papa, não poderia incluir entre seus textos de divulgação, por sua vez chancelados pela Igreja, informações obtidas junto a um apóstata. Ele simplesmente escreve, em seguida à menção ao estudo da língua persa:

> e da mesma forma se vestiu dos hábitos daquele país, os quais usou todo o tempo de sua peregrinação. Depois, com alguns companheiros persas e mouros fretaram uma nave, porém tendo antes feito entre si solene juramento de serem fiéis e leais companheiros.[67]

Ramusio também é bastante lacônico em sua introdução. Ele afirma que Nicolo, "para livrar a vida foi forçado a renegar a fé cristã mas, uma vez de retorno, precisou apresentar-se ao sumo pontífice para ser absolvido".[68] Segundo Ramusio, a narração de sua viagem teria sido a penitência imposta pelo Papa.

---

66 "Viaggo di Nicolò di Conti", p. 790.

67 *Idem*, p. 790.

68 *Idem*, p. 785.

Sobre a vida de Ieronimo da Santo Stefano as notícias são ainda mais escassas. A única fonte é realmente sua carta. Sabe-se que viajou com Ieronimo Adorno como enviado de mercadores genoveses instalados na Síria. Sua carta é endereçada a Giovan Iacobo Mainer, provavelmente o financiador da viagem, e nos permite reconstruir com mais clareza a ordem dos acontecimentos.

Os dois comerciantes partiram do Cairo, onde compraram corais e outros produtos tencionando chegar à Índia. Depois de percorrerem o Mar Vermelho, driblando a interdição dos mamelucos aos mercadores cristãos – não se fala neste caso de conversão, como Di Conti, ou de disfarce, como se verá no caso de Lodovico de Varthema –, eles seguiram de Adem por mar para a Índia, para o porto de Calicute. Dali navegaram para a ilha de Zeilan (Ceilão). Partiram depois para a costa do Coromandel e ali ficaram sete meses.

Embarcaram em seguida numa nau para a cidade de Pegu. O objetivo era ir a uma cidade próxima, Ava, grande produtora de rubis e outras pedras preciosas, mas uma guerra entre dois senhores locais não permitiu a viagem. Durante um ano e meio esperaram que a guerra terminasse e nesse período, em 26 de dezembro de 1496, morreu Ieronimo Adorno, e seu corpo foi enterrado numa igreja em ruínas, como afirma na carta, sem que se possa identificar de que templo se trataria, tendo em vista a ausência de cristãos no Golfo de Bengala.

Ieronimo da Santo Stefano viajou então com seus produtos para Malaca. No caminho ancorou na ilha de Sumatra onde vendeu tudo o que trazia, trocou por seda e benzuí e embarcou para voltar a Cambaia, no litoral norte da Índia. O mau tempo o levou às ilhas de Maldivar onde o reteve por seis meses. Ao deixar as ilhas, uma tempestade de cinco dias fez o barco afundar e Ieronimo se salvou agarrado a um pedaço de madeira. Em Cambaia encontrou mercadores mouros de Alexandria e Damasco e junto com eles, a serviço de um mercador, foi a Ormuz. Depois de entregar as mercadorias, partiu por terra com um grupo de armênios e persas. Chegando à Pérsia, integrou uma caravana com destino a Siras, e de lá, passando por várias cidades chegou a Alep. Neste último trecho a caravana foi assaltada e roubaram o que ele trazia.

Ao concluir a carta, escrita em Tripoli em 1º de setembro de 1499, ele atribui essa sucessão de desgraças aos seus pecados, tópica frequente em todos os relatos, mas não descarta certa responsabilidade do destino: "mas quem pode lutar contra o destino".[69] Em sua prosaica conclusão se pode entrever a disputa que dividia os homens de seu tempo sobre o que movia as ações humanas, a *virtù* ou a *fortuna*. Maquiavel defenderia a primeira, mesmo que seu pensamento construísse uma noção muito particular de virtude. Seu colega Francesco Guicciardini, por sua vez, também florentino e também um conselheiro das coisas do estado, apostaria no papel decisivo desempenhado pela *fortuna*, pelo destino e sua inevitabilidade.

Portos e cidades no caminho das especiarias

Não é possível estabelecer com precisão o trajeto seguido pelos viajantes, apesar de, no caso de Ieronimo da Santo Stefano, a série de desastres facilitarem essa tarefa. Muitas vezes a escrita segue o curso das lembranças, ou os critérios do compilador, quando se pensa no trabalho de Bracciolini. Assim sendo, sem considerar rigorosamente a ordem em que foram visitadas, vamos nos deter nas cidades em si.

Se, como já mencionado, o objetivo desse capítulo é identificar, na prática já vigente no Oriente, o roteiro de cidades que seria frequentado pelos portugueses, a descrição das viagens deveria começar por Calicute, primeira localidade indiana conhecida pela frota de Vasco da Gama. Antes dessa cidade, contudo, quando se trata de atingir a Índia pelo Golfo Pérsico ou pelo Mar Vermelho, poucas são as variações no itinerário. Di Conti a descreve na viagem de retorno e Santo Stefano durante o caminho para atingir a Índia. Pela sua importância nas relações entre os portugueses e os reinos indianos, Calicute será tratada a seguir. Os portos e cidades citados pelos dois viajantes italianos foram posteriormente, em algum momento, mencionados pelas fontes portuguesas. Para se ter uma ideia da similaridade dos interesses, o que viria a se refletir nos roteiros, utilizamos primordialmente o relato anônimo atribuído a Álvaro Velho referente à primeira viagem de Gama.[70] Ao final do texto, o autor relaciona alguns reinos ao sul de

---

69 "Viaggio de Ieronimo da Santo Stefano...", p. 830.

70 Duas edições foram utilizadas, uma recentemente publicada no Brasil: *O descobrimento das Índias. O Diário da viagem de Vasco da Gama*. Rio de Janeiro: Objetiva, 1998, que traz o texto em português moderno e no original. A outra edição é a organizada por Carmem

Calicute a partir de informações obtidas, segundo explica, de um homem que falava português e havia trinta anos deixara Alexandria. Tratava-se de Gaspar da Índia, ou da Gama, um judeu que em seguida converteu-se ao cristianismo e acompanhou Vasco da Gama de volta a Portugal.[71]

Ao deixar a Europa em direção à Ásia, já em terras de infiéis, eram inevitáveis as referências a dois portos: o de Adem e o de Ormuz. O primeiro está localizado no extremo sul da península arábica, quase à saída do Mar Vermelho e o outro à saída do Golfo Pérsico. Nicolo di Conti cita Ormuz apenas como uma pequena ilha do dito Golfo.[72] Adem é descrita durante o retorno, de onde se conclui que ao atingir a Índia seguiu pelo Golfo Pérsico e ao retornar, pelo Mar Vermelho. É uma "uma nobre e rica cidade",[73] com belos edifícios. Já Santo Stefano partiu do Cairo – logo, pelo Mar Vermelho – e seu trajeto incluiu Adem, um porto de tráfico intenso onde o senhor da terra "é tão justo e bom, que penso com nenhum outro senhor infiel se possa comparar".[74]

Os portugueses nunca chegaram a conquistar Adem. Afonso de Albuquerque cercou a cidade em 1513, mas uma tropa confusa e sem comando fracassou ao tentar entrar. No momento dessa expedição, o governador geral percorreu o Mar Vermelho e fez minuciosas descrições ao rei D. Manuel. Ormuz teve sua fortaleza atacada sem sucesso por Afonso de Albuquerque em 1507 e foi finalmente conquistada em 1514.

Antes de chegar a Adem, Ieronimo da Santo Stefano passou pela ilha de Mazua, próximo à lendária terra do Preste João. Afonso de Albuquerque,

---

Radulet, cujas notas foram de grande valia: *Vasco da Gama. La prima circumnavigazione dell'Africa (1497-1499)*. Reggio Emilia: Diabasis, 1994.

71 A respeito deste controverso personagem, ver Silvana Silvério. "Gaspar da Índia". In: João Paulo Oliveira e Costa (org.). *Descobridores do Brasil*. Lisboa: Sociedade Histórica da Independência de Portugal, 2000, p. 225-253 e Juan Gil. "Europeos en la India a la llegada de los Portugueses". In: Rui M. Loureiro & Serge Gruzinski. (coords.). *Passar as fronteiras*. Lagos: Centro de Estudos Gil Eanes, 1999, p. 232-236. Depois de ser levado a Portugal por Vasco da Gama, Gaspar frequentou várias vezes a rota do Cabo. Voltou à Índia com Pedro Álvares Cabral, com Gama, em 1502, e com o primeiro vice-rei, D. Francisco de Almeida.

72 "Viaggio di Nicolò di Conti", p. 790.

73 *Idem*, p. 807.

74 "Viaggio de Ieronimo da Santo Stefano...", p. 825. Trata-se de Abdul Uehhab, sultão de Adem.

numa carta a D. Manuel datada de 4 de dezembro de 1513 em que contou a frustrada tentativa de tomar Adem, a chamou Meçuá: "tem o lugar povoado de mouros, de mui boas casas e mui formoso lugar: não há aí água nele senão de cisternas; é mui bom porto de todos os ventos".[75] Ele também identificou que o porto do Preste João estava defronte a esta ilha.

Na costa da Índia propriamente, vemos surgirem no texto nomes de portos e cidades com os quais em breve estaremos familiarizados e que serão adulterados pela crônica portuguesa. No norte, Cambaia é a próxima cidade citada por Di Conti, também mencionada por Santo Stefano em sua viagem de retorno. Cambaia correspondia ao Golfo de Cambaia, ocupado pelo sultanato do Guzerate (Guzarate ou Gujarat),[76] mas devido a um importante porto chamado Cambaiete, a região ficou conhecida como Reino de Cambaia. Neste reino, os portugueses construiriam, mais tarde, fortalezas em Baçaim e Diu. Di Conti relata que ali se encontrava a pedra preciosa chamada sardonia, mas suas considerações se fixam ao que pode haver de mais exótico: a prática funeral de queimar vivas as esposas no fogo em que é cremado o marido. Esse ritual hindu é retomado várias vezes ao longo do texto e todos os viajantes encontram oportunidade de citá-lo.[77]

Em direção ao interior do país 300 milhas, Di Conti chegou a Bisinagar (Vijayanagar), poderoso reino hindu que os portugueses chamarão Bisnaga. Menciona, em seguida, a ilha de Zeilam (Ceilão para os portugueses, atual Sri Lanka). Nem ele nem Santo Stefano tratam de localidades específicas da ilha. Sua importância estava nas pedras preciosas – rubis, safiras, olho de tigre – e na canela, que ali nascia em grande quantidade. A preo-

---

75 *Cartas para el-Rei D. Manuel I*. Selecção, prefácio e notas de António Baião. Lisboa: Livraria Sá da Costa Editora, 1942, p. 199.

76 Esse sultanato foi fundado em 1396 foi Muzaffar I, descendente de Rajputes, cujos antepassados foram convertidos ao Islão. Manteve-se até 1572, quando o sultão Muzaffar III foi vencido pelo imperador mogol Jalauddin Muhammad Acbar. Ver "Guzerate", de Sanjay Subrahmanyam. *Dicionário de História dos Descobrimentos Portugueses*, vol. I, p. 480-483.

77 Trata-se do costume, em sânscrito chamado "*sati*", em que a mulher se lança no fogo junto com o corpo do marido ou logo após a sua morte. Este costume possivelmente está ligado à antiga crença de que o homem precisava de suas companheiras na vida após a morte. A prática foi abolida na Índia sob o domínio britânico em 1829, mas há registros de que ela ocorreu por mais trinta anos. Ver, a respeito, Catherine Weinberger-Thomas. *Cendres d'immortalité. La crémation des veuves en Inde*. Paris: Seuil, 1996.

cupação em descrever a árvore da canela está presente nos dois relatos e esse cuidado se repete nas narrativas de quase todos os viajantes italianos no Oriente no século XVI. Di Conti conta que as folhas "são semelhantes às do louro, porém maiores".[78] Da Santo Stefano, também ao chegar a ilha de Zeilam, a descreve como uma "grande ilha", na qual nascem as árvores da canela "que são semelhantes ao louro, assim com a folha".[79] A presença portuguesa no Ceilão iniciou-se em 1518, quando Lopo Soares de Albergaria mandou erguer a primeira fortaleza em Columbo, a cidade mais importante do reino de Cota e de toda a ilha. Além desta, outras sete edificações, entre fortalezas e fortes foram construídos. O nome Ceilão (Ceylam) já consta do relato atribuído a Álvaro Velho.[80]

No roteiro de Santo Stefano, trata-se em seguida de contornar a costa oriental da Índia, a Costa do Coromandel, onde o viajante também não particulariza a geografia, dizendo apenas que chegou a um "lugar chamado Coromandel", onde nascem as árvores do sândalo vermelho.[81] Nesta costa, que o texto português identificará como o reino de Chomandarla, estão Negapatan e Meliapor, que os portugueses batizaram de São Tomé de Meliapor.

Atravessando o Golfo de Bengala, chegava-se a Pegu (no relato português figura como Bemguala e o reino é o de Peguo[82]), na Índia chamada "a baixa",[83] no atual Miamar. Pegu e Ava, distantes uma da outra quinze dias de viagem por terra, foram duas cidades muito importantes e bastante citadas. A sua fama como produtoras de rubis e outras pedras preciosas as colocou no roteiro de muitos viajantes europeus. O joalheiro veneziano Cesare Fedrici para lá seguiu em sua viagem à Ásia nas décadas de 1560 e 70 e seu conterrâneo, o nobre Gasparo Balbi, fez o mesmo na década seguinte.

Di Conti esteve em Ava, e não pareceu interessado nas pedras preciosas – ou achou mais prudente não divulgá-las –, mas mencionou os prazeres a que se dedicavam os habitantes com as mulheres jovens em tabernas espalhadas pela cidade. Seguindo pelo rio de mesmo nome em direção ao

---

78 "Viaggio di Nicolò di Conti", p. 792 e ss.

79 "Viaggio de Ieronimo da Santo Stefano...", p. 826s.

80 *O descobrimento das Índias*, p. 189.

81 "Viaggio de Ieronimo da Santo Stefano...", p. 827.

82 Ver *O descobrimento das Índias*, p. 190.

83 "Viaggio de Ieronimo da Santo Stefano...", p. 827.

mar, chegou ao reino de Pegu, do qual descreve outros produtos mas também não menciona as pedras. Já Santo Stefano impedido de ir a Ava, como já mencionado, permaneceu em Pegu, onde morreu seu companheiro de viagem Ieronimo Adorno. Partiu depois numa embarcação para Malaca e chegou à ilha de Sumatra (a fonte portuguesa fala de Camatarra[84]), provavelmente no porto de Pase.[85] Os portugueses chamariam este porto, no extremo norte da ilha, de Pacém, ou Pasai, e nele construiriam um forte, abandonado em 1524. L. F. Thomaz explica que, por sua posição estratégica, era uma ótima escala para a navegação entre Malaca e a Índia, além de escoadouro de uma importante zona produtora de pimenta.[86] Apesar de muçulmano, Pacém não era hostil aos portugueses, e logo em 1509 entrou em sua esfera de influência. Aceh, grafado também Atjeh, Acheh ou Achem, era um sultanato vizinho, também grande fornecedor para os portugueses de pimenta, produzida no local, e cravo, macis e noz-moscada, importadas da Insulíndia Oriental. Na segunda metade do século XVI dominava a maior parte de Sumatra e, por mais de uma vez, o sultão de Achem ameaçou expulsar os portugueses de Malaca.

Em Sumatra, Di Conti permaneceu um ano.[87] Ele não fornece dados precisos, pois de ouvir-dizer relata hábitos canibais e afirma que todos na ilha são idólatras. Seguiu dali por mar para uma cidade chamada Ternassari, onde encontrou muitos elefantes e "verzino", ou seja, pau-brasil. O relato atribuído a Álvaro Velho a chama Tenacar e repete essas informações: o rei seria capaz de reunir dez mil soldados e 500 elefantes de guerra e em seu país

---

84 *O descobrimento das Índias*, p. 189.

85 O autor das notas da edição de Ramusio organizada por Marica Milanesi identifica o local descrito pelo viajante com esse porto, governado por um príncipe muçulmano independente. Ver "Viaggio de Ieronimo da Santo Stefano...", p. 828.

86 L.F. Thomaz, *op. cit.*, p. 359.

87 A ilha de Sumatra é identificada em alguns mapas com a Taprobana da Antiguidade, identificação que faz também Di Conti em seu relato. A Taprobana, no entanto, corresponde à ilha do Ceilão, atual Sri Lanka. "Viaggio di Nicolò di Conti", p. 793. Carmem Radulet explica que ao tempo de Vasco da Gama, o nome da mítica Taprobana, grafada Tambapanna ou Tambapanni, do sânscrito *Tamraparni* já não era mais usado, tendo sido substituído por Simhala, em árabe, Sílán. Ver *Vasco da Gama. La prima circumnavigazione dell'Africa (1497-1499)*, p. 154.

SITIADOS

havia pau-brasil em grande quantidade. Tanaçarim ou Tenasserim era uma importante cidade do atual Miamar, junto de um rio do mesmo nome.

Di Conti cita as ilhas de "Giava minore e maggiore", ou seja Java e Bornéu. Não é certo, no entanto, que ele as tenha visitado. Em direção ao levante, estavam as ilhas de Sandai e Bandan. Trata-se do arquipélago de Sonda e a ilha de Banda, que então produzia noz e macis. Depois, em direção ao poente, chegou à cidade de Coloum, na província do Malabar. É a Coleu do relato anônimo,[88] a mesma Coilun de Marco Polo, chamada pelos ingleses Quilon, atual Kollan. Três dias depois chegou a Cochim, na boca do rio Colchan, que viria a ser uma importante cidade para os portugueses, sua primeira aliada contra Calicute.

O texto de Nicolo di Conti menciona ainda da ilha de Zocotera (Socotorá). Segundo o viajante, "a maior parte dessa ilha é habitada por cristãos nestorianos".[89] A comunidade cristã da ilha, já naquele tempo, era pouco mais do que uma lembrança. Este porto constará das primeiras intenções dos portugueses de domínio do comércio no mar da Arábia. Construindo uma fortaleza na ilha, eles acreditavam poder controlar o escoamento das especiarias para a Europa, barrando a entrada do Mar Vermelho. A primeira parte do relato de Di Conti, que diz respeito à viagem propriamente, termina com uma breve referência aos portos de Barbora e *Zidem*, ambos no Mar Vermelho, e à cidade de Carras, no Egito. Ieronimo da Santo Stefano, por sua vez, conclui sua desastrosa viagem citando Maldivar, uma referência às Ilhas Maldivas à sudoeste do Cabo Comorim, Ormuz e finalmente Alepo (Alep).

---

88 *O descobrimento das Índias*, p. 189.

89 "Viaggio di Nicolò di Conti", p. 807. Sobre essa ilha ver o detalhado artigo de Zoltán Biedermann. "*Nas pegadas do apóstolo*. Socotorá nas fontes européias dos séculos XVI e XVII". *Anais de história de além-mar*. I. Lisboa, 2000, p. 287-386. Os nestorianos se separaram da comunhão católica em torno do ano 498, ao adotar a doutrina de Nestório que defendia a dupla personalidade de Cristo, doutrina esta condenada pelo concílio ecumênico de Éfeso, de 431.

Calicute: "*qui nasce pevere*"

No texto de Di Conti se encontra a primeira referência de um europeu ao potencial comercial do porto de Calicute, com o qual a Europa vai sonhar a partir de então. "Neste país nasce grande quantidade de pimenta",[90] sentencia, e igualmente o fará Ieronimo da Santo Stefano: "Aqui descobrimos que nasce a pimenta e o gengibre".[91] Mesmo depois da chegada dos portugueses, quando o porto passou a ter outros predicados bastante importantes, como o foco da resistência à presença europeia encarnada na política do Samorim, os italianos de passagem não deixariam de lembrar sua maior riqueza, quase com as mesmas palavras.

O porto do Malabar, junto com Cochim, localizado duzentos quilômetros ao sul, ganhou importância a partir de modificações físicas ocorridas na região. A cheia do rio Periyar, em 1341, havia provocado o declínio de Cranganor, localizada ao norte, em benefício de Cochim. Invadido pelo lodo, o velho porto de Eli foi abandonado, sendo substituído pelo de Cananor algumas décadas antes da chegada dos portugueses. Essas alterações fizeram de Calicute o principal porto, cuja prosperidade foi determinada por três fatores: a segurança de suas águas, onde os piratas não se aventuravam; uma organização rigorosa, que protegia os mercadores estrangeiros contra negociações fraudulentas; e a proteção oficial que o soberano hindu oferecia às instituições islâmicas.[92] A fortuna do porto do samorim, como explica Luís Filipe Thomaz, deveu-se ao comércio praticado pelos muçulmanos, que desde o início do século XIV estabeleceram no Índico uma "verdadeira talassocracia islâmica".[93]

De todas as partes do Oriente atraídos a Calicute, os muçulmanos ali exerciam funções administrativas e fazia parte do acordo com o soberano

---

90 "Viaggio di Nicolò di Conti", p. 806.

91 "Viaggio de Ieronimo da Santo Stefano...", p. 826.

92 Geneviève Bouchon. "L'Océan Indien à l'époque de Vasco da Gama". In: *Mare Liberum*, nº 1, 1990, p. 74.

93 "Calecute", de Luís Filipe Thomaz. *Dicionário de história dos descobrimentos portugueses*, vol. I, p. 162. O nome do rei de Calicute, Zamorin ou Samorin pode ser originário da família nair, Tamuri, à qual pertencia o soberano, ou do termo malaialam Samutiri, que quer dizer "senhor".

não intervir no sistema de castas hindu e se abster do consumo de carne bovina. O Samorim, por sua vez, se comprometia a proteger as mesquitas e as residências muçulmanas e não permitia que se consumisse carne de porco. Os muçulmanos possuíam sua própria justiça, mas só ao Samorim cabia decidir pela pena de morte. Geneviève Bouchon salienta o principal privilégio desses mercadores: eles usufruiam do poder sobre o mar, uma vez que este seria impuro para os hinduístas ortodoxos. Assim, "se o rei governava sobre seu território, os mercadores tinham, com pleno direito, a iniciativa da guerra marítima e toda latitude para conquistar territórios além-mar".[94] Essa separação de poderes, conclui Bouchon, foi mal percebida pelos portugueses e esteve na origem de muitas desavenças com os soberanos da Índia.

Di Conti esteve em Calicute durante sua viagem de retorno e a descreveu como uma cidade à beira-mar com oito milhas de circuito, "a mais nobre cidade da Índia, em tráfico e mercadoria".[95]Além da pimenta, a cidade produzia laca, gengibre, canela grossa e mirabolano (espécie de ameixa usada na fabricação de unguentos). Ao descrever os costumes do local, Di Conti deixa claro que não se tratava de uma cidade de cristãos; as mulheres podiam ter vários maridos e a elas cabia determinar quem era o pai de seus filhos. Em um outro momento ele chega a afirmar que toda a Índia era habitada por idólatras.

Ieronimo da Santo Stefano, trinta e seis dias de navegação depois de Adem, chegou a Calicute e pôde rapidamente perceber a religião predominante: "O senhor desta dita terra é idólatra, e assim todo o povo: adoram ou um boi ou o sol, e da mesma forma muitos ídolos feitos por eles".[96] Mais adiante ele informa que na cidade há cerca de mil casas de cristãos. Fala de alguns costumes, como cremar os mortos e não comer carne bovina, o direito das mulheres de terem vários maridos e os homens que não se casavam com mulheres virgens. É curioso que nenhum dos dois viajantes tenha tratado da presença dos muçulmanos no Malabar, cuja chegada ao Índico datava do século VIII e eram, na verdade, com quem se realizava o comércio.

---

94 Geneviéve Bouchon, *op. cit.*, p. 74.

95 "Viaggio di Nicolò di Conti", p. 806.

96 "Viaggio de Ieronimo da Santo Stefano...", p. 826.

Mesmo antes da edição da narrativa de Di Conti em Portugal, em 1502, suas informações poderiam já ter chegado a Lisboa. Dessa forma, Vasco da Gama, ao partir para a Índia em julho de 1497 já deveria conhecer seu destino. É pouco provável que o comandante português e sua tripulação tenham lido o texto do veneziano de Chioggia, mas a celebridade do porto onde "*nasce pimenta*",[97] como descrito no mapa-múndi de Fra Mauro, de 1459, já se havia espalhado entre mercadores e navegadores de Portugal e da Itália. Mesmo entre a nobreza pode-se supor sua leitura, tendo em vista que Poggio Bracciolini tinha, em 1448, projetos para a realização da biografia do Infante D. Henrique, o que sugere uma relação estreita entre o Infante e o redator da narrativa. Neste período, Bracciolini chegou a escrever-lhe uma carta na qual louvava suas viagens e o encorajava a prosseguir na luta contra os infiéis e na exploração marítima.[98] Além disso, as descrições de Nicolo di Conti podem ter alimentado as motivações de D. João II ao enviar Afonso de Paiva e Pêro da Covilhã por terra com destino às Índias, em 1488. Afonso de Paiva não teve sucesso na sua viagem, mas Covilhã, pelo que indicam fragmentos de seu relato ao rei, chegou a visitar Calicute e, assim, a importância do porto era conhecida antes da viagem de Gama.[99]

A título de conclusão deste capítulo, vale destacar dois aspectos referentes aos textos examinados em suas relações com a ação portuguesa. As cidades italianas, principalmente Veneza e Florença, já cultivavam nos

---

97 No mapa-múndi feito por Fra Mauro em 1459 a pedido de D. Afonso V, uma das legendas sob a cidade de Calicute dizia: "Qui nasce pevere". Ver Jean Aubin, "Préface". *Voyages de Vasco da Gama*, traduzidas e anotadas por Paul Teyssier e Paul Valentin. Paris: Editions Chandeigne, 1995, p. 59. Sobre a influência desses relatos de viagem na produção cartográfica, ver Angelo Cattaneo. "Scritture di viaggio e scrittura cartografica. La mappamundi di Fra Mauro e i racconti di Marco Polo e 'Niccolò' de Conti". *Itineraria*. III-IV, 2005, p. 157-202.

98 A menção a esse interesse de Bracciolini que evoca uma relação entre o humanista e o Infante é feita por Rafael Moreira. "Cultura material e visual". In: Francisco Bethencourt e Kirti Chaudhuri (dir.). *História da Expansão Portuguesa*. Lisboa: Círculo de Leitores, 1998, vol. II, p. 466. Luís Filipe Thomaz menciona a carta do humanista, em "A evolução da política expansionista portuguesa na primeira metade de Quatrocentos", p. 126. A respeito das informações disponíveis na Europa sobre a Ásia durante o século XV e sobre sua circulação, ver Franco Cardini. "I fiorentini e l'espansione europea", p. 31-36.

99 Sobre essas viagens por terra e seus resultados, ver António Alberto Banha de Andrade. *Mundos Novos do Mundo*. Lisboa: Junta de Investigações do Ultramar, 1972, p. 191-196.

séculos XV e XVI uma forte tradição ligada à edição de textos, e produziram, pelas mãos de homens comuns, um grande número de documentos sobre a expansão portuguesa. Ao mesmo tempo, no entanto, o fato de terem acesso a informações acumuladas desde a Antiguidade sobre o Oriente, fez com que, em muitos casos, a tradição se perpetuasse em prejuízo da precisão e da própria realidade geográfica. Algumas descrições de Di Conti, como as da cidade de Quinsai, do Cataio (a China) ou de Cambaluc – dele ou de Bracciolini –, têm sua origem no texto de Marco Polo e assim tratam de localidades de 150 anos antes, que Di Conti nem chegou a visitar. A existência de uma imagem de certos povos e regiões serviu em alguns casos de guia para o olhar do viajante e impediu a percepção de coisas novas. Na ânsia de encontrar e confirmar o que outros já haviam visto e descrito, perdia-se a oportunidade de corrigir e atualizar informações, como também se verifica em relatos produzidos no século XVI tratados no capítulo terceiro.

Ao percorrer os roteiros dos viajantes e cotejá-los com aquele que mais tarde abrigaria os estabelecimentos portugueses, verificamos que os portos e cidades se repetem de forma surpreendente. Priorizando o relato anônimo da primeira viagem de Vasco da Gama, atribuído a Álvaro Velho, a análise indicou que, mesmo não tendo sido visitadas pelos integrantes dessa primeira expedição, várias cidades importantes no momento da viagem de Di Conti permaneceram como locais de referência para a aquisição de especiarias no final do século XV. Da mesma forma, os estudos que tratam dos locais onde os portugueses construíram suas feitorias e, em seguida, as fortalezas, demonstram que esse roteiro não foi alterado substancialmente.

Capítulo II

O reino intramuros:
uma estratégia de fixação no território

"Nem tanto ao mar, nem tanto à terra"[1]

"DE ÛA PARTE NOS CERCA O MAR, de outra temos muro em os reinos de Castela".[2] Assim Eanes Gomes Zurara, cronista dos feitos portugueses na costa africana no século XV, descrevia a situação de Portugal que precedeu o movimento de expansão. Foram duas derrotas consecutivas: a da intervenção portuguesa em Castela sob D. Fernando I (1367-1383) e a da intervenção castelhana em Portugal no reinado de D. João I (1385-1433). Um reino cercado, poder-se-ia dizer, cuja única saída parecia ser o mar. Se esta imagem é acertada, podendo figurar entre as muitas razões do impulso marítimo português, ela se mostra ainda mais nítida quando deslocamos a análise para as cobiçadas praias do Oceano Índico quase um século mais tarde. Depois de percorrerem toda a costa da África e virtualmente dominar todo o comércio praticado de Ormuz a Malaca, era assim que se configurava a situação dos portugueses na

---

1 Esse provérbio, que aconselha a evitar os excessos, circulava em Portugal desde, pelo menos, 1721. Ele foi incluído por Raphael Bluteau em seu *Vocabulario Portuguez & latino* (Lisboa: Pascoal da Sylva, 1721, p. 43) e por Frilel em *Adágios, provérbios, rifãos e anexis na Língua Portugueza*. (Lisboa: Typografia Rollandiana, 1780, p. 157). Não se pode descartar, no entanto, a possibilidade de que antes mesmo do século XVIII a oposição entre mar e terra presente no provérbio constasse do imaginário do período das descobertas.

2 *Crônica de Ceuta*, cap. VI. *Apud* Luís Filipe F. R. Thomaz. *De Ceuta a Timor*. Lisboa: Difel, 1994, p. 58.

maior parte das praças ocupadas: cercados de um lado pelo mar e de outro pela hostilidade dos africanos e dos reinos asiáticos.

Da chegada de Vasco da Gama a Calicutee, em 1498, a 1622, ano em que uma aliança anglo-persa dominou Ormuz apontando para o declínio do poder luso na Índia, os portugueses construíram ou controlaram entre 67 e 77 fortes e fortalezas às margens do Oceano Índico, nas costas orientais da África, ocidentais e orientais da Índia, na Ásia do sudeste e no Extremo Oriente.[3] Nenhum povo que tenha se aventurado em explorações e conquistas – holandeses, espanhóis, ingleses ou franceses – chegou próximo desta façanha.

Esse número de edificações é o resultado de uma conjunção de fatores, ligados a aspectos materiais e mentais que constrangiam as decisões e os comportamentos dos homens no contexto da expansão portuguesa e, em seguida, europeia. Sérgio Buarque de Holanda, em *Visão do Paraíso*, ao oferecer a "biografia de uma ideia migratória" – a saber, a do Paraíso Terrestre, que se deslocou da Ásia e da África para o Novo Mundo – não descarta a possibilidade de que as ideias, consideradas como fruto dos modos de produção adotados por determinada sociedade, podem também deslocar-se para áreas onde as condições sejam diferentes, e assim antecipar e estimular estas mesmas condições. "Ora – propõe –, assim como essas ideias se movem no espaço, há de acontecer que também viajem no tempo, e porventura mais depressa do que os suportes, passando a reagir sobre condições diferentes que venham a encontrar ao longo do caminho".[4] Essa interpretação das relações entre condições materiais e imateriais é sugestiva também para a compreensão da dinâmica portuguesa no Oceano Índico – literalmente – e em suas margens.

A predileção pelo litoral manifesta pelos portugueses, seja no Brasil – posterior espaço de efetiva colonização portuguesa –, seja na Ásia, seja na África nos primeiros dois séculos de contatos, pode ser analisada, não

---

3 Ver José Manuel Garcia. "Breve roteiro das fortificações portuguesas no Estado da Índia". In: *Revista Oceanos*, nº 28, outubro/dezembro, 1996, p. 121-126; e o quadro 'Fortalezas portuguesas construídas no mundo antes de 1700', publicado em "A administração da Coroa". In: Francisco Bethencourt & Kirti Chaudhuri (dir.). *História da expansão portuguesa*. Lisboa: Círculo de Leitores, 1998, vol. 1, p. 402.

4 Sérgio Buarque de Holanda. *Visão do paraíso. Os motivos edênicos no descobrimento e colonização do Brasil*, 6ª ed. São Paulo: Brasiliense, 1994, p. 18.

apenas com base nas condições materiais que se lhes apresentaram, mas considerando igualmente o tipo humano envolvido na expansão, na forma como o compreendeu Holanda. A abundância de pau-brasil no litoral, primeira riqueza ao alcance da mão encontrada no Brasil, assim como a rota das especiarias concentrada nos portos do Índico, foram realidades que estimularam os portugueses a estabelecer uma política compatível com um modelo de exploração baseado em feitorias fortificadas ao longo da costa.

Os portugueses teriam exercido, na avaliação de João Rocha Pinto, "a perspectiva do navegador", em detrimento do olhar do caravaneiro. A cultura portuguesa estruturou-se como "uma cultura que olha do mar, com um horizonte visual proporcionado pela amurada ou pela gávea de uma nau".[5] Os portugueses olhavam do mar, segundo Luciana Picchio, porque era onde se sentiam superiores. Num artigo sobre as diferentes visões de portugueses e italianos diante da expansão, Picchio afirma que "a especial atenção às águas dos portugueses – além de seus conhecimentos específicos – pode dever-se ao fato de viverem numa risca de terra à beira do Atlântico e como que esmagados pela Espanha e pela Europa, e só se sentirem em pé de igualdade ou até de superioridade no oceano". Dessa forma os portugueses "sofrem de mal de terra. As terras incutem mais medo, com seus cafres e suas costas de penhascos, do que as águas com as suas fúrias e os seus corsários".[6]

M.N.Pearson salienta, no entanto, que não se deve ver os portugueses apenas como "intrépidos marinheiros". No século xv, eles eram, na sua maioria, camponeses que nada sabiam acerca do mar e não dependiam dele economicamente.[7] Essas leituras nos parecem, porém, muito mais complementares do que contraditórias. Seria mais prudente considerar que, acuados pela hostilidade de Castela, os portugueses foram se familiarizando com o mar, e desenvolveram práticas e instrumentos mais eficientes para enfrentar o Mar Tenebroso. Muito mais abrangentes, as considerações de Luís Filipe Thomaz, apresentadas num texto hoje clássico, apontam um conjunto de fatores a motivar a expansão portuguesa. Não uma causa úni-

---

5   João Rocha Pinto. *A viagem. Memória e Espaço*. Lisboa: Livraria Sá da Costa, 1989, p. 85s.

6   Luciana Stegagno Picchio. "A literatura de viagens e o diálogo ítalo-português. Postilas a um colóquio". In *Mare Liberum*, nº 2, 1991, p. 95.

7   M.N. Pearson. *Os portugueses na Índia*. Lisboa: Teorema, 1990, p. 24.

ca ou predominante, mas várias: instrumentais, como o desenvolvimento da marinha e do comércio marítimo, o legado da civilização árabe, com ênfase na utilização da vela latina e no saber astronômico, a posição geográfica, a centralização do poder régio, a unidade religiosa e linguística; causas finais, como o desejo de contrabalançar a distante, porém, crescente pressão turca nos Bálcãs, de encontrar o Preste João e as fontes de ouro do Sudão e a prevenção de uma possível conquista castelhana no Marrocos, o que cercaria Portugal. Estariam ainda entre essas causas, fatores ideológicos, como a ideia de cruzada e a influência do espírito franciscano e da filosofia aristotélica, pela qual se exacerbava o interesse pelo real e o concreto. E, finalmente, causas materiais, pelas quais a expansão portuguesa pode ser vista como desdobramento de um crescimento comercial do Ocidente, registrado a partir do século XI.[8]

Nas crônicas e nos estudos sobre a expansão portuguesa, no entanto, são numerosas as referências à intimidade dos portugueses com o mar, em contraste com certo desinteresse pela territorialidade. O navio era um prolongamento do território português: representava o Reino em qualquer mar por onde andasse. Vasco da Gama, em sua segunda viagem à Índia, optou por não sair do navio para encontrar as autoridades locais, e Pedro Álvares Cabral, ao chegar a Calicutee, exigiu cinco fidalgos como reféns em sua nau para desembarcar, entre inúmeros outros exemplos.[9] A nau, terreno sagrado para os portugueses, jamais seria desarmada, afirma Sérgio Buarque de Holanda, como fizera Cortés ao chegar à Nova Espanha para aproveitar o lenho nas construções de terra firme. Ele salienta a facilidade das comunicações por via marítima ou fluvial – menosprezada pelos castelhanos – como "o fundamento do esforço colonizador de Portugal".[10]

Os registros existentes são reveladores neste sentido. A inscrição deixada nos rochedos de Ielala, a 150 quilômetros da foz do Zaire, atingidos por Diogo Cão em 1483 ao penetrar no território até onde o volume das águas

---

8 Sobre as diferentes causas da expansão portuguesa e a inserção do capitalismo "como um enxerto" nesta expansão, Luís Filipe Thomaz. *De Ceuta a Timor,* p. 1-42.

9 A respeito dessa exigência de Cabral, ver Alexandra Frade. "Os escrivães da armada de Pedro Álvares Cabral". In: João Paulo Oliveira e Costa (org.). *Descobridores do Brasil.* Lisboa: Sociedade Histórica da Independência de Portugal, 2000, p. 423.

10 Ver Sérgio Buarque de Holanda. *Raízes de Brasil,* 10ª ed. Rio de Janeiro: José Olympio, 1986, p. 70-71.

SITIADOS

permitiu, sentencia: "Aqui chegaram *os navios* do esclarecido Rei Dom Joam o Segundo de Portugal D.º Campº Anes pº da Costa".[11] O navio encarnava a própria potência do reino português. No rio Zaire, não foi preciso aos portugueses descer da nau para travar os primeiros contatos com o reino do Congo e ali ter uma experiência de missionação que não se repetiu com a mesma envergadura, nem na África, nem na Ásia.[12]

O governador da Índia, Afonso de Albuquerque, encorajado pela sugestão do mercador hindu Timoja, defendeu a tomada de Goa, por necessitar de uma capital administrativa que não se circunscrevesse à área da fortaleza, mas tivesse um importante suporte em terra. Ao justificar a D. Manuel sua escolha, ele descrevia de que forma a ocupação de Goa mudaria a visão que os "mouros" tinham dos portugueses. Ele afirmava que a resistência dos indianos em negociar ocorria por verem os portugueses

> mui desapegados na Índia e que não fazíamos fundamento da terra, [...] porque até agora não viram eles assento na Índia a que tivessem acatamento, senão a Goa, nem nos houveram por vizinhos e moradores perpétuos na Índia [e nos tem] como homens que esperávamos de a deixar cedo.[13]

---

11 Grifo nosso. Uma réplica dessa inscrição se encontra no Museu da Marinha, em Lisboa. Sobre a chegada no reino do Congo, ver Julieta M. A. de Almeida Araújo & Ernesto J. Oliveira dos Santos. "Os portugueses e o reino do Congo. Primeiros Contatos". *Missionação Portuguesa e Encontro de Culturas*. col. 1. Braga: Universidade Católica/ CNCDP, 1993, p. 637-659.

12 No filme de Werner Herzog, *Aguirre, a cólera dos deuses* (1973), é interessante notar que o "imperador" coroado pelos rebeldes liderados por Aguirre, acuado em uma balsa improvisada, percorre o rio "tomando posse" das terras. A embarcação como espaço seguro e representativo do poder da Coroa apresentado pelo diretor poderia ilustrar, igualmente, o quadro português no Índico.

13 Afonso de Albuquerque. *Cartas para el-Rei D. Manuel I*. Selecção, prefácio e notas de António Baião. Lisboa: Livraria Sá da Costa Editora, 1942. Carta de 1º de dezembro de 1513, p. 126. Sobre as estratégias de Albuquerque, ver Victor Luís Gaspar Rodrigues. "Da Goa de Albuquerque a Goa Seiscentista: aspectos da organização militar da capital do 'Estado da Índia' ". *Revista Militar*. Vol 51 do II Século. Lisboa, 1999, p. 59-92.

Albuquerque, ao defender que o sucesso da empreitada portuguesa na Índia dependia da fixação de bases sólidas em terra, enfrentava uma forte corrente em Portugal adepta de um "império flutuante",[14] vincado na exploração marítima somente. Esse "desapego" foi defendido por homens de confiança do rei mais de vinte anos depois. Conforme verificou Russell-Wood, numa carta escrita em Goa, provavelmente em 1539, o vice-rei D. João de Castro enfatizava que

> em nenhuma maneira os Portugueses deviam adentrar um só palmo pela terra dentro da Índia, porque nenhuma outra coisa sustenta a paz e conserva em amizade os Reis e Senhores da Índia, senão crerem e terem por muito averiguado que somente nos contentamos do mar, e que nenhum propósito nem maginação reina em nós de lhe cobiçarmos suas terras.[15]

A mesma preocupação registrou-se em relação ao Brasil. O primeiro governador-geral, Tomé de Sousa, trazia em seu regimento proibição expressa de realização de trocas ou comércio terra firme adentro sem licença especial do governador ou do provedor-mor da fazenda real. Assim como ocorreu na Índia, não se podia ir "de huas capitanias para outras por terra sem licença dos ditos capitães ou provedores posto que seja por terras que estãm em paz para evitar alguns enconvenientes".[16] Nas questões militares, como nas decisões políticas, o poderio marítimo era privilegiado. Lopo de Sousa Coutinho, testemunha ocular do cerco sofrido pelos portugueses em Diu em 1538, durante o vice-reinado do mesmo D. João de Castro, lamentou a falta de prática dos portugueses em atacar e derrubar muralhas:

---

14 A ideia de um império flutuante está presente em Teotónio de Souza. *Goa medieval*. Lisboa: Teorema, 1993, p. 171 e é também expressa por Luís Filipe Thomaz ao considerar D. Francisco de Almeida, "um vice-rei flutuante, governador de um Estado sem território, com o convés da sua nau por capital". *De Ceuta a Timor*, p. 213.

15 *Apud* A.J.R Russell-Wood. "Fronteiras de integração". In: Francisco Bethencourt e Kirti Chaudhuri (dir.). *História da Expansão Portuguesa*. Lisboa: Círculo de Leitores, 1998, vol. I, p. 250.

16 "Regimento de Tomé de Sousa". *Apud* Sérgio Buarque de Holanda. *Raízes de Brasil*, p. 66.

SITIADOS

O Governador partiu-se ao outro dia para Diu, & foi surgir pouco mais de meia légua da cidade aos quatro dias de fevereiro. E ali ordenou o modo da bataria: a qual havia de ser por mar [...] porque até este tempo nunca em a Índia os nossos tinham batido muro: & eram tão pouco destros nisso, como se pode ver pelo modo que aqui tiveram.[17]

Podemos imaginar também com que espírito pouco afeito a edificações de muros chegaram a Diu em 1547 os reforços vindos de Goa que traziam, além dos soldados, "marinheiros pera ho acarretar de pedra".[18]

Os portugueses sentiam-se à vontade no mar ou próximo dele. O viajante florentino Andrea Corsali relata que o interesse dos portugueses se concentrava no litoral. Nos primeiros anos do século XVI, escreveu ao duque Juliano de Medici afirmando que pretendia ficar algum tempo nas Índias para "percorrer o interior da terra firme e comparar com as latitudes os nomes antigos que deu Ptolomeu às localidades com os modernos que hoje estão". Seu conhecimento era, então, impreciso, já que "estes Portugueses não se ocupam de entender das coisas da terra firme, porque seu lucro está no mar e não na terra".[19] Essa avaliação seria confirmada quase um século depois por Felipe II ao recomendar a construção de galeões e navios de alto bordo, já que "sem elles se não poderá conservar o senhorio do mar, em que consiste todo o poder d'esse Estado".[20] A conclusão do rei Habsburgo é ainda mais significativa porque a exploração e a colonização espanhola foram desde o início, na América ou nas Filipinas, voltadas para a ocupação das terras do interior, e porque a constatação de que o poder

---

17 Lopo de Sousa Coutinho. "Livro primeiro do cerco que os turcos poseram a fortaliza de Diu". In: Diogo Barbosa Machado (coord.). *Notícia dos cercos heroicamente sustentados pelos portuguezes nas quatro partes do mundo*, Tomo 1. Coimbra: por João Alvarez, imprimidor da Universidade, 1561, livro I, cap. 3.

18 António Baião (ed.). *História quinhentista (inédita) do segundo cerco de Dio*. Coimbra: Imprensa da Universidade, 1927, p. 71.

19 "Due lettere dall'India di Andrea Corsali". In: G. B. Ramusio. *Navigazioni e Viaggi*. Torino: Einaudi, 1979, vol. II, p. 37.

20 Carta de Felipe II a D. Martim Affonso de Castro, em 18.01.1607. *Documentos remettidos da Índia ou Livro das Monções*. Direção de Raymundo Antonio Bulhão Pato. Lisboa: Typographia da Academia Real das Sciencias, 1884, t. I, p. 95.

estava no mar é posterior a projetos pontuais – e fracassados – de expansão territorial por parte dos próprios portugueses. Projetos com pretensões territoriais chegaram a existir ainda durante o reinado de D. Sebastião e podem ser vistos justamente como "um desejo de defesa e compensação" diante de certo declínio do poder naval português.[21]

Uma vez no mar, o navio e, na falta deste, o litoral, era o espaço de eleição. Frei Vicente de Salvador poderia assim ter escrito sobre a Índia, e com mais razão, sua clássica afirmação a respeito dos portugueses no Brasil, que, até o século XVII, viveram "arranhando as costas como caranguejos".[22] As especificidades dos continentes americano e asiático parecem ter só mais tarde alterado a postura dos portugueses. Se Frei Vicente exagerava em 1627, já que os portugueses naquele momento avançavam para o interior, Sérgio Buarque também atribui ao Brasil o que, na realidade, ocorreu na Índia ao concluir que "mesmo em seus melhores momentos, a obra realizada no Brasil [e diríamos, na Ásia] pelos portugueses teve um caráter mais acentuado de feitorização do que de colonização".[23]

Os textos produzidos por viajantes italianos, como se verá no capítulo seguinte, confirmam que os portugueses, ao longo do século XVI, estiveram presentes em todas as importantes cidades da costa indiana. Pode-se dizer, igualmente que os portugueses *só* estiveram presentes nas cidades da costa. Cochim, no Malabar, e Chaul, Baçaim e Damão, no Guzerate representariam, mais tarde, além de Goa, iniciativas de ampliação do território de domínio. Essa concentração no litoral chegou a valer aos portugueses o apelido de "*battiplajas*, que quer dizer varre-praia", atribuído, segundo Filippo Sassetti, por um negro ao se referir ao fato dos portugueses não entrarem um palmo terra adentro.[24]

---

21 Luís Filipe Thomaz. *De Ceuta a Timor*, p. 217.

22 *Apud* Sérgio Buarque de Holanda. *op. cit.*, p. 73.

23 *Idem*, p. 74 e ss. Para um panorama das fortalezas construídas no Brasil, ver Carlos Lemos. "O Brasil". In: Rafael Moreira (direção de). *História das fortificações portuguesas no mundo*. Lisboa: Alfa, 1989, p. 355-272 e Anibal Barreto. *Fortificações do Brasil*. Rio de Janeiro: Biblioteca do Exército, 1958.

24 Carta a Bernardo Davanzati. Cochim, 22.01.1586. In: Filippo Sassetti. *Lettere dall'India (1583-1588)*. A cura di Adele Dei. Roma: Salerno Editrice, 1995, p. 165. O autor escreve "scopaliti", que traduzo aqui por "varre-praia".

Sitiados

É certo, no entanto, que alguns aspectos concretos corresponderam a essa predisposição dos portugueses de não enfrentar a terra firme. Este capítulo pretende apontar algumas razões que levaram Portugal a traduzir sua presença no Oceano Índico na construção de fortalezas pela costa; de que forma essa decisão se aplicou ao longo do século XVI; quais teriam sido seus mentores e que oposição enfrentou. Essa prática esteve na base de uma *dominação cercada*, ou seja, uma dominação restrita a um espaço rigorosamente delimitado, capaz de se manter pela força militar. Esse espaço representou todo um projeto, uma utopia, do qual se tentou afastar as impurezas, do plano social e religioso, e no qual se semearam anseios cristãos e ocidentais bastante rigorosos. A pressão que esse espaço sofreu foi tanto externa quanto interna e variou no decorrer do tempo. Assim, os portugueses se concentraram em pontos fortificados na costa, sempre com o risco de conflito com os habitantes, ou com inimigos estrangeiros, o que não raro se concretizou.

Esses aspectos concretos que permitiriam a manutenção de praças na costa estão ligados, em primeiro lugar, a uma cultura das fortificações, florescente nos séculos XV e XVI na Europa, sobretudo na Itália, e que diz respeito à estratégia de defesa militar e controle de territórios. Um segundo aspecto, igualmente formal, foi a experiência já obtida na África, tanto no norte como na costa da Mina, onde os portugueses se mantiveram próximos ao litoral com a construção de fortalezas e não puderam, num longo primeiro momento, se envolver com as populações locais além do necessário para a realização do comércio.

A contribuir fortemente para essa situação houve um terceiro elemento: a organização dos reinos asiáticos. Às margens do Oceano Índico se encontravam, à época da chegada de Vasco da Gama, uma sequência de cidades mais ou menos autônomas, sultanatos independentes, como Quíloa, Ormuz, Calicutee, Malaca. Como explica Geneviève Bouchon, devido aos obstáculos naturais e ao mau estado das estradas, os portos eram, com frequência, mais ligados entre si do que às principais cidades do país aos quais eles pertenciam.[25] Esse fator tornava o modelo inicialmente eficaz, uma vez que atendia aos objetivos da exploração comercial. Conforme sintetiza Hernâni Cidade,

---

25 Ver Geneviève Bouchon. "L'Ocean Indien à l'époque de Vasco da Gama". *Mare Liberum*, nº 1, 1990, p. 73.

> Castanheda, como os humanistas Barros e Góis, como Osório ou Lucena, que são padres, como Camões, que é poeta, entende, com Afonso de Albuquerque que, perante o ódio religioso e a rivalidade astuta dos mouros, como perante a versatilidade dos indígenas que com eles se bandeiam, uma cousa é muito necessária: ser amado e temido; tomar rija vingança de qualquer cousa que estes renegados façam; e, para o conseguir, boas fortalezas e muita gente de cavalo, muita artelharia e boas armas.[26]

Na pena de homens de armas e de letras, a cultura das fortificações aliou-se a uma leitura da realidade encontrada na Ásia. Capazes de enfrentar duas forças, a dos asiáticos e a dos estrangeiros, assim como garantir a integridade de um espaço ocidentalizado, as fortalezas pareciam a todos o modelo mais adequado.

A cultura das fortificações

Por toda a Europa foram construídos fortes, castelos fortificados, fortalezas, cidades amuralhadas. A crise feudal do século xv não eliminou os senhores que as financiavam. Os complexos defensivos, mais ou menos sofisticados, continuaram sendo abundantes nas regiões de fronteira e imprescindíveis nas cidades-estado italianas. O pintor e iluminurista Francisco de Holanda, protegido de D. João iii, e por este enviado a cidades italianas para completar seus estudos, escreveu que "não há nenhuma, desde a ínclita e nobilíssima cidade de Roma até a menor fortaleza de Civita Castelana, que não tenha um forte castelo ou fortaleza, a que eles chamam Roca, donde se recolham e defendam do inimigo no tempo da guerra".[27] A própria definição de cidade passava, assim, como o foi desde os antigos, pela existência de muralhas.

Os séculos xv e xvi viveram, na esteira das manifestações do Renascimento, a valorização e o incremento das técnicas de fortificação. A grande

---

26 Hernani Cidade. *A literatura portuguesa e a expansão ultramarina.* vol. i. Lisboa: Divisão de Publicações e Biblioteca - Agência Geral das Colónias, 1943, p. 66.

27 Francisco de Holanda. *Da Fábrica que Falece à cidade de Lisboa.* Introdução, notas e comentários de José da Felicidade Alves. Lisboa: Livros Horizonte, 1984, p. 17 [fl. 16v].

SITIADOS

invenção nessa matéria foi o baluarte, suporte da moderna artilharia de fogo. A chamada *frente abaluartada* consistia num conjunto de dois ou mais baluartes contíguos que permitiam tiros frontais e flanqueantes, cobrindo uma vasta área à sua frente. A partir desse momento foi possível falar em "fortaleza" e não mais em "castelo" medieval, sendo seu melhor exemplo a obra de Poggio Imperiale, construída entre Florença e Siena em torno de 1482 pelo engenheiro Giuliano da Sangallo. A partir da Torre de Belém (1516-1519), que traz o primeiro baluarte construído em Portugal, deixou-se de construir castelos medievais, utilizando-se então os termos fortaleza ou fortificação. Entre a fortificação medieval e a abaluartada ou moderna – caracterizada por muros baixos e espessos, com merlões e canhoneiros, e o desaparecimento dos torreões, das ameias e da torre de menagem medieval – teve-se, no reinado de D. Manuel, as fortalezas de transição, nada mais do que uma adaptação da fortaleza ao desenvolvimento da artilharia pirobalística do período. O marco final da transição pode ser identificado na Fortaleza de São Brás de Ponta Delgada, de 1552, sendo que, no além-mar, a passagem se deu de forma mais lenta, com fases intermediárias.[28]

A arte de construção de uma cidade e de seu aparato de defesa deu origem, nesse período, a muitos estudos que, invariavelmente, encontravam nos gregos sua fonte primordial, sendo os italianos especialistas na matéria. A fortaleza mais simples, quando se pretendia obedecer às regras arquitetônicas desse tipo de construção, possuía cinco baluartes, o que lhe dava a forma de uma estrela. Galasso Alghisi da Carpi, autor de um tratado sobre fortificações dedicado ao imperador Maximilano II e publicado em 1570, é taxativo ao afirmar que uma verdadeira fortaleza não se fazia "ao acaso e sem medida & proporção".[29] Ele inicia seu livro descrevendo uma fortaleza com cinco baluartes acompanhada de um desenho calculado milimetricamente, e assim segue até a fortaleza com 21 baluartes – um tratado de geometria, uma imagem belíssima que dificilmente encontraria alguma possibilidade de ser executado.

---

28 Para essa discussão, ver Rafael Moreira. "Caravelas e baluartes". A *arquitetura militar na expansão portuguesa*. Lisboa: CNCDP, 1994, p. 85 e António Lopes Pires Nunes. O *castelo estratégico português e a estratégia do castelo em Portugal*. Lisboa: Direção do Serviço Histórico Militar, 1988, p. 54-62.

29 *Delle fortificationi*. s.d. 1570, p. 47, para esta e as duas citações seguintes.

O que pode parecer preciosismo ele justifica como a essência de uma arte bastante complexa, em que nada é aleatório. O desenho serviria:

> para mostrar as proporções geométricas de um baluarte com o outro, & das cortinas entre si, cuja proporção se pode facilmente compreender mediante as ditas linhas, porque por essas se vê como os ângulos do baluarte são iguais entre si, e como entre si são iguais os ângulos exteriores e interiores das cortinas, e entre si são iguais as faces dos baluartes & também entre si as faces das cortinas & da mesma forma entre si são iguais os flancos dos baluartes [...].

Sem obedecer a essas linhas e proporções, o resultado eram as fortalezas que então se via, "que realmente podem ser chamadas de monstruosas, e sem nenhuma razão, ou medida de Arquitetura ou de Geometria".

Girolamo Maggi editou em Veneza, em 1583, o livro *Della Fortificatione delle Città*. Ele se baseou nos gregos, em Aristóteles e Platão, para discorrer sobre os princípios da existência e defesa da cidade. Para Aristóteles, a cidade devia ser feita num local que não permitisse que fosse facilmente assaltada. Platão defendia que, se o projeto era construir uma cidade real, ducal ou uma metrópole, ela deveria ser colocada *no interior* do país, e ter ao redor, pelo menos, três cidades.[30] A arte que ficou conhecida como fortificação era chamada pelos gregos de Hercotectônica, e é dela que trata Mathias Dagen em seu livro *L'Architecture militaire moderne ou Fortification*, de 1648. A Aerotectônica, por sua vez, dizia respeito ao ataque e o combate, podendo ser Poliorcética e Antipoliorcética, ou seja, ofensiva ou defensiva. Nesta obra, o autor privilegia as fortificações porque os homens devem ter maior cuidado consigo e com o que lhes pertence, ao invés de atacar o que não lhes pertence.[31]

A maior parte dos senhores da Itália fez e manteve fortalezas. O império por excelência, no entanto, o Império Romano, não tinha nas fortificações sua principal estratégia. Maggi afirma que os romanos nunca edi-

---

30 Ver Girolamo Maggi. *Della Fortificatione delle Citta*. Venetia: Camillo Bogominiccio, 1583, fls. 3 e 4.

31 Cf. Mathias Dagen. *L'Architecture militaire moderne ou Fortification*. Amsterdan: Louys Elzevier, 1648, p. 1.

SITIADOS

ficaram uma fortaleza para manter um território em seu poder, apesar de terem se servido de algumas já existentes. Ele explica que "a potência dos romanos era tão grande e espantosa aos olhos de todas as nações, que não era preciso meter outro freio aos povos além daquele do temor",[32] além de terem contado, com frequência, com exércitos e reis aliados.

Se, como afirma Carlo Theti, um outro especialista do século XVI, a função da fortaleza era fazer com que poucos pudessem se defender de muitos,[33] faz sentido que os romanos não precisassem delas e, ao mesmo tempo, explica como os portugueses puderam manter-se no Índico com tão poucos homens. Mas neste caso específico, junto com as grandes navegações surgiram novos conceitos ligados à defesa militar. Lembra Pedro Dias que, enquanto na Europa estabeleceu-se "uma rede articulada de fortificações uniformemente estendida pelo território, nas possessões do Além-Mar a vastidão e isolamento dos pontos estratégicos impôs a construção de fortalezas autossuficientes, sem o apoio táctico de defesas satélites".[34] A realidade do cerco, porém, contradiz essa autossuficiência. Se analisarmos apenas os cercos impostos a Diu, veremos que o reforço de homens e armas oferecido por outras praças foi decisivo para o desfecho dos conflitos.

Em Portugal, os tratados italianos mais correntes foram o *Quattro libri* (1554), de Maggi e Castriotto, e *L'Architettura* (1567), de Pietro Cataneo. Mas, também de autoria de portugueses, foram numerosos os textos sobre guerra e fortificação no século XVI, como os trabalhos de Isidoro de Almeida, *Das instruções militares*, publicado em Évora em 1574 e a *Arte da Guerra do Mar*, do padre Fernando Oliveira, lançado em Coimbra em 1555. Data do mesmo período a criação das Aulas e Escolas destinadas a desenvolver o conhecimento científico visando o estudo das artes navais, da cartografia e da engenharia militar, normalmente abrigadas em instituições religiosas de ensino. As bases desse novo ensino foram justamente as traduções de tratados e a contratação de professores no exterior, assim como o envio de portugueses para estudar com os mestres. Somente em meados do século

---

32 Girolamo Maggi, *op. cit.*, fl. 14.

33 Ver Carlo Theti. *Discorsi delle fortificationi, espugnationi & difese delle città, & d'altri luoghi*. Venetia: Apresso Francesco de Franceschi Senese, 1589, fl. 3.

34 Pedro Dias. "As fortificações portuguesas da cidade magrebina de Safi". *Revista Oceanos*, nº 28, outubro-dezembro, 1996, p. 9.

XVII assistiu-se a uma relativa autonomia e secularização no ensino das artes militares em Portugal, quando se criou a Aula de Fortificação e Arquitetura Militar, em 1647. Um dos responsáveis por esta Aula foi o engenheiro-militar português Luís Serrão Pimentel, autor de uma obra fundamental para a formação dos engenheiros portugueses: *O Método Lusitânico de Desenhar as Fortificações das Praças Regulares e Irregulares*, de 1680. Já no reinado de D. Sebastião, no entanto, talvez pelo fôlego que as preocupações do soberano com a organização dos homens de armas deram à matéria, acontecia o ensino teórico da fortificação ministrado no Paço da Ribeira pelo arquiteto-mor António Rodrigues.[35]

Fora de Portugal, nas praças do Oriente, não se tem notícias desse gênero de ensino. No Brasil, por sua vez, as Aulas de Fortificação foram criadas no final do século XVII, primeiro em Recife e depois em Salvador, no Rio de Janeiro e em São Luís. Esperava-se, assim, formar profissionais que atendessem às necessidades técnicas da ocupação do território brasileiro, suprindo a demanda sempre insatisfeita de oficiais formados em Portugal e prescindindo "dos estrangeiros contratados a alto custo e da discreta porém ainda existente influência religiosa".[36]

A onipresença das muralhas e das fortalezas, fosse como castelo senhorial fortificado, ou seja, a própria residência senhorial, o modelo mais disseminado por toda a Europa, fosse como castelo estratégico, com a função militar de defesa de um território,[37] encontrado, sobretudo, na península Ibérica, não se desvincula da sua recorrência no imaginário dos indivíduos em Portugal. As muralhas e o cerco estão relacionados à própria fundação do reino português. A mensagem contida no milagre de Ourique assegurava ao futuro rei D. Afonso Henriques que os cristãos tomariam Lisboa das mãos dos mouros sitiados na cidade.

---

35 Ver Rafael Moreira. "A arte da guerra no Renascimento". *História das fortificações portuguesas no mundo*, p. 144 e Rafael Moreira & Alexandra Curvelo. "A circulação das formas. Artes portáteis, arquitetura e urbanismo". *História da expansão portuguesa*, vol. 2, p. 564.

36 Ver Robert Conduru. "Geometria bélica: cartografia e fortificação no Rio de Janeiro setecentista". *Universo urbanístico português 1415-1822*. Lisboa: CNCDP, 1998, p. 128.

37 Ver António Lopes Pires Nunes, *op. cit.*, p. 22. Para uma visão das fortificações existentes em Portugal no início do século XVI, ver o levantamento feito por ordem de D. Manuel por Duarte D'Armas, em 1509. *Livro das Fortalezas*. Fac-símile do Ms 159 da Casa Forte do ANTT. Lisboa: ANTT- Edições Inapa, 1990.

Não seria, ainda, casual a associação da fortificação da cidade ou do reino à fortaleza da alma. Francisco de Holanda dedicou um breve capítulo ao assunto na obra que enviou a D. Sebastião, em 1571, intitulada *Da fábrica que falece à cidade de Lisboa*. Antes de tratar de projetos de reparo e fortificação da capital do Reino, Holanda afirmava a necessidade de "fortificar e defender a cidade de sua alma, e o reino de seu espírito". E prosseguia com piedosas analogias:

> guarnecendo e cingindo suas três potências, Memória, Entendimento e Vontade, com o inexpugnável muro da Fé viva, e Esperança segura, e Caridade perfeita, sobre a profunda cava da humildade e próprio conhecimento, contra as minas do Mundo, Carne e Demônio; e guardando e velando as portas de seus cinco sentidos, contra a morte que entra por elas, vigiando de contínuo como de atalaia as altas torres da soberba de nosso coração, contra todo o pecado e consentimento de culpa, fortalecendo os bastiões e castelo do espírito e a torre da menagem da nossa mente [...].[38]

Vê-se aqui o ideal renascentista da cidade estelar com cinco baluartes coincidindo, felizmente para o autor, com os cinco sentidos por meio dos quais o pecado contamina a alma. Podemos concluir, com Mário Pereira, que se vivia, então, a "mentalidade abaluartada". O autor cita Luís Mendes de Vasconcelos e seu *Do sítio de Lisboa*, de 1608, em que se lê:

> Verdadeiramente eu não saberei dizer como hão-de ser os baluartes, traves, bombardeiras e casamatas, nem se as cortinas hão-de ser direitas, circulares ou com ângulo no meio, porque não é esta a minha profissão; mas tenho o entendimento cheio de um conceito de fortificação de Lisboa, que todo mo ocupa.[39]

---

38 Francisco de Holanda. *Da Fábrica que Falece à cidade de Lisboa*, p. 16 [fl. 6r].

39 Luís Mendes Vasconcelos. *Do Sítio de Lisboa*. Lisboa: Livros Horizonte, 1960, p. 156. *Apud* Mário Pereira. "Da torre ao baluarte". *A arquitetura militar na expansão portuguesa*, p. 39.

De Lisboa essa mentalidade seguiu para as possessões do ultramar, onde se buscou reproduzir não apenas um espaço seguro, primeira função das muralhas, mas igualmente delimitado, ordenado e ainda – talvez como princípios a organizar toda uma utopia – católico e português.

A experiência africana

O avanço português sobre o norte da África constituiu-se em um projeto vital para a nobreza lusitana do Quatrocentos, e foi ela sua principal defensora e executora. Liderada pelo infante D. Henrique, que também tinha a seu serviço uma armada, a ação portuguesa a partir da conquista de Ceuta, em 1415, até 1422, baseou-se na guerra de corso à navegação muçulmana, sem dispensar periódicos ataques às costas de Granada e da Barbaria.[40] No período seguinte, o infante empreendeu expedições costeando a África atlântica com o objetivo de ultrapassar o cabo Bojador. Luís Filipe Thomaz considera que a ideia de lançar essas expedições de reconhecimento, de fins militares, antecedeu significativamente a de estabelecer comércio com as populações, o que ocorreu só em 1443, e ainda assim de forma fortuita. Conforme a *Crônica da Guiné*, de Zurara (caps. XII-XIII e XVI), fora capturado numa razia em terra o filho de um chefe azenegue, que prometeu que seu pai daria por seu resgate quatro ou cinco escravos negros; foi sob este pretexto que se organizou o primeiro contato comercial pacífico com as populações saarianas.[41] Repetiu-se então o que já vinha acontecendo no Mediterrâneo: o contato ao longo da costa com populações islamizadas que, pouco a pouco, se transformou em relações pacíficas onde o comércio passou a dividir espaço com a ação corsária. Esta última foi abandonada, a mando do próprio D. Henrique, em 1448, marcando, no campo das políticas oficiais, a cisão entre a expansão marroquina e a guineense.[42]

---

40 A Barbaria recebe esse nome por referência aos povos berberes e compreende o atual Magrebe, ou seja, os estados do Marrocos, Tunísia e Argélia.

41 Cf. L.F. Thomaz. *De Ceuta a Timor*, p. 32.

42 Ver *op. cit.*, p. 34. Estamos tratando da política oficial e como afirma Luiz Felipe de Alencastro, "a rapina – 'o trabalho das armas', na expressão reveladora de Zurara –

Desse novo modelo de expansão participaram os primeiros mercadores italianos; surgiram a primeira feitoria permanente, em Arguim, e a primeira sociedade comercial.

Verificam-se duas formas de exploração que estiveram também presentes no momento em que a expansão ultrapassou o Cabo da Boa Esperança. Uma pode ser considerada mais independente e alheia a uma política "estatal" – a ação corsária –, mesmo que a Coroa não tenha estado ausente desse tipo de atividade. Tanto a família real dela participava como D. Henrique e D. Pedro, filhos de D. João I, tinham a seu serviço navios corsários, e recebiam seus resultados: um quinto das presas lhes era devido, numa adaptação da tradição islâmica do *khums*, a quinta parte da pilhagem devida ao senhor ou ao Califado.[43] A outra forma representava a estratégia da Coroa de dirigir e controlar os benefícios – o comércio pacífico na costa. As experiências acumuladas nas costas africanas foram, assim, transplantadas e adaptadas para as margens do Índico. Tanto na Guiné do século XV, como na Índia do século seguinte, a fortaleza veio depois da feitoria: "Primeiro, ata-se o escambo nativo num escoadouro do litoral, depois se erguem as muralhas para salvaguardar o monopólio régio na área".[44] Paralelamente às ações corsárias e ao comércio pacífico, no início do século XVI, Portugal tentou um novo avanço na ocupação de certos pontos no Magrebe, nas chamadas praças do Sul. Segundo Rui Carita, as relações comerciais estabelecidas no Golfo da Guiné e pequenas feitorias espalhadas pela costa, de caráter quase particular, levaram D. Manuel a determinar sua ocupação efetiva em nome da Coroa. Construiu-se então uma fortificação no porto de Santa Cruz do Cabo de Gué e castelos reais em Mogador e Safim, seguidos de reparações e construções de castelos em Aguz, Mazagão, Arzila, Alcácer-Céguer, Tânger e Ceuta.[45] Os desenhos para

---

nunca será descartada. Ao contrário. Saque e comércio se substituem, se alternam, se complementam". *O trato dos viventes*. São Paulo: Companhia das Letras, 2000, p. 74.

43 Segundo S. Subrahmanyam. *O império asiático português, 1500-1700*. Lisboa: Difel, 1995, p. 87.

44 Luiz Felipe de Alencastro, *op. cit.*, p. 75.

45 Ver Rui Carita. "A defesa do Atlântico nos séculos XV e XVI". *A arquitetura militar na expansão portuguesa*, p. 117.

as fortalezas de Ceuta e Mazagão foram feitos pelo engenheiro militar italiano Mestre Benedetto da Ravena, talvez o primeiro de uma série de peritos levados da Itália para trabalhar em Portugal, marcando "a plena introdução do *sistema abaluartado* em Portugal".[46]

Conforme analisa Charles Boxer, na primeira etapa da expansão portuguesa, entre a tomada de Ceuta e o regresso de Vasco da Gama, em 1499, as muralhas estavam aliadas a um relacionamento momentaneamente pacífico com as populações da costa do Ouro da Baixa Guiné e tinham a função de demonstrar o poder e a força do reino de Portugal.[47] Assim foram construídos castelos e fortes, como o de São Jorge da Mina, na Guiné, em 1482 e o de Axim em 1503. O objetivo era defender o comércio do ouro dos europeus em geral, e dos espanhóis, especialmente, e intimidar as populações de quem se adquiria o metal. Boxer cita o desembarque de Diogo de Azambuja e o procedimento seguido é emblemático da estratégia que seria adotada em outros momentos.

Com uma comitiva ricamente vestida e bem armada, Azambuja foi enviado para colocar a primeira pedra para a edificação do castelo da Mina, onde os soldados terminariam por ficar "isolados entre mar e floresta, vitimados pelas febres".[48] Azambuja partiu de Portugal com uma frota de dez caravelas e duas urcas, que transportaram boa parte do material para a construção, como pedras e madeiras talhadas, telhas e cal, portas e janelas, além do pessoal: seiscentos homens, entre artesãos, soldados, empregados de comércio, membros do clero, navegadores e mulheres para os trabalhos domésticos. O sistema de construção de São Jorge da Mina – fortaleza préfabricada em Portugal e montada em solo africano – serviria de modelo para as edificações militares. Assim fez João Lopes Girão ao desembarcar em Santa Cruz do Cabo de Gué, entre 1505 e 1506: próximo à praia, onde havia uma fonte de água, armou "hum castelo de pau, ao deredor do castelo outro muito forte de pedra e cal, em que se meteu a fonte dentro".[49]

---

46 Rafael Moreira. "Fortalezas do Renascimento", p. 129. Sobre a trajetória desse engenheiro, ver o artigo de John B. Bury na mesma obra, p. 130-134.

47 Cf. Charles Boxer. *O Império marítimo português (1415-1825)*. São Paulo: Companhia das Letras, 2002, p. 46-48.

48 Geneviève Bouchon. *Vasco de Gama*. Paris: Payot, 1997, p. 43.

49 J. Figanier. *História de Santa Cruz do Cabo de Gué (Agadir)*. Lisboa, 1945, p. 31, citado por José Custódio Vieira da Silva. "Arquitectura em madeira na expansão portuguesa". *A arquitetura militar na expansão portuguesa*, p. 30. Sobre a construção de S. Jorge da Mina,

Também no carregamento das frotas a caminho da Índia, a cantaria lavrada esteve frequentemente presente.

Já na primeira iniciativa de estabelecimento militar, em São Jorge da Mina, houve resistência por parte dos reinos circundantes à feitoria, sendo os mais próximos os de Comane ou de Eguafo e o de Afutu ou Fetu. Habituados a comercializar com navios portugueses visitantes, não estavam seguros de que viver como vizinhos próximos fosse lhes beneficiar. A recomendação de D. João II para Azambuja, no entanto, era de construir o castelo com ou sem o consentimento do rei de Eguafo, a quem os portugueses pagavam regularmente uma espécie de renda, um sinal de reconhecimento do direito de propriedade do rei sobre a pequena parcela de território onde viria a se erguer a fortaleza. Apesar de já dispor de todo o carregamento, Diogo de Azambuja teve um encontro com o rei de Eguafo, Nana Kwamena Ansah, e pediu-lhe autorização para a construção da fortaleza. O rei se opôs inicialmente, argumentando que esta seria uma fonte de tensões, de rivalidades e de conflitos. Depois de convencido o rei, que na verdade não dispunha de força militar capaz de resistir-lhes, os portugueses construíram a primeira edificação europeia na África Ocidental, no Golfo da Guiné, litoral do atual Ghana, que seria tomada pelos holandeses em 1637. Como se repetiria em outras ocasiões, havia pressa em levantar os muros. Na primeira etapa, uma muralha, de um metro de espessura e 4,4 metros de altura, em torno do recinto, e um torreão foram erguidos em vinte e um dias.

Ballon-Wen-Mewuda explica que, mesmo atuando num espaço tão bem protegido, era fundamental aos portugueses a manutenção de boas relações com seus vizinhos africanos. Sem o consentimento dos soberanos destes estados, nenhum mercador podia ter acesso à feitoria portuguesa.[50] Estabeleceu-se, então, uma relação que se repetiria em várias outras localidades do império português: sem poder militar para impedir a construção de fortes, os soberanos locais tinham força, no entanto, para impedir que

---

ver J. Bato'Ora Ballong-Wen-Mewuda. "A fortaleza de São Jorge da Mina. Testemunho da presença portuguesa na costa do Golfo da Guiné do século XV ao século XVII". *Revista Oceanos* nº 28, p. 29-39 e a respeito das fortalezas pré-fabricadas em Portugal, ler Manuel Lobato. "Fortalezas do Estado da Índia: do centro à periferia". *A arquitetura militar na expansão portuguesa*, p. 44-55.

50 Ver Ballong-Wen-Mewuda, *op. cit.*, p. 30.

os portugueses penetrassem no interior em busca dos produtos cobiçados. Mesmo não sendo uma forma muito frequente de analisar a questão, a historiografia destaca, neste aspecto, o isolamento ao qual os portugueses estavam condenados com esta política. Como escreve Boxer,

> os portugueses, como os holandeses e ingleses, tiveram de ficar nos seus fortes, trocando tigelas de latão, pulseiras, contas, tecidos e outras mercadorias por ouro, marfim e escravos, trazidos do interior por comerciantes africanos itinerantes.[51]

Ballong-Wen-Mewuda vê São Jorge da Mina "completamente aprisionada, de ambos os lados, pelos reinos circundantes",[52] assim como a praça de Mazagão, que a transferência para a Amazônia no século XVIII tornou célebre. Já no século anterior "estava reduzida a viver para si própria e de si própria, como em vaso fechado, isolada de um Berberia que a rodeava por todos os lados".[53]

No caso da Índia, no entanto, o isolamento atingiria o Estado português e não os portugueses propriamente. Ou seja, as restrições, quando não proibições, ao comércio privado para além das muralhas não puderam evitar que, de um lado, o monopólio régio do comércio idealizado pela Coroa fosse minado, e que, de outro, renegados, traidores, mercenários e comerciantes se espalhassem por portos e cidades asiáticas onde o controle oficial, este sim, se restringia ao espaço da fortaleza. Ali, as próprias fontes dão conta dessa contradição. O governador Afonso de Albuquerque registrou a fragilidade do controle, reiterada por vasta correspondência entre Goa e a metrópole:

---

51 Charles Boxer, *op. cit.*, p. 48.

52 Ballong-Wen-Mewuda, *op. cit.*, p. 30.

53 Robert Ricard. *Un document portugais sur la Place de Mazagan au debut du XVIIème siècle. Apud* Laurent Vidal. *Mazagão. A cidade que atravessou o Atlântico.* Lisboa: Teorema, 2007, p. 22. O documento em questão é a tradução para o francês de uma descrição da fortaleza pelo governador Jorge de Mascarenhas (1615-1629).

Partindo eu para Malaca, deixei a maior parte da gente da India nas fortalezas, com grande defesa que se não passasse duma fortaleza à outra nenhuma
gente sem meu especial mandado até minha vinda; houveram-se os capitães
nisto frouxamente, em tal maneira que mui desavergonhadamente fugiam
os que queriam dum lugar a outro em pagueres e paráos de mouros, e isso
mesmo deram licença algumas pessoas que fôssem tratar [...] e essa devassi-
dão foi em Goa mais que em outras partes.[54]

A África foi ainda um espaço de experiência em outro aspecto.
Onde não cabia a intimidação por meio da monumentalidade da edificação militar, a aproximação com os reinos locais se deu pela religião.
Dois elementos há que se considerar na análise da abordagem portuguesa: a reduzida presença oficial, fosse por vias administrativas, fosse
por vias militares, e o interesse de alguns potentados africanos na aliança com os portugueses por meio da conversão. Na relação com o reino
do Congo, houve uma conjugação singular desses dois elementos.

Os contatos entre os portugueses e o Congo iniciaram-se em 1483,
durante a primeira viagem de Diogo Cão que, após uma curta estada na
feitoria da costa da Mina, onde naquele momento se construía a fortaleza, atingiu a foz do rio Zaire. Por meio de enviados, estabeleceu contatos
com o potentado do interior, o ManiCongo, em cujo território se encontravam grandes mercados regionais, envolvendo produtos como sal, metais, tecidos, derivados de animais, além de escravos. O reino do Congo
ocupava uma vasta área territorial tendo como centro a região norte da
atual Angola e como capital Mbanza Congo, a futura São Salvador. O rio
Zaire limitava o reino ao norte e o rio Loje ao sul, enquanto a fronteira
oriental era marcada pelo rio Cuango.[55]

---

54 Afonso de Albuquerque. *Cartas para el-Rei D. Manuel I*, p. 14s. Pagueres e paraos eram
tipos de embarcações características do Índico.

55 Para os limites precisos com outros reinos, sujeitos ou não ao Congo, ver John Thornton.
African and Africans in the making of the Atlantic world, 1400-1800, 2ª ed. Cambridge:
Cambridge University Press, 1999, p. 29. Ver também João Francisco Marques. "A
religião na expansão portuguesa. Vectores e itinerários da evangelização ultramarina: o
paradigma do Congo". *Revista de História das Idéias*. Vol 14. Coimbra, 1992, p. 129-133.
Cabe lembrar que não há acordo entre os diferentes cronistas – João de Barros, Rui de
Pina, Garcia de Resende e Duarte Pacheco Pereira – a respeito das datas e número de

Em 1491, chegou ao Congo a missão capitaneada por Rui de Sousa, durante a qual foram batizados o ManiSoyo, senhor de uma região costeira e, em 3 de maio daquele ano, o rei Nzinga-a-Nkuwu, que recebeu o nome de João, a rainha, batizada de Leonor, e o filho mais velho, que recebeu o nome de Afonso, futuro rei congolês. Foram também batizadas as pessoas mais importantes próximas ao rei e criadas instituições nos moldes portugueses; a monarquia congolesa sendo uma réplica da lusitana. Seguiu, então, uma embaixada do ManiCongo ao rei de Portugal, agradecendo os presentes e favores, comunicando as conversões, pedindo mais padres para o trabalho missionário e oferecendo-se como seu súdito em troca de apoio militar. Este apoio garantiria a superioridade do ManiCongo frente aos subordinados e inimigos de reinos vizinhos, reforçando seu poder.

Além da receptividade do rei do Congo, justificada pelo interesse de parte da aristocracia congolesa em usar o cristianismo contra linhagens rivais, o contato com este reino se singularizou pela abordagem pacífica e pelo estabelecimento de relações com o interior do continente africano. O Regimento de D. Manuel I, codificado em 1512, estabelecia termos mais de cooperação do que de controle ou dominação entre a Coroa portuguesa e o reino congolês. Simão da Silva, portador desse Regimento, foi enviado como conselheiro do rei do Congo e Alfredo Albuquerque Felner salienta que Silva "não era capitão-mor, nem feitor; era apenas um assistente ou residente na corte do rei do Congo". Em todo o Regimento, esse historiador não localiza qualquer referência a "um castelo, a uma fortaleza, porque a relação a estabelecer [...] não implicava ocupação ou conquista".[56]

O caráter pacífico da aproximação portuguesa com o reino do Congo não perdurou, e as relações foram se deteriorando a partir da segunda metade do século XVI, quando o interesse de Portugal em expandir a fé católica foi ofuscado pelo interesse maior de garantir o tráfico de escravos.[57] As-

---

expedições de Diogo Cão pela costa africana. A primeira viagem teria sido entre 1482-84 e a segunda, na qual subiu o Zaire até as cataratas de Yelala, em 1485-86. A esse respeito, ver Antonio Custódio Gonçalves. "A acção evangelizadora e cultural de Portugal no Congo (1491-1543)". *Missionação Portuguesa e Encontro de Culturas, op. cit.*, p. 566-569.

56 Alfredo A. Felner. *Angola*. Coimbra: Imprensa da Universidade, 1933, p. 43. *Apud* Antonio Custódio Gonçalves, *op. cit.*, p. 573.

57 Ver Ronaldo Vainfas & Marina de Mello e Souza. "Catolização e poder no tempo do tráfico: o reino do Congo da conversão coroada ao movimento antoniano, séculos XV-XVIII".

sim como o reino do Congo visualizou a importância de aceitar a religião cristã como estratégia para obtenção de novos parceiros, da mesma forma na Ásia, especialmente entre os paravas na Costa da Pescaria, as lideranças locais iriam utilizar o cristianismo como fator de distinção social e de coesão da comunidade. Esses casos sugerem que, para além de uma reação à chegada dos europeus, o comportamento das sociedades com as quais os contatos foram sendo travados podem ser vistos como condicionantes das próprias ações dos portugueses.[58]

A realidade asiática e a política para o Índico

A construção de fortalezas ao longo da costa no Oceano Índico fazia parte de uma estratégia mais ampla de conquista e de dominação deliberadamente engendrada pela Coroa portuguesa? Os aspectos apontados permitem concluir que a construção de fortalezas foi a *primeira* atitude antecipadamente prevista, e que, ao vivenciar a realidade asiática, Portugal não se viu obrigado a desenhar uma política específica para o Índico, mas percebeu que sua abordagem tradicional valia também para aquelas partes, ou seja, "novos espaços, antigas estratégias".[59] Essa percepção deu-se ao se considerar um terceiro aspecto. A conformação dos reinos asiáticos, que foi se descortinando ao longo dos primeiros anos, parecia demandar um conjunto de medidas que privilegiasse o litoral.

Tempo. vol. 3, nº 6, Rio de Janeiro: Sete Letras, 1998, p. 106; e Carlos Almeida. "A primeira missão da Companhia de Jesus no reino do Congo (1548-1555)". *D. João III e o Império*. Actas do Congresso Internacional comemorativo do seu nascimento. Lisboa e Tomar, junho de 2002, p. 883. Nesse artigo, o autor traz uma análise da documentação produzida pelos jesuítas neste primeiro momento. E ainda Marina de Mello e Souza. "Religião e poder no Congo e Angola". In: Laura de Mello e Souza, Junia Ferreira Furtado e Maria Fernanda Bicalho (orgs.). *O governo dos povos*. São Paulo: Alameda, 2009, p.281-300.

58 Procurei aprofundar esse tema no artigo "As atuações no Reino do Congo e na Costa da Pescaria: aproximações para o estudo do Império Português no século XVI". In: Andréa Doré; Luis Filipe Silvério Lima e Luiz Geraldo Silva (orgs.). *Facetas do império na história conceitos e métodos*. São Paulo: Hucitec, 2008.

59 A expressão é de Amélia Aguiar Andrade. "Novos espaços, antigas estratégias: o enquadramento dos espaços orientais". *Os espaços de um império. Estudos*. Lisboa: CNCDP, 1999, p. 35-44.

88   ANDRÉA DORÉ

Geveniève Bouchon aponta dois fatores, que podemos considerar estruturais, capazes de explicar a potência econômica concentrada nas cidades portuárias da costa indiana: os acidentes naturais e o mau estado das estradas, que fazia com que muitos portos estivessem mais ligados entre si do que com o interior. A conformação notadamente costeira do comércio asiático fez a fortuna dos mercadores muçulmanos e, no que toca à Europa, atraiu aventureiros e homens de negócios, cujos relatos comprovam o dinamismo do roteiro marítimo. Há, no entanto, uma razão histórica para essa geografia econômica. Assim como a Ásia do Sudeste, a Índia viveu um processo de islamização que alterou o perfil de sua organização política, econômica e social, de forma mais profunda quanto maior foi a penetração do islamismo. Ao mesmo tempo em que o Islã surgia na Arábia, na primeira metade do século VII, a religião bramânica renascia sobre o budismo da Índia e, com ela, as proibições ligadas à navegação de longa distância. O hinduísmo considerava as viagens marítimas como fonte de poluição porque expunham os embarcados às contaminações provocadas pela comida compartilhada com castas impuras. Os homens de castas mais elevadas não se aventuravam nessas viagens; e, da mesma forma, as evitavam os das outras castas. Bouchon explica que o comércio exterior da Índia se viu, então, nas mãos de comunidades estrangeiras ao hinduísmo, como os judeus estabelecidos no Malabar, ou os "cristãos de São Tomé" que exerceram o monopólio do comércio da pimenta.[60]

A proibição religiosa pode ter contribuído para que o poder político dos hindus se concentrasse em estados agrários que voltavam, muitas vezes, as costas para o litoral, resultando no quadro descrito por Lodovico de Varthema ao tratar de Calicute: "A gente natural desta terra não navega muito pelo mundo, mas os mouros são os que tratam com as mercadorias".[61] O Samorim de Calicute mostrava-se assim fiel à tradição

---

60 Ver Geneviève Bouchon, *Vasco de Gama*. Paris: Fayard, 1997, p. 130. Segundo Panikkar, não se sabe ao certo quando os judeus e cristãos chegaram ao Malabar, mas há evidências de comunidades prósperas no século VII. Ver K.M. Panikkar. *Malabar and the Portuguese*. New Delhi: Voice of India, 1997 (1ª ed. 1929), p. 4s. Sobre a presença de judeus e cristãos antes da chegada dos muçulmanos ver também Zinadím. *História dos portugueses no Malabar*. Lisboa: Cotovia, 1998, p. 118 e ss.

61 "Itinerario di Lodovico Barthema in Arabia, in India e nell'Asia Sudorientale". In: G. B. Ramusio. *Navigazioni e Viaggi*. Torino: Giulio Einaudi editore, 1978, vol. I, p. 831.

SITIADOS

hindu, segundo a qual "a terra é do rei, o mar dos mercadores", e não possuía frota própria.[62] A restrição religiosa é, porém, insuficiente para explicar o predomínio muçulmano no grande comércio marítimo. A existência de uma ampla rede ligada à religião surge como uma razão bastante forte. Os muçulmanos detinham o controle de importantes áreas de produção das especiarias, como Malaca e Achém, no norte de Sumatra, das zonas que serviam de intermediárias para a venda à Europa – Aden, Alexandria – e de pontos, os sultanatos, por todo o trajeto. Segundo Panikkar, o comércio do Ocidente com o Malabar levara ao crescimento de um império árabe que, "estendendo-se do Sind ao Marrocos, deu um ímpeto ao comércio do Malabar e ajudou os portos malabares a estabelecer estreitas conexões com o Cairo, Tunis, Baçorá e outros portos maometanos, o que perdurou até os tempos da chegada de Vasco da Gama".[63]

Tendo em vista um espaço mais alargado, no entanto, é difícil afirmar que os hindus não praticavam o comércio de longa distância. Senão, como explicar sua presença na Ásia do Sudeste, anteriormente à chegada do Islã? Como afirma Denys Lombard, na Ásia do Sudeste, onde a influência da Índia foi predominante durante séculos, vigorou fundamentalmente uma ordem agrária. No século IX iniciou-se a circulação dos mercadores árabes pela região e a paulatina disseminação do Islã. A conversão a uma das "religiões do Livro" trouxe vantagens para as populações atuantes no comércio de especiarias que, não mais ligadas a uma religião vinculada a um local determinado, como muitas religiões étnicas, associaram-se a pessoas mais afortunadas. Os sinais de adesão exteriores, como a proibição religiosa ligada à alimentação no caso do Islã, foram muitas vezes suficientes para garantir a integração na comunidade muçulmana, não importando muito o conhecimento da doutrina.[64]

---

62 Ver "Calecute", de Luís Filipe Thomaz. In: *Dicionário de história dos descobrimentos portugueses*, vol. I. Direção de Luís de Aluquerque. Lisboa: Círculo de Leitores, 1994, p. 163.

63 K.M. Panikkar, *op. cit.*, p. 6 e ss.

64 Ver Maria Johanna Schouten. "Quelques communautés intermédiaires en Insulinde Orientale". In: Rui M. Loureiro & Serge Gruzinski (coord.). *Passar as fronteiras*. Lagos, 1999, p. 247 e ss.

A partir do século xv, surgiu nesse *"carrefour javanais"*,[65] para usar a expressão de Denys Lombard, um novo tipo de estado, o sultanato, o que significou o simultâneo florescimento de cidades na costa. Os grandes centros urbanos do sudeste asiático deixaram de se desenvolver nas planícies agrárias e passaram a se concentrar nos portos, voltados para o mar e o grande comércio. O desenho das cidades também se alterou. Ele não era mais geométrico, nem orientado em função dos pontos cardeais e o centro não era mais ocupado por um templo localizado na montanha ou pelo palácio real. Surgia "uma outra concepção do espaço, concepção que não é mais concêntrica ou centrípeta. O centro do mundo não é mais o meio do palácio real, mas está muito distante, além dos mares, na Meca para onde os peregrinos convergem a partir de todos os pontos da terra habitada".[66]

Como resultado desses imbricados movimentos nos espaços asiáticos, os portugueses tiveram de enfrentar as alterações que se propagaram e se adaptaram de uma região à outra do grande continente, o que levou Subrahmanyam a alertar para "as dinâmicas da história asiática" como um problema essencial no momento de estudar as ações portuguesas na Ásia.[67] Esse ponto de vista coloca-se em oposição à longa tradição que tende a ver a Ásia como um continente estático onde reinaria a "longa duração" e ao qual se aplicaram as teorias do "modo de produção asiático" ou do "despotismo oriental". O conceito de modo de produção asiático, forjado por Karl Marx a partir das especificidades da organização econômica das sociedades daquele continente, nasceu da dificuldade em inseri-la nos modos de produção característicos da Europa ocidental. A ideia do despotismo oriental, por sua vez, é muito mais antiga e se mistura com outras imagens arquetípicas construídas sobre o Oriente. Uma dessas imagens associava a Ásia, e principalmente a Índia, à sabedoria, encarnada nos "filósofos nus", nos brâmanes. Ao lado da relação de filiação que o Ocidente buscou esta-

---

65 Trata-se do título da obra de referência sobre a ilha de Java e os diferentes contatos estabelecidos com as culturas indiana, chinesa e o processo de ocidentalização. É importante destacar que nesta obra, Lombard propõe o uso dos conceitos de rede e de espaço, hoje muito adotados pela historiografia sobre o império português. *Le Carrefour javanais. Essais d'histoire globale.* Paris: Editions de l'EHESS, 2004. A primeira edição é de 1990.

66 Denys Lombard. "Le concept d'empire en Asie du Sud-Est". In: Maurice Duverger (dir.). *Le concept d'empire.* Paris: PUF, 1980, p. 438.

67 Ver Sanjay Subrahmanyam, *op. cit.,* p. 13.

belecer com os brâmanes, esteve uma outra, marcada pelo desejo de exclusão. Tratava-se de denunciar o abismo que os separava de seus ancestrais – os filhos de Noé ou os sábios da Antiguidade, Pitágoras e Platão, sobretudo – e os condenava a serem homens degenerados. Os brâmanes encarnavam, desta forma, para os homens de fé – e as missões jesuítas no Oriente muito contribuíram para essa visão – a tirania de uma falsa religião, marcada por práticas atrozes e grosseiras. Nos séculos seguintes, essas interpretações colocariam esta parte do mundo, assim como seus habitantes, num estágio inicial – e superado – da evolução humana. Segundo Fernando Catroga, foi na segunda metade do século XVIII, a partir do *Essai sur les moeurs* (1756) de Voltaire, que se passou a compreender a História (Universal) como um processo universalizador, protagonizado pela Europa, onde ao Oriente cabia ser um passado a enaltecer mas irremediavelmente decadente e estático, estando certos povos, como a China e a Índia, condenados "a serem meros degraus necessários à emergência dos portadores do futuro".[68]

Para compreender em que espaço os portugueses passaram a atuar, é preciso ter em mente que não se tratava, então, de um cenário estático, que coube aos recém-chegados desestabilizar. As ações portuguesas tornam-se mais compreensíveis quando lidas como respostas às oportunidades encontradas e não necessariamente como frutos de um protagonismo eurocêntrico. Os envolvimentos em conflitos locais preexistentes estiveram na origem de muitas alianças que resultaram em estabelecimentos duradouros; as relações diplomáticas, mais exitosas quanto maior fosse o conhecimento das especificidades locais, foram tão importantes quanto a guerra. Foi justamente no século XVI que dois estados importantes se formaram na Ásia, independentemente de qualquer interferência dos portugueses: o dos Mogóis – herdeiros do Império Mongol – e o dos Safávidas. Simultaneamente, o Império Otomano ampliava seus domínios e ameaçava a Europa. Na primeira metade do século, a cidade de Vijayanagar – que os portugueses chamaram Bisnaga ou Narsinga – era o centro de um grande sistema político no sul da Índia, que já na segunda metade entrou em declínio. Em 23 de janeiro de 1565, na batalha de Talicota, este grande império hindu da

---

68 Fernando Catroga. "A história começou a Oriente". *O orientalismo em Portugal. Séculos XVI-XX*. Lisboa: CNCDP / Inapa, 1999, p. 199. Sobre as imagens da Índia, ver Catherine Weinberger-Thomas. "Introduction. Les yeux fertiles de la mémoire. Exotisme indien et représentations occidentales". *L'Inde et l'imaginaire*. Paris: Editions de l'EHESS, 1988, p. 15-19.

Índia caiu nas mãos dos muçulmanos do Decão provocando, como afirma Luís Filipe Thomaz, uma ruptura do equilíbrio estratégico entre hindus e muçulmanos no Decão que afetou também os portugueses.[69] Enquanto isso, na Ásia do Sudeste assistia-se à evolução de três estados importantes: Achém, no norte de Sumatra, e Arracão (Arakan), ao norte do reino de Pegu, e em menor extensão Macassar, na península Malaia.

A islamização e seu efeito sobre a geografia política e econômica da Ásia permitiram que dois tipos de estados se distinguissem: os grandes estados agrários – como os Otomanos, os Safávidas, Vijayanagar e os Mogóis, os Ming na China, e Mataram em Java; e os pequenos (ou minúsculos) estados comerciais, geralmente localizados na costa, como Quíloa, Ormuz, Achém ou Malaca, cuja base estava no controle de pontos-chave ao longo das principais rotas comerciais. Cabe salientar que, na prática, a maior parte das receitas dos estados ditos agrários não vinha obrigatoriamente da terra. Os impostos sobre a produção agrícola eram geralmente cobrados através do controle da comercialização desses produtos.[70] Essa configuração era mais do que propícia para a aplicação da prática habitual dos portugueses de concentração no litoral.

O projeto pessoal do rei D. Manuel de atingir as Índias, no entanto, revestia-se mais fortemente do desejo de encontrar as terras do Preste João – e, tendo-o como aliado, atacar o reino mameluco do Egito para retomar os Lugares Santos, utilizando para isso os lucros obtidos por meio do comércio das especiarias – do que o domínio por si só desse mesmo comércio. Como afirma Thomaz, o "móbil principal do *Venturoso* era atacar o Império Mameluco pelo Mar Roxo, destruir a Casa de Meca, recuperar Jerusalém e sagrar-se quiçá como imperador universal".[71] A rota do Cabo e a exploração do comércio da pimenta eram apenas um passo nesse sentido. Os objetivos econômicos e os político-religiosos, no entanto, não eram excludentes e foi a sua conjunção que tornou possível unir facções rivais existentes no reino, lançar a viagem de Vasco da Gama e toda a empresa

---

69 Ver "A crise de 1565-1575 na história do Estado da Índia". *Mare Liberum*, nº 9, 1995, p. 484-487.

70 Ver Sanjay Subrahmanyam, *op. cit.*, p. 15.

71 Luís Filipe Thomaz. "Diogo Pereira, o Malabar". *Mare Liberum*, nº 5, 1993, p. 52. Thomaz desenvolve as motivações de D. Manuel de maneira definitiva no artigo "A ideia imperial manuelina". *Facetas do império na história: conceitos e métodos, op. cit.*

SITIADOS

que a seguiu. Interesses diferentes se traduziram com o passar do tempo em estratégias paralelas que conviveram, ora de forma pacífica ora causando retrocessos e enfraquecendo a posição dos portugueses no Índico. A construção de fortalezas insere-se nessa conjuntura como a política hegemônica sustentando certos grupos e enfrentando outros.

Objetivamente, as fortalezas eram o braço ao mesmo tempo protetor da presença portuguesa e controlador das ações dos próprios portugueses. No reino, era praticamente unânime a opinião de que elas representavam a única forma de assegurar o monopólio sobre as redes de comércio até então manipuladas pelos árabes no Índico. O cronista Gaspar Correia expressa esse consenso ao explicar de que forma as fortalezas tinham a função de intimidar resistências e levantes:

> [...] na terra onde ha fortaleza os corações dos maos são quebrantados pera nom aver brigas nem aleuantamentos, que ás vezes se aquecem differentes vontades d'ElRey nouo, e auendo guerra mais asinha se torna a assentar a paz, e tendo nós fortalezas, e possança, e então muyto amigos e manços, seria mór assento, e credito de muyta firmeza e segurança aos corações destas nouas gentes.[72]

O que nem todos aceitavam, no entanto, como acontecera também na costa ocidental da África, era que o monopólio régio consistia na maneira mais vantajosa de interferir nessas mesmas redes. O projeto de D. Manuel, de cunho "imperialista", preocupado com o fortalecimento e a dilatação do reino português, enfrentava uma linha mais independente, interessada no comércio pacífico mais do que na conquista. Esta integrava em suas fileiras opositores ferrenhos da política régia, como o grupo de Cochim, que se opôs a Afonso de Albuquerque nos anos 1510 e chegou a escrever ao rei que "tudo é vento, senão Cochim; aqui fazei vosso pé firme para sempre, porque toda las fortalezas, feitas e por fazer, vos não servem de nada [...]".[73]

---

72 Gaspar Correia. *Lendas da Índia*. Porto: Lello & Irmãos Editores, 1975, vol I, p. 626.

73 Carta de António Real a El-Rei. Cochim, 15.12.1512. *Apud* Luís Filipe Thomaz. "Diogo Pereira, o Malabar", p. 55. Diogo Pereira foi um dos principais integrantes da *união* contra Albuquerque. Luís Filipe Thomaz contrapõe o termo "imperialista" ao "liberal" para

O papel fundamental da construção de fortalezas para o estabelecimento português na Ásia integrou, no entanto, o próprio discurso de dominação elaborado pela Coroa de Portugal. D. Manuel, após o retorno de Vasco da Gama, dirigiu-se à Cúria romana como o "Senhor da conquista e da navegação e comércio de Etiópia, Arábia, Pérsia e da Índia". Um título "programático", que assegurava o direito à senhoria e à conquista.[74] Conquista esta que se daria da seguinte forma, conforme declarou o rei ao nomear D. Francisco de Almeida: "vos dou o titulo de Visorey, tanto que fizerdes a primeyra fortaleza do Cabo da Boa Esperança pera dentro". Na armada composta de oito naus grossas para carga, seis navetas pequenas e seis caravelas latinas, seguiam quatro capitães já nomeados para futuras fortalezas: D. Álvaro de Noronha para a de Cochim, Lourenço de Brito para a de Cananor, Pero Ferreira para a de Quíloa, e Manuel Peçanha para a de Angediva, além de madeira lavrada – portas e janelas – para as futuras edificações. Outra armada acompanhava a do vice-rei, com cinco navios. Tinha por capitão Pero da Nhaya e a missão de fazer uma fortaleza em Sofala, "assentar feitoria e trato",[75] onde também deveriam invernar as naus do reino que perdessem o período das monções para chegar à Índia.

Em 1505 organizou-se a expedição portuguesa que levaria à Índia o primeiro vice-rei, título recém-instituído pela Coroa, que previa a nomeação de um nobre com poderes régios, tanto militares e administrativos, como políticos e judiciais. A criação dessa função pode encontrar uma origem remota na figura do *conde*, a quem era concedida, pelos monarcas da Reconquista, a responsabilidade, com amplas autonomias, de um território fronteiriço,

---

nomear as principais correntes à época existentes em Portugal. O primeiro não recebe a conotação que o termo ganhou no século XIX, mas incorpora a ideia de formação de um "império universal", cristão, ainda nos moldes medievais, como o queria Dante Alighieri segundo a sua *Da Monarquia*. Falar de "liberais" pode parecer um pouco excessivo, mas aqui se refere ao grupo que se mostrava contrário ao monopólio da Coroa mas não descartava a proteção que pudesse por esta ser oferecida. Ver também Sanjay Subrahmanyam. *O império asiático português*, p. 136-141.

74 Thomaz desenvolve todas as significações do título de "senhor da conquista" em "A ideia imperial manuelina", p. 33-44.

75 As três citações deste parágrafo estão em Gaspar Correia. *Lendas da Índia*, vol I, p. 527, 529 e ss e 535.

SITIADOS

normalmente perigoso e afastado da área central do reino.[76] Nesta primeira nomeação vê-se uma contradição, ou um esforço de conciliação, fruto do pragmatismo que nortearia muitas das decisões tomadas na Índia. O envio de um vice-rei permanente para a Índia por si só contrariava o projeto dos que esperavam um papel reduzido para o Estado, mas D. Francisco de Almeida, escolhido para o cargo, não partilhava as intenções de domínio estatal sobre o comércio no Índico, defendidas pela Coroa. D. Francisco era filho do primeiro Conde de Abrantes, veterano da guerra de Granada em Castela e vinha de uma família que se ligava a D. Jorge, o bastardo de D. João ii, concorrente de D. Manuel ao trono. Entre os partidários do rei e seus opositores destaca-se, no entanto, um ponto em comum que consideramos essencial para a história da presença portuguesa na Índia no século xvi: nos dois grupos verifica-se um limitado interesse pela terra. D. Francisco, ao defender os interesses de seu grupo, "procurou dominar o mar sem intervir na terra",[77] enquanto a construção de fortalezas pressupunha o estabelecimento de enclaves, cujo funcionamento a Coroa se esforçou em manter afastado o máximo possível das sociedades asiáticas.

O *Regimento* entregue pelo rei a D. Francisco de Almeida confirmava os planos reais. Objetivava-se afastar os turcos e controlar os árabes, não dispensando ainda um recado aos venezianos:

> E porque nos parece que nenhuma cousa poderia mais importar a nosso serviço que termos uma fortaleza na boca do Mar Roxo [...] porquanto por aqui se cerrava não poderem mais passar nenhuma especiaria à terra do Sultão, e todos os da Índia perderem a fantasia de mais poderem tratar senão connosco.[78]

No ano seguinte, em 1506, D. Manuel escreveu ao vice-rei ordenando a construção de uma fortaleza em Socotorá e determinando que ele fosse em pessoa a Malaca negociar a construção de uma outra, com o consentimento ou não da gente do país. Naquele mesmo ano, Tristão da Cunha,

---

76 Cf. Amélia Aguiar Andrade. *op. cit.*, p. 38.

77 Ver Luís Filipe Thomaz. "Diogo Pereira, o Malabar", p. 52.

78 *Cartas de Afonso de Albuquerque*, ii-311, *apud* S. Subrahmanyam, *op. cit.*, p. 91.

conforme conta o informante da República de Veneza em Lisboa, Leonardo Ca' Masser, "levou consigo uma fortaleza de lenho para assentá-la em uma ilha que se chama Curitoras [Socotorá], que está na boca do Mar Vermelho, onde se diz ser o ponto principal; e uma vez defendido, estarão totalmente bloqueadas as especiarias para a Meca e a Síria".[79] Esta fortaleza chegou a ser construída, em 1507, mas mostrou-se ineficaz no combate à navegação muçulmana e foi abandonada em 1512. O que Sanjay Subrahmanyam chama de "a lógica da fortaleza do Mar Vermelho" previa então essa fortaleza, na boca do dito Mar, e outras em Sofala, nas ilhas de Angediva e em Coulão, no Malabar.[80]

D. Francisco de Almeida permaneceu na Índia até 1509 e assistiu aos venezianos, visivelmente ameaçados pela rota do Cabo, ensaiarem uma aliança com o sultão mameluco do Egito, e com as autoridades de Quíloa e Calecute, a fim de barrar a presença portuguesa no Mar Vermelho. Nos planos iniciais de D. Manuel não estava o combate direto a esta aliança, até porque ela não chegou a se consolidar. E em nenhum momento se pensou em enfrentar militarmente os venezianos, uma vez que os portugueses prezavam sua neutralidade na Europa, além de rejeitarem a guerra contra cristãos. Essa rejeição só seria superada quando no interior do próprio bloco cristão surgiram os mais fortes opositores do monopólio português e católicos e protestantes passaram a se enfrentar dentro e fora da Europa.

Da primeira viagem de Vasco da Gama até esta de D. Francisco de Almeida ocorreram outras oito expedições à Índia, que deram origem às primeiras fortalezas e marcaram a estratégia de "comerciar sempre que possível, fazer a guerra sempre que necessário".[81] O comércio envolvia a ligação Lisboa-costa do Malabar, rapidamente acrescida de um terceiro e fundamental vértice, a África Oriental, fornecedora do ouro que servia de pagamento pelas especiarias, fosse aos malabares, fosse aos produtores da Ásia do Sudeste. À África interessavam os tecidos do Guzerate, que os mercadores dessa região levavam ao Malabar, aos portos de Cochim e Cananor. O trecho asiático

---

79 Lunardo de Chá Masser. *Relação de Lunardo Cha Masser*. Apêndice a Prospero Peragallo (ed.). *Carta de El-Rei D. Manuel ao Rei Catholico*. Lisboa: Academia Real de Sciências, 1892, p. 85.

80 Ver S. Subrahmanyam, *op. cit.*, p. 88-93.

81 *Idem*, p. 85.

Sitiados

desse comércio triangular alimentou a cobiça de mercadores particulares, e sua riqueza era observada também pelos estrangeiros. Cesare Fedrici (na Índia de 1563 a 1581) relatou esse movimento que de Chaul, no Guzerate, onde já havia uma fortaleza portuguesa, se negociava com Melinde, na costa da Etiópia. Os portugueses levavam para lá tecidos e traziam para a Índia dentes de elefantes, escravos e algum ouro e âmbar.[82] Essa possibilidade de lucro não passou desapercebida aos próprios administradores portugueses, já que Diu, cuja fortaleza data de 1536, oferecia grande atrativo para seus capitães, a saber, a licença para poder enviar suas naus com carga de algodões à costa de Melinde e a Cananor para o trato do ouro, do marfim e, eventualmente, da pimenta e canela do mato. Esta estratégia da Coroa, no entanto, não representava todo o esforço dos portugueses. Os fidalgos se empenhavam também na atividade corsária, mantendo-se assim a prática comum aos dois séculos anteriores no norte da África e em seguida no Atlântico. A Coroa acabou por aceitar a ação dos corsários, considerando-a uma forma de recompensar a nobreza por suas funções nas primeiras viagens, uma vez que lhe faltavam recursos para fazê-lo.

Apesar de lhe serem atribuídas as mesmas funções de seu antecessor, Afonso de Albuquerque foi nomeado governador da Índia mas não recebeu o título de vice-rei. De estilo bem diferente, partidário da centralização e ao mesmo tempo capaz de iniciativas que desafiavam as orientações de Lisboa, Albuquerque tinha como meta implantar pontos fortificados que garantissem aos portugueses o efetivo controle marítimo. Em 1510 decidiu tomar Goa; em 1513 tentou conquistar Adém e fracassou; no ano seguinte retomou o controle de Ormuz e tomou Sofala e Malaca.

Isso não equivale a dizer, no entanto, que a política de construção de fortalezas integrava um programa de ações previamente definido. As conclusões da historiografia a esse respeito vão numa mesma direção. Charles Boxer considera um erro atribuir a Afonso de Albuquerque – o homem forte de Portugal, empreendedor e decisivo para a consolidação de pontos estratégicos para o domínio português –, "a ideia e a execução de um vasto e metódico plano estratégico que incluísse tais realizações [a conquista de Goa, Ormuz e Malaca]". Sem essa visão estratégica abrangente, e criada *a posteriori*, o império marítimo português em meados do século XVI acabou

---

82 Ver "Il viaggio di Cesare de' Federici nelle Indie Orientali". In: G. B. Ramusio, VI-1077.

se caracterizando por uma "extrema dispersão".[83] Já Luís Filipe Thomaz, ao analisar a política de D. Manuel para o Índico, conclui que as soluções adotadas pelos portugueses "foram fruto de uma sucessão de compromissos, mais do que da concretização de um plano preconcebido".[84] A mesma opinião é partilhada por Antonio Manuel Hespanha, que salienta a inexistência de um modelo ou estratégia para a expansão portuguesa na sua totalidade,[85] ou seja, se para a Ásia não havia um projeto pré-definido, a Coroa também não dispunha de um planejamento global que incluísse todas as possessões na África e na América.

Leitura diversa propõe Ângela Barreto Xavier ao defender a necessidade de articular as experiências políticas, sociais e culturais que se desenvolveram nos territórios do império com o que ocorria no reino, buscando uma "racionalidade subjacente" ao comportamento dos grupos envolvidos nos destinos do Estado da Índia. Com ênfase no reinado de D. João III, afirma que as hesitações deste monarca destacadas pela historiografia "parecem constituir o resultado da impossibilidade prática de concretização de uma plano preconcebido, o que conduzia à necessidde de negociação e compromisso".[86]

Se no diz respeito a este reinado há várias linhas de análise possível sobre os contornos de uma visão estratégica, nos momentos iniciais, era possível identificar algumas medidas essenciais para a implantação dos portugueses na Índia. Era claro, para homens como Albuquerque, que se intitulava "capitão-mor e governador das Índias e Pérsia e do reino e senhorio de Ormuz e do reino e senhorio de Goa e do reino e senhorio de Malaca por El-Rei N.S", que o domínio sobre o comércio do Índico traria fama, riqueza para o nome e os cofres do rei de Portugal e só seria obtido por meio de fortalezas. Ele escreveu a D. Manuel, em 1º de abril de 1512,

---

83 Charles Boxer, *op. cit.*, p. 62 e p. 66.

84 *De Ceuta a Timor*, p. 205.

85 "A constituição do império português. Revisão de alguns enviesamentos correntes". In: João Fragoso, Maria Fernanda Bicalho e Maria de Fátima Gouvêa (orgs.). *O Antigo Regime nos trópicos: a dinâmica imperial portuguesa (séculos XVI-XVIII)*. Rio de Janeiro: Civilização Brasileira, 2001, p. 169.

86 Ângela Barreto Xavier. *A invenção de Goa. Poder Imperial e conversões culturais nos séculos XVI e XVII*. Lisboa: ICS, 2008, p.45 e ss.

que aquenteis o feito da Índia mui grossamente com gente e armas, e que vos façais forte nela e segureis vossos tratos e vossas feitorias, e que arranqueis as Riquezas da Índia e trato das mãos dos mouros, e isto com boas fortalezas, ganhando os lugares principais dêste negócio aos mouros, e tirar-vos-eis de grandes despesas, e segurareis vosso estado na Índia, e havereis todo o bem e riquezas que nela há, e seja com tempo.[87]

Seu objetivo era implantar no Índico o que já se vinha fazendo no norte da África e reclamava da negligência do rei com as "cousas da Índia":

Com boas fortalezas, muita gente de cavalo, muita artilharia e boas armas, vejo eu lá a Vossa Alteza segurar as cousas de vosso estado em terra dos infiéis, e desamparais a Índia, tendo muita necessidade de todas estas cousas para a segurardes, sendo a maior empresa que nunca nenhum príncipe cristão teve nas mãos, e mais proveitosa, assim para o serviço de Deus como para o vosso nome e fama, e assim para haverdes as riquezas quantas há no mundo, e deixá-la à misericórdia duns poucos de navios podres e de mil quinhentos homens, a metade deles gente sem proveito.[88]

Mesmo o abandono da frente marroquina em favor do ataque aos muçulmanos pelo Mar Vermelho apoiado por D. Manuel não impediria, como sabemos, a retomada da campanha do norte da África pelos seus sucessores. Não por D. João III, que buscou abrir novas frentes, sobretudo no Atlântico, mas por D. Sebastião.

Aliado ao modelo de feitorias fortificadas, a leste do Cabo Comorim, na costa oriental da Índia, surgiu um segundo modelo, a partir das relações estabelecidas entre os portugueses e membros da comunidade mercantil de Malaca por ocasião da tomada da cidade. Desde 1511, viagens marítimas eram realizadas a Martavão, no atual Mianmar, ao sudeste da Índia e às Molucas, em parceria com os quelins, mercadores hindus da Costa do Coromandel, de língua tamul. O mais importante entre esses mercadores

---

87 Afonso de Albuquerque, *op. cit.*, p. 22 e ss.

88 *Idem*, p. 24.

foi Nina Chatu, que ajudou Afonso de Albuquerque a tomar Malaca e serviu depois de parceiro dos portugueses no comércio.[89] Em 1518 essas viagens interregionais foram substituídas por navios da Coroa portuguesa, que nomeava o capitão, o feitor e o escrivão de bordo e deram origem a um sistema de "carreiras": rotas de comércio entre diversos portos do Oriente, como Paleacate, na costa oriental indiana, e Malaca, ou Malaca e Chatigão, no golfo de Bengala. Essas viagens serviram à Coroa como fonte de recursos para o reparo das fortalezas, mas, principalmente, como mercês que eram concedidas a particulares.

Na Ásia, o primeiro modelo – as feitorias fortificadas – pode ser identificado com Afonso de Albuquerque e o segundo – viagens por tradicionais rotas comerciais – com Lopo Soares de Albergaria, seu sucessor, que já fizera viagens lucrativas à Índia. O apoio no reino à nomeação de Lopo Soares, primo do barão de Alvito, e à sua política, fortaleceu-se após a desastrada empresa de Albuquerque a Adem, à qual se juntou, para infelicidade de D. Manuel, a derrota de Mamora, no Marrocos. O governo de Lopo Soares ficou conhecido como a "grande soltura", no qual a ação dos particulares foi estimulada e as atenções se desviaram para o Malabar e o Ceilão, com a construção de um forte em Colombo, principal cidade da ilha do Ceilão.[90]

Não se pode ter aqui a pretensão de percorrer todo o século XVI, considerando-se um sem-número de questões envolvidas na atuação portuguesa no Oriente, entre elas a crescente atuação de particulares no Golfo de Bengala, na costa da China e Japão e a chegada dos missionários da Companhia de Jesus, nos anos 1540. Cabe identificar, no entanto, um ponto que interessa especialmente para o conjunto desta pesquisa e que se verificou a partir do reinado de D. João III: o ensaio de projetos de territorialização da presença no Índico. Ao mesmo tempo, manteve-se na ordem do dia a política de construção de fortalezas.

---

89 Ver Luís Filipe Thomaz. *De Ceuta a Timor*, p. 486-512. S. Subrahamanyam desenvolve esta ideia dos dois modelos em seu livro *O império asiático português*, no capítulo III. "Dois modelos e a sua lógica: a criação de um império, 1498-1540.

90 Ver Luís Filipe Thomaz. "Diogo Pereira, o Malabar", p. 56 e ss. Sobre os portugueses no Ceilão, ver Jorge Manuel Flores. *Os portugueses e o Mar de Ceilão* (1498-1543). Lisboa: Cosmos, 1998 e George Davison Winius. *The fatal history of Portugueses Ceylon*. Cambridge, Mss: Harvard University Press, 1971.

Quando D. João III assumiu o trono português após a morte de D. Manuel I, em 1521, a Coroa, assim como os homens por ela nomeados para governar as praças da Índia, deixou de lado como base da empresa portuguesa projetos caros ao seu antecessor e a homens como Afonso de Albuquerque. Passaram a ocupar um segundo plano o bloqueio do Mar Vermelho, a busca do Preste João, a reconquista dos Lugares Santos. As possessões do norte da África se mantiveram restritas às fortalezas em territórios muçulmanos, tendo sido reduzidas a apenas Ceuta, Tanger e Mazagão. No Brasil, em 1534, foram estabelecidas as capitanias hereditárias, modelo transplantado das ilhas Atlânticas, e iniciou-se um interesse mais concentrado sem que o avanço territorial tenha sido uma consequência imediata.[91]

Durante esse reinado, só finalizado com a morte do soberano em 1557, os portugueses fortaleceram sua presença na região do Guzerate. Desde 1508 as armadas portuguesas rondavam esta região do litoral norte da costa da Índia e após seguidas negociações e conflitos, que resultaram na construção de uma feitoria em Diu, o próprio sultão do Guzerate, Bahadur Shah, então envolvido em violentas disputas com o imperador mogol Humayun, considerou de seu interesse uma aliança com os portugueses. Ocorreu, então, a concessão do território de Baçaim – fato inédito pelo qual não se obtinha apenas um enclave, para a construção de uma fortaleza, mas a renda de um território – por meio de um tratado assinado pelo governador Nuno da Cunha e o emissário do sultão, sintomaticamente, a bordo de um galeão, o *São Mateus*, em 23 de dezembro de 1534. Pelos seus termos, Baçaim era cedida em troca da paz "con todas suas terras assi firmes, como ilhas e maar, com toda sua jurisdição mero mistro imperio e com todas suas rendas e direitos reaes, e quaisquer outras rendas que nas ditas terras ouuer...". No ano seguinte, diante das investidas dos mogóis,

---

91 Um termômetro desse quadro referente ao Brasil é a criação de vilas e cidades; apenas 14 vilas no século XVI e 3 cidades (Salvador, Rio de Janeiro e Filipeia, hoje João Pessoa). De todas as vilas, apenas uma não se encontrava no litoral, São Paulo de Piratininga, hoje São Paulo, fundada em 1558. Cf. Aroldo de Azevedo. *Vilas e cidades do Brasil colonial*. Faculdade de Filosofia, Ciências e Letras. Boletim nº 208. Geografia nº 11. São Paulo, 1956, p. 11-15. Somente no final do século XVII, com a descoberta de ouro no interior a oeste da Província do Rio de Janeiro, encontra-se um programa de construção de vilas. A esse respeito, ver Roberta Marx Delson. *Novas vilas para o Brasil-Colônia*. Brasília: Ed. ALVACIORD, 1997, p. 9-26.

Bahadur Shah viu-se forçado a fazer uma aliança efetiva com os portugueses, e permitiu uma construção na cobiçada praça de Diu "en qualquer lugar que o governador Nuno da Cunha quiser da banda dos balluartes do maar, e da terra, da grandura que lhe bem pareçer, e assim o balluarte do mar". A concessão era feita com a condição de "el rey de Portugal e o çoltão Badur serem amigos d[e] amigos e inimigos de imigos, e o governador em nome del rey de Portugal ajudará ao soltão Badur com todo o que poder por maar e por terra e assi el rey a elle quando comprir com sua gente e armadas".[92] Esse contrato de amizade teve, no entanto, curta duração.

Foi também ali que o espírito de guerra santa ganhou algum fôlego. A fortaleza de Diu sofreu dois grandes assaltos: o primeiro, imposto pelos turcos de Suleimão Pacha, vencido em 1538 pelo governador Nuno da Cunha (1529-1538), e o segundo, liderado pelo rei de Cambaia em 1546. O responsável pela defesa da praça foi o vice-rei D. João de Castro (1545-1548), mentor de uma política firme e austera, que contrastou com a de seu antecessor, Martim Afonso de Sousa (1542-1545), quando se assistiu à expansão do comércio privado com o apoio e a participação do próprio vice-rei.

Uma vez abandonados os projetos de seu pai de conquista da Terra Santa, D. João III chegou a propor uma aliança aos turcos após a vitória no cerco de Diu, que acabou não se concretizando, mas perdurou, no entanto, um acordo tácito pelo qual os turcos não avançavam para o Índico e os portugueses esqueciam suas ambições no Mar Vermelho. Tendo em mãos a ossatura de portos fortificados por D. Manuel, o reinado joanino teria sido marcado pelo pragmatismo, para os historiadores, e por um período de crise, salientada por boa parte dos cronistas e outras fontes de época. Ao mesmo tempo, no entanto, tratou-se de um momento de reforma nos âmbitos eco-

---

92 Para as citações deste parágrafo, cf. *O Tombo de Diu 1592*. Direção e prefácio de Artur Teodoro de Matos. Lisboa: CNCDP, 1999, respectivamente p. 58, 62 e ss. Sobre a história da construção da fortaleza de Baçaim e sua importância estratégica, ver Dejanirah Couto. "A fortaleza de Baçaim". *Revista Oceanos*, nº 28, p. 105-118; e André Teixeira. "Os primórdios da presença portuguesa em Baçaim (1534-1554): notas sobre a situação financeira e político-militar do primeiro "território" do Estado da Índia". *D. João III*. Actas do Congresso Internacional comemorativo do seu nascimento, *op. cit.*, p. 337-366. Sobre as negociações para a construção da fortaleza em Diu, ver a primeira parte da narrativa do primeiro cerco escrita por Lopo de Sousa Coutinho. "Livro primeiro do cerco que os turcos poseram a fortaleza de Diu", livro I.

nômico, político, administrativo marcado em boa medida pela postura religiosa, pelo caráter confessional da monarquia portuguesa.[93]

No que diz respeito às fortificações, houve a contratação de engenheiros militares estrangeiros, visando, como afirma Rossa, "a saída do beco de ineficácia em que o experimentalismo da fortificação manuelina havia introduzido os nossos sistemas de defesa passiva".[94] Datam desse período a reconstrução de Diu (1546) e da fortaleza de Moçambique, sob a direção do arquiteto italiano Mestre Benedetto de Ravena, que também atuou em obras de fortificação em Salvador, na Bahia (1549). Um seu discípulo, Miguel de Arruda, seria, em 1548, nomeado para o cargo então criado de Mestre das obras de fortificação do Reino, África e Índia. Durante esse reinado houve ainda a conquista de uma nova praça, Damão, a meio caminho entre Baçaim e Diu. A cidade e os territórios adjacentes foram conquistados por D. Constantino de Bragança, em 1559, num "último acto de ampliação territorial da era da Expansão, tal como a cidade então erguida seria a última a, em sentido estrito, ser fundada no Hindustão pelos portugueses". Sobre essa cidade surgiram especulações de que seria a concretização dos projetos renascentistas de cidade ideal, tendo em vista a presença na Índia do técnico italiano João Baptista Cairato, engenheiro-mor da Índia entre 1583 e 1596. Seu traçado regular, no entanto, assim como a construção das muralhas, como demonstra a historiografia mais recente, antecedeu a chegada deste funcionário de Filipe II ao Oriente.[95]

O curto reinado de D. Sebastião assistiu a um retorno do interesse português pelo norte da África, que culminaria na derrota de Alcácer-Quibir em 1578 e no desaparecimento do rei.[96] Na Ásia, um elemento, no entanto, se destaca deste reinado, já ensaiado no período joanino e fortalecido no

---

93 Sobre a confessionalização da monarquia portuguesa e as reformas durante o reinado de S. João III, ver Ângela Barreto Xavier, *op. cit.*, p. 37-80 e, igualmente, Ana Isabel Buescu. *D. João III. 1502-1557*. Lisboa: Círculo de Leitores, 2005, p. 190-234

94 Walter Rossa. "O urbanismo regulado e as primeiras cidades colônias portuguesas". *Universo urbanístico português 1415-1822, op. cit.*, p. 528.

95 A esse respeito, ver Walter Rossa. *Cidades Indo-Portuguesas. Contribuição para o estudo do urbanismo português no Hindustão Ocidental*. Lisboa: CNCDP, 1997, p. 79-81. Para a citação, p. 77.

96 Sobre a postura belicosa de D. Sebastião, sobretudo em relação à África, ver Jacqueline Hermann. *No reino do Desejado*. São Paulo: Companhia das Letras, 1998.

momento seguinte, de união das coroas de Portugal e Espanha sob Filipe II e diz respeito à existência de projetos de conquista territorial. A preocupação com a dimensão territorial teria seu início em meados do Quinhentos, já com D. João III, conforme analisa João Paulo Oliveira e Costa, preocupação esta que resultaria numa nova configuração das possessões portuguesas no século XVII, "baseada na territorialidade".[97] O autor cita a construção de Baçaim e as rendas fundiárias advindas da denominada Província do Norte, que reunia ainda Damão, Chaul e Bombaim, e a conquista definitiva de Bardez e Salsete, nos arredores da ilha de Goa.

Os esforços de D. João III e, em seguida, de D. Sebastião, apesar de indicarem uma nova estratégia visando fortalecer os domínios na Ásia para além da exploração das rotas comerciais, tiveram, no entanto, resultados tímidos, tendo em vista a ambição dos projetos. As frentes que se abriram incluíam as minas de ouro do reino de Monomotapa, na costa oriental africana, o reino de Cambaia, as Maldivas, a ilha de Ceilão, o Achém, o Pegu, o Sião, o Camboja e a China. Esses novos alvos "representam uma nítida inflexão da política tradicional do Estado no sentido de uma expansão 'à castelhana'",[98] como escreveu Luís Filipe Thomaz, uma vez que se aproximam da prática de conquista territorial empreendida pelos espanhóis desde sua chegada ao Novo Mundo e devem ser analisados, segundo este autor, levando-se em conta os interesses da pequena nobreza. Subrahmanyam, igualmente, insere essas iniciativas numa "crescente hispanização da concepção portuguesa de império".[99] A adoção do modelo espanhol não era de surpreender; estava ligada em parte à influência dos castelhanos na corte portuguesa já antes da união ibérica, marcadamente pela presença da mãe de D. Sebastião, Dona Catarina, irmã de Carlos V e tia de Filipe II e, igualmente, às investidas espanholas nas Filipinas. O próprio Diogo do Couto indica essa influência ao defender a conquista do Monomotapa: "Não sei como se não põe os ombros a cousa tamanha e tão necessária; se isso fora

---

97 J. P. Oliveira e Costa. "O Império Português em meados do século XVI". *Anais de história de Além-Mar* nº 3, 2002. Lisboa: CHAM-UNL, p. 87. Sobre as ameaças sofridas pelos portugueses nesse período, ver Luís Filipe Thomaz. "A crise de 1565-1575 na história do Estado da Índia", p. 481-484.

98 L. F. Thomaz. *Op. cit.*, p. 488.

99 S. Subrahamanyam. *O império asiático português*, p. 152.

SITIADOS 105

dos reis d'Espanha, já houvera de estar tudo descoberto e senhoreado".[100] Os arbítrios visando a recuperação do vigor do Estado da Índia também foram nessa direção, se assim consideramos *O soldado prático* e, com mais razão, a obra de Francisco Silveira, *Reformação da milícia e governo do Estado da Índia oriental.* Enquanto Couto concentrou seus argumentos nas minas de prata de Chicova, no Monomotapa, de cuja conquista dependeria a obtenção do Ceilão e de Achem, Silveira apostou na ilha de Ceilão, por ser necessário aos portugueses assenhorearem-se de "huma ilha fértil e abundante de bastimentos, aonde ouvesse portos seguros pêra se recolherem as armadas e nella fundarem seu império".[101]

Os esforços de avanço territorial concentraram-se, assim, em três frentes, sem grandes sucessos. Foram expedições militares punitivas ao reino do Monomotapa e, num segundo momento, expedições visando o controle da fonte do ouro de Manica, na região de Moçambique; iniciativas particulares depois encampadas pela Coroa na região do Golfo de Bengala; e projetos no Ceilão com a fixação de *casados fronteiros* para além das fortalezas costeiras. Igualmente, na costa ocidental africana, datam do reinado de D. Sebastião as campanhas de Paulo Dias de Novais que resultaram na fundação da colônia de Luanda, pelas margens do rio Cuanza, em 1575.[102]

De todos esses projetos, o único que teve algum avanço, mesmo que tímido, foi o do Monomotapa. O fracasso desses ensaios de incursões terra adentro resultou no fortalecimento do imperialismo marítimo português por meio do controle dos mares (e sua limitação a esse controle), no qual tiveram importância as novas medidas relativas à emissão de *cartazes.* Os cartazes eram uma espécie de salvo-conduto concedido a reinos

---

100 *O Soldado prático.* 3º ed. Lisboa: Clássicos Sá da Costa, 1980. Parte III, cena III, p. 199. Sobre a influência espanhola na corte de D. Sebastião, ver Jacqueline Hernmann, *op. cit.*, p. 76.

101 Francisco Rodrigues Silveira. *Reformação da Milícia e Governo do Estado da Índia oriental.* Lisboa: Fundação Oriente, 1996, p. 220. Sobre as considerações de Couto, *O soldado prático,* p. 224. Sobre essas duas obras analisadas como práticas arbitristas, ver Priscila de Lima. *Uma leitura do arbitrismo português a partir das obras* O soldado prático *e da* Reformação da milícia e governo do Estado da Índia oriental. Monografia. Departamento de História- UFPR. Curitiba, 2008.

102 Ver S. Subrahamnayam, *op. cit.*, p. 172-187. Sobre a fundação de Luanda, ver Ilídio do Amaral. *O Consulado de Paulo Dias de Novais.* Angola no último quartel do século XVI e primeiro do século XVII. Lisboa: IICT, 2000.

aliados para que pudessem dispor de um número de navios e de viagens pré-determinado pela Coroa portuguesa. O interesse dos portugueses se fixava, sobretudo, em coibir a ação dos mecadores do mar Arábico, a fim de impedir que a pimenta seguisse o caminho do Estreito de Meca e chegasse aos portos do Mediterrêneo. Essa circulação fortaleceria tanto os mercadores levantinos como os muçulmanos da Índia, daí o fato de a maioria dos cartazes ter sido emitida para viagens ao Estreito, ou seja, era naquela região que se concentrava o controle português, assim como a ação punitiva das armadas. Somente no anos 1570 passou a ser mais frequente a emissão de cartazes para a Ásia do sudeste. Essa medida foi uma resposta à retomada do comércio da pimenta pelo Mar Vermelho, fruto das alianças entre os turcos otomanos, que então controlavam o Estreito, e o sultão de Achém, ao norte da ilha de Sumatra, poderoso inimigo dos portugueses e grande produtor de especiarias.

No contexto dos anos 1570 medidas visaram a centralização de sua emissão em Goa e a ampliação de sua área de alcance. De fato, após o cerco sofrido por Malaca em 1574, o sistema atingiu também a Ásia do sudeste. Essas novas regras não fizeram mais do que "legalizar e transformar em corso a pirataria de longa data praticada pelos portugueses naquelas águas".[103]

Também se verificou, com D. Sebastião, a retomada dos trabalhos de fortificação, tendo o rei, em 1569, mandado suspender qualquer investimento da Coroa em obras reais a fim de concentrá-los em obras militares. No Golfo Pérsico, Inofre de Carvalho construiu em Ormuz a cerca abaluartada, e Simão de Ruão foi responsável pelos baluartes de Onor, em 1568.[104] Para preservar o poder português no Índico, o rei ainda abria mão do quinto que lhe cabia em toda a carga de navios apresados, com exceção da artilharia, a fim de estimular os capitães e soldados a agirem com rigor, sobretudo na costa do Malabar. Data desse período a designação oficial de Estado da Índia que unificou as possessões lusitanas além do Cabo da Boa Esperança, apesar de ter surgido também no reinado de D. Sebastião a proposta de divisão do governo geral em três – o governo da África Oriental, com sede em Moçambique; o do Hindustão, baseado em Goa; e um tercei-

---

103 Luís Filipe Thomaz. *De Ceuta a Timor*, p. 491.

104 "A nova muralha de Goa – hoje destruída – foi, sem dúvida, a grande realização dessa época em que as dificuldades superavam os meios". Ver Rafael Moreira & Alexandra Curvelo. "A circulação das formas. Artes portáteis, arquitetura e urbanismo", p. 562 e ss.

ro, englobando o Extremo Oriente, a Ásia do Sudeste e a Insulíndia, com sede em Malaca. O projeto não chegou a vingar, uma vez que a conquista do reino de Monomotapa não obteve o resultado previsto, o que justificaria a autonomia da costa africana, e Goa resistiu à separação de Malaca.[105] Ao mesmo tempo, as novas forças políticas que se ergueram no Hindustão a partir dos anos 1560 – a queda de Vijayanagar (1565) e o consequente vácuo de poder na costa do Canará – levaram os portugueses a agir, adicionando novas fortalezas à sua rede fortificada: o porto de Mangalor em 1568 e os de Onor e Barcelor no ano seguinte.

Leituras mais tradicionais a respeito do período seguinte, quando Filipe II de Espanha assumiu também a coroa de Portugal, responsabilizam a dominação espanhola por uma fase de decadência do império asiático português, tendo em vista que a união das duas coroas fez com que os inimigos de Espanha na Europa – Inglaterra, as Províncias Unidas e, em menor grau, a França – se tornassem as principais ameaças aos portugueses na Ásia, na África e no Brasil.

Analisar o declínio português na Ásia a partir de finais do século XVI como resultante da união das coroas ibéricas sob o poder dos Filipes implica esquecer o descontentamento de outras nações europeias frente à ambição monopolista de Portugal nos mares e, igualmente, desconsiderar os agentes asiáticos e seus interesses na permanência ou não dos portugueses no comércio das especiarias. É possível citar neste caso, sem, no entanto, o aprofundamento necessário, ao menos três elementos que permitem ampliar o foco de análise. Um primeiro ponto seria o histórico de conflitos existente entre Portugal, de um lado, e Inglaterra e França, de outro, em diferentes momentos, visando minar a hegemonia portuguesa no comércio e exploração marítima. Boxer cita como exemplo a contestação feita pelos ingleses já em meados do século XVI, diante da pretensão

---

105 Ver Luís Filipe Thomaz. *De Ceuta a Timor*, p. 501. Também no Brasil, no mesmo momento houve experiência semelhante. As capitanias do sul – Espírito Santo, Rio de Janeiro e São Vicente – separaram-se da Bahia no período de 1572-1578 e novamente em 1608-1613. Ver também Carta régia ao vice-rei João Coutinho, 10.03.1618, em que se lê que as fortalezas de Moçambique, Sofala, Mombaça com os rios de Cuama e serras de Chicova, onde estavam as minas de prata do Monomotapa se dividiam do Estado da Índia. Essa separação, no entanto, era adiada até que se assentassem as questões relativas à conquista das minas. In: *Documentos remettidos da Índia*, IV-37.

portuguesa ao monopólio do comércio da Guiné.[106] No caso específico da Ásia, cabe concordar com Subrahmanyam quando este afirma que "o conflito luso-holandês no Oriente não era um assunto bidimensional, mas antes multidimensional". Um segundo elemento, então, seria compreender que esses conflitos e, consequentemente, seus desfechos, contaram com a participação de soberanos da Ásia, como o xá Safávida, os reis Nayaka, de Tanjavur e Madurai ou o sultão de Macassar. E ainda, como terceiro elemento, tem-se que algumas das maiores perdas sofridas pelos portugueses depois de 1610 não tiveram relação com os holandeses: Sirião (1612), Ormuz (1622), Ugulim (1632), a perda do comércio com o Japão (1638), e os portos da região do Canará (1654).[107]

Tendo em mente essas outras importantes variáveis, não deixa de ser fato, no entanto, que ao final do século XVI, os holandeses, proibidos de frequentar os portos da península ibérica, passaram a atacar os domínios portugueses para garantir o abastecimento das especiarias. A quebra do monopólio português no tráfico pela rota do Cabo deu-se em 1595 pelas mãos de um grupo de mercadores de Amsterdã, que partiu numa expedição cujo capital disponível chegava a 100.000 cruzados. Por volta de 1600 era esse o montante investido em uma só viagem pelos principais mercadores portugueses da Carreira, o que sugere que o capital aplicado no comércio por portugueses e holandeses seguiam cifras similares.[108] A frota holandesa venceu o cabo da Boa Esperança e após entrar no Oceano Índico desviou para o sul em direção ao Estreito da Sonda, entre as ilhas de Sumatra e Java, e em 9 de junho de 1596 chegou a Bantam, um porto que escapava ao controle português. Carregados de pimenta, e após uma viagem cheia de provações, os mercadores retornaram ao porto europeu de Texel, em agosto do ano seguinte, tendo sobrevivido apenas 87 dos 249 homens embarcados.

---

106 Ver Charles Boxer. O *império marítimo português*, p. 122.

107 Sobre as dificuldades enfrentadas pelos portugueses no contexto político da Ásia a partir dos primeiros anos do século XVII, ver S. Subrahmanyam. O *império asiático português*, p. 207-232. Para a citação, p. 206.

108 Ver James Boyajian. *Portuguese Trade in Asia under the Habsburgs, 1580-1640*. Baltimore-London: The Johns Hopkins University Press, 1993, p. 109 e Michel Morineau. *Les grandes compagnies des Indes Orientales (XVIe-XIXe siècles)*. Paris: PUF, 1994, p. 8.

SITIADOS

As duas grandes companhias destinadas ao comércio com as Índias Orientais nasceram do entusiasmo – mais do que isso, do "frenesi",[109] como afirma Morineau – resultante dessa viagem. A primeira se formou na Inglaterra, a partir da carta datada de 31 de dezembro de 1600, que assegurava à *London East India Company* (EIC) o privilégio de navegação ao Oriente por quinze anos. A VOC, *Verenigde Oost Indische Compagnie*, consolidou-se em 1602, respondendo aos interesses das Províncias Unidas, entre as quais a holandesa era a mais importante. A Companhia Holandesa das Índias Orientais passou, então, a desfrutar de vinte e um anos de monopólio no comércio da Rota do Cabo.[110]

Portugal e Espanha viviam desde o início do século XVI experiências distintas em relação aos seus domínios ultramarinos. A concentração litorânea típica da exploração portuguesa foi também fundamental na história da América Espanhola apenas nos 25 primeiros anos. Em 1519 Hernán Cortés avançou terra adentro derrotando os soberanos astecas do México e, quinze anos depois, em 1534, Francisco Pizarro conquistou a capital inca de Cuzco. Nos anos 1540 estabeleceram-se as *encomiendas*, pela qual os *encomenderos* tinham o direito de cobrar um tributo em dinheiro, gênero ou trabalho aos naturais, em troca de proteção e de ensino da religião católica. Políticas sucessivas de colonização, exploração da mão de obra nativa, fundação de vilas e evangelização foram afirmando práticas e objetivos bastante diferentes, entre as duas metrópoles.

Ao apego ao litoral verificado no movimento português – uma das bases para que a construção de fortalezas na costa se fixasse como uma política de expansão – se opunha a "mentalidade territorial dos espanhóis".[111] As diferenças entre as duas práticas de exploração se verificam em vários outros aspectos, como o espaço concedido à atividade de mercadores privados no caso espanhol, contra o monopólio articulado pela Coroa portuguesa ou a quase inexistência de uma frota de navios comerciais para a

---

109   *Idem*, p. 11.

110   A respeito da criação dessas companhias e do seu funcionamento até o século XIX, ver *op. cit.*, *passim* e também James C. Boyajian, *op. cit.*, p. 106-127.

111   Sanjay Subrahmanyam, *op. cit.*, p. 153. Sobre o sistema de "*encomiendas*" na América Espanhola, ver J. H. Elliott. "A conquista espanhola e a colonização da América". In: Leslie Bethell (org.). *História da América Latina. Vol. 1 - América Latina Colonial*. São Paulo: Edusp, 1997, p. 135-195.

Carrera de las Indias. Essas diferenças parecem estar ligadas, como sugere Subrahmanyam, menos à realidade local, uma vez que as *encomiendas* foram concedidas tanto na América como nas Filipinas, e as fortalezas se espalharam por todo o dito império português, do que à própria mentalidade dos homens envolvidos nesses projetos. Para os espanhóis "era a dimensão da territorialidade, de controlo da terra e do seu produto",[112] enquanto para os portugueses, como atestam as observações de vários viajantes e administradores régios, era o lucro (rápido) que vinha do mar. Essas duas posturas acabaram forçosamente por se encontrar no momento da união dinástica, em 1580. A primeira atitude consequente no sentido de alterar o monópolio da Coroa portuguesa pendendo para o modelo espanhol deu-se ainda no reinado de D. Sebastião. O rei, em 1575, havia assinado um contrato com o mercador de Augsburg, Konrad Rott, e seus associados para organizar o comércio da pimenta da Carreira da Índia por cinco anos, numa primeira iniciativa de transferir para particulares fatias importantes da organização desse comércio. Esse primeiro contrato foi renovado por mais cinco anos pelo cardeal D. Henrique pouco antes de morrer em 1580. Na esteira desses contratos com particulares, foi concedida a Giovanni Battista Rovelasco, o mesmo que enviou a Cochim o florentino Filippo Sassetti, a coleta de direitos alfandegários arrecadados em Lisboa referentes aos navios privados originários da Índia – os "direitos das naus da Índia" –, em 1586, também numa primeira ação desse tipo. Mesmo que a Carreira tivesse dependido da participação privada para o seu financiamento, "nunca antes mercadores privados assumiram formalmente tantas funções executadas por oficiais do rei e quase que a totalidade da carga financeira da Carreira da Índia".[113] Em meados da década de 1580, num processo que vinha de pelo menos duas décadas, vigoravam vários contratos: o do comércio da pimenta da Ásia, o da distribuição da pimenta na Europa, o da organização da armada, e o do arrendamento das rendas da Casa da Índia.[114]

---

112 Subrahmanyam, *op.cit.*, p. 156-158. Em 1590 já havia nas Filipinas 267 *encomiendas*, controlando cerca de 668 mil habitantes. Na América, em 1570, as *encomiendas* chegavam a 4 mil.

113 Ver James C. Boyajian, *op. cit.*, p. 19 e ss.

114 Ver Sanjay Subrahmanyam, *op. cit.*, p. 160. A respeito do debate sobre o monopólio régio do comércio da pimenta ou da concessão a particulares, ver Luis Filipe Thomaz.

SITIADOS

A presença cada vez mais insistente de europeus na Índia fez com que Filipe II e a administração portuguesa, cuja manutenção foi garantida pelas Cortes de Tomar de 1581, prosseguissem na construção de fortalezas, não apenas para controlar o comércio, mas para defender o que já havia sido conquistado. Ao mesmo tempo em que se levantavam muralhas, registravam-se embates concretos, cercos prolongados, como o forte porém fracassado ataque holandês a Macau, em 1622, e a retomada de Ormuz pelo Xá da Pérsia com o apoio dos ingleses no mesmo ano.

Os Habsburgos tentaram implementar nas possessões portuguesas duas práticas já efetivadas em seus próprios domínios. A primeira dizia respeito ao problema sempre presente das organizações dos homens de armas. Depois do projeto fracassado de D. Sebastião de reuni-los em companhias, foi a vez de Filipe II transferir o modelo das companhias de ordenanças existentes na Europa para o Oriente. Por trás dessa iniciativa, dois objetivos: acabar com as clientelas da fidalguia, diminuindo assim seu poder, e criar um exército profissionalizado, submetido às ordens da Coroa. O vice-rei D. Duarte de Menezes, encarregado das medidas práticas, partiu para Goa em 1584 e ao retornar a Lisboa, em 1587, confirmava a impossibilidade das reformas. Não se pôde vencer a resistência da fidalguia e de suas clientelas à criação de corpos militares sujeitos a uma hierarquia de comando baseada nas aptidões e experiências e não na condição social. Ao mesmo tempo, a distância das demais fortalezas em relação ao poder de Goa dificultava a fiscalização e a punição no caso de descumprimento das diretivas do vice-rei.[115] Os abusos eram tantos que em 1619, um alvará do vice-rei D. João Coutinho, Conde do Redondo, tentava responder às reclamações que da Câmara da cidade de Goa chegavam ao rei. Queixava-se dos constrangimentos cometidos contra mercadores estrangeiros pelo "moca-

---

A questão da pimenta em meados do século XVI. Um debate político do governo de D. João de Castro. Lisboa: Universidade Católica Portuguesa, 1998.

115 Sobre o projeto de Filipe II para a reorganização militar, ver Victor Rodrigues. "A acção reformadora dos Filipes no seio da estrutura militar do Estado da Índia: a persistência do modelo tradicional de organização dos homens de armas (1584-1622)". Separata das *Actas do IX Colóquio 'Os Militares na sociedade portuguesa'*. Lisboa: 1999, p. 65-74.

dão" dos marinheiros que, entre outras vexações, obrigava os homens a alistarem-se nas armadas.[116]

A superioridade dos holandeses e ingleses, verificada nos revezes sofridos pelos portugueses, era atribuída em boa parte à disciplina e treinamento dos soldados, modelo que as autoridades portuguesas ou as pretensões da Coroa dos Habsburgos não conseguiam aplicar no Estado da Índia. Em 1619, o vice-rei Conde do Redondo decidiu levar o assunto à consideração do Conselho de Estado. Formado principalmente por capitães fidalgos, chegou à conclusão de que a criação das companhias de ordenanças não se aplicava à Índia, "por a guerra d'este Estado se não fazer em terra, e toda por mar, e não haver dinheiro para se lhe fazer as pagas e arriscar por falta d'ellas a haver desordens e motins".[117] Somente as fortalezas de Ormuz, Moçambique, Diu ou Malaca poderiam organizar essas companhias, por disporem de tropas permanentes em número significativo, mas mesmo nesses casos pouco foi alterado em relação à rotina preexistente.

Registrou-se, igualmente, nas dominações portuguesas, a importação de uma outra prática comum às possessões castelhanas: a obtenção de receita por meio da venda de cargos. O Estado da Índia adotou essa alternativa nos anos de 1615-1616, durante o governo do vice-rei D. Jeronimo de Azevedo (1612-1617) como medida emergencial para organizar a defesa contra os holandeses que, em 1614, já haviam arremetido contra alguns estabelecimentos portugueses na Ásia, haviam-se fixado em Surrate e causavam prejuízo ao comércio indo-português dos tecidos e do anil. O que antes se obtinha como mercê poderia "por essa vez somente" ser comprado. A venda de cargos só viria a se repetir em 1653, quando os ataques holandeses tornaram insustentáveis a manutenção e defesa do Estado da Índia.

---

116 Cf. *Documentos remetidos da Índia ou Livro das Monções*. Direção de Antonio da Silva Rego. Lisboa: Imprensa Nacional/Casa da Moeda, 1974, Tomo VI, p. 275-277. "Mocadão" era a forma pela qual se designava o chefe da tripulação ou o capataz; do árabe *muqaddam*. Sebastião Rodolfo Dalgado. *Glossário Luso-Asiático*. New Delhi/Madras: Asian Educational Services, 1988, II-58.

117 "Instrucções com que S. Magestade mandou à Índia o Conde do Redondo, Vice-Rei". *Documentos Remetidos da Índia*, IV-288. *Apud* Victor Rodrigues, *op. cit.*, p. 72s.

Hey por bem e mando que por esta uez Somente e por tempo de tres annos Se uendão todas as fortalezas cargos e Viagens desse estado pera entrarem nellas os que assy os comprarem diante de todos os prouidos...fazendoçe em leilão a quem mais der E em Vossa presença...de modo que Se não dem por aMizades nem ualias nem fauores nos preços Senão as pessoas de que o estado tiuer mais proueito. [...] e... que em tempo tão perigoso Se não entreguem as fortalezas a quem faltem as partes necessarias pera as poder bem defender[...].[118]

A carta enviada pelo rei a D. Jeronimo de Azevedo explicitava, assim, que se tratava de uma medida de exceção com um objetivo bastante preciso. Definia, ainda, que o dinheiro obtido seria depositado em "huma arqua de tres chaues na forma que se faz com o cabedal da pimenta pera delle se acudir a fabrica apresto E sostento da armada necessaria pera lançar desse estado os inimigos da Europa E destruir os lugares em que estiuerem...". A arrecadação, que incluiu o montante obtido com a venda de cargos e de "viagens", não teve o sucesso planejado, não tanto pelos valores obtidos – 725.787 xerafins, cerca de 218 contos de réis –, mas pelo seu mau emprego.[119] Mesmo vinte anos depois, Filipe IV exigiu um relatório das contas e ainda D. João IV ordenou que se executasse a ordem filipina sobre a cobrança do dinheiro em dívida pelos compradores dos cargos. Alguns compradores não pagaram a totalidade dos seus lances, permanecendo em dívida 54.464 xerafins. Segundo Gregório de Pinna, entraram em poder dos tesoureiros régios 671.773 xerafins, ou 201 contos e 500 mil réis.[120] O vice-rei D. Jeronimo de Azevedo foi acusado pelo rei de não ter bem aplicado o dinheiro. Entre os gastos não programados estava uma armada "que com pouco fundamento" enviou ao reino do Arracão, ao norte do Golfo de Bengala,

---

118   Carta del Rei a D. Jeronymo de Azevedo, em 02.05.1614. Citado em Gregório de Pinna. *Relação de todo o dinheiro que se fez na venda dos cargos e fortalezas que se vendrão por ordem de sua magestade neste Estado da Índia* (1639), feita por Gregório de Pinna. Documento inédito datado de 8 de janeiro de 1639 com um estudo histórico de Maria Manuela Sobral Blanco, Lisboa, 1992, f. 344-v.

119   Por último, foram postas à venda as "viagens", que desde D. Manuel I eram propriedade da Coroa e assumiam a figura de uma mercê régia. Uma viagem da China para o Japão, por exemplo, foi comprada por Vicente Rodrigues por 10.010 patacas, ou 15.849 xerafins, cerca de 5 contos de réis. *Idem*, f. 340.

120   *Idem*, f. 343-v.

para castigar o rei da terra pelos maus tratos infligidos à comunidade portuguesa do delta do Ganges. Esses recursos serviram também para que, em 1615, a fortaleza de Malaca se defendesse do rei do Achem, confederado com os holandeses. As vendas duraram um ano e meio e, segundo Sobral Blanco, "não houve fortaleza, feitoria, alfândega ou escrivaninha que não tivesse sido posta em leilão".[121] Além do fracasso da iniciativa, o rei deveria enfrentar, ainda, para a implantação da venda de cargos como uma prática, a resistência da nobreza que lutava para preservar a estrutura aristocrática da administração e não permitir que indivíduos estranhos à categoria oligárquica do Estado da Índia ocupassem postos de chefia.

Em 1622, o xá Abbas, da Pérsia, apoiado por uma força naval inglesa, obteve a rendição dos portugueses em Queixome e, em seguida, a capitulação da praça de Ormuz depois de um cerco. Essa data não marca tanto o momento de uma *considerável* perda do espaço asiático durante o período filipino, já que a praça de Mascate passou a ser um imediato substituto de Ormuz. O real significado da perda de Ormuz, porém, foi ter permitido a ascensão de Bandar Abbas (ou Gombroon), o porto protegido pelo xá Abbas I e grande concorrente de Mascate como escala para o comércio entre a Índia e o Golfo Pérsico.[122] Apesar do comércio português prosseguir na região, foram perdidos o controle e os rendimentos da principal alfândega. Sobral Blanco constata, no entanto, que a perda "da Joia do Golfo Pérsico" representou um "trauma psicológico [...] para as autoridades portuguesas da Metrópole e da Índia",[123] a ponto de, por mais de duas décadas, o governo de Madri exigir a recuperação da praça. Era, no entanto, do conhecimento do rei o estado em que se encontravam naquele momento suas forças no Índico, e que só se agravaria nos anos seguintes, ao escrever em 1620 ao vice-rei:

> Por muitas vias tenho entendido, que quasy todas as fortalezas estão danificadas, e ameaçando ruina sem artilharia, e sem os soldados, ordenados,

---

121   *Idem*, p. 17.

122   Ver S. Subrahmanyam, *op. cit.*, p. 223s.

123   Manuela Sobral Blanco. *O Estado Português da Índia. Da rendição de Ormuz à perda de Cochim (1622-1663)*. Tese de doutoramento. Faculdade de Letras da Universidade de Lisboa. Vol 1 - Estudo Histórico, 1992. mimeo, p. 3.

e pagos, levando os capitães os soldos, e servindo se da artilharia nos seus navios de tratto, e que os capitães dos fortes, e passos dessa ilha de Goa, não res*idem*, nem dormem nelles, deixando os desemparados, e em poder de seus criados, e escravos, e em tudo se procede com grande esquecimento, da disciplina militar, de que resulta ter vindo esse Estado a termos que os reys vezinhos que tanto o respeitavão, se lhe atrevem descubertamente [...].[124]

A Casa de Bragança, quando retomou a coroa portuguesa, em 1640, encontrou ainda o Estado da Índia com pontos em toda a extensão do Índico. Nos anos seguintes, com a presença holandesa se consolidando no nordeste brasileiro – exigindo todos os esforços de Portugal –, e ameaçando várias praças no Oriente, a queda foi vertiginosa. Os portugueses perderam para os holandeses a fortaleza de Malaca em 1641 e, em seguida, Colombo em 1656, Jaffna, Negapatão e Tuticorim, em 1658, e Cochim em 1663. Apoiados pelos holandeses, o rei do Estado de Ikkeri, ao sul de Goa, conseguiu também expulsar os portugueses dos portos do Canará nos anos 1650, retomando Onor, Barcelor, Cambolim e Mangalor. A ilha de Bombaim foi ainda cedida aos ingleses em 1665, como dote no casamento de D. Catarina de Bragança com Carlos Stuart II, rei da Inglaterra.

As fortalezas para além do Cabo da Boa Esperança: espaços de uma rede

As diferentes estratégias de expansão adotadas pelos portugueses e os resultados obtidos nos diferentes continentes remetem à discussão em torno da conformação ou não de um Império como resultado das conquistas lusas. A historiografia produzida sobre a expansão mantém em aberto a questão sobre o conceito de império e sua aplicação ao caso português. Os estudos interpretativos da presença portuguesa na Ásia, sobretudo, costumam atribuir um adjetivo ao império português, que não é apenas um

---

124 Carta régia de 11.03.1620. *Documentos remetidos da Índia,* VI-458s. Ver Subrahmanyam, *op. cit.*, p. 205-256. Para o autor, realmente graves para o Estado da Índia foram os anos 1630, com a perda de Ugulim, no Golfo de Bengala, depois de um cerco em 1632, e de fortalezas no Ceilão.

vocábulo mas um modelo explicativo para a forma por meio da qual essa presença se manifestou. A facilidade com que se atribui essa explicação – ou a necessidade de fazê-lo – expressa também a dificuldade em considerar os domínios portugueses no ultramar como um império no sentido estrito do termo, mesmo tendo-se em vista a própria dificuldade em se identificar o que seria um império pensado no sentido estrito. Para citar alguns exemplos de historiadores que, de alguma forma, tratam dessa questão, podemos começar com o primeiro a levantar o problema, propondo uma abordagem muito mais festejada do que seguida, que busca um diálogo entre os diferentes domínios portugueses, unidos, no entanto, por uma mesma administração: Charles Boxer e seu *Império Marítimo Português* (*The Portuguese Seaborne Empire*), livro de 1969, traduzido para o português em 1977 como *O Império Colonial Português*. No caso do Estado da Índia, são vários os exemplos: Anthony Disney fala de "império da pimenta" em seu *Twilight of the Pepper Empire: Portuguese Trade in Southwest India in the Early Seventeenth Century* (1978), título de sua pesquisa sobre a região do Malabar no início do século XVII, cuja edição portuguesa de 1981 o traduz como *A decadência do Império da pimenta*. Walter Rossa descreve um "império virtual", e Sanjay Subrahmanyam, mesmo intitulando *Império Asiático Português* (*The Portuguese Asiatic Empire*) seu trabalho de síntese sobre o tema, inicia-o por argumentar que surgem dúvidas quanto a afirmar se "os Portugueses *realmente* possuíram então, de algum modo, um império". Há ainda as contribuições da historiografia brasileira, confinadas ou não ao espaço oriental, como o trabalho recente de Luis Filipe Silvério Lima sobre um "império dos sonhos", em que analisa as representações oníricas do Quinto Império português ou o "império da fé", de Margareth de Almeida Gonçalves, sobre a ação de mulheres religiosas no Brasil e na Índia.[125]

---

125 Para os autores e obras citadas, ver Charles Boxer. *Império Marítimo Português*. Trad. Anna Olga de Barros Barreto. São Paulo: Companhia das Letras, 2002; Anthony Disney. *A decadência do império da pimenta*. Lisboa: Edições 70, 1981; Walter Rossa. *Cidades Indo-Portuguesas. Contribuição para o estudo do urbanismo português no Hindustão Ocidental*, p. 16; Sanjay Subrahmanyam. *Império asiático português 1500-1700. Uma história política e econômica*. Lisboa: Difel, 1995 (ed. inglesa, 1993), p. 1. Grifo do autor; Luis Filipe Silvério Lima. *O império dos sonhos: narrativas proféticas, sebastianismo e messianismo brigantino*. Tese de doutorado. FFLCH/USP, 2005. Disponível no site www. teses.usp.br; e Margareth de Almeida Gonçalvez. *Império da Fé. Andarilhas da Alma na Era Barroca*. Rio de Janeiro: Rocco, 2005.

Deve-se, no entanto, em grande parte a Luis Filipe Thomaz, defensor de múltiplas motivações para a expansão portuguesa, a forma como a historiografia tem compreendido o Império português: um império em forma de rede. Valeria mencionar igualmente que Thomaz transferiu para o quadro português (especialmente o Oriente), como ele mesmo explica, uma contraposição da noção de "rede" à de "espaço" feita inicialmente por Maurice Lombard, quando tratou do Mediterrâneo e, em seguida, por Denys Lombard no contexto da Ásia do Sudeste. Thomaz escreve:

> [...] normalmente, os impérios representam a estruturação política de determinados *espaços* geográficos, enquanto o Estado da Índia é na sua essência uma *rede*, isto é, um sistema de comunicação entre vários espaços.[126]

A caracterização de império, no sentido clássico do termo, demanda uma longa discussão para a qual muito grosseiramente poderíamos apontar alguns elementos iniciais. Império pode ser visto em oposição ao reino que se caracterizaria por manter sob seu jugo vários reinos. Partimos, aqui, de uma distinção, feita em 1718 pelo linguista francês Gabriel Gerard, que define império como "o Estado vasto e composto de vários povos" e se opõe a reino, menos estendido e baseado na "unidade da nação pela qual é formado".[127] Essa definição, como explica Maurice Duverger, reúne três elementos. Em primeiro lugar o império faz parte da monarquia – de um sistema político assumido por um só titular, hereditário e de caráter sagrado. A relação, no entanto, entre o monarca e a divindade não permite delimitar o império e o reino. A questão religiosa parece mais ligada ao segundo aspecto, o espaço. Isto porque "mais do que as formas de culto ao soberano, o ecumenismo e o sincretismo, provavelmente, favoreceram a extensão territorial do poder, ainda que esta possa tomar outras formas, como, por exemplo, o respeito aos costumes locais e a crenças particulares".[128]

---

126 L. F. Thomaz. *De Ceuta a Timor*, p. 208.

127 Maurice Duverger. "O conceito de império". *Facetas do império na história: conceitos e métodos, op. cit.*, p. 22.

128 *Idem.*

O terceiro elemento seria a pluralidade de povos em oposição à unidade do reino. Duverger conclui assim que o império repousa, antes de tudo, numa organização do espaço, baseada, fundamentalmente, num sistema de comunicação eficiente. O padrão seria o império romano, considerado o império por excelência.

Madalena da Câmara Fialho apresenta uma reflexão que pode nos ajudar no caso do império português. A autora considera que o que distingue os impérios é "a ética que os informa, os motivos justificativos que criam e apresentam à consciência da própria nação e à consciência universal; a maneira como correspondem a esses ideais, como os realizam".[129] Partindo disso, o que haveria de novo no conceito imperial hispano-português, segundo Fialho, seria sua perfeita identificação com o ideal religioso – contrastando com o ecumenismo que Duverger considera essencial, já que tem como padrão o império romano.

Se concordamos com a conclusão de Duverger, de que um império é uma organização do espaço e que essa organização do espaço pressupõe um sistema de comunicação, e se consideramos que o fundamento do império português era a expansão do cristianismo – a justificativa à "nação" e à consciência universal de que fala Fialho –, podemos concluir que o império português pode ser assim chamado por constituir um "sistema de comunicação entre vários espaços" (como definiu Thomaz), baseado no cristianismo. Por meio de focos cristãos, de espaços cristãos, formados por portugueses ou por populações convertidas, um império comercial pôde se construir. Uma vez aniquilada a resistência muçulmana, já que no reinado de D. Manuel o caráter cruzadístico, de ataque ao bloco muçulmano, ainda teve grande importância, foi com base na cristianização apoiada pela Igreja que os portugueses – assim como os castelhanos – legitimaram, frente aos demais estados europeus, seu protagonismo nas descobertas, conquistas e explorações ultramarinas. Como no mesmo sentido já havia afirmado D. Manuel ao escrever ao papa, quando do regresso de Vasco da Gama, D. João III, em 1530, tinha que as "Bulas e Decretos dos Santos Padres [...] não somente confirmam a posi-

---

129 Madalena da Câmara Fialho. "Os conceitos de Império e o imperialismo português". *Rumo*, nº 2, 1946, p. 223-224.

ção do que os ditos reis meus antecessores e eu temos achado e começado a achar, mas lhe dão e concedem os senhorios de tudo".[130]

No contexto do primeiro século da expansão, ou seja, dos avanços sobre o Marrocos em 1415 à chegada à Índia em 1498, a monarquia portuguesa não desvinculava a ideia da formação de um império de uma efetiva conquista territorial. Desta forma, diante da ausência de recursos de toda ordem para realizar uma conquista neste molde, Portugal não se via em condições de empreender um projeto imperial.[131] Nada impediu, no entanto, que sob o nome de império se reunissem os domínios portugueses. Saldanha lembra que assim os chamou Camões: "Vós, poderoso Rei, cujo Alto Império/ O Sol, logo em nescendo, vê primeiro; / Vê-o também no meio Hemisfério; / E, quando desce, o deixa derradeiro". O cronista Diogo do

---

130   *Apud* António Vasconcelos Saldanha. *Iustum Imperium. Dos tratados como fundamento do império dos portugueses no Oriente*. Lisboa: Fundação Oriente / Instituto Português do Oriente, 1997, p. 284. Mesmo em momentos posteriores, no século XVII, não se enfraqueceu o teor religioso do império ultramarino. Subrahmanyam o constata ao afirmar que, por volta de 1630, havia na Ásia cerca de 1800 clérigos das maiores ordens religiosas, e 15 mil portugueses e mestiços em todo o Oriente, incluindo padres, *casados*, soldados, mercenários, renegados e mercadores. Ver Sanjay Subrahmanyam. *O império asiático português*, p. 368 e ss. As disputas entre holandeses e portugueses na Ásia, África e Brasil, por sua vez, fortaleceram o caráter cruzadista da expansão, uma vez que transferiram para o ultramar os enfrentamentos entre católicos e protestantes produzidos na Europa pela Reforma. Os sermões do Padre Antonio Vieira sobre os riscos da invasão holandesa ao nordeste do Brasil são contundentes neste sentido, principalmente o *Sermão pelo bom sucesso das armas de Portugal contra as de Holanda*. Na Ásia, o Padre Fernão Queiroz expressou preocupações semelhantes em relação à ameaça holandesa. *Conquista temporal e espiritual do Ceylão*. Goa, 1687. Ver também Rui Bebiano. "O lugar das armas na expansão portuguesa". *Revista das Idéias*. nº 14. Descobrimentos, Expansão e Identidade Nacional. Coimbra, 1992, p. 195-232; Charles Boxer. "Portuguese and Dutch colonial rivalry (1641-1661)". *Studia*. Vol. 2, julho de 1958, p. 6-42.

131   Luís Filipe Thomaz afirma que o insucesso de D. Duarte no Marrocos, cujo reinado terminou em 1438, mostrava a "inanidade da política de imitação de Castela, isto é, do imperialismo clássico, baseado na conquista territorial. Pouco a pouco, a Coroa portuguesa compreenderá não estar à altura de levar a bom termo uma política onerosa de expansão continental. Resignar-se-á a patrocinar preferencialmente a expansão comercial e a colonização de espaços vazios, e a dominar apenas as redes marítimas, partilhando dos seus proventos pelo viés das alfândegas e dos monopólios realengos". *De Ceuta a Timor*, p. 102.

120 ANDRÉA DORÉ

Couto utilizou o termo império, em *O Soldado Prático*, escrito durante o reinado de D. Sebastião, e também Manuel de Faria e Sousa, autor de *Ásia Portuguesa* (a primeira edição data provavelmente de 1662), ao chamar o espaço entre o "Cabo da Boa Esperança na Cafraria e o de Liampó na China", pelo nome de Estado ou Império português da Ásia. No entanto, Saldanha conclui: "A imagem é puramente literária e mais própria dos arquétipos da propaganda filipina que do rigorismo jurídico e das concepções geopolíticas dos gabinetes de Lisboa dos séculos XVI e XVII". Ali se falaria de Reino e "suas conquistas", Reino "e seus domínios", ou, como se encontra na chancelaria real, "Reinos e senhorios" da Coroa portuguesa.[132]

A estratégia portuguesa de fixação nos territórios recém-atingidos pela rota do Cabo; de exploração econômica dos recursos disponíveis – de interesse para o consumo na própria Ásia ou na Europa – e de dominação dos espaços conquistados, guardou características bastante específicas. Não foram totalmente originais, como se pôde verificar na África e mesmo no Brasil das primeiras décadas. Para a compreensão deste império, no entanto, as fortalezas foram os espaços de apoio de uma rede e podemos afirmar que estes espaços, traduzidos em praças fortificadas, com raras vocações para uma urbanização mais ampla, representaram um modelo de dominação cercada, não no sentido apenas militar, mas no de sua estrutura política, social e cultural. No aspecto econômico, esse império em forma de rede sustentou um sistema de "caráter híbrido e ambíguo",[133] já que se baseava, ao mesmo tempo, no princípio da redistribuição e no da troca mercantil. À Coroa portuguesa não interessava a produção de bens, mas a sua circulação; não importava a dominação da terra, mas o controle marítimo. Sem dominar as regiões de produção, os "portugueses-atravessadores" foram sempre dependentes das economias locais, seja para o fornecimento

---

132 Cf. A. V. Saldanha, *op. cit.*, p. 287. Para Manuel de Faria e Sousa. *Ásia portuguesa por...* Biblioteca Histórica – Série Ultramarina – nº VI. Porto: Livraria Civilização Editora, VI vols. 1945-47; Diogo do Couto. *O soldado prático*. Lisboa: Livraria Sá da Costa Ed., 1980. No que diz respeito ao título, os soberanos portugueses não adotaram o título de imperador. Algumas hipóteses para que, por exemplo, D. Manuel não o tenha feito são levantadas por Thomaz em "A ideia imperial manuelina" que considera, porém, que "desde a Idade Média o conceito de 'rei superior' ou 'rei de reis' era praticamente equivalente ao conceito de imperador". *Facetas do império na história*, p. 49.

133 *De Ceuta a Timor*, p. 429.

dos produtos comercializados, seja para o seu próprio sustento. Buscou-se atenuar essa dependência por meio de lealdades baseadas na religião com grupos cristãos – conforme a ilusão dos primeiros contatos – ou pela conversão de grupos locais. Antes de aprofundar alguns aspectos do que entendemos como uma dominação cercada, vale destacar outras vias pelas quais esses domínios têm sido analisados e que permitem somar elementos para este entendimento.

Uma primeira via de análise seriam as condições jurídicas do estabelecimento dessas fortalezas, de que forma puderam se inserir nos domínios asiáticos. Para além da ausência da componente territorial, seria justamente na fluidez desses aspectos jurídicos que se concentraria a singularidade do Império português no Oriente. Como afirma Thomaz, "mais que a sua descontinuidade espacial é a heterogeneidade das suas instituições e a imprecisão dos seus limites, tanto geográficos como jurídicos, que o tornam insólito".[134] Essa heterogeneidade, ou variedade, como prefere Walter Rossa, mais do que variabilidade, dos sistemas administrativos foi a solução encontrada para que um reino pequeno e de baixa densidade demográfica, com um aparelho de Estado que só então se modernizava, pudesse promover um processo de expansão.[135]

A leitura de Thomaz é seguida por António Vasconcelos de Saldanha em seu exaustivo trabalho sobre os tratados efetivados entre Portugal e os potentados asiáticos. A construção das fortalezas ocorria por meio de uma concessão dos reis locais aos portugueses em territórios em que não exerciam soberania. Assim aconteceu com as praças do Malabar – Cochim, Cananor, Coulão, Cranganor e, por algum tempo, Calicutee – com as praças do Guzerate – Baçaim, Diu, Chaul e Damão. Uma segunda forma foram as declarações de vassalagem, como em Goa e no sultanato de Ternate, na Insulíndia, e igualmente em Sofala e Moçambique, na costa africana. Saldanha destaca ainda outras duas formas de aquisição, por meio de eleição popular, de Felipe II de Portugal como rei de Pegu, e a doação, como ocorreu nos casos do Arracão, Maldivas, Bijapur e o reino de Kotte.[136] Quando as praças foram ob-

---

134 *Idem*, p. 208.

135 Ver Walter Rossa. *Cidades Indo-Portuguesas*, p. 14 e ss.

136 Para uma análise exaustiva dos tratados estabelecidos entre Portugal e os reinos asiáticos, ver António Vasconcelos Saldanha. *op. cit.*, p. 433-524.

Andréa Doré

tidas por boa paz, para evitar que uma guarnição militar pudesse ser considerada uma ofensa à soberania, as fortalezas apresentaram-se, por vezes, sob a figura de meras feitorias, fortificadas por razões de defesa: "nos lugares de mais trato e mor concurso destas e outras mercadorias" – diz o *Livro das Cidades e Fortalezas* – "mandou [D. Manoel] assentar feitorias per conta de sua fazenda e fazer casas fortes a modo de fortalezas".[137]

Em um outro conjunto de situações, a aquisição territorial foi obtida pela guerra, opção contrária à disposição de D. Manuel, no entanto, de que as fortalezas fossem construídas "com todalas mansidões e aprazimentos dos Reys, e as fizesse de pedra, e tão fortes como pudesse, e nenhuma fizesse por força contra vontade do senhor da terra, indaque a pudesse fazer".[138] Para além das necessidades surgidas para a manutenção do comércio, conforme as entendeu Afonso de Albuquerque frente a Goa e Malaca, as resistências dos velhos inimigos, os muçulmanos, justificaram e serviram para legitimar a ação militar.

A presença oficial, por meio da edificação de uma fortaleza e do aparato político e administrativo que acarretava, cedeu espaço para outras formas de aliança em que o poder da Igreja se sobrepôs. A adesão ao catolicismo, e assim a existência de portos aliados, respondeu em grande medida a interesses de grupos locais, situação que, no Oriente, foi significativa no Japão e na costa da Pescaria. O cristianismo no Japão pôde perdurar enquanto as autoridades japonesas viram nesta associação um benefício, porém, "para além de surpreendente na sua extensão, é igualmente notável pelo facto de não ter durado muito".[139] Na Costa da Pescaria, a casta dos paravas recebeu em grande número a conversão ao cristianismo – e foi ali um ponto forte da atuação de Francisco Xavier – visando atender necessidades próprias, como enfrentar com a ajuda dos portugueses a rivalidade muçulmana. Esses dois casos, aos quais podemos associar a experiência evangelizadora no reino do Congo, indicam que é

---

137 Citado por Luís Filipe Thomaz, *op. cit.*, p. 229.

138 *Lendas da Índia*, I - 529s. Vasconcelos de Saldanha analisa o esforço português em evitar a guerra determinado pelos regimentos régios e a forma como esta foi justificada na Índia. *Iustum Imperium. op. cit.*, p. 525-549.

139 Sanjay Subrahmanyam, *op. cit.*, p. 369-370. Sobre os contatos dos portugueses com o Japão, ver João Paulo Oliveira e Costa. *A descoberta da civilização japonesa pelos portugueses.* Lisboa: Instituto Cultural de Macau / Instituto de História do Além-Mar, 1995.

SITIADOS

preciso inserir o êxito missionário, que resultou em maior ou menor medida em êxito comercial ou avanço territorial, entre os interesses das sociedades com as quais os portugueses e os evangelizadores entraram em contato. As lealdades resultantes da conversão foram em seguida cobiçadas pelas autoridades régias, mas o que se pôde estabelecer, efetivamente, foi uma "rede de solidariedade" fundada na religião, conforme a análise feita por Jorge Manuel Flores para a costa da Pescaria e o Mar do Ceilão, entre os últimos anos de 1530 e os primeiros da década seguinte.[140]

Um segundo aspecto a investigar é o estatuto administrativo desses enclaves, o que remete ao debate em torno da ideia de cidade na expansão portuguesa. As fortalezas, por definição, representariam o início da cidade. Esta percepção tem sua origem na leitura dos antigos e é perfeitamente aplicável ao quadro português. "Se no Portugal da Baixa Idade Média, 'fazer vila' era o acto de cercar(...) nas crónicas da Índia 'fazer fortaleza' confunde-se com o acto de urbanizar",[141] escreve Walter Rossa.

O financiamento para a construção e manutenção das fortalezas estava, de certa forma, ligado ao conceito de municipalidade. Em 1405, D. João I criara o imposto das terças, pelo qual um terço das sisas municipais deveria ser aplicado na reparação dos castelos e muralhas.[142] Ao longo do século XVI e inícios do XVII se fez uso no Estado da Índia do mesmo expediente. Em Ormuz, em 1607, a fortificação da cidade deveria ser feita sem despesas da fazenda real, utilizando-se o relativo a 1 ou 1,5 % dos direitos alfandegários das fazendas ali despachadas.[143] Essa medida visava não comprometer o cabedal da pimenta como ocorrera em vários momentos. Simão Botelho, vedor da fazenda da Índia, após o segundo cerco

---

140 Ver Jorge Manuel Flores. *Os portugueses e o Mar de Ceilão (1498-1543)*, p. 188-195. Sobre a relação entre a evangelização e as pretensões de domínio político, ver Célia Tavares. *Jesuítas e inquisidores em Goa: a cristandade insular (1540-1682)*. Lisboa: Editora Roma, 2004.

141 Walter Rossa. *Cidades Indo-Portuguesas*, p. 21.

142 Ver Rafael Moreira. "A época manuelina". In: Rafael Moreira (direção de). *História das fortificações portuguesas no mundo*, p. 94. As sisas eram um tributo temporário estabelecido originalmente para acudir a despesas extraordinárias de guerra, "chamavam-lhes grados, de *grado vontade*, ou de *grant*, em inglês". Antonio de Moraes Silva. *Diccionário da Língua Portugueza*. Lisboa: Lacérdina, 1813, p. 704.

143 Carta régia ao vice-rei D. Martim Afonso de Castro, 03.01.1607. *Documentos remettidos da Índia*, 1-51.

de Diu, escrevera ao rei informando que devido às obras nessa fortaleza e na de Chaul, e aos gastos com a construção de galeões, tinha "receio não poder ir este ano boa carga de pimenta, por míngua de dinheiro".[144] Em outra carta, o rei alertou, no entanto, que esse 1% das obras de fortificação não deveria ser gasto em outras coisas, e só depois de feitas as obras deveria-se gastá-lo na fundição de artilharia e fabricação de navios de alto bordo, recomendação que se repetiria anos depois.[145]

Para a administração portuguesa, a concessão do título de cidade obedecia a critérios como o número de portugueses existentes e sua proporção em relação aos mouros e gentios. Em 1588, o governador Manuel Souza Coutinho já havia emitido um alvará tratando dessa questão: dos privilégios concedidos a uma cidade, neste caso a Cochim. No documento lê-se que:

> havendo hen respeito aos muitos servisos que a sidade de Cochim e os moradores dela tem feitos a El-Rei, meu senhor e a continuar neles [...] hei por bem e me praz de lhe confirmar todas as provizões de favores e liberdades que forão pasadas á dita sidade.[146]

Pela correspondência entre Goa e a metrópole, verifica-se que o número de portugueses existentes na povoação era um fator importante. Por

---

144 Carta de Simão Botelho ao rei D. João III, de 24.12.1548. *Textos sobre o Estado da Índia.* Lisboa: Alfa, 1989, p. 43.

145 Ver Carta régia ao Vice-rei D. Martim Afonso de Castro, 18.01.1607. In: *Documentos remettidos da Índia*, I-90 e Alvará régio de 24.03.1612. In: *op. cit.*, II-243s. A concessão de viagens era outra forma de financiar as fortificações. Ocorreu assim com a cidade de Cochim, que obteve uma viagem da China (ou seja, os lucros de uma viagem da China para o Japão) e a com a praça de São Tomé de Meliapor, que além dos lucros obtidos em uma viagem do Coromandel – possivelmente a Malaca, que era o trajeto mais comum – estava autorizada a encaminhar 1% sobre as fazendas para a realização das obras. (Ver Carta régia ao vice-rei Ruy Lourenço de Távora, 08.03.1611. In: *op. cit.*, II-72 e Carta régia a D. Jerônimo de Azevedo, 07.03.1613. In: *op. cit.*, II-370.) Essas concessões eram acompanhadas de graves punições previstas para os capitães que utilizassem os lucros em outras despesas, principalmente no financiamento de armadas.

146 "Provizão do governador Manuel de Souza Coutinho". In: K.S. Mathew & Afzal Ahmad (orgs.). *Emergence of Cochim in the pre-industrial era. A study of Portuguese Cochim.* Pondicherry: Pondicherry University, 1990, p. 88.

uma carta do rei em 1605 a Martim Afonso de Castro sabe-se que os moradores de Ormuz haviam enviado a Lisboa o pedido de que fosse concedido o título de cidade àquela fortaleza. O rei queria então saber se na dita fortaleza viviam somente portugueses ou se havia também mouros, qual o número de cristãos casados e moradores dentro e fora da cidade, o modo como se governavam e os privilégios que desejavam.[147] Não se pode, porém, tomar à letra quando os documentos se referem a uma localidade, onde apenas há uma fortaleza, como uma cidade. Não significa que esta usufruía os privilégios que o estatuto de cidade implicava.[148] Trata-se do outro significado da palavra, aquela ligada ao local onde residiam e trabalhavam os portugueses. A própria correspondência oficial, por sua vez, não é muito precisa ao usar o vocábulo "cidade". Ela o faz indiscriminadamente, tendo a localidade o estatuto de cidade ou não.

Uma terceira linha de análise dos domínios portugueses no Oriente, e que acena igualmente para os limites circunscritos às fortalezas, seria o das componentes arquitetônicas e urbanísticas das povoações portuguesas no ultramar, fossem fortalezas, vilas ou cidades. Como afirma Walter Rossa, "na Índia encontra-se um pouco de tudo".[149] Ali foram feitas fortalezas isoladas; fortalezas dominando cidades já existentes; feitorias próximas a cidades que evoluíram para uma cidade passando por um primeiro estado de fortificação (Cochim, São Tomé, Baçaim, Chaul); cidades ocupadas, reestruturadas e fortificadas (Goa e Diu); cidades fortificadas feitas de raiz (Damão). Essas diferentes estruturas exigiram dos funcionários régios muito empenho para agrupá-las e descrevê-las, a fim de dar ao rei uma noção desse cenário criado na Índia, onde edificações militares tão bem conhecidas no reino foram espalhadas por paisagens diferentes, e cuja diversidade de frequentadores era difícil de imaginar mesmo em Lisboa. Algumas praças foram sistematicamente documentadas, enquanto outras mal deixaram vestígios, quer físicos,

---

147 Ver Carta régia ao vice-rei Martim Afonso de Castro, 06.03.1605. *Documentos remettidos da Índia*, I-28.

148 As várias designações, como cidades, vilas, concelhos, coutos, não implicavam necessariamente diferenças significativas na organização municipal. A esse respeito, ver Maria Fernanda Bicalho. "As câmaras ultramarinas e o governo do Império". *O antigo regime nos trópicos: a dinâmica imperial portuguesa (séculos XVI-XVIII)*, p. 191 e ss.

149 "O urbanismo regulado e as primeiras cidades colónias portuguesas". *Universo urbanístico português*, p. 518.

Andréa Doré

quer documentais. Fontes privilegiadas para estes estudos são os conjuntos de vistas das fortalezas produzidas por cronistas e cartógrafos, pelas quais se verifica, por exemplo, uma constante na escolha do terreno: a foz dos rios, as ilhas costeiras e as penínsulas.[150]

O primeiro desses levantamentos deve-se aos diários-roteiros de D. João de Castro, escritos entre 1538 e 1541, pouco antes de ocupar o cargo de vice-rei de 1545 a 1548. Alguns anos depois, Gaspar Correia escreveu suas *Lendas da Índia* e incluiu representações de fortalezas e povoações. José Manuel Garcia sugere que os trabalhos do vice-rei, a primeira coletânea de iconografia das fortalezas portuguesas e cidades orientais, poderia ser uma resposta ao pedido feito por D. João III a D. João de Castro para que lhe enviasse os desenhos das principais fortalezas construídas ali.[151]

Foi, no entanto, o período filipino o mais rico na produção de estudos panorâmicos das fortificações portuguesas na Ásia, fato que se justificaria pelo interesse da Coroa espanhola em tomar ciência do que então passava a lhe pertencer. Na Ásia, esse interesse associa-se à figura de Filipe II, uma vez que os levantamentos cartográficos se estenderam a todos os espaços sob o domínio espanhol durante o seu reinado. Foram encomendados por este monarca conjuntos de vistas de cidades dos Países Baixos espanhóis e da Espanha. No mesmo período foi realizado no vice-reino da Nova Espanha, o levantamento mais ambicioso, atribuído a Juan López de Velasco e Alonso de Santa Cruz: as *Relaciones Geográficas*.

Durante o União Ibérica foram também elaboradas obras cartográficas referentes ao Brasil. Em um ambiente de ameaças e conflitos entre portugueses, holandeses e franceses pelo litoral, exigiu-se a presença de engenheiros militares e cartógrafos, garantindo um conhecimento para fins bastante práticos. O primeiro deles foi o *Roteiro de todos os sinaes (conhecimentos, fundos, baixos, alturas, e derrotas, que há na Costa do Brasil, desde cabo de Santo Agostinho até o estreito de Fernão de Magalhães)*,

---

150 Para mais dados sobre a documentação que descreve essas fortificações, ver José Manuel Garcia. "Breve roteiro das fortificações portuguesas no Estado da Índia", p. 122. Sobre a localização das povoações portuguesas, ver, José Manuel Fernandes. "O lugar da cidade portuguesa". *Povos e Culturas.* nº 2: A cidade em Portugal: onde se vive. Lisboa, 1987, p. 79-94.

151 Esse pedido consta de carta datada de 8 de março de 1546. Ver José Manuel Garcia, *op. cit.*, p. 122.

de 1585-1590, com 13 mapas, de autoria de Luis Texeira. O segundo intitulava-se *Livro que dá rezão do Estado do Brasil,* produzido entre 1612 e 1613, de Diogo Campos Moreno, por ordem do rei Filipe III e que reúne 18 mapas e plantas de fortificações brasileiras, confeccionadas em Lisboa pelo cosmógrafo João Texeira Albernás, baseado em informações e rascunhos do autor do Livro. Um terceiro trabalho foi a *Descripção de toda a costa da Provincia de Santa Cruz a que vulgarmente chamão Brasil,* de 1642, com mapas de João Teixeira Albernás.[152]

Data de 1582 o *Livro das cidades e fortalezas que a Coroa de Portugal tem nas partes da Índia, e das capitaneas, e mais cargos, que nelas ha, e da importância delles,* editado somente em 1950 por Francisco Mendes da Luz; uma panorâmica sem plantas do Estado da Índia. Segundo Diogo do Couto, em 1596 o arquiteto-mor do rei levou para a Europa um levantamento de plantas de fortalezas. Talvez por não ter recebido ou por este se encontrar incompleto, Felipe II pediu novamente, em 1598, ao vice-rei D. Francisco da Gama o traçado de todas as fortalezas. Em 1610, o mestiço malaio-português, Manuel Godinho de Erédia, preparou um atlas com vinte *Plantas de praças das conquistas de Portugal,* feito por ordem do vice-rei Rui Lourenço de Távora.[153] Poucos anos antes, em 1605, o rei já

---

152 A respeito do interesse dos monarcas espanhóis na produção cartográfica sobre seus domínios, principalmente de Filipe II, ver Geoffrey Parker. "Phillip II, Maps and Power". In: *Sucess is never final. Empire, War, and Faith in Early Modern Europe.* New York: Basic Books, 2002, p. 96-121 e Barbara Mundy. *The Mapping of New World. Indigenous Cartography and the Maps of the Relaciones Geográficas.* Chicago: The University of Chicago Press, 1996, p. 1-28. Esses estudos, no entanto, concentram-se nas produções sobre a Europa e a América espanhola.

153 Erédia nasceu em Malaca em 1563, filho de João Herédia Aquaviva e de Helena Vessiva, filha do rei de Macassar. Pertenceu à Companhia de Jesus de 1579 a 1580. Depois de abandoná-la dedicou-se à cartografia e à geografia. Nos anos 1580 ocupava o cargo de cosmógrafo do Estado da Índia e em 1600, conseguiu, depois de muitas solicitações, o apoio do vice-rei Aires de Saldanha para exploração da Nova Índia Meridional. Morreu em Goa em 1623. Sobre o trabalho desse mestiço, ver: Manuel Godinho de Eredia. *Suma de Arvores e Plantas da India Intra Ganges,* edição de J.G. Everaert, J.E. Mendes Ferrão e M. Candida Liberato, prefácio de Luis Filipe F.R. Thomaz. Lisboa: CNCDP, 2001 e A. Doré. "Manuel Godinho de Erédia e a cartografia sobre o Estado da Índia no período filipino". Ronaldo Vainfas, Georgina Silva dos Santos e Guilherme Pereira das Neves (orgs.). *Retratos do Império. Trajetórias individuais no mundo português nos séculos XVI a XIX.* Niterói: Eduff, 2007, p. 375-388.

havia solicitado a Martim Afonso de Castro (vice-rei de 1605-1607) uma relação dos armazéns e provimentos do Estado da Índia e "juntamente me mandareis as plantas e desegnos de todas as cidades e fortalezas, tiradas pelo engenheiro d'esse Estado".[154]

Já nos anos 1630 surgiu, porém, o mais importante levantamento das fortalezas na Ásia, feito após um pedido de Filipe IV, em 1632, ao vice-rei, o Conde de Linhares. A realização da encomenda coube a Antonio Bocarro, cronista e guarda-mor dos Arquivos de Goa, um homem de vida mais do que suspeita no contexto da sociedade luso-asiática no período da União Ibérica.

Bocarro nasceu em Abrantes ou em Lisboa em 1594, filho de cristãos-novos, e foi batizado e educado como cristão até os 16 anos no colégio jesuíta de Santo Antão de Lisboa. Em 1610, um de seus irmãos, Manuel Bocarro Francês, mais tarde conhecido médico, matemático e astrólogo, converteu-o secretamente ao judaísmo. Segundo Boxer, para praticar a ortodoxia judaica, Antonio Bocarro embarcou como soldado para a Índia, em 1615. Seguiu depois para Cochim onde havia uma numerosa comunidade judaica e lá permaneceu por nove anos, casado com Isabel Vieira. Em 1622, "começou a ter dúvidas a respeito da Lei de Moisés" e em 1624 confessou-se ao jesuíta Sebastião Dias.[155] Foi depois a Goa fazer sua confissão voluntária diante do Tribunal da Inquisição, denunciando como cripto-judeus seus pais e parentes, muitos dos quais já haviam acertado suas contas com a Inquisição na metrópole. Boxer não afasta a possibilidade de que Antonio Bocarro tenha recebido informações nesse sentido antes de se confessar em Goa. Sua trajetória, no entanto, não impediu que o Conde de Linhares, conhecido por sua tolerância frente aos cristãos-novos, o nomeasse cronista do Estado da Índia e guarda-mor da Torre do Tombo. O trabalho encomendado pelo rei, que recebeu o título de *Livro das plantas de todas as fortalezas, cida-*

---

154 Carta régia de 06.03.1605. *Documentos remettidos da Índia,* 1-29.

155 Ver Charles Boxer. "António Bocarro and the 'Livro do Estado da Índia Oriental'. A bio-bibliographical note". *Revista da Junta das Missões Geográficas e de Investigações do Ultramar.* Número especial, 1956, p. 203-219 e Isabel Cid. "Uma visão sobre as fortalezas do Estado da Índia". *Actas do II Colóquio Panorama e Perspectivas actuais da história militar em Portugal.* Lisboa: Comissão Portuguesa de História Militar, 1991, p. 249-258. Sobre Manuel Bocarro e seus trabalhos de cunho sebastianista, ver Jacqueline Hermann. *No reino do Desejado,* p. 209-219.

des e povoações da Índia Oriental, foi concluído em 1635 com o acréscimo de uma série de plantas pintadas por Pedro Barreto de Resende.

Para completar a riqueza da documentação produzida neste período, há ainda um códice anônimo, localizado no Paço Ducal de Vila Viçosa e intitulado *Livro das Plantas das Fortalezas, Cidades e Povoações do Estado da Índia Oriental*, editado por Luís Silveira, e datado entre 1633 e 1641. Às vésperas da Restauração, organizou-se uma nova coleção: *Descripçam da Fortaleza de Sofala, e das mais da India com uma Rellaçam das Religiões todas, q há no mesmo Estado*, de autoria do cosmógrafo-mor do reino Antonio de Mariz Carneiro, de 1639. Um total de 48 imagens das praças portuguesas, de Sofala a Macau, integra a descrição. Essas duas últimas coleções pouco têm de original, sendo cópias de levantamentos anteriores. Esses levantamentos privilegiam, pela abundância de plantas e desenhos, a forma das construções, por meio da qual se pode recuperar a arquitetura militar portuguesa no ultramar, a evolução da técnica e o uso da artilharia, por um lado, e a função que a arquitetura desempenhou na vida cotidiana desses espaços reclusos, por outro, aspecto que é analisado mais cuidadosamente no capítulo quarto.

Seria também pertinente considerar em que medida essas produções cartográficas buscaram dimensionar um império. A cartografia é reconhecidamente um importante elemento do imperialismo. "Os mapas foram usados para legitimar a realidade da conquista e o império. [...] Como comunicadores de uma mensagem imperial, têm sido usados como complemento agressivo da retórica dos discursos, periódicos e textos impressos, ou das histórias e canções populares que elogiam as virtudes do império",[156] afirma J. B. Harley. O Império Britânico, tema privilegiado quando se trata do imperialismo moderno, fez amplo uso da cartografia e pôde produzir no século XIX um mapa-múndi, colocando as ilhas britânicas no centro e utilizando uma mesma cor, rosa ou vermelho, para identificar tanto o centro quanto suas possessões ao redor do mundo (Austrália, Nova Zelândia, Canadá, Índia, partes da África e do Caribe). Para Linda Colley, superava-se, assim, a estreiteza do território britânico e o associava a enormes massas de terra pelo globo, além de, ao usar uma mesma cor para todos os territórios sob o domínio britânico, causar a impressão de uma unidade homo-

---

156 J.B. Harley. *La nueva naturaleza de los mapas. Ensayos sobre la historia de la cartografia.* México: FCE, 2005, p. 85.

gênea, "o que um império nunca é de fato".[157] Mais uma vez, a descontinuidade das possessões portuguesas torna igualmente particular o uso que se fez da cartografia. Se para o Império Britânico um mapa-múndi poderia dar a impressão de uma potência de grandes proporções, para Portugal e para a Monarquia Católica da Espanha, trata-se de coleções que apresentam numerosas fortalezas. As da costa do Malabar ou do Guzerate tiveram grande relevância econômica e política para o Estado da Índia. Mas o que dizer, por exemplo, de Corfacão, Libedia, Mada ou Quelba, cuja singeleza não impediu ao cartógrafo que fossem incluídas nos levantamentos? Essas imagens atendiam ao seu objetivo: o de indicar uma presença que se estendia por regiões as mais longínquas.

Na tentativa de recuperar, caso tenha existido, uma ideia de cidade específica ao ultramar português, um estudo tratou comparativamente as cidades de Diu, Damão, Baçaim, Chaul, Goa, Cochim e Meliapor (São Tomé de Meliapor), esta última na costa oriental da Índia.[158] Dessas localidades, a única concebida de imediato como cidade foi Goa, futura "cabeça" do Estado da Índia, onde, no entanto, os portugueses construíram ou mantiveram pelo menos vinte fortes. Nos demais casos, a categoria inicial dos povoados foi de feitorias ou fortificações. As informações recolhidas a respeito da ocupação do interior das fortalezas reiteram a conclusão de José Manuel Fernandes de que, para o conjunto das praças estudadas, pode-se falar de "um sistema urbanístico funcionalmente militar-comercial, com vocação religiosa".[159] Baçaim, Goa, e também Moçambique, possuíam povoações onde era grande o número de *casados*, portugueses ou "da terra", que mantinham suas hortas e pomares, ampliando assim tanto o espaço

---

157 Linda Colley. *Captives. Britain, Empire, and the World, 1600-1850.* New York: Anchor Books, 2004, p. 5.

158 Este estudo, dirigido por José Manuel Fernandes, teve seus primeiros resultados apresentados no artigo: "De Cochim a Diu – análise de alguns espaços urbanos na Índia de influência portuguesa". *Encontros sobre Portugal e a Índia.* Lisboa: Fundação Oriente/ Livros Horizonte, 2000, p. 153-164. Nele o autor propõe uma relação caso a caso entre as cidades da Índia estudadas e outras cidades portuguesas na África, Ásia e no Brasil: Diu - Moçambique (ilha); Damão – São Luís (Maranhão); Baçaim - Salvador (Bahia); Chaul - Nagasaki (Japão); Goa – Olinda (Pernambuco); Cochim – Rio de Janeiro ou Belém (Pará); e S. Tomé de Meliapor – Mazagão (Marrocos).

159 *Idem*, p. 159.

como o número de pessoas sob a jurisdição portuguesa. Mas, acima de tudo, num ambiente hostil e sofrendo o isolamento de uma região de fronteira, essa extensão territorial e populacional era a garantia da sobrevivência da fortaleza, como dominação e como cidade.

Essas unidades fortificadas refletiam o caráter essencialmente urbano dos estabelecimentos portugueses, uma vez que se preparavam para ser militarmente autônomas, enquanto sua sobrevivência dependia dos arrabaldes. O descuido com a produção, ou com o setor rural, manifesta-se, segundo Thomaz, na diferença de estrutura administrativa entre as praças portuguesas e os territórios anexos, quando existentes. Para as cidades havia o sistema das capitanias, independentes entre si e submetidas ao vice-rei, com uma distribuição de cargos com poucas variações. Para os territórios adjacentes, cada caso correspondia a um regime próprio, que em regra era uma adaptação ou integração do regime preexistente à presença portuguesa. As instituições eram mantidas, em grande parte, porque a importância desses territórios era relativa, uma vez que a territorialidade para os portugueses no Índico tinha "um fim instrumental",[160] valiam pelo que pudessem contribuir para viabilizar a rede de controle do comércio. A razão final para a pouca atenção dispensada na reorganização desses espaços está mais uma vez ligada à transferência de soberania, que não representou grandes alterações na estrutura social e econômica vigente.

> Mais do que suas muralhas ou o número da população, a característica mais evidente de uma cidade é a forma como ela concentra suas atividades sobre superfícies o mais reduzidas possível [...]. Mas antes de tudo uma cidade é uma dominação.[161]

Essa definição de Fernand Braudel nos ajuda a concluir que, seja pela forma de concessão do território, pelo estatuto jurídico que diferencia as áreas internas e externas à fortaleza, seja pela organização do espaço e as instituições que o ordenam, os estudos indicam um elevado grau de dependência dessas "dominações" portuguesas em relação às po-

---

160 L.F. Thomaz. *De Ceuta a Timor*, p. 214.

161 Fernand Braudel. *L'Identité de la France*, I: Espace et histoire. Paris, 1986, p. 103.

pulações circundantes. A *dominação cercada* refere-se, assim, a enclaves que, quando muito, estimularam a existência de pequenas comunidades cristãs – fruto de casamentos mistos – nos seus arredores.[162]A administração, como comprova a correspondência régia, não foi capaz de manter os homens no interior da fortaleza, entre outras razões, porque não podia oferecer-lhes, naquele espaço de domínio, condições para a produção de alimentos e para o exercício de atividades que lhes trouxessem níveis satisfatórios de prosperidade.

Em termos objetivos, tratava-se de perímetros de domínio bastante restritos. A fortaleza de Diu, por exemplo, tinha muros de vinte pés (6 m) de altura e doze (4,3m) de largura e contava com um circuito total de 305 braças de 10 palmos cada uma (671 m). A área útil no interior da fortaleza não correspondia, no entanto, a esse espaço, como salienta Bocarro.

> Porem, não fica o vão e praça de dentro correspondente a este âmbito porque, alem da procura dos palmos apontados, fica o muro da banda de terra, com outro contramuro e cava pella banda de dentro, com outros três baluartes, que de hum muro ao outro são vinte e seis braças.[163]

Dentro dos muros, além das casas (que Bocarro escreve como estando em ruínas, em 1633), havia uma igreja da Sé, outra da Misericórdia, o Hospital de sua Majestade, uma "fermoza ermida de Sanctiago e a "cadea pública".

Em Malaca, uma praça em que se verifica um espraiar-se das comunidades cristãs para além dos muros, o circuito da muralha de altura de vinte pés (c. 6.1 m), com 6 baluartes, era de 510 paços, totalizando uma circunferência de 655 braças de 10 palmos (1.441 m). Antonio Bocarro destaca a exiguidade do espaço: dos *casados* brancos existentes, 150 viviam na outra

---

162 "É que, de facto, com a excepção das ilhas atlânticas (onde outra fórmula seria impensável) e dos magros territórios de Goa, Baçaim e Damão – os únicos com subdivisões administrativas-territoriais, as tanadarias –, aquilo que Portugal podia considerar como seu, até data ainda por definir, eram pontos fortificados espalhados pelas margens do Atlântico e do Índico, estes sim o seu império virtual". Walter Rossa. *Cidades Indo-Portuguesas*, p. 16.

163 Antonio Bocarro. *O livro das plantas de todas as fortalezas, cidades e povoações do Estado da Índia Oriental*. Lisboa: Imprensa Nacional/Casa da Moeda, 1992, p. 69-70.

banda do rio, que chamavam a banda de Malaca, em casas de palha, porque no circuito interno das muralhas estavam três conventos que o "ocupão quazy todo":[164] o de São Paulo, São Domingos e Santo Agostinho. Neste perímetro ainda se encontravam o Castelo, o Palácio do Governador, o Palácio do Bispo, o edifício da Câmara, a Casa da Misericórdia, junto com cinco igrejas, a Catedral de Nossa Senhora Anunciada, com seu cabido e a sé episcopal, a Igreja da Misericórdia de Nossa Senhora da Visitação, e outras três igrejas ligadas aos conventos, a de Nossa Senhora da Anunciação no Colégio da Companhia de Jesus, construídos no alto de uma colina, a de São Domingos, no Convento dos Dominicanos, e a de Santo Antonio, no Convento de Santo Agostinho, além de dois hospitais. A ocupação do espaço é, assim, eloquente ao expressar que ordem se pretendia reproduzir.

Este espaço ordenado, ocidentalizado, poderia ilustrar o que Eliade quis dizer ao afirmar que "a instalação num território equivale à fundação de um mundo".[165] A noção de espaço difere da que poderia caracterizar um império territorial que é, por exemplo, a noção buscada por Antonio Vasconcelos de Saldanha ao tratar do "espaço" português, que ele mesmo utiliza entre aspas.[166] Para Saldanha interessa demarcar a área de domínio ultramarino dos monarcas lusitanos ao se intitularem, a partir de D. Manuel, *Senhores da Conquista, do Comércio e da Navegação da Etiópia, da Arábia, da Pérsia e da Índia*. Saldanha, no entanto, retoma uma preocupação que era também a do final do século XVI, a de produção de uma imagem, por parte dos portugueses, onde se misturam a certeza do poder sólido, centralizado na Europa, e a "homogeneidade de um espaço administrativo que sugere uma ideia de universalismo ou igualdade". O Conselho da Índia, em 1612, declarava nesse sentido que:

---

164 *Idem, op. cit.*, p. 252.

165 *Apud* José Manuel Fernandes. "O lugar da cidade portuguesa", *op. cit.*, p. 106. A reflexão de Mircea Eliade está na obra *O sagrado e o profano. A essência das religiões*. São Paulo: Martins Fontes, 1992. Sobre essa questão, ver também Angel Rama. *A cidade das letras*. São Paulo: brasiliense, 1985: "A transladação da ordem social a uma realidade física, no caso da fundação das cidades, implicava o desenho urbanístico prévio mediante as linguagens simbólicas da cultura sujeitas à concepção racional", p. 27.

166 Ver Antonio Vasconcelos de Saldanha. *Iustum Imperium....* p. 284-292.

no espaço político português, a Índia e outras terras ultramarinas de cujo governo se trata neste Conselho, não são distintas nem separadas deste Reino, nem ainda lhe pertencem por modo de união, mas são membros do mesmo Reino, como o é o do Algarve e qualquer das províncias de Alentejo e Entre Douro e Minho, porque se governam com as mesmas leis e magistrados e gozam dos mesmos privilégios que os do mesmo Reino, e assim tão português é o que nasce e vive em Goa ou no Brasil ou em Angola, como o que vive e nasce em Lisboa[...][167]

Em períodos de paz, este mundo português poderia estender-se pelos arrabaldes e outras comunidades religiosas frequentavam o interior das muralhas. Mas as cores deste espaço se acentuavam nos momentos de cerco. O ato de "lançar fora" da fortaleza marcava o momento de definir os elementos constitutivos do *espaço português*. Na ameaça holandesa a Moçambique, em 1608, o soldado Antonio Durão relatou que por conselho do governador deveriam ser mandadas à terra firme, "pues ella estaua de paz", "todas las personas inutiles, y q em la fortaleza no servian, en cuya perdida se arriesgava poco, por ser los mas delles esclavos libres, y cautivos, outros enfermos".[168]

No cerco de Columbo, aos 9 de fevereiro de 1656, "ardiam [...] as fomes, crescião as misérias; [...] e por isso fugiam muitos, e outros se lançavam fora da Cidade. [...] lançaram trezentas pessoas pretas aos quaes tornarão a mandar os holandeses".[169] João Ribeiro, em seu *Fatalidade Histórica da Ilha de Ceilão*, já censurara o capitão geral por ter permitido entrar na cidade "quanta gente de terra morava em 7 freguezias que havia nos rebaldes, toda ela inútil e sem préstimo algum".[170] Para iniciar as discussões que serão aprofundadas no quarto capítulo, vale considerar que também do navio eram lançados os homens "inúteis", os de sangue impuro, os suspeitos de serem traidores da religião, os escravos. No naufrágio da nau São Tomé, em 1589, relatado por Diogo do Couto, o batel em que alguns poucos tentavam se salvar,

---

167   *Apud Idem*, p. 289.

168   Antonio Durão. *Cercos de Moçambique, defendidos por Dom Estêvão de Ataíde*. Prefácio de Edgar Prestage e C.R. Boxer. Lisboa: Tipografia Silvas, 1937, p. 53-54.

169   *O cêrco de Columbo* M.A.H. Fitzler (ed). Coimbra: Imprensa da Universidade, 1928, p. 166 e ss.

170   *Apud Idem*, p. 153.

SITIADOS 135

acharam-no os oficiais tão pejado, por ir muito carregado, e com todo o grosso debaixo da água, que fizeram grandes requerimentos que se lançassem algumas pessoas ao mar [...] um Diogo Fernandes, bom homem e muito apoucado, que acabara de ser feitor de Ceilão, e um soldado chamado Diogo de Seixas; e Diogo Duarte, mercador, e Diogo Lopes Baião, que andara muitos anos em Balagate, onde o Idalxá lhe tinha dado três mil cruzados de renda, por ser homem de indústria e invenções, o qual tratava em cavalos de Goa para lá e lhe levava todos os avisos e ainda se suspeitava que era duvidoso na Fé, pelo que o mandavam para o Reino [...]. E com estes homens lançaram também no mar alguns escravos, que todos logo foram sumergidos daquelas cruéis ondas.[171]

"Critério de utilidade social", como diria Jean-Claude Schmitt? O autor propõe esse conceito para o estudo dos marginais na Europa, para compreender de que forma os indivíduos e os grupos podem ser excluídos ou integrados a partir da utilidade que representam para a sociedade em determinado momento. É uma proposta interessante, levando-se em conta a organização das sociedades no Antigo Regime e, especificamente, na Península Ibérica, nas quais a hierarquia garantia o funcionamento social e a "qualidade" de cada um indicava o tratamento que deveria receber. Pode ser esclarecedor para o entendimento da vida dos homens e mulheres da expansão considerar, com este autor, que "uma sociedade se revela na sua totalidade no tratamento de suas margens".[172]

Neste capítulo buscou-se compreender porque a Coroa portuguesa – e depois de 1580, com a União Ibérica, o modelo se manteve com adaptações e inovações – adotou a construção de fortalezas como forma de fixação nos territórios às margens do Oceano Índico. O estudo de fatores de ordem material, heranças culturais e a consideração de respostas pragmáticas às dificuldades encontradas indicaram que as fortalezas representaram um modelo eficiente para os fins aos quais se propunham os portugueses. Sua estratégia

---

171 Diogo do Couto. *Relação do naufrágio da nau São Tomé na terra dos Fumós, no ano de 1589...* In: Bernardo Gomes de Brito (org.). *História Trágico-Marítima.* Rio de Janeiro: Lacerda Editores/Contraponto, 1998, p. 348 e ss.

172 Jean-Claude Schmitt. "L'histoire de marginaux". In: Jacques Le Goff (dir.) *La nouvelle histoire.* Paris: Editions Complexe, 1988 (1978), p. 300.

de abordagem frente aos reinos asiáticos, de permanência e de administração de seus domínios, no entanto, se não integrava um conjunto de medidas capazes de fundamentar um projeto imperial, pôde transplantar para um grande número de pontos espalhados pela Ásia focos cristãos potencialmente semelhantes. Paralelamente à utopia cristã que esses espaços portugueses pretenderam representar, encontram-se os objetos de análise das páginas que seguem: as pequenas soluções cotidianas, as táticas individuais, resultados das contradições entre os projetos da Coroa e os dos homens, entre as ordens contidas nas leis régias e alvarás e o que o dia-a-dia a uma distância de sete meses da metrópole permitia que se praticasse. Verifica-se, de um lado, a existência de um estado centralizador, calcado na força militar e nos ganhos comerciais obtidos por meio do monopólio da exploração da rota das especiarias, preocupado em restringir o contato com as populações locais e sentindo-se protegido no interior das muralhas; de outro lado, uma multidão de homens desejando fugir dessa presença cercada, seja burlando a legislação, quando ligados aos quadros da administração, seja da maneira que melhor se apresentasse, no caso dos demais. Assim, o modelo de construção de fortalezas, como estratégia de fixação no território, fez do encarceramento a marca do Estado da Índia, enquanto seus tentáculos, vinculados à marginalidade, ou foram assimilados pelas sociedades asiáticas ou não puderam articular resistência suficiente contra a ameaça dos holandeses e ingleses à dominação portuguesa, ou espanhola, durante o período filipino.

CAPÍTULO III

As muralhas del Rei:
entre a proteção e a opressão

As viagens de Vasco da Gama e Pedro Álvares Cabral: uma visão prática da Índia

ENTRE 1497 E 1502 PARTIRAM DE PORTUGAL com destino às Índias três grandes expedições: três navios na primeira, – *São Gabriel, São Rafael e Bérrio* – comandada por Vasco da Gama; treze na seguinte, de 1500, tendo Pedro Álvares Cabral como capitão; e vinte navios na terceira, em 1502, novamente capitaneada pelo então já almirante Vasco da Gama. Os mais diferentes aspectos dessas três viagens têm sido exaustivamente estudados e analisados e os documentos da época editados, traduzidos e comentados.[1]

---

1 Para as edições mais recentes e antologias mais completas, ver Carmem Radulet. *Vasco da Gama. La prima circumnavigazione dell'Africa (1497-1499)*. Reggio Emilia: Diabasis, 1994. Além do texto anônimo que a autora diz pertencer a João de Sá, escrivão da nau São Rafael e não a Alvaro Velho, constam dessa obra três textos italianos do Codice Riccardiano 1910; *Voyages de Vasco da Gama*. Traduits et annoté par Paul Teyssier et Paul Valentin (Paris: Editions Chandeigne, 1995) traz textos referentes às duas viagens. No Brasil foi recentemente editado o relato anônimo, atribuído sem mais discussões a Álvaro Velho: *O descobrimento das Índias. O Diário da viagem de Vasco da Gama*. Introdução, notas e comentários finais de Eduardo Bueno. Rio de Janeiro: Objetiva, 1998. Sobre a viagem de Cabral, a edição mais completa foi organizada por Joaquim Romero Magalhães e Susana Münch Miranda: *Os Primeiros 14 documentos relativos à Armada de Pedro Álvares Cabral*. Lisboa: CNCDP-Torre do Tombo, 1999. Ver também Paulo Roberto Pereira (org.). *Os três únicos testemunhos do descobrimento do Brasil*. Rio de Janeiro Lacerda editores, 1999. E ainda, sobre a contribuição dos italianos, Carmem Radulet e Luis Filipe F. R. Thomaz (eds.). *Viagens portuguesas à Índia (1497-1513). Fontes italianas pra a sua história*. Lisboa: CNCDP, 2002.

Muito se tem debatido sobre as razões do hiato entre a expedição de Bartolomeu Dias, que venceu o Cabo das Tormentas em 1488, e o envio da expedição de Vasco da Gama dez anos depois. As justificativas consideradas mais importantes são a crise sucessória vivida após 1491, quando morreu o filho legítimo de D. João II e herdeiro do trono, e as divisões na Corte a respeito do interesse em investir numa rota para as Índias após a viagem de Cristóvão Colombo. Quando D. Manuel subiu ao trono em 1495, e depois que Vasco da Gama finalmente atingiu Calicutee, continuaram as disputas, desta vez entre as forças divergentes que apoiavam o projeto manuelino para as Índias, as que desejavam as especiarias mas tinham pouco apreço pela reconquista de Jerusalém acalentada pelo soberano, ou ainda as que insistiam na exploração da costa ocidental africana.

Outros trabalhos esmiuçaram a vida dos personagens dessa epopeia portuguesa na tentativa de desvendar as razões da escolha de Vasco da Gama como capitão da primeira expedição, do envio de Cabral na grande frota seguinte e as causas do ostracismo que lhe adveio desta viagem. As relações familiares e uma complexa rede de interesses no interior da corte portuguesa estariam na base dessas nomeações, assim como do retorno de Gama numa segunda expedição e de seu posterior afastamento. A todos esses temas somam-se as leituras a respeito da intencionalidade do "achamento" do Brasil.[2]

Nos limites desse capítulo são desenvolvidos alguns aspectos da presença portuguesa nas Índias ao longo do século XVI, inaugurada pelos contatos de 1498. Privilegia-se aqui o estudo da visão produzida de fora

---

2   A bibliografia é extensa. Citamos aqui alguns títulos recentes que nos parecem mais pertinentes ou trazem uma síntese das questões. Sobre a viagem capitaneada por Cabral e seu consequente ostracismo, ver artigo de João Paulo Oliveira e Costa, "A armada de Pedro Álvares Cabral. Significado e protagonistas". *Descobridores do Brasil*. Lisboa: Sociedade Histórica da Independência de Portugal, 2000. A respeito do projeto manuelino e as oposições no Reino, escreveu Luís Filipe Thomaz: "A idéia imperial manuelina". In: Andréa Doré, Luis Filipe Silverio Lima e Luiz Geraldo Silva (orgs.). *Facetas do Império na História: conceitos e métodos*. São Paulo: Hucitec, 2008. A escolha de Vasco da Gama gerou muitas análises, ver a de Jean Aubin em seu prefácio às *Voyages de Vasco de Gama*, das Editions Chandeigne, de Geneviève Bouchon (*Vasco de Gama*. Paris: Fayard, 1997) e de Sanjay Subrahmanyam (*A carreira e a lenda de Vasco da Gama*. Lisboa: CNCDP, 1998). Um trabalho de divulgação pode ser lido em Luís Adão da Fonseca. *De Vasco a Cabral*. Bauru: Edusc, 2001.

das muralhas, dos esforços da Coroa portuguesa e espanhola para ordenar o comportamento dos homens, e, ao mesmo tempo, das soluções para suas necessidades encontradas por esses mesmos indivíduos. Para essas análises recorre-se aos textos produzidos por italiano ao longo do século em questão, primeiro por mercadores residentes em Lisboa, em seguida por comerciantes e aventureiros que, deixando a península itálica, atingiram a Índia pela tradicional rota do Mar Vermelho. Outra fonte utilizada é a correspondência entre Lisboa e o vice-reinado em Goa, da qual se destaca a preocupação com a circulação dos homens e seu envolvimento com as comunidades asiáticas.

No retorno de Vasco da Gama a Portugal,[3] D. Manuel, o Venturoso, não escondeu sua satisfação com a descoberta do novo caminho para as Índias, considerado pelo soberano como a verdadeira descoberta *da* Índia, do que dão prova as comemorações e a publicidade sobre o tema nas principais cidades do reino. Antonio Alberto Banha de Andrade, autor de um detalhado estudo sobre a difusão dos descobrimentos portugueses pela Europa, escreveu que, de concreto, o rei comunicava que havia descoberto "a India e outros muytos Reynos e Senhorios a ella comarquãaes, com grandes cidades muy ricas e de gramdes edificios em que se fas todo o trauto da especearya e pedrarya que passa per naaos grandes que os nossos viram".[4] Em "traços sóbrios", como define o autor, era essa a perspectiva do novo impulso comercial.

Ao ler as cartas de italianos escritas de Lisboa para Veneza ou Florença logo após a chegada das naus, Andrade encontra com frequência o "maravilhoso", "a emoção das extraordinárias notícias" e as "inapreciáveis riquezas";[5] "um mundo de maravilhas digno de se espalhar aos quatro

---

3 Vale lembrar que as três naus citadas anteriormente, *São Gabriel*, *São Rafael* e *Bérrio*, não chegaram juntas a Lisboa. Primeiro chegou Nicolau Coelho, em 10 de julho de 1499, no comando da *Bérrio*. Em seguida a *São Gabriel*, entre 10 e 28 de agosto, capitaneada por João de Sá. Vasco da Gama chegou ao Restelo no final de agosto ou princípios de setembro, numa caravela fretada após a morte de seu irmão Paulo, no Cabo Verde.

4 *Apud* António Alberto Banha de Andrade. *Mundos Novos do Mundo.* Panorama da difusão pela Europa de notícias dos Descobrimentos Geográficos Portugueses. Lisboa: Junta de Investigações do Ultramar, 1972, p. 199 e ss.

5 *Idem*, p. 224, ao se referir à carta de Tomaso Detti, residente em Lisboa, datada de 10 de agosto de 1499.

ventos".[6] Lendo os relatos da primeira viagem, no entanto, – avaliação que não se altera com relação às viagens seguintes – somos levados a discordar desse deslumbramento comumente associado às impressões dos viajantes. As observações dos italianos que participaram dessas viagens apontam para uma avaliação de homens de negócios diante de uma nova, e sem dúvida promissora, empreitada, mais do que para um encontro com o fantástico e o maravilhoso – imaginário que, segundo Jacques Le Goff, o Ocidente construiu acerca do Oriente nos últimos séculos medievais.[7] O extraordinário não estaria ligado às Índias, mas ao novo caminho para atingi-las. "Vimos oje cousas marauilhosas", como escreveu Valentim Fernandes em 1502 – o editor flamengo residente em Lisboa que nunca foi às Índias – "ho vosso muy nobre porto de Lyxboa he ja feyto porto da India".[8] O que se via naquele momento das grandes navegações, as que seriam cantadas por Camões e colecionadas por humanistas como Giovanni Battista Ramusio, eram crônicas de homens modernos, "palmilhadores de continentes e destruidores de mitos".[9]

Conhece-se um conjunto de cartas escritas por europeus residentes em Lisboa, principalmente italianos, a partir das impressões da tripulação recém-chegada da primeira viagem à Índia, colhidas de primeira hora. Trata-se de duas cartas do mercador florentino Girolamo Sernigi, uma de seu conterrâneo Guido di Tomaso Detti, uma de Francesco Corbinelli, sobrinho do rico comerciante Bartolomeo Marchionni, e uma longa carta de Leonardo Ca'Masser, que escreveu de Lisboa para Veneza relatando as viagens portuguesas da partida de Vasco da Gama até 1506.[10]

---

6   *Idem*, p. 240, ao tratar das informações recolhidas por Américo Vespúcio quando da chegada a Lisboa da frota de Pedro Álvares Cabral em junho/julho de 1501.

7   Cf. "O Ocidente medieval e o Oceano Índico". *Para um novo conceito de Idade Média – Tempo, trabalho e cultura no Ocidente*. Lisboa: Estampa, 1979, p. 263-280.

8   *O livro de Marco Polo – o livro de Nicolao Veneto – Carta de Jeronimo de Santo Stevam*. Introdução e índices de Francisco Maria Esteves Pereira. Lisboa: Biblioteca Nacional, 1922, Caderno Aj v, r.

9   Luciana Stegagno Picchio. "Portugal e portugueses no livro das "*Navigationi*" de G. B. Ramusio". Separata da *Revista da Universidade de Coimbra*. vol. xxx, 1984, p. 6.

10   Para a íntegra desses documentos, ver, Próspero Peragallo (ed.). *Carta de El-Rei D. Manuel ao Rei Catholico*. Lisboa: Academia Real das Sciencias, 1892, que contém o texto de Ca'Masser; *Voyages de Vasco da Gama* traz as cartas de Sernigi, Guido Tomaso Detti e

SITIADOS

O pragmatismo do conteúdo desses textos pode ser atribuído ao fato de terem sido escritos por homens que não viveram a experiência da viagem nem da visão da cobiçada Calicutee, recebendo dados já filtrados pelas testemunhas oculares. Mais tarde, e durante todo o século XVI, os italianos vão querer *"veder co' gl'occhi"*, "ver com olhos", o que se ouvia dizer a respeito das Índias Orientais. Mas podemos apontar, ainda, outras duas razões para a ausência de espanto ou maravilhamento, mesmo entre os documentos produzidos por integrantes das frotas, como os relatos do italiano Matteo da Bergamo, escritos em Moçambique sobre a segunda expedição do Gama, ou os textos portugueses, o atribuído a Álvaro Velho sobre a primeira viagem ou o de Tomé Lopes sobre a de 1502.[11] Em primeiro lugar, as terras das especiarias não eram desconhecidas dos europeus e menos ainda dos mercadores das repúblicas italianas, como se pôde explorar no capítulo um. Em segundo lugar, as "cartas-relação"[12] foram escritas por comerciantes interessados em aspectos bastante específicos. Veja-se o caso de Girolamo Sernigi, agente florentino residente em Lisboa e primeiro correspondente italiano a comunicar a notícia da expedição de Gama, em carta enviada a Florença em 10 de julho de 1499. Sua atenção, como avalia Radulet, fixou-se nas notícias de caráter náutico em torno da rota seguida, no relato de usos e costumes descritos pelos portugueses e em informações de natureza comercial. Esse conjunto de observações oferecia, então, um panorama do mundo indiano com vistas à exploração comercial e transmitia "a primeira imagem exótico-religiosa-comercial da Índia dos fins do século XV".[13]

Matteo da Bergamo, agente comercial da firma de Gianfranco Affaitadi, de Cremona, que participou da segunda expedição de Gama, escreveu duas cartas em Moçambique nas quais, além de contar os perigos da viagem, tratou dos conflitos entre o almirante e o Samorim de Calicutee e da captura de navios de mouros, a cujo butim os merca-

---

de Corbinelli; e Carmem Radulet. *Vasco da Gama. La prima circumnavigazione dell'Africa* traz também as cartas de Sernigi e de Guido Tomaso Detti.

11 O original português do texto de Tomé Lopes foi perdido, mas uma tradução italiana foi publicada por Ramusio no *Navigazioni e Viaggi*. Uma edição anotada, em francês, se encontra em *Voyages de Vasco da Gama*, p. 201-282.

12 O termo é de Carmem Radulet. Ver "Girolamo Sernigi e a importância económica do Oriente". Separata da *Revista da Universidade de Coimbra*. vol. XXXII, 1985, p. 71.

13 Ver *Idem*, p. 71-74.

dores não tiveram nenhum direito. Pela carta sabe-se ainda que todo o comércio em Melinde, na costa oriental africana, a norte de Mombaça, era feito por intermédio do feitor do rei, e que os preços das mercadorias eram definidos pelo almirante, o que dificultava o acordo com os mercadores locais. O viajante relatou, ainda, a ausência de demanda para os produtos portugueses – só havia interesse pelo cobre, sendo que havia ainda pau-brasil, aloés, pedra-ume –, os produtos comercializados e seus preços, a proibição de que os comerciantes armassem navios e o desrespeito às condições dos mercadores. Deu, finalmente, conselhos para quem desejasse armar um navio para aquelas partes.[14]

Os primeiros relatos de viagens à Índia de autoria de portugueses, conforme conclui Rui Loureiro, também nos desapontam se nele procuramos espanto ou excitação com a conclusão de um projeto tão arduamente perseguido. "[...] os portugueses parecem não mostrar grande surpresa perante o novo mundo com que entram em contacto",[15] afirma o autor que localiza, no relato atribuído a Álvaro Velho e no de Tomé Lopes, raras referências a fatos que hoje chamaríamos "exóticos". Também eles, nos primeiros anos, estariam mais interessados na resposta econômica indiana do que nos aspectos antropológicos. Rafael Moreira estende essa falta de espanto às manifestações artísticas:

> Nas "imagens" da expansão extraeuropeia o irreal predomina sobre o realismo; e quando este irrompe, é sob a forma de um ávido interesse material, em recursos de concreto imediatismo e modalidades diversas – mas, afinal, eficazes – de puro pragmatismo. É como se os Portugueses tivessem perdido (ou não tivessem tido gosto, nem tempo para adquirir) a capacidade de espanto e estranheza perante o olhar da diferença, nem sequer os motivasse a curiosidade de o fixar na arte, a não ser para efeitos de propaganda externa.[16]

---

14 Ver *Idem*, p. 319-326.

15 Rui Loureiro. "O encontro de Portugal com a Ásia no século XVI". In: Luís de Albuquerque, Antonio Luís Ferronha, José da Silva Horta e Rui Loureiro (coords.). *O confronto do olhar*. O encontro dos povos na época das navegações portuguesas. Lisboa: Caminho, 1991, p. 168.

16 Rafael Moreira. "Cultura material e visual". In: Francisco Bethencourt e Kirti Chaudhuri (dir.). *História da expansão portuguesa*. Lisboa: Temas e Debates, 1998, vol. I, p. 455.

Um estudo feito por Paulo Varela Gomes a respeito das arquiteturas hindu e muçulmana nos relatos dos séculos XVI e XVII aponta algumas conclusões sobre a percepção portuguesa. Em primeiro lugar, dois grupos de autores se distinguiram: o primeiro interessou-se exclusivamente pelas cidades e arquiteturas muçulmanas, como Duarte Barbosa, Gaspar Correia e o autor anônimo da *Crónica do Descobrimento e primeiras conquistas da Índia pelos portugueses*. A este grupo pertenceriam as opiniões "modernas ou manuelinas", ligadas ao desenho urbano e às obras de pedra, o uso da cal, os jardins, a arquitetura palacial, a azulejaria e a marcenaria mouriscas da Índia. Essa avaliação leva Varela a acrescentar que:

> a sociedade que descobriu com encantamento a arte mourisca de Marrocos já no século XV e se deixou conquistar com prazer pela moda mudéjar dos azulejos e da marcenaria no início do século XVI é a mesma que foi para a Índia e descobriu lá o que conhecia daqui.[17]

Já o segundo grupo voltou-se essencialmente para a arquitetura e escultura hindus – D. João de Castro e Domingos Paes (nos anos 1530) e Manuel de Faria e Sousa, cem anos depois. João de Barros, Garcia de Orta e Diogo do Couto estariam num grupo intermediário.

Mas a conclusão final do autor é a que mais aqui nos interessa e se alia ao que pretendemos demonstrar. Ele afirma que as opiniões artísticas dos escritores portugueses pertenciam a um contexto em que sobressaíam razões ligadas às origens desses autores. "Longe de olharem para a arte oriental a partir de posições muito abertas à diferença, apreciavam-na porque esta lhes trazia à memória os fatos artístico-arquitetônicos (e urbanísticos) da situação portuguesa coeva".[18] Essa avaliação ajuda a compreender a economia – excetuando-se um breve comentário de Andrea Corsali sobre os templos hindus destruídos e as observações já mais elaboradas do humanista Sassetti – de adjetivos referentes às artes muçulmanas e hindus por autores italianos, ao mesmo tempo em que reitera a importância da fami-

---

17 Ver Paulo Varela Gomes. "Ovídio malabar (Manuel de Faria e Sousa, A Índia e a arquitectura portuguesa)". *Mare Liberum*, nº 11-12, 1996, p. 81 e 82.

18 *Idem*, p. 82 e ss.

liaridade com o objeto descrito. Os italianos não tiveram, diferentemente do que ocorreu com os portugueses, a presença maciça de muçulmanos em seu território, mesmo que a península tenha sofrido permanentemente com o corso muçulmano. As invasões árabes a partir do norte da África não passaram da Sicília e Veneza e as cidades próximas foram as que maior contato tiveram com a arte muçulmana, tendo em vista as estreitas relações com a Sublime Porta, Constantinopla.

Em relação aos textos italianos, os escritos portugueses guardam, no entanto, algumas peculiaridades. Picchio analisa, como primeiro ponto, o fato de seus autores terem utilizado muito menos as informações dos cosmógrafos da Antiguidade e dos viajantes medievais. Mesmo considerando que os relatos portugueses foram menos adulterados por seus sucessores, nele nota-se uma presença reduzida do maravilhoso-monstruoso. "Os monstros que os portugueses encontram são sempre funcionais à conquista",[19] como os canibais, numa retomada dos antropófagos de tradição clássica e medieval. Podemos ainda acrescentar que o fato dos textos portugueses terem sido em grande parte publicados apenas no século XIX os livrou da ação dos editores quinhentistas, cujos conhecimentos baseados em tratados antigos eram com frequência inseridos em textos alheios.

O segundo ponto se refere à maior atenção dada pelos portugueses aos acontecimentos do mar em comparação com a atenção que autores de outras procedências dispensam às terras. Essa constatação vem ao encontro de uma série de outras referências à oposição dos espaços mar e terra, analisadas no capítulo anterior, na qual a opção dos portugueses é claramente pelo primeiro. Somente em Portugal os relatos de naufrágio chegaram a constituir um gênero literário. Comparativamente, no texto produzido por Cristóvão Colombo, que trata da viagem por excelência, poucas páginas são dedicadas à travessia do Atlântico.[20]

Sergio Buarque de Holanda, em seu estudo clássico sobre os motivos edênicos do descobrimento e colonização do Brasil, afirma que o que se encontra nas descrições e reflexões dos velhos cronistas portugueses, desde Pero Vaz de Caminha a Frei Vicente de Salvador, "é uma curiosidade

---

19 Luciana Stegagno Picchio. "A literatura de viagens e o diálogo ítalo-português. Postilas a um colóquio". *Mare Liberum*, nº 2, 1991, p. 94.

20 Ver *Idem*, p. 95.

SITIADOS 147

relativamente temperada, sujeita, em geral, à inspiração prosaicamente utilitária".[21] Possibilidades de explicação para esse "estilo chão" nos textos portugueses seriam a longa prática das navegações do Mar Oceano e o contato com terras e gentes estranhas, responsáveis por terem "amortecido neles a sensibilidade para o exótico", ou porque "o fascínio do Oriente ainda absorvesse em demasia os seus cuidados, sem deixar margem a maiores surpresas, a verdade é que não os inquietam, aqui, os extraordinários portentos, nem a esperança deles".[22] Se o comportamento dos portugueses frente ao Novo Mundo, verificado por Sérgio Buarque, encontra um correspondente também no contato com o Oriente, a explicação que o historiador sugere não se confirma. O Oriente não parece ter exercido sobre os portugueses um fascínio capaz de amortecer a sensibilidade diante da exuberância do novo continente.

Somos, assim, inclinados a investir na primeira explicação, aquela que o humanista Filippo Sassetti já identificava em suas viagens pela Índia nos anos 1580. Depois de três anos em Cochim, "o costume, que afasta a maravilha, me toma agora a matéria",[23] escreve, e deixa também ele de se interessar pelos hábitos estranhos, pela pele das habitantes ou os múltiplos usos das folhas de palma. Assim, também, os paulatinos avanços geográficos dos portugueses ao longo da costa africana, e o consequente contato com seus habitantes, acostumaram-nos ao convívio com o diverso.

Se as fontes do lado europeu nos indicam a presença de um caráter sóbrio e objetivo, onde é restrito o espaço para o maravilhamento ou o espanto, do ponto de vista dos mercadores do Oceano Índico, qual teria sido a reação à chegada dos primeiros portugueses? Do lado dos portugueses e italianos encontramos um interesse pragmático enquanto, do outro lado, a reação teria sido marcada, segundo Paul Lunde, pela falta de curiosidade, o que se justificaria pelo fato da primeira expedição de Vasco da Gama não ter causado nenhum impacto nas práticas existentes na região. No lugar da pergunta "Quén te traxo acá?", ouvida pelos marinheiros portugueses ao chegarem a Calicute, seria mais lógico, para este autor, que os mercadores do Índico se perguntassem *como* puderam

---

21 Sérgio Buarque de Holanda. *Visão do paraíso*, 6ª ed. São Paulo: Brasiliense, 1994, p. 5.

22 *Idem*, p. 1.

23 Carta a Bernardo Davanzati. Cochim, 22.01.1586. In: Filippo Sassetti. *Lettere dall'India* (1583-1588). A cura di Adele Dei. Roma: Salermo Editrice, 1995, p. 165.

aqueles homens chegar às Índias sem passar pelo mar Arábico.[24] Para Ibn Iyas,[25] filho de um alto oficial da administração mameluca e autor de uma crônica sobre os últimos anos da dinastia no Egito, a chegada dos portugueses integrava uma série de manifestações carregadas de pressentimentos ligados ao fim do milênio – o ano islâmico de 900 corresponde ao ano 1494 da era cristã. Em 1492, os Reis Católicos, Isabel de Castela e Fernando de Aragão, tomaram o reino de Granada, expulsando os muçulmanos de seu último reduto na Península Ibérica. No ano de 1500, secaram as árvores do bálsamo de Matariyah, nos arredores do Cairo, que durante séculos haviam atraído os europeus devido à crença de que teriam sido regadas com a água com que Maria lavou os panos do menino Jesus. No mesmo período, uma epidemia de sífilis atingiu o Egito, incapacitando parte do exército que lutaria contra os portugueses.[26]

Da mesma forma que muitos portugueses, em momentos de desespero, num naufrágio ou durante um duro cerco, atribuíam suas desventuras a um castigo divino por seus pecados, assim também para os muçulmanos, a chegada dos *franges*, como eram chamados os portugueses, representava uma punição. Zinadím, autor de uma crônica sobre a presença portuguesa no Malabar, escrita em 1583, também não questionou o novo trajeto descoberto pelas naus de Vasco da Gama, mas considerou a ingratidão e a desobediência dos muçulmanos as razões para que Deus mandasse os portugueses:

> Os muçulmanos do Malabar viviam no bem-estar e comodidade da vida graças à brandura dos príncipes do país, ao respeito dos seus antigos usos e à amenidade do seu trato. Eles, porém, esqueceram o benefício, pecaram e revoltaram-se contra Deus. Por isso, pois, Deus mandou-lhes como senhores os Portugueses, franges cristãos – queira Deus abandoná-los! – que os tiranizaram, corromperam e praticaram contra eles atos ignóbeis e infames.[27]

---

24 Ver Paul Lunde. "La llegada de los portugueses al Oceano Índico según las fuentes árabes". *Mare Liberum*. nº 10, 1995, p. 431.

25 Há uma tradução dessa crônica para o francês: *Journal d'un bourgeois du Caire*, cronique d' Ibn Iyâs, traduite e annotée par Gaston Wiet. Paris: SEVPEN, 1960.

26 Ver Paul Lunde, *op. cit.*, p. 433.

27 Zinadím. *História dos portugueses no Malabar*. Lisboa: Antígona, 1998, p. 62 e ss.

Os viajantes italianos: uma visão "de fora" da presença portuguesa

Quem recorre a narrativas de viagem como fonte para o estudo de determinado objeto, seja este uma cidade, ou aspectos físicos, sociais ou culturais dos homens, não raro constata que essas descrições revelam mais da cultura do viajante do que do objeto em questão. A este respeito, em 1754, escrevia, cético, Jean-Jacques Rousseau:

> Há três ou quatro séculos que os homens da Europa inundam as outras partes do mundo e publicam sem parar novas coletâneas de narrativas de viagem e relatos, estou convencido de que não conhecemos outros homens além dos europeus.

No caso das regiões mais afastadas da Europa, as razões estariam nas atividades dos homens capazes de empreender viagens de longa distância, ou seja, marinheiros, mercadores, soldados e missionários.

> Não abrimos um livro de viagem em que não se encontre descrições de caracteres e costumes; mas nos espanta ver que essas pessoas que descreveram tantas coisas não disseram nada além do que já se sabia, não souberam perceber do outro lado do mundo nada além do que poderiam notar sem sair de sua rua.[28]

Esse alerta de Rousseau, que como se pretende comprovar ao longo deste capítulo, não invalida a importância das narrativas de viagem como fonte para o estudo da história, pode ser verificado também entre autores/viajantes não europeus. Analisando narrativas de viagens medievais, cujos autores professavam religiões diferentes, verifica-se que um critério importante para o viajante no momento de descrever uma paisagem é o de registrar elementos com os quais se identifica. Assim o judeu de Castela,

---

28 J.J. Rousseau. *Discours sur l'origine et les fondements de l'inégalité parmi les hommes*. Paris: GF-Flammarion, 1992, p. 193.

Benjamin de Tudela, (em viagem ao Oriente de 1160 a 1173), o monge budista Chang Chung (1220-1224), o missionário franciscano Guillaume de Rubrouck (1253-1255), o mercador cristão Marco Polo (1271-1295), e o muçulmano Ibn Battuta (1325-1355) parecem não descrever as mesmas localidades, tendo em vista grandes construções existentes em algumas cidades no período em que foram visitadas.

Leonardo Olschki, num trabalho de grande interesse sobre as componentes do registro dos viajantes, concentra-se na ação do descobridor em oposição à daquele que apenas "encontra" algo diverso. Ele afirma que a descoberta acontece a partir do momento em que a consciência transforma em pensamento e em palavra o que é visto e, sendo assim, considera importante examinar quais os aspectos naturais e humanos que atraem a atenção dos viajantes. A questão principal, nesses casos – o autor analisa especificamente os relatos de Marco Polo e de Cristóvão Colombo –, é identificar a razão da escolha do viajante-narrador do que é digno de ser considerado e descrito; escolha essa que pode ter sua origem nos interesses práticos, na instrução, na educação espiritual, no temperamento do viajante, ou na capacidade de se expressar e de observar. Identificar a forma como foram apresentadas as terras descobertas e exploradas ajuda a compreender o efeito que essas narrativas tiveram sobre a mentalidade e sobre iniciativas futuras dos homens da época.[29]

Para Stephen Greenblatt, que também se debruçou sobre narrativas de viagem, seus autores atuam como mediadores, como intermediários entre os leitores e os descobridores e conquistadores do Novo Mundo, atitude que Tzvetan Todorov também atribui a alguns autores que relataram a chegada dos europeus ao novo continente. Seguindo a linha de Greenblatt, um conceito-chave é o de "representação", que permitiria relacionar o texto ao seu autor e não essencialmente ao objeto que se descreve. O contato entre os europeus e o Novo Mundo estabeleceria-se assim "entre representantes munidos de representação" que, ao ser transmitida, relatada, faz com que a visão – e a imaginação que a amplia – se transforme em testemunho. Mas "por que se deve dar crédito a um testemunho?", pergunta o autor. Para buscar uma resposta ele vai à *História*, de Heródoto, "a primeira grande representação ocidental da alteridade", responsável por alguns princípios fun-

---

29 Leonardo Olschki. *Storia letteraria delle scoperte geografiche*. Firenze: Leo Olschki editore, 1937, p. 5.

damentais do discurso que continuaram valendo muitos séculos depois, até o período das grandes viagens de descobertas. Heródoto considerava a importância crucial da viagem para compreender o mundo; em última instância para distinguir o que era fábula do que era verdade. A autoridade, para ele, baseava-se na evocação do que pessoalmente viu e ouviu fora dos limites da cidade. Assim, "a viagem está ligada ao apelo constante à experiência pessoal, à autoridade do testemunho".[30] Se a viagem concede autoridade ao testemunho, é pela sua constante afirmação que o autor de um relato – e os italianos seguem à risca essa orientação – pretende atrair a atenção do leitor. Ao insistir em escrever "eu vi", o autor, como afirma Michel de Certeau, fabrica e sanciona "o texto como uma testemunha do outro".[31]

Depois dos viajantes Nicolo di Conti e Ieronimo da Santo Stefano, examinados no primeiro capítulo, e dos que descreveram a chegada de Vasco da Gama à Índia, as "Cartas de Lisboa", o objetivo é verificar a presença portuguesa na Ásia a partir dos relatos de um outro grupo de viajantes, solitários e a princípio sem vínculos com a administração do Estado da Índia. Esses viajantes, em sua maioria originários das cidades italianas, embora europeus e cristãos, utilizavam a estrutura portuguesa quando lhes convinha, mas não estavam vinculados a um projeto de conquista ou de dominação mais amplo. Utilizar seus textos para o estudo da presença portuguesa na Ásia é dispor, em última análise, de uma visão "de fora", nas palavras de Luciana Stegagno Picchio, de homens "então partícipes e testemunhas dos acontecimentos", em comparação com a "visão 'de dentro' dos portugueses, que na época foram os protagonistas da aventura ultramarina".[32]

Diferente de outros viajantes do mesmo período, sobretudo os que se dirigiram ao Novo Mundo, os italianos que foram para a Índia no século XVI não tinham a preocupação de "descobrir" novas terras ou de relatar visões inéditas sobre terras incógnitas. A Índia, sobretudo para os mercadores das cidades italianas como Veneza e Gênova, era a *India recognita* da narrativa de Nicolo di Conti. Tratava-se, antes de tudo, de verificar, de confirmar as informações e havia, assim, um roteiro a seguir. A chegada dos portugueses ao Índico inseriu um elemento novo nesse roteiro. Se nos-

---

30 Stephen Greenblatt. *Possessões maravilhosas*. São Paulo: Edusp, 1996, p. 159, 162.

31 *Apud Idem*, p. 167.

32 "A literatura de viagens e o diálogo italo-português. Postilas a um colóquio", p. 89.

so interesse ao estudar as narrativas italianas está em decifrar a presença portuguesa contida nesses textos, seus autores não são nem descobridores, nem mediadores, nem intermediários. Essas categorias são comumente utilizadas quando a intenção é descrever e compreender o outro, seja ele asiático ou habitante do Novo Mundo.

O *corpus* que utilizamos tem, porém, duas especificidades que nos impedem de posicionar seus autores nas categorias citadas. Em primeiro lugar, como já dissemos, em se tratando da Ásia, o interesse maior estava justamente em "veder co gl'occhi" o que já se havia escrito, de real ou fabular, sobre suas terras e seus habitantes. Temos então dois aspectos a considerar e que vão influenciar o conteúdo das narrativas: a importância do testemunho visual, de que fala Greenblatt, e a autoridade dos conhecimentos herdados dos antigos.

A visão é considerada por alguns autores como o sentido mais importante para os homens que viviam na Europa do Quinhentos. Fernand Braudel – que buscou considerar de que forma um italiano via o mundo em torno de 1450, mesmo admitindo que essa questão não seria mais do que "uma comodidade didática, anacrônica até"[33] – afirma que Lucien Febvre teria sido o primeiro a questionar se eram os olhos ou os ouvidos que inspiravam maior confiança aos homens. Ao estudar Rabelais e o século XVI, Febvre escreveu que os ouvidos – a audição – ocupavam então uma posição privilegiada. André Chastel, por sua vez, defendeu o inverso: a primazia caberia ao olhar.[34] Muitos viajantes escreveram, ao iniciar seus relatos, que o desejo de *ver* o que já tinham *ouvido dizer* a respeito da Índia os levara a partir. Em uma declaração a respeito dos motivos de sua viagem, Lodovico de Varthema, viajante dos primeiros anos do século XVI, verifica-se a importância atribuída à *experiência* da viagem:

---

33 Fernand Braudel. *Le Modèle italien*. Paris: Champs Flammarion, 1994, p. 21. Há uma recente tradução brasileira (São Paulo: Companhia das Letras, 2007).

34 Ver Lucien Febvre. *O problema da incredulidade no século XVI. A religião de Rabelais*. São Paulo: Companhia das Letras, 2009, p.371 e ss. Segundo Massimo Montanari nos séculos XV-XVI, *exibir* é a nova palavra de ordem para as camadas dominantes, referindo-se à ostentação que se praticava à mesa e aos grandes desfiles de comida que se fazia antes dos banquetes para o deleite dos olhos do povo. *A fome e a abundância. História da alimentação na Europa*. Bauru: Edusc, 2004.

não havendo ânimo (sabendo-me de debilíssimo engenho) para o estudo ou conjecturas [...], decidi, em pessoa, e com os próprios olhos tratar de conhecer os sítios das localidades, as qualidades das pessoas, as diversidades dos animais, a variedade das árvores frutíferas e odoríferas do Egito, da Síria e da Arábia Deserta e Feliz, da Pérsia, da Índia, da Etiópia, sempre recordando-me ser de maior estima um testemunho de vista do que dez de ouvir-dizer.[35]

Estamos diante de um dos elementos constitutivos da mentalidade do Renascimento, aquele que permitiu aos humanistas, admiradores da Antiguidade clássica, tomar consciência da sua superioridade em relação aos antigos. Como explica Eugenio Garin, em um artigo sobre a concepção de história no Renascimento, os humanistas sabiam do valor da sua experiência para a superação dos antigos no uso da razão:

Tomar consciência de si e da ação humana, partir a lutar contra a "barbárie" medieval, definir o antigo e definir a si mesmo buscando comparações entre os antigos, tudo isso se fez ao mesmo tempo. Uma minuciosa e às vezes pedante pesquisa, o desejo de conhecer o verdadeiro significado de todos os escritos deixados pelos antigos, de distingui-los sem lhes confundir, depois imitá-los sem esquecer que não se trata de sua própria língua: eis sobre o que se fundava o sentido da história que o humanismo tinha em alta conta.[36]

Essa preocupação em oferecer um "testemunho de vista", resultado de uma experiência individual, aliava-se também ao desejo de domesticar o exótico. As árvores das especiarias ou a forma como eram obtidas as pedras preciosas eram descritas visando conhecer e compreender a origem dos produtos que se consumia na Europa, e assim, talvez, desmistificá-los. O veneziano Cesare Fedrici declarou nos anos 1560: "Eu desejava

---

35 "Itinerario di Lodovico di Barthema in Arabia, in India e nell'Asia Sudorientale". In: G. B. Ramusio. *Navigazioni e Viaggi*. Torino: Giulio Einaudi editore, 1978, vol I, p. 763.

36 Eugenio Garin. "L'Histoire dans la pensée de la Renaissance". *Moyen Âge et Renaissance*. Paris: Gallimard, 1969, p. 160.

Andréa Doré

ver como a canela era retirada da árvore que a produz".[37] As árvores da pimenta e da canela são repetidamente descritas[38] e as múltiplas formas de aproveitar as palmeiras e o coco.[39] Esse interesse em aprisionar o exótico foi literal em Filippo Sassetti, que comprou um horto em Goa onde tencionava pôr uma centena de plantas "das mais conhecidas por essas partes, sendo muitas ditas maravilhosas".[40]

Quanto à relação com os textos dos antigos, Carmem Radulet observava que a maioria dos textos de viagens produzidos nesse período – quer se referissem ao Novo Mundo ou à Índia – passou pelas mãos de editores e autores de coletâneas de viagens. Podemos citar, entre os mais célebres, Fracanzio da Montalboddo, autor da recolha *Paesi nuovamente retrovati et Novo Mondo da Alberico Vesputio Florentino intitulato*, publicada em 1507, e Giovanni Battista Ramusio e sua *Navigationi e Viaggi*, onde se encontram praticamente todos os textos conhecidos no século XVI, produzidos por italianos e portugueses sobre a presença lusitana na Ásia. Radulet identifica esses humanistas como "filosoficamente ligados e condicionados" por tudo o que obtiveram da educação clássica, criando, no seu conjunto, "um filtro deformador de leitura, geralmente proporcional ao grau de cultura do autor".[41] Ou seja, havia o interesse, por parte dos editores e dos narradores, de superar os autores clássicos adicionando informações mais precisas obtidas por meio da experiência, mas não se dispensava o seu legado. Um exemplo, entre tantos outros, é a obra *Cosmographia*, de Ptolomeu, geó-

---

37 "Il viaggio di Cesare de' Federici nelle Indie Orientali". In: G. B. Ramusio, vi-1043.

38 Lodovico di Varthema menciona a pimenta ("Itinerario di Lodovico di Barthema...", p. 833) e a canela (p. 846). Fedrici descreve as árvores da canela ("Il viaggio di Cesare de' Federici nelle Indie Orientali", p. 1043), assim como Gasparo Balbi (*Viaggio dell'Indie Orientale*. Vinezia. Camillo Borgominieri, 1590, p. 79). Filippo Sassetti também descreve a árvore da pimenta, ainda em 1583. Cf. Carta a Franceso i de' Medici, de Cochim em 22 de janeiro de 1584. In: *Lettere dall'India (1583-1588)*, p. 49.

39 Varthema conta sete utilidades ("Itinerario di Lodovico di Barthema...", p. 836), algumas citadas também por Fedrici ("Il viaggio di Cesare de' Federici...", p. 1027) e Balbi (*Viaggio dell'Indie Orientale*, p. 74).

40 Carta a Baccio Valori. Cochim, 22.01.1586. *Lettere dall'India (1583-1588)*, p. 160-161.

41 Carmem Radulet. "Tipologia e significado da documentação italiana sobre os descobrimentos portugueses". *Os descobrimentos portugueses e a Itália*. Lisboa: Veja, 1991, p. 40.

SITIADOS

grafo e astrônomo grego do século II, disponível aos leitores europeus na tradução latina de 1410, de Jacopo Angelo da Scarperia, que, mesmo superada em muitos aspectos pelas novas descobertas, não deixou de ser exaustivamente citada, comparada e corrigida. Como Andrea Corsali já escrevera que pretendia percorrer o interior do continente indiano a fim de comparar os nomes dados por Ptolomeu com os modernos, na mesma linha, o cosmógrafo Manuel Godinho de Erédia, ao descrever o clima de Malaca, cita Aristóteles e Ptolomeu, que afirmavam que a parte do globo localizada entre os Trópicos de Câncer e de Capricórnio sofreria de um clima muito quente e impiedoso, a chamada "zona tórrida". Mas conclui: "Nesta zona [...] está situada a feliz terra de Malaca no continente de Ujontana: e é nossa experiência atual desta terra que nos leva a ter uma opinião diametralmente oposta àquelas dos filósofos".[42]

O peso da *Autoritas* é verificado nos textos, assim como a preocupação em "confirmar" o que outros – tanto os autores clássicos como os viajantes medievais como Marco Polo e o missionário Odorico de Pordenone – já haviam descrito. "Assim, num certo sentido, a melhor viagem será aquela em que se aprende quase nada: a maior parte dos sinais simplesmente confirmarão o que já se sabe",[43] como afirmou Greenblatt a respeito da viagem de Cristóvão Colombo. Dessa forma, há *topos* obrigatoriamente relatados. Todos os viajantes analisados – Lodovico de Varthema em Ternassari,[44] Giovanni da Dino e Cesare Fedrici em Vijaynagar,[45] Gas-

---

42 "Due lettere dall'India di Andrea Corsali", p. 37 e Manuel Godinho de Erédia. *Eredia´s Description of Malaca, Meridional India, and Cathay.* Translated from the Portuguese with notes by J.V. Mills and new introduction by Cheah Boon Kheng, Kuala Lumpur: MBRAS, 1997, Part I, chapter 18.

43 Stephen Greenblatt. *Possessões maravilhosas*, p. 128. A proposta metodológica desse autor, desenvolvida nessa obra, está também explicitada em Catharine Gallagher e Sthepen Greenblatt. *A prática do novo historicismo.* Bauru: Edusc, 2005.

44 Cf. "Itinerario di Lodovico di Barthema in Arabia, in India e nell'Asia Sudorientale". , p. 851.

45 Giovanni da Dino cita no reino de Narsinga (Vijayanagar), cf. *Relazione di viaggio di Piero di Giovanni di Dino.* G. Brenna (a cura di). Firenze, 1885, p. 10. Fedrici descreve longamente o ritual e assegura: "Eu vi queimarem-se muitas, porque a minha estância era próxima à porta da qual elas saíam para se lançarem no fogo". "Il viaggio di Cesare de' Federici nelle Indie Orientali". p. 1031.

paro Balbi em Diu,[46] Filippo Sassetti em Cochim[47] – mencionaram o ritual funerário *sati*, já descrito por Nicolo di Conti, no qual a viúva se lançava nas chamas em que ardia o corpo do marido. A segunda especificidade dos textos italianos está ligada às informações que deles tencionamos destacar. Interessa-nos saber em que medida a presença portuguesa na Índia chamava a atenção dessa visão aguçada e curiosa do viajante no primeiro século de contato entre os portugueses e o Oceano Índico – os mares, sobretudo, e suas margens. Assim sendo, as informações extraídas dos relatos estão livres da influência dos autores clássicos. Também podemos dizer que está praticamente ausente a preocupação em confirmar conhecimentos prévios a respeito da presença portuguesa, uma vez que raros foram os textos de viagens publicados no período sobre os portugueses no Oriente aos quais esses viajantes poderiam ter tido acesso.

Há um aspecto importante, porém, na leitura das narrativas italianas quando se avaliam as razões da escolha por uma determinada descrição: a tendência de buscar o que é familiar num ambiente exótico. Os italianos não deixaram de descrever as igrejas, os conventos e as fortalezas, cuja simbologia ou arquitetura correspondiam ao conhecido. Esse comportamento não foi exclusivo dos italianos, destacando-se igualmente nos textos portugueses, principalmente nos primeiros relativos à Índia, em que se nota um desejo constante de encontrar coisas familiares, "encontrar o *mesmo* no seio do *outro*".[48] Resumindo: mesmo a "visão de fora" que identificamos como sendo a dos italianos é, também, uma visão comprometida com os laços culturais e religiosos que ligam seus autores aos portugueses que eles descrevem.

Ao tratar do impacto da presença lusa no Índico, o primeiro aspecto a discutir é a alteração nas vias de acesso ao Oriente, as rotas utilizadas. Esse será o primeiro tema na análise dos textos italianos. No momento seguinte, entre muitos outros aspectos, há três que me parecem determinantes para o estudo do que chamava a atenção de um viajante cristão na Índia quinhentista. Em primeiro lugar destaca-se a forma como se apresentava aos viajantes a presença dos portugueses na paisagem. O segundo aspecto diz

---

46 Gasparo Balbi. *Viaggio dell'Indie Orientale*, p. 61.

47 Cf. Carta de Filippo Sassetti a Francesco Valori, de Cochim em dezembro de 1583. In: *Lettere dall'India (1583-1588)*, p. 36.

48 Rui Loureiro. "O encontro de Portugal com a Ásia no século XVI", p. 168.

As rotas tradicionais e a rota do Cabo

No que diz respeito às rotas adotadas pelos viajantes para atingir a Índia, verifica-se, ao longo do século XVI, a utilização do Mar Vermelho e do Golfo Pérsico, tradicionais vias de ligação entre a Europa e a Ásia, que faziam de Adem e Ormuz as portas de entrada para o Oceano Índico, como já acontecia no século XV de acordo com as experiências de Nicolo di Conti e de Ieronimo da Santo Stefano. A manutenção dessas rotas, que os relatos italianos exemplificam, reitera a tese de Sanjay Subrahmanyam de que a rivalidade entre a rota do Mar Vermelho e a do Cabo – a Carreira da Índia – foi um problema inventado desde que a segunda frota portuguesa chegou ao Índico em 1500.[49] As duas vias de abastecimento, no entanto, teriam coexistido em ritmos variados ao longo do século.

Às vésperas da chegada das naus portuguesas, Lodovico di Varthema frequentou essas rotas. Seu texto pode ser considerado o primeiro produzido após a chegada dos portugueses à Índia por um italiano inicialmente alheio à empresa lançada a partir de Lisboa. Originário de Bolonha, Varthema partiu do Cairo em 1500, atingiu a Índia pelo Mar Vermelho e retornou em 1508 pela rota do Cabo, após ter integrado a frota do primeiro vice-rei, D. Francisco de Almeida. Nesse sentido, pode ser visto como um viajante de transição, ou de síntese, uma vez que conjugou na sua trajetória pessoal a tradição e as novas possibilidades que as descobertas geográficas ofereciam.[50] Nos sete anos em que perambulou pela Índia, fortalezas foram construídas e teve início o declínio de Calicute, o primeiro grande

---

49 Ver Sanjay Subrahmanyam. "The trading world of the western Indian Ocean, 1546-1565: a political interpretation." *A carreira da Índia e as rotas dos estreitos.* Actas do VIII Seminário Internacional de História Indo-Portuguesa. Angra do Heroísmo, 1998, p. 211.

50 Utilizo essa ideia de síntese no sentido que o faz Marica Milanesi quando se refere à cartografia produzida em meados do século XV, momento em que a herança clássica convivia com as novas descobertas geográficas. Ver Alegria, Maria Fernanda *et alli.* "Cartografia e Viagens". In: Bethencourt, Francisco & Chaudhuri, Kirti (dir.). *História da expansão portuguesa.* Vol. I. Lisboa: Círculo de Leitores, 1998, p. 31.

porto indiano a travar contato com os portugueses. A primeira edição de sua narrativa, intitulada *Itinerario de Ludovico di Varthema Bolognese nello Egypto, nella Suria, nella Arabia deserta e felice, nella Persia & nella Ethiopia. La fede, el vivere & costumi de tutte le pr fate Provinciae*, foi publicada em Roma, em 1510, escrita a pedido do papa Júlio II.[51]

Durante todo o percurso descrito, cuja extensão é comprovadamente inverossímil, são frequentes as histórias rocambolescas e as soluções inusitadas encontradas pelo autor para se livrar dos inimigos. O teor dessas histórias nos leva a supor que, nos dois anos que separam o retorno a Roma e a data da primeira edição de seu relato, Varthema teve tempo de fantasiar e apimentar muitas passagens, construindo um texto "cuidadosamente mentiroso", como afirma Jean Aubin, no qual o périplo descrito é impossível por "razões meteorológicas elementares".[52] Neste intervalo, ou antes mesmo da viagem, não é difícil que o autor tenha assistido a um auto de carnaval, por exemplo, com suas piadas de disfarce e desmascaramento de identidades secretas que lembram as aventuras de Fernão Mendes Pinto. Pelo seu relato, sabe-se que no Cairo fez-se passar por mameluco para integrar uma caravana com destino a Meca, onde a entrada era proibida aos cristãos. Em Adem, foi descoberto e, uma vez preso, fingiu estar louco. A mulher do sultão se apaixonou por ele e assim conseguiu ser libertado. Mais tarde, em Calicutee, passou por homem santo e médico, e teria curado um mouro.

---

51 No ano seguinte houve uma edição latina. Fala-se de cerca de cinquenta edições nos séculos XVI e XVII em todas as línguas da Europa. Entre as edições modernas estão *Itinerario di Lodovico di Varthema*. A cura di P. Giudici. Milano: Alpes, 1928 e a tradução inglesa de R. Temple. *Itinerary of Lodovico di Varthema*. London: Argonaut Press, 1928. A edição anotada mais recente é em inglês, incluída em L. D. Hammond. *Travelers in Disguise. Narratives of Eastern Travel by Poggio Bracciolini and Ludovico de Varthema*. Cambridge, Mass, 1963. A primeira tradução portuguesa data de 1949: *Itinerário*. Trad. prefácio e notas de Vincenzo Spinelli, Lisboa. Ramusio publicou seu *Itinerario de Lodovico di Barthema in Arabia, in India e nell'Asia Sudorientale*, que se usa neste capítulo, a partir de uma tradução espanhola feita em 1520 com base na edição latina de 1511.

52 Jean Aubin. "'L'Itinerário' de Ludovico di Varthema." *Le latin et l'astrolabe*. Vol II. Lisbonne-Paris: CNCDP – Fondation Calouste Gulbenkian, 2000, p. 485. O relato praticamente ignora as restrições à navegação impostas pelo regime dos ventos no Índico, as monções. Sobre essa questão e as datas possíveis da viagem, ver Banha de Andrade. *Mundos Novos do Mundo*, p. 689-691.

Varthema participou ao lado dos portugueses da batalha contra Panane, próximo a Calicutee, e foi feito cavaleiro pelo vice-rei D. Francisco de Almeida. Em 6 de dezembro de 1507, embarcado na nau de Bartolomeo Marchionni, florentino residente em Lisboa, que integrava a frota de Tristão da Cunha, deixou a costa indiana e, pela rota do Cabo, chegou a Portugal.

Ao passar por Adem nos primeiros anos do século XVI, sintetizou em seu relato o que levaria os portugueses, alguns anos mais tarde, a uma triste derrota sob o comando de Albuquerque, na tentativa de conquistar a cidade:

> é a cidade mais forte que jamais foi vista em terra plana, tem os muros de dois lados, e das outras bandas estão montanhas grandíssimas, sobre as quais estão cinco castelos; e a terra é no alto desses montes, e faz cerca de seis mil fogos. [...] Junto à qual, à distância de um lance de pedra há uma montanha, sobre a qual há um castelo; e ao pé dessa montanha, onde bate o mar, surgem os navios.[53]

A causa da cobiça do governador português também chamou a atenção do viajante, ao relatar que "aqui fundeiam todos os navios que vêm da Índia maior e da menor, e da Etiópia, e da Pérsia, por causa do grande tráfico que ali se faz".[54]

Mesmo antes do cerco imposto à cidade, no entanto, as armadas portuguesas já circulavam pelo mar Arábico, aprisionando as naus que vinham de Meca ou iam carregadas de produtos orientais aos portos de Alexandria e do Cairo. O efeito de um desses ataques foi sentido por Varthema, que havia sido preso em Adem, flagrado em seu disfarce de mameluco, e comentou o encontro com mouros atacados por naus portuguesas que tentavam bloquear o Mar Vermelho. Da perseguição feita no estreito pela esquadra de Vicente Sodré, chegaram ao palácio da cidade "entre quarenta e sessenta mouros, os quais eram de dois ou três navios que tinham sido presos pelos portugueses". Podemos supor que o viajante tenha ouvido interessantes observações desses homens a respeito da interferência dos portugueses no livre comércio então praticado no Índico, mas nada disso é descrito. As ra-

---

53 "Itinerario di Lodovico di Barthema...", p. 789-90.

54 *Idem*, p. 790.

zões podem estar ligadas ao fato de que um texto, encomendado pelo papa a um homem que se havia feito passar por muçulmano, devia ser o mais pragmático possível. Assim, Varthema limitou-se a afirmar que seu disfarce não o permitira mas que, pessoalmente, se alegrara com os sucessos dos cristãos. Daí a forma como havia mencionado pela primeira vez os portugueses pouco antes, ao chegar a Meca. Ele havia perguntado na cidade pelas joias e especiarias que ali costumavam chegar e que já começavam a escassear. Em seus trajes de mouro, ele mesmo não podia responder, mas sabia que era por causa do "rei de Portugal, porque ele é senhor do mar Oceano e mar Pérsico e do Arabico".[55]

Andrea Corsali, cerca de quinze anos depois de Varthema, descreveria o declínio de Adem, resultado da patrulha feita pelas armadas portuguesas à entrada do Mar Vermelho. Assim como Calicutee, ao longo da primeira metade do século, e Cochim diante da prosperidade de Goa como "cabeça" do Estado da Índia, o movimento do porto de Adem também foi alterado pela presença portuguesa, sem que seja correto, no entanto, falar de sua ruína.[56]

O florentino Corsali partiu para a Índia na frota do governador que foi substituir Afonso de Albuquerque, Lopo Soares de Albergaria, em 1515, e retornou em 1518. Tinha a missão, atribuída pelo papa Leão x, de levar uma carta ao Preste João, da Etiópia, para onde seguia acompanhado de Duarte Galvão, enviado do rei D. Manuel, e de Mateus, um mercador armênio que, a serviço do soberano abissínio, havia estado numa embaixada em Lisboa. Giovanni da Dino, um outro italiano que partiu de Lisboa para Cochim em 1518 na armada de Diogo Lopes de Sequeira e de lá enviou a Florença uma carta, o descreve como um "homem letrado e dotado, [que] tem estado por muito tempo por esta Índia e tenho como coisa certa que nenhum homem melhor do que ele pode escrever a respeito da astrologia e da cosmografia, nas quais ele é professo".[57]

---

55 *Idem*, p. 790 e 784.

56 Corsali descreve o movimento de Aden antes e após a chegada dos portugueses ao mar Arábico. Ver "Due lettere dall'India di Andrea Corsali", p. 44.

57 Guglielmo Brenna (a cura di). *Relazioni di viaggi di Piero di Giovanni di Dino nelle costi dell'Africa et delle India.* Firenze: Cellini, 1885, p. 4.

O interesse de Corsali não se fixou tanto na embaixada à Etiópia, mas em relatar que produtos eram comercializados e onde se encontravam. Queria prevenir os Médici das dificuldades de navegação no Mar Vermelho e Golfo Pérsico, as tempestades e os corsários, além de observar e narrar os itinerários seguidos pela frota, os usos e costumes das populações e, principalmente, as relações já existentes ou recém-estabelecidas entre estas e os portugueses. As viagens de Corsali estão descritas em duas cartas: a primeira, endereçada a Juliano de Médici, de outubro de 1516; a segunda, a Lourenço de Médici, duque de Urbino, após a morte de Juliano.[58]

Num trecho importante de sua carta-relação, Corsali descreveu a morte de Afonso de Albuquerque, em 16 de dezembro de 1515, a bordo na nau *Frol da Rosa*. O grande capitão, sendo obrigado a receber com honras fidalgos que havia mandado presos a Portugal – entre eles Diogo Pereira, que então retornava como secretário-geral do governo[59] – "foi tomado de tanto sofrimento que, mais uma vez submetido à enfermidade que havia tido em Ormuz, saindo da barca em Goa deu fim à sua gloriosa vida".[60] Não se tratou, como pode sugerir texto, de um suicídio. João de Barros relata os últimos dias do capitão que adoecera "de camaras",[61] e da notícia que recebeu durante a viagem de Ormuz a Goa da nomeação de Lopo Soares de Albergaria para a governança da Índia. Curioso é que o cronista considera ter sido fatal para Albuquerque o encontro, junto de Dabul, com uma nau da frota de Lopo Soares capitaneada por ninguém menos que Giovanni da Empoli, então em sua terceira e última viagem à Índia. "O qual Joannes

---

58 Utiliza-se a edição de Ramusio. A primeira edição dessas cartas data de 1518, pelo editor Stepheno di Carlo da Pavia, de Florença. Sobre os manuscritos ainda existentes, as alterações feitas por Ramusio, assim como os objetivos de Corsali, ver Rita Biscetti. "Portogallo e portoghesi nelle due lettere di Andrea Corsali a Giuliano e a Lorenzo de' Medici incluse nelle 'Navigazioni' di G. B. Ramuzio". *Revista da Universidade de Coimbra*. Vol. xxxii, 1985, p. 79-83.

59 Sobre esse ferrenho adversário de Albuquerque ver Luís Filipe Thomaz. "Diogo Pereira, o Malabar". *Mare Liberum*, nº 5, 1993, p. 49-61.

60 "Due lettere dall'India di Andrea Corsali", p. 36 e ss.

61 Ou seja, de "fluxo de ventre". João de Barros. *Décadas*. Seleção, prefácio e notas de Antônio Baião. Lisboa: Livraria Sá da Costa Editora, 1982, ii, viii, 8, p. 184.

mui particularmente lhe contou cousas que para sua saúde foram veneno, e para a quietação do seu espírito mui danosas".[62]

Uma vez que Adem nunca foi conquistada pelos portugueses, era no porto de Ormuz que a dominação portuguesa se apresentava aos viajantes que atingiam a Índia pelo Golfo Pérsico. Tanto Cesare Fedrici como Gasparo Balbi, ambos viajantes venezianos da segunda metade do século XVI, citam os portugueses pela primeira vez ao chegarem a Ormuz. Fedrici escreveu: "Há uma fortaleza belíssima, próxima ao mar, na qual reside um capitão do rei de Portugal, com um bom grupo de portugueses, e em frente à fortaleza está uma bela esplanada".[63] Essa fortaleza seria perdida em 1622 para uma força anglo-persa, exigindo uma rápida reação dos portugueses a fim de manter o controle sobre o Golfo Pérsico.

Os portugueses na paisagem urbana

O primeiro ponto a destacar é a importância das cidades ao longo da viagem e ao longo do tempo – cidades onde o comércio era facilitado pela presença dos portugueses ou sultanatos mais favoráveis ao comércio com os europeus – e as alterações na sua conformação, com a construção de fortalezas e igrejas. Interessam-nos as observações dos italianos a respeito da forma como os portugueses se instalaram às margens do Oceano Índico, o que, para muitos viajantes, como Aloigi Giovanni, Cesare Fedrici e Gasparo Balbi, nada mais era do que a velha "rota das especiarias", divulgada por Nicolo di Conti. Os estabelecimentos portugueses, quando verificamos as cidades e portos citados pelos viajantes do século XVI, podem, assim, ser vistos como uma colagem sobre o roteiro praticado no século anterior e descrito por homens como di Conti. A esse respeito, os textos de Varthema e de Giovanni da Empoli oferecem visões complementares. O primeiro simplesmente cita as fortalezas portuguesas, mas o faz no período exato em que surgiram essas primeiras edificações na paisagem indiana. Da Empoli, por sua vez, traz a percepção de um estrangei-

---

62 *Idem*, p. 185. Todo o capítulo VIII refere-se às últimas ações de Afonso de Albuquerque. Gaspar Correia relata os funerais do governador. *Lendas da Índia*. Porto: Lello & Irmãos Editores. 1975, vol II, p. 455-460.

63 "Il viaggio di Cesare de' Federici...", p. 1021.

SITIADOS 163

ro atuando no interior do empreendimento português, envolvido com os homens responsáveis por sua implantação.

Pelas duas primeiras descrições de Lodovico di Varthema referentes a edificações, percebemos que o autor se preocupa em registrar o que lhe é familiar. Sua primeira descrição de uma construção aconteceu em Menim, cidade próxima a Amã. Depois de ter passado pelo Cairo, Alexandria, Beirute, Trípoli, Alep e Amã, Varthema escreveu que nessa cidade havia duas "belíssimas igrejas, as quais dizem ter mandado fazer santa Elena, mãe de Constantino".[64] Em Damasco, onde ficou alguns meses "para aprender a língua mourisca", encontrou "um belíssimo e forte castelo, o qual dizem ter sido fundado por um mameluco florentino".[65]

Em todo o seu percurso, Varthema assinalou as condições de defesa das cidades, preocupado em descrever tanto as edificações dos muçulmanos quanto as dos portugueses. Nessa seleção do que interessava descrever, o desejo de informar a respeito das estruturas de proteção das cidades dos infiéis aliava-se ao fato das muralhas e fortalezas lhe serem familiares e, pela tradição das cidades italianas, indissociáveis do próprio conceito de cidade. Nas localidades citadas os portugueses ainda não haviam se instalado e em algumas não chegaram a fazê-lo de forma consistente. Diouban "é murada em torno e dentro há muita artilharia", Cevul é "bem murada [...] e a gente é belicosa", Dabuli é "murada a nosso costume", na ilha de Goga, próximo a Ormuz, há "uma fortaleza murada a nosso costume junto ao mar", Decan é "murada ao modo dos cristãos e as casas são belíssimas [...] e ali se faz grandíssima guarda", Bathecala, do rei de Narsinga, "é murada e belíssima". A cidade de Bisinagar "é grandíssima e com fortes muralhas"; Pegu "é murada e tem boas casas e palácios feitos de pedra com cal". E ainda registrou: "Não tem muralhas", a respeito Zibit. Em Cananor, onde começavam a se encontrar as especiarias – pimenta, gengibre, cardamomo e mirabolano –, a "terra não é murada em torno; as casas são tristes" e Cholmandel (a cidade de Negapatan localizada na costa de Coromandel) é uma "cidade grandíssima e não é murada em torno".[66]

---

64 "Itinerario di Lodovico di Barthema"...., p. 766.

65 *Idem*, p. 767.

66 Todas as referências deste parágrafo remetem a "Itinerario di Lodovico di Barthema...", entre as páginas 800 e 855. Quanto Vartema escreve Diouban, trata-se de Diu, no golfo de Cambaia;

164 Andréa Doré

Alguns reinos locais já se manifestavam como aliados de Portugal, como Coulão, ao sul de Cochim, e Vijayanagar, "grandíssimo amigo dos cristãos, especialmente do rei de Portugal, porque de outros cristãos não tem muito conhecimento",[67] ou o rei de Onor.[68] Algumas dessas alianças, durante o retorno do viajante, já haviam se concretizado na concessão de uma feitoria fortificada, ou mesmo de uma fortaleza, como foi o castelo de Cananor, que ele veria pronto alguns anos depois. Foi justamente uma fortaleza portuguesa que lhe serviu de refúgio quando pôde livrar-se das vestes de muçulmano e declarar-se cristão.[69] Ao deixar a Índia ainda observou a fortaleza portuguesa em Melinde, a de Quiloa, a de Sofala e a da ilha de Moçambique, então em construção. Outros dois italianos citam a fortaleza de Moçambique: Giovanni da Empoli, durante o retorno de sua primeira viagem à Índia, encontrou na ilha um grande castelo e várias casas de portugueses muito boas[70] e o florentino Andrea Corsali, que diria, anos mais tarde, que a ilha só tinha alguma qualidade pelo seu porto, "muito bem posto e acomodado para a navegação da Índia".[71] A precária fortaleza seria logo abandonada e a nova só viria a ser construída em meados do século.

Nesses primeiros anos do século XVI, em 6 de abril de 1503, Giovanni da Empoli, nascido em Florença de uma família de Empoli, então com 20 anos, partia de Lisboa com destino a Cochim, na frota de quatro navios capitaneada por Afonso de Albuquerque. Giovanni atuaria como agente comercial das firmas de Gualderotti e de Frescobaldi, sediadas em Bruges, e do mesmo armador em cuja nau Varthema fez sua viagem a Lisboa, Bartolomeo Marchionni, com sede em Lisboa. Era sua primeira viagem à Índia, descrita em uma carta endereçada a seu pai Leonardo. Na mesma frota embarcou um número significativo de mercadores italianos, representantes de importantes casas comerciais florentinas estabelecidas em Lisboa.

Narsinga e Bisinagar, ou ainda Bisnaga, é Vijayanagar, o último grande reino hindu da Índia. Era chamado também Narsinga devido ao nome do soberano Narasinha Rajah.

67 *Idem*, p. 821.

68 *Idem*, p. 816.

69 Ver *Idem*, p. 877.

70 Ver Marco Spalanzanni. *Giovanni da Empoli. Mercante Navigatore firorentino*. Firenze: SPES, 1984, p. 178.

71 "Due lettere dall'India di Andrea Corsali", p. 23.

SITIADOS

Girolamo Sernigi, em cuja nau seguiu Giovanni da Empoli, era um dos principais armadores. Outros agentes florentinos eram Leonardo Nardi, Benedetto Pucci e Alessandro Galli. Essa armada travou os primeiros contatos com a cidade de Coulão, ao sul de Cochim, "na qual não havia tido nunca ninguém a descobrir".[72] Um acordo entre o rei de Coulão e o capitão Afonso de Albuquerque definiu que, a cada ano, o rei ofereceria aos portugueses todas as especiarias da terra e estes, por sua vez, se comprometiam a comprá-las e fixar preços para as especiarias e as mercadorias portuguesas. Um feitor do rei de Portugal permaneceria na cidade e sobre ele se aplicaria, quando necessário, a justiça dos cristãos.

Essa armada deixou a Índia, partindo de Cananor, em 27 de janeiro de 1504, arriscando perder a monção para atravessar o Índico e, após uma calmaria de 55 dias no golfo da Guiné, em que morreram 130 homens – 76 apenas na nau de Giovanni da Empoli –, chegou a Lisboa em 16 de setembro. Uma viagem assim tão perigosa, no entanto, não o desencorajou. Partiu novamente para a Índia em 16 de março 1509, desta vez na frota comandada por Diego Mendes de Vasconcellos e pelo florentino Girolamo Sernigi, armador de três navios. Em 1514, a 12 de julho, escreveu ao pai contando esta sua viagem em que participaria da conquista de Malaca.

Em Goa foi forçado, junto com seus companheiros, a ajudar na conquista da cidade e, em seguida, a acompanhar Afonso de Albuquerque na viagem que resultaria na tomada de Malaca. Da Empoli partiu desta cidade para Cochim com o governador na infeliz viagem da nau *Frol de la Mar*, em janeiro de 1512, "em que se perdeo a mór riqueza d'ouro e pedraria que nunqua se perdeo em nenhuma parte da India, nem nunqua perderá".[73] E em agosto foi obrigado, pelo próprio Afonso de Albuquerque, a retornar a

---

72 Marco Spallanzani. *Giovanni da Empoli*, p. 121.

73 *Lendas da Índia*, ii-269. A nau *Frol de la Mar*, chamada por Da Empoli de *Flore di Mare*, que já havia servido na segunda expedição de Vasco da Gama e sido capitaneada por João da Nova em uma viagem em 1507, naufragou após partir de Malaca com uma rica carga. Entre vários presentes do rei do Sião ao rei de Portugal estava uma grande carta "dum piloto de Java, a qual tinha o cabo de Boa Esperança, Portugal e a terra do Brasil, o mar roxo e o mar da Pérsia". Carta a el-Rei D. Manuel I. 01 de abril de 1512. Afonso de Albuquerque. *Cartas para el-Rei D. Manuel I*. Selecção, prefácio e notas de António Baião. Lisboa: Livraria Sá da Costa Editora, 1942, p. 76. Há um outro navio com o mesmo nome na armada de Manuel de Lacerda em 1527. *Lendas da Índia*, iii-182.

166 ANDRÉA DORÉ

Malaca para resgatar as três naus que lá haviam permanecido para proteger a fortaleza. Finalmente, em 14 de janeiro de 1514, deixou a Índia, tendo frustrado os planos de Albuquerque de mandá-lo como feitor a Malaca, "de modo que tive muito trabalho para escapar-lhe das mãos".[74]

Quando Giovanni da Empoli chegou a Cochim, em sua primeira viagem, havia pouco os portugueses, liderados pelo capitão Francisco de Albuquerque, tinham auxiliado o rei da cidade a recuperar o trono após um ataque de Calicutee. Em represália, os dois Albuquerques atacaram a cidade do Samorim e, como recompensa, puderam construir em Cochim "um castelo no alto da ponta do rio de Repellim, muito forte de madeira, e circundado de grandes fossos, e com muita gente e artilharia",[75] um embrião da primeira sede do poder português na Índia. Já na segunda viagem, e com a sua participação, foram conquistadas duas praças decisivas para o controle marítimo idealizado pelos portugueses: Goa e Malaca. Depois de conquistada a cidade de Goa, para marcar a presença portuguesa e defendê-la, Afonso de Albuquerque ordenou a construção de um "castelo belíssimo de pedra e argamassa, com sua torre e barbacãs, fortíssimo".[76] Na terceira viagem, Giovanni da Empoli, então com 34 anos, seguiu para a China, quando acabou morrendo no porto de Cantão, em outubro de 1517. A nau portuguesa foi varrida por uma epidemia que atingiu também os amigos florentinos Benedetto Pucci e Raffaelli Galli.

Giovanni da Dino, que partiu de Lisboa para Cochim em 1518 na armada de Diogo Lopes de Sequeira e de lá enviou a Florença uma carta, escreveu sobre a morte de Giovanni da Empoli – "de disenteria na China no

---

74 Marco Spallanzani. *Giovanni da Empoli*, p. 176. Giovanni da Empoli é o único desses viajantes italianos a citar o Brasil. Na primeira viagem escreveu ter passado pela terra "della Vera Crocie [...] altra volta dischoperta per Amerigho Vespucci", onde se encontra grande quantidade de caça e de "*verzino*", o pau-brasil. "Relazione del primo viaggio". In: *op. cit.*, p. 116. Américo Vespucio participou de viagens de exploração posteriores à de descoberta do Brasil, mas sua carta "Novus Mundus" circulou rapidamente pela Europa e espalhou a crença de que ele havia sido o descobridor, daí, possivelmente a referência do autor. Já na segunda viagem, o Brasil já passou a constar do texto, na verdade "Terra di Santa Croce, chiamata Bresil". *Op. cit.*, p. 132. A respeito das referências ao Brasil nos textos do início do século XVI, ver Janaína Amado & Luiz Carlos Figueiredo. *Brasil 1500 – Quarenta documentos*. Brasília: Imprensa Oficial/Editora da UnB, 2001.

75 Marco Spallanzani. *Giovanni da Empoli*, p. 120.

76 *Idem*, p. 145.

ano de 1518"[77] – e de seus dois companheiros. De sua carta-relação, destaca-se a participação de um grande número de italianos no início da presença portuguesa nas Índias, participação esta que não se caracterizou propriamente como uma colônia, já que a circulação de pessoas era bastante intensa, mas formou um grupo em que todos se conheciam. As referências encontradas em seu texto denotam, no entanto, a rapidez com que os italianos, importantes mercadores residentes em Lisboa ou que ali tinham representantes, souberam responder à nova oportunidade de lucro aberta pela rota do Cabo. Um trecho da carta de Giovanni da Dino demonstra que, apesar das distâncias e de tantos outros obstáculos, as notícias sobre os conterrâneos se faziam chegar à Europa. Ele relatou que

> Francesco Corbinelli[78] permanece em Goa como feitor do rei por três anos com um filho seu e um outro jovem florentino, dito Giovanni Petrucci, ta bém continua em Goa ferido e quase estropiado de uma perna Giovanni di Vincentio Ridolfi. Junto, em Cochim, está Piero Strozzi,[79] rico que tantas vezes o destino tem repelido e também Andrea Corsali está aqui e dirá quanto o destino o favorece o qual sabe bem a língua persa e a malabar.[80]

Ao chegar a Goa, após cinco anos de sua conquista, Andrea Corsali encontrou uma nova paisagem. Fortes muralhas e fossos em volta da cidade e no interior, muitas casas, "ruas ordenadas a nosso costume" e uma forta-

---

77 A data correta é mesmo 1517. *Relazioni di Viaggi di Piero di Giovanni di Dino*, p. 19.

78 Genro do mercador e banqueiro Bartolomeo Marchionni, foi nomeado por Afonso de Albuquerque em 8 de novembro de 1510 primeiro feitor de Goa, cargo que exerceu até 20 de dezembro de 1515. Foi ainda tesoureiro da moeda, vedor das obras e contador e novamente feitor de Goa, de 10 de março de 1518 a 22 de novembro de 1521. Ver Carmem Radulet. "Os Italianos nas rotas do comércio oriental (1500-1580)". *Actas do VIII Seminário Internacional de História Indo-Portuguesa*. Angra do Heroísmo, 1998, p. 263 e Sanjay Subrahmanyam. *O império asiático português 1500-1700*. Lisboa: Difel, 1995, p. 335-337, que trata de outros estrangeiros no Estado da Índia.

79 Estava em Lisboa em 1509 e participou da frota de Diogo Mendes de Vasconcelos. Sobre esse italiano ver Sanjay Subrahmanyam. "Piero Strozzi, um florentino em terras portuguesas da Ásia, 1510-1522". *Comércio e conflito*. Lisboa: Edições 70, 1994, p. 21-30.

80 *Relazione di viaggio di Piero di Giovanni di Dino*, p. 19-20.

leza, "que parece hoje em dia das melhores coisas que os Portugueses têm na Índia",[81] numa possível referência à fortaleza de São Pedro de Benastarim, muito admirada, de autoria de Tomás Fernandes, arquiteto militar e homem de confiança de Afonso de Albuquerque.[82] No final dos anos 1510, Corsali contou que na Índia se encontravam quatro mil portugueses;[83] a presença lusa já se consolidara em Goa, Malaca e Ormuz, onde uma fortaleza havia sido iniciada em 1507 e concluída por Albuquerque em 1515, batizada de Nossa Senhora da Conceição. No Malabar, ele observou mais outras três fortalezas, a de Cananor, de Calicutee e de Cochim. Citou a construção do castelo de Malaca e participou do início da fortaleza de Socotorá, na boca do Mar Vermelho, e de Comorão, construída após a destruição de uma fortaleza muçulmana.

Com o fim do reinado de D. Manuel e a ossatura de portos fortificados já consolidada, o reinado de D. João III (1521-1557), abordado no capítulo anterior, preocupou-se com a manutenção das praças. As ameaças foram importantes: dois cercos contra a fortaleza de Diu – o primeiro em 1538, pelo sultão do Guzerate apoiado pelos turcos, e em 1546, pelo rei de Cambaia – e o cerco de Malaca, de 1551, imposto por uma coligação de reis mouros de Java e da península malaia.

Do período joanino só são conhecidos dois textos de italianos em viagem às Índias. O primeiro viajante foi Aloigi Giovanni, que partiu de Alexandria para conhecer Calicutee, e deixou um pequeno relato no qual se concentrou na descrição do reino da Pérsia. O segundo viajante foi forçado a ir à Índia. Em 1538, estava em Alexandria quando Suleimão Pacha preparava sua armada que, depois de tomar Adem, seguiria para cercar a fortaleza portuguesa de Diu. Junto com centenas de outros cristãos foi obrigado a embarcar nessa frota. O autor ficou conhecido como o Comito Veneziano, que se poderia traduzir como chefe dos marinheiros. Seu texto foi publicado, junto com o de Aloigi Giovanni, pela primeira vez, em 1543, por Antonio Manuzio na coletânea *Viaggi fatti da Vinetia alla Tana, in Persia, in India*. Ramusio incluiria depois em sua antologia *Navigazioni*

---

81 "Due lettere dall'India di Andrea Corsali", p. 25.

82 Ver Rafael Moreira. "A época manuelina". In: Rafael Moreira (direção de). *História das fortificações portuguesas no mundo*. Lisboa: Alfa, 1989, p. 114.

83 "Due lettere dall'India di Andrea Corsali", p. 37.

SITIADOS 169

e Viaggi apenas a narrativa do Comito. Escrito na forma de um diário de bordo, na qual para cada dia há as léguas percorridas, esse relato trata mais da campanha dos turcos liderados por Suleimão Pacha no Mar Vermelho, e traz poucas informações a respeito do cerco de Diu, propriamente, além das que as narrativas do conflito contêm.

No terço final do século, três viajantes italianos registraram sua passagem pela Índia e a situação dos domínios portugueses durante o reinado de D. Sebastião e as primeiras décadas do período filipino. Cesare Fedrici, o primeiro deles, esteve na Índia de 1563 a 1581, atraído pelo reino de Pegu. Nasceu por volta de 1530 na Valcamonica, na região da Lombardia, e viveu em Veneza, onde trabalhava como joalheiro. Suas anotações foram organizadas pelo padre Bartolomeo Dionigi da Fano e editadas pela primeira vez em 1587, em Veneza, por Andrea Muschio: *Il Viaggio di M. Fedrici nell'India Orientale, et Oltra l'India*. Ramusio incluiu seu relato no volume III das *Navigazioni e viaggi*, de 1606.

Uma vez em Goa, Cesare Fedrici foi a Cochim e já viu consolidada a cadeia de fortalezas portuguesas entre as duas cidades. Citou as fortalezas de Onor – recém-construída a partir do acordo firmado em 1569 com a rainha de Garçopa, de quem dependia a região –, Mangalor e Barcelor, datadas do mesmo período, e Cananor. Mencionou ainda as de Coulão, Manar, Colombo, no Ceilão, e Chaul, no Guzerate. Em algumas ocasiões não deixou de observar a restrita dominação portuguesa, a hostilidade que a cercava e sua dependência em relação às vias marítimas. Sobre Colombo, que os portugueses perderiam em 1656 para os holandeses, escreveu que "fora dos muros estão os inimigos, somente do lado do mar há o porto livre".[84] Esteve em Chaul, com duas cidades, uma dos portugueses, outra dos mouros, sendo a dos portugueses, "murada e colocada como fortaleza".[85] E sobre São Tomé de Meliapor, nas terras do reino de Vijayanagar, afirmou que "não possuem os Portugueses outros edifícios que as casas e os jardins que estão dentro da cidade".[86]

Gasparo Balbi, veneziano, também era joalheiro e fez sua viagem à Índia no período de 1579 a 1588. Em 1590 já saía a primeira edição de seu *Via-*

---

84 "Il viaggio di Cesare de' Federici...", p. 1042.

85 *Idem*, p. 1026 e ss.

86 *Idem*, p. 1045.

ggio nelle Indie Orientali em Veneza. Em seu texto aconselhou que o trajeto mais seguro se fazia saindo de Veneza a Alep, que ele não descreveu por considerar bem conhecido, e depois Babilônia, Balfara, Ormuz, Diu – "há a melhor fortaleza que os portugueses possuem naqueles países, & é inexpugnável"; "a cidade é rodeada por um muro feito pelos portugueses [...] é guardada por dois capitães, um dos quais reside na fortaleza, e outro no baluarte"[87] –, Chaul, Goa, Cochim, São Tomé, Pegu e Martavão. Ou seja, a partir de Ormuz, o viajante europeu era aconselhado a frequentar a rede de portos cristãos estabelecida pelos portugueses. Balbi descreveu também as fortalezas portuguesas de Damão, de Onor e de Cananor, e foi o único a referir-se à conflituosa sucessão do trono português. No trajeto de Chaul a Goa, iniciado em 4 de novembro de 1580, a nau em que estava, capitaneada por um português, recebeu a notícia da morte, em janeiro daquele ano, do Cardeal D. Henrique, no trono desde o desaparecimento do rei D. Sebastião. Balbi escreveu que ao Sumo Pontífice cabia a autoridade de dispor do reino de Portugal, e ainda que lá havia a peste e grande exército do invicto rei de Espanha.[88] Ele faria novamente referência à sucessão em Lisboa ao chegar a Pegu, onde teve uma audiência com o rei. Este lhe perguntou sobre o rei de Portugal e ouviu como resposta: "que o rei Filipe, o qual havia expugnado Portugal, era o mais potente rei que havia entre os Cristãos".[89]

Podemos apontar alguns indícios de que, tendo já em mãos a narrativa de Cesare Fedrici, publicada também em Veneza três anos antes, o editor, ou o próprio autor, dela fez uso para algumas passagens.[90] Esses dois viajantes seguiram a tradicional rota do Mar Vermelho e não tiveram entre suas motivações elementos objetivos ligados aos portugueses, o que não nos impede de afirmar que a rede cristã criada pelas fortalezas lhes tenha servido de estímulo. Suas viagens coinc*idem* com o momento de retomada do comércio da pimenta pelo Mar Vermelho, relacionada à emergência do

---

87 Gasparo Balbi, *Viaggio dell'Indie Orientale*, fl. 60 e 60v.

88 Ver *Idem.*, fl. 59.

89 *Idem*, fl. 104.

90 Cf. as descrições de ambos, quase com as mesmas palavras, da cidade de Ormuz e da cerimônia de entronização do rei ("Il viaggio di Cesare de' Federici...", p. 1022 e Gasparo Balbi, *op. cit.*, fl. 47) ou a descrição da árvore a canela, no Ceilão ("Il viaggio di Cesare de' Federici...", p. 1043 e Gasparo Balbi, *op. cit.*, fl. 79).

sultanato de Achem, da ilha de Sumatra, como importante potência naval no arquipélago produtor da especiaria e capaz de enfrentar as restrições à navegação impostas pelos portugueses.

Nos mesmos anos, o viajante florentino Filippo Sassetti produziu observações preciosas sobre a presença portuguesa nas Índias no período referente ao início da União Ibérica. Sassetti partiu de Lisboa para a Índia em 8 de abril de 1583, onde permaneceu por cinco anos como encarregado do envio de pimenta do Malabar para Lisboa, representando o também florentino Giovan Battista Rovellasco. A atividade teve origem nos primeiros contratos assinados entre a Coroa e particulares, feitos durante o reinado de D. Sebastião. Morreria em Goa em 3 de setembro de 1588, deixando parte de sua herança a Ventura, filho que tivera com uma escrava, e seus instrumentos e livros aos jesuítas de Goa. Trinta e uma de suas cartas foram escritas em Cochim, cidade que, ao tempo de Sassetti, contava cinco mil fogos e sofria os efeitos do abandono por parte dos portugueses em benefício de Goa, este "desventurado Cochim", como ele escreve, que tendo sido a primeira terra onde os portugueses tiveram apoio, deixara de ser uma escala muito importante, "procurando os vice-reis que estão em Goa atraírem para lá todos os negócios e todas as grandezas deste país".[91]

Filippo Sassetti era um mercador e um humanista, filho de uma família tradicional de Florença mas de poucas posses. Conhecia as obras compiladas por Ramusio, e seu interesse pela Índia ia além do desejo de aventura ou de lucro: desejava "experimentar aquela diversidade e variedade dos fenômenos e das paisagens que estimulam sua inteligência de pesquisador, a sua constante tensão em direção ao estudo das ligações, dos nexos causais, tanto mais atraentes se descobertos na diferença, em campos aparentemente inconciliáveis", como descreve Adele Dei.[92] A ele interessava estudar em profundidade as ciências e religiões do Oriente a fim de encontrar nesse espaço relíquias dos costumes antigos. Sua formação, sua curiosidade e o tempo de permanência permitiram que o conhecimento das Índias se tornasse mais denso, mesmo que, inicialmente, apenas para os meios letrados florentinos. Trinta e cinco cartas suas foram publicadas pela primeira vez em 1743 na *Raccolta di prose fiorentine*. Depois de várias edições

---

91 Carta a Baccio Valori, de Cochim em 20.01.1584. *Lettere dall'India*, p. 42.

92 Adele Dei. "Introduzione". In: *op. cit.*, p. 7.

parciais, Bramanti organizou, em 1970, *Lettere da vari paesi* (Milão: Longanesi), que contém o *corpus* completo das 126 cartas.

Sua correspondência traz algo de novo a respeito dos habitantes do Malabar, de sua relação com o clima e a diversidade da fauna e flora. As descrições a respeito dos portugueses, feitas por um estrangeiro que não se envolveu com a administração portuguesa além do necessário para a realização de seus negócios, são especialmente agudas e confirmam de forma original alguns aspectos que vimos observando desde o início do século. Sempre insatisfeito com o conhecimento que era capaz de obter – já que "seria preciso ter chegado aqui com dezoito anos para voltar com algum conhecimento dessas coisas belíssimas"[93] –, sua curiosidade também se alterou com o tempo, e a Índia se tornou mais complexa. A dificuldade em conhecer os costumes das gentes ele atribuía ao "domínio absoluto" que possuíam os portugueses sobre a ilha de Goa, afugentando muitos gentios – forma como Sassetti, assim como as fontes portuguesas, designava os hindus e todos os que não eram muçulmanos ou judeus – e os mais dotados para lhe oferecer informações. A saída desses homens, a seu ver, empobrecera a cidade.

Diferente de outros italianos que passaram pela Índia, Sassetti foi um residente sedentário, e sua movimentação limitou-se a Goa e Cochim e a Calicutee, que apenas visitou. A viagem de Cochim a Goa, uma distância de 800 quilômetros, que feita por mar demorava trinta dias, Sassetti fez numa fusta, uma pequena embarcação, atracando em todas as fortalezas que os portugueses tinham em terra firme, e escreveu que estas eram da forma

> como o tempo antigo talvez permitia que se fizesse, e talvez não sejam necessárias senão para serem guardadas por um tão grande capitão como é o nosso Senhor. Porque, quanto às guarnições, elas são de tal forma que se pode inclusive dizer que os mouros e gentios não as querem do que os portugueses as defendem, já que um só sino tocado por um negro é o que as vigia e guarda.[94]

---

93 Carta a Bernardo Davanzati. Cochim, 22.01.1586. *Lettere dall'India (1583-1588)*, p. 180.

94 Carta a Francesco dei Medici, granduca di Toscana. Cochim, 11.02.1585. *Op. cit.*, p. 108.

Comentário sucinto sobre o estado geral das fortalezas portuguesas que será denunciado também por muitos portugueses, dos mais célebres como Diogo do Couto, nomeado cronista e guarda-mor da Torre do Tombo em 1595, a homens comuns como o soldado Francisco Rodrigues Silveira. No último quartel do século XVI, na importante praça de Ormuz, esse soldado não via muitas razões para se tranquilizar com o comportamento dos portugueses, de quem dependia a segurança da fortaleza. Em toda sua obra fez ferozes críticas à indisciplina dos homens de armas, que punham a perder todo o Estado da Índia, como se verá no capítulo seguinte.[95]

Os portugueses e os reinos asiáticos

O segundo aspecto que interessa destacar são as relações dos portugueses com os habitantes, e a percepção que os italianos tinham a respeito da ação portuguesa, revelando a face humana dessa presença. Luciana Picchio, ao analisar os textos publicados na antologia organizada por Ramusio, identificou três grupos de testemunhos ligados ao mundo português. O primeiro, de autoria dos próprios portugueses ou de marinheiros a seu serviço, traz uma conotação positiva. O segundo grupo é formado por textos de estrangeiros ocidentais, italianos na maioria, "imparcial no juízo histórico, embora ligado ao mundo português pela religião, a cultura europeia, às vezes os negócios".[96] E um terceiro conjunto de textos apresenta o português de forma negativa. Menos numerosos na coletânea de Ramusio e restritos ao espaço africano, seus autores representam o outro lado da Reconquista. O principal representante deste terceiro grupo é Leão Africano, nascido Hazan Ben Mohammed al-Hazzan, autor da *Descrição da África*. Verificando de perto os textos italianos, não podemos, porém, considerá-los em bloco como imparciais. A conotação dos relatos oscila ao lon-

---

95 Cf. Diogo do Couto. *O soldado prático*. Texto restituído, prefácio e notas de M. Rodrigues Lapa. 3ª ed. Lisboa: Livraria Sá da Costa Editora, 1980 e Francisco Rodrigues Silveira. *Reformação da Milícia e Governo do Estado da Índia oriental*. Introdução e edição de Luís Filipe Barreto, George Davison Winius e Benjamin N. Teensma. Lisboa: Fundação Oriente, 1996.

96 Luciana Stegagno Picchio. "Portugal e portugueses no livro das "Navigationi" de G. B. Ramusio". *Revista da Universidade de Coimbra*. Vol. XXX, 1984, p. 14.

go do texto e dependeu, em grande parte, do contato que cada viajante teve com a administração portuguesa, em muitos casos bastante conflituosa. Giovanni da Empoli e Andrea Corsali, por exemplo, tinham razões pessoais para serem críticos frente às ações dos portugueses, assim como Fedrici em menor grau. Já Gasparo Balbi beneficiou-se diretamente da presença portuguesa, como relatou ao deixar Ormuz na nau do capitão da cidade, por ordem do qual não pagou direitos pela saída de suas mercadorias, afirmando ter sido tratado como português.

A dificuldade das relações entre o poder português e os particulares influenciou a visão de muitos mercadores e está bem explícita na trajetória de Giovanni da Empoli na Índia. Em sua segunda viagem, participou de um dos confrontos mais importantes entre a política do governador Afonso de Albuquerque, de fortalecimento do poder estatal, e os interesses comerciais de particulares que a rota do Cabo passou a despertar. Ao chegar a Goa, que fora conquistada e em seguida perdida por Afonso de Albuquerque, o capitão da frota em que estava embarcado Giovanni da Empoli, Diego Mendes de Vasconcellos, foi à nau de um governador ávido por reforços, homens e embarcações. Apesar de seu destino ser Malaca, Albuquerque obrigou Vasconcellos e seus homens a permanecer na barra de Goa, onde ajudaram na tomada da cidade, aos finais de novembro de 1510. O viajante concluiu esse episódio com uma reflexão importante a respeito dos conflitos que agitavam as relações no nascente Estado da Índia:

> Foram feitos na dita guerra muitos cavaleiros do capitão geral, entre os quais lhe aprouve dar-me minha parte. Aceitei-o mais pelos privilégios que a esse se dão do que outra coisa; porque mercadores e cavaleiros são bastante diferentes: ainda que hoje em dia, visto que as coisas se governam para quem mais pode, é melhor ser cavaleiro do que mercador.[97]

Esse desabafo demonstra bem os reflexos de uma política fadada a perder terreno pela forma como os portugueses passaram a conduzir sua estratégia de dominação no Índico. O vice-rei Lopo Soares de Albergaria, que substituiria Afonso de Albuquerque, foi responsável pela chamada "grande

---

97 Marco Spallanzani. *Giovanni da Empoli*, p. 145.

SITIADOS

soltura", em que a ação de particulares foi permitida e incentivada, inaugurando o que seria a regra a partir de então, sem que cessassem os conflitos de interesses e o refluxo dessa tendência pela ação de governadores ou vice-reis mais inclinados às causas da Coroa. Giovanni da Empoli registrou um momento em que o conflito entre a fidalguia e a nascente categoria dos homens de negócios se exacerbava e pendia para o lado da nobreza tradicional, a dos cavaleiros. O movimento seguinte seria no sentido contrário, e o espaço conquistado pelos comerciantes se ampliaria cada vez mais.

Mas nem assim Afonso de Albuquerque permitiu que a frota seguisse seu destino. O capitão Mendes de Vasconcellos decidiu partir e foi preso no próprio castelo de Goa. Outros capitães foram presos a ferros e três pilotos acabaram enforcados. O autor, antes disso, havia sido enviado a Cananor para preparar a partida. Depois desse motim também ele foi preso, por ordem de Albuquerque, sendo libertado apenas quando este passou pela cidade a caminho de Malaca.

Nesta viagem, contornaram a ilha de Zelore (Ceilão) e, depois de tomarem sete grossas naus de Cambaia, chegaram a Sumatra, ao porto de Pedir, uma importante cidade-estado. Não se aproximaram do porto sem antes tomar uma nau que também ali chegava, carregada. Nessa abordagem pouco amistosa, Giovanni da Empoli teve uma função importante, que seria recorrente na expansão portuguesa. Como antes havia sido obrigado a seguir a rota imposta por Afonso de Albuquerque, este o constrangeu, igualmente, a agir como embaixador e agente comercial, verificando em terra a disposição de seus habitantes, as mercadorias que ali se encontravam e o que desejariam em troca. Da mesma forma foi enviado ao rei de Pasei, porto vizinho. Em ambos não houve acordo, nem enfrentamento militar. Seguiram então para Malaca, onde Albuquerque decidiu mandar à terra, na mesma função exercida nas duas oportunidades anteriores por Giovanni da Empoli, um habitante do Guzerate de uma das naus capturadas. A respeito de Malaca, descreve Giovanni da Empoli, visivelmente impressionado:

> Nós somos um zero: a Índia é a menor e mais pobre coisa que há por aqui, sendo uma coisa tão grande aquela em relação ao restante; e ainda mais agora que se tem descoberto tudo; e tomado o poder, tem-se encontrado ci-

dades muradas, casas, edifícios, castelos fortíssimos, artilharia de todo tipo, como as nossas.[98]

Em 25 de julho de 1511, no dia do Apóstolo São Tiago, deu-se o assalto à cidade. Naquele momento, cristãos contra infiéis, o jovem de Florença não procurou se diferenciar dos que realmente comandavam a ação, os portugueses. A cidade de Malaca foi tomada após um segundo ataque, em 10 de agosto, e consolidou-se a conquista com a construção de um forte de madeira, e logo em seguida um de pedra.[99]

No caso de Andrea Corsali, sua missão foi comprometida pela intransigência de Lopo Soares de Albergaria, que não autorizou o desembarque na Etiópia e assim não permitiu que Corsali entregasse as cartas que portava ao soberano. Não foi, então, sem razão que o florentino descreveu os portugueses como homens animosos e audazes, dispostos a se meter em toda empresa "sem nenhum respeito por coisas ou vidas, e têm causado tanto temor por estas partes, que me parece difícil que por algum tempo cheguem a sofrer algum dano".[100]

Cesare Fedrici não expressou nenhuma simpatia pelos portugueses, uma vez que fora abandonado por companheiros de viagem. Aconteceu no caminho entre Vijayanagar e Goa, quando viajou acompanhado por dois soldados portugueses que o deixaram sem ajuda após ter sido assaltado. Mais tarde, em Martavão, no reino de Pegu, em torno de 1568, Fedrici encontrou cerca de noventa portugueses, entre "*mercadanti e uomini vagabondi*",[101] que estavam com problemas com autoridades da cidade, por certos portugueses terem matado cinco servos do rei. O soberano, ao saber dessa afronta, mandou que lhe fossem entregues os malfeitores. O capitão da feitoria recusou-se a atendê-lo e, estando a cidade vazia, já que o rei estava em guerra com o Sião, os portugueses andavam em bandos causando

---

98 *Idem*, p. 156 e ss.

99 Ver *Idem*, p. 161 e ss.

100 "Due lettere dall'India di Andrea Corsali", p. 29 e ss. Ao comentar esse trecho, Biscetti salienta sua dupla significação. Corsali reconhece a audácia dos portugueses mas se preocupa mais em salientar os métodos negativos e violentos empregados. Ver Rita Biscetti. "Portogallo e portoghesi nelle due lettere di Andrea Corsali...", p. 86.

101 "Il viaggio di Cesare de' Federici...", p. 1056.

danos aos moradores. Quando o exército do rei voltou, atacou as casas dos portugueses e estes, "sem dar prova alguma digna do orgulho mostrado nos dias passados, vergonhosamente fugiram e se salvaram nos navios que estavam no porto". Com este conflito, Fedrici não quis desembarcar sua mercadoria, com receio de que o desentendimento entre o rei e os portugueses o atingisse; esperava uma garantia do rei para si e seus produtos, "posto que eu não tinha parte alguma no que ocorria nem intervinha nestes rumores e diferenças".[102]

Os italianos, como cristãos, beneficiavam-se da rede de comércio estabelecida pelos portugueses e, em alguns casos, partilhavam com eles as obrigações impostas pelas autoridades e funcionários da Coroa, como bem mostrou a trajetória de Giovanni da Empoli. Apesar de serem todos cristãos, para os reinos locais havia alguma diferença entre todos aqueles que se costumava chamar de *franges*, ou seja, os europeus? A crer em Cesare Fedrici, no que diz respeito à Índia, não era feita qualquer diferenciação. Estando em Cochim ele relatou que pelo nome de Portugueses chamavam na Índia todos os cristãos que vinham do Poente, italianos, franceses ou alemães.

A administração portuguesa, porém, fazia essa discriminação. A política da Coroa portuguesa relativa aos homens, seus súditos, que partiram para a Ásia, era dividida em duas categorias: a dos *casados*, os "*uomini maritati*"[103] que Fedrici citou ao passar por Ormuz, e a dos soldados. Segundo Charles Boxer, os homens embarcados iam como missionários sob o patrocínio do padroado, enquanto a grande maioria dos leigos ia como soldados. Os soldados que se casavam nas Índias com mulheres da terra, então convertidas, passavam a ser denominados *casados*, eram geralmente autorizados a deixar o serviço real e se fixavam como comerciantes ou mantinham pequena produção nas hortas e pomares citados muitas vezes na documentação. Os restantes eram chamados "soldados" e estavam sujeitos a "prestar o serviço militar até morrerem, casarem, desertarem ou ficarem incapacitados por feridas ou doenças".[104]

---

102 *Idem*, p. 1057.

103 "homens casados". *Idem*, p. 1021.

104 *O império marítimo português (1415-1825)*. São Paulo: Companhia das Letras, 2002, p. 309.

Os *casados*, mesmo não sendo mais homens de armas, eram convocados para defender os enclaves portugueses em momentos de conflito. Usufruíam, no entanto, de alguns privilégios na realização dos negócios. O próprio Fedrici conta que dos *casados* de Cochim não eram cobrados direitos sobre duas importantes mercadorias comercializadas na cidade: a seda da China e o açúcar do reino de Bengala. Quanto às outras mercadorias, pagavam 4%, enquanto os portugueses não casados ou os estrangeiros pagavam 8%. Afonso de Albuquerque foi o responsável pela implantação da política dos *casados*, por considerá-la a melhor forma de ocupar o território e fixar os homens na Índia. Em Goa, onde a política dos casamentos mistos mais se expandiu, os *casados* podiam pertencer a dois grupos: o dos mestiços, fruto de casamentos mistos; ou os castiços, filhos de pais portugueses mas nascidos na Índia.[105] Além da discriminação que beneficiava os *casados*, a legislação filipina viria proibir a presença de estrangeiros no Estado da Índia.

Filippo Sassetti foi, sem dúvida, o mais atento ao comportamento dos portugueses, preocupado principalmente com a situação dos homens simples que chegavam à Índia e que ele nem sabia como nomear:

> Não sei como poderia chamar essa gente com um nome latino, sendo como se disséssemos uma colônia; nem sequer colônia, porque àqueles que andavam a povoar uma terra, era dado casa, campo, bosque, prado e qualquer outra coisa da qual, com seu engenho e trabalho, pudessem viver. Mas a estes não lhes dão nada, nem por muito que eu tenha observado, vejo poder convenientemente assemelhar o que lhes dão a outra coisa que não a miga-

---

105 A respeito da rivalidade entre castiços e mestiços, ver Teotónio de Souza. *Goa medieval*. Lisboa, Editorial Estampa, 1993, p. 115. Sobre a categoria dos casados, ver Sanjay Subrahmanyam. "O mundo dos casados". *O império asiático português*, p. 316-325; Teotónio de Souza. *Goa Medieval. A cidade e o interior no século XVII*. Lisboa: Editora Estampa, 1994, p. 125-142; Maria de Jesus dos Mártires Lopes. "D. João III e a gênese da sociedade indo-portuguesa'". In: *D. João III e o Império*. Lisboa: CHAM, 2005, p. 424-432. Dejanirah Couto. "Alguns dados para um estudo ulterior sobre a 'sociedade espontânea' no Estado da Índia na primeira metade do século XVI. In: *Metahistória. História questionando História*. Homenagem ao Prof. Dr. Teotónio R. de Souza. Charles Borges, S.J & M. N Pearson (coord.). Lisboa: Vega, 2007, p. 283-301 e Ângela Barreto Xavier. "Dissolver a diferença. Mestiçagem e conversão no império português". In: *Itinerários*, 2008, p. 709-727.

lhas que depois da refeição sobram sobre a toalha; são sacudidas pelo chão por quem a dobra, e vindo a servente as varre e joga no lixo.[106]

Depois de viajar duzentos e quinze dias – "e não virar peixe, eh?[107] – numa nau da Carreira da Índia e chegar a Cochim, Sassetti descreveu o abandono, mais do que a liberdade, que esperava os soldados portugueses.

> Essa gente que assim chega aqui viva, uma vez desembarcada, não tem ninguém que lhe pergunte ou diga nada. Cada um toma o caminho que julga de maior benefício para si: este se torna mercador, aquele se põe como servidor e aquele outro vai mendigando sem que ninguém se importe, como se não lhe tivesse cabido dinheiro em Portugal.[108]

Os que vinham em sua armada recebiam um pequeno soldo que, ao chegar o inverno, havia terminado, o que os levava a estar "em algum lugar a roubar ou fazer alguma arte parecida com esta",[109] ou punham seu serviço em leilão, como relata Antonio de Castilho às vésperas do cerco de Chaul de 1570.[110] Os soldados passavam a maior parte do ano sem qualquer vínculo com a Coroa, sendo a participação nas armadas ou nas guarnições das fortalezas ligadas às clientelas dos capitães, responsáveis por lhes garantir "a mesa", ou seja, alimentação e abrigo. Sempre em número insuficiente, os soldados eram frequentemente arregimentados entre os gentios e escravos formando companhias de caráter efêmero, mantendo-se apenas enquanto durasse a missão. Em muitos casos, sobretudo

---

106 Carta a Pier Vettori. Cochim, 27.01.1585. *Lettere dall'Índia (1583-1588)*, p. 78.

107 Carta a Francesco Valori. Cochim, dezembro de 1583. *Idem*, p. 31.

108 Carta a Francesco I de' Medici, Granduca da Toscana. Cochim, 22.01.1584. *Idem*, p. 47.

109 *Idem*. Charles Boxer explica que, inicialmente, os soldados eram pagos no momento do embarque em Lisboa, mas depois de 1540 eram enviados sem soldo, que deveria ser pago num prazo de seis meses ou um ano depois de sua chegada. Sobre o complexo sistema de pagamentos ver Boxer. *O Império colonial português (1415-1825)*, p. 283-290.

110 *Commentário do cerco de Goa, e Chaul no anno de 1570 sendo viso-rey D. Luis de Ataide*. Lisboa occidental: na officina Joaquiniana da Musica, 1736.

nas fortalezas mais distantes de Goa, como Ternate, Amboíno e mesmo no Ceilão, os *casados* tinham papel fundamental, chegando a receber soldo como verdadeiros homens de armas.[111]

A anedota contada por Sassetti oferece uma ideia das condições e da preparação dos homens que embarcavam em Lisboa para as Índias. A história, segundo ele, tratava de um homem que àqueles tempos estava na Índia,

> o qual tendo mulher e filhos em Lisboa e vivendo convenientemente, se encontrava uma manhã no porto a ver partirem as naus que vêem cá; ao soltar das velas, todos os marinheiros, passageiros, soldados e toda a terra finalmente grita em alta voz 'Boa viagem', a cujo grito, sentindo aquele bom homem tocar-lhe o coração, aberta a bolsa encontrando ali seis portugueses, que são cerca de noventa ducados, mandou dizer em casa que o não esperassem para almoçar.[112]

As relações dos portugueses com os reinos locais, segundo Sassetti, alternavam-se entre a paz e o conflito, considerando-se, para isso, seu envolvimento nas diferenças existentes entre os soberanos da Índia. Afirmou que:

> Com os vizinhos estão às vezes bem outras mal, e com frequência ocorre a ruptura; e se há guerra, dentro dos muros *salvus est*; e ao contrário os gentios no mar não fazem guerra, se não como corsários.[113]

---

111 Ver Victor Luís Gaspar Rodrigues. "A acção reformadora dos Filipes no seio da estrutura militar do Estado da Índia: a persistência do modelo tradicional de organização dos homens de armas (1584-1622)". Separata das *Actas do IX Colóquio 'Os Militares na sociedade portuguesa'*. Lisboa, 1999, p. 65 e ss. Sobre o recrutamento, precário e problemático em outras partes do Império, ver Eugénia Rodrigues. "Cipaios da Índia ou soldados da terra? Dilemas da naturalização do exército português em Moçambique no século XVIII", p. 57-96; e Cristiane Figueiredo Pagano de Mello. "Os corpos de ordenanças e auxiliares. Sobre as relações militares e políticas na América Portuguesa", p. 29-56, ambos na Revista *História: Questões e Debates*. n° 45. Curitiba. Ed da UFPR, 2006.

112 Carta a Pier Vettori. Cochim, 27.01.1585. *Lettere dall'India (1583-1588)*, p. 76 e ss.

113 Carta a Michele Saladini. [Cochim, dezembro] 1585. *Idem*, p.130.

No Malabar, onde Sassetti concentrou sua estada, os portugueses enfrentaram, além da resistência do Samorim de Calicutee, a ação permanente dos corsários, tanto hindus como muçulmanos, apesar do autor usar o termo "gentios".

Sassetti foi capaz de inserir a presença portuguesa no contexto do subcontinente indiano. Em plena década de 1580, enquanto muitos vão buscar na dominação filipina e na transferência dos inimigos de Espanha para o Índico uma suposta decadência do império asiático português, o florentino apresentou três razões – seguramente entre tantas outras componentes – para o declínio de Goa, "cabeça" desse Império. Em primeiro lugar estaria a pretensão de conversão dos gentios. Podemos ler aqui uma referência à ação empreendida pelos jesuítas, e em seguida pelo Tribunal do Santo Ofício de Goa, criado em 1560, proibindo as práticas ligadas ao bramanismo e forçando a conversão ao cristianismo, o que afugentou muitos hindus, principalmente os mercadores mais ricos e os brâmanes. A segunda razão seria a destruição da cidade de Vijayanagar, último reino hindu da Índia, aliado dos portugueses, derrotado pelos sultanatos muçulmanos do Decão em 1565. A conquista dessa cidade estimularia a ação de outros reinos muçulmanos contra os portugueses, sendo os cercos de Goa e Chaul nos anos 1570 alguns dos resultados. E a terceira razão seria, segundo Sassetti, a destruição do rei de Cambaia, com a incorporação, em 1572, do sultanato do Guzerate ao império mogol de Akbar. Justamente por seu isolamento no Malabar, Sassetti não podia avaliar todas as questões em jogo nos anos 1580, entre as quais os problemas financeiros do Estado da Índia e políticos de todo o reino, resultante da crise sucessória após o desaparecimento de D. Sebastião, tiveram papel fundamental. Esse quadro seria, de certa forma, uma derivação da grande atenção dada pelo rei ao Norte da África, nos anos que antecederam Alcácer-Quibir. Depois de 1578, os anos seguintes, do governo do Cardeal D. Henrique, estiveram comprometidos com questões internas urgentes e o resgate de cativos na África.

Os portugueses e o comércio no Índico

O último ponto a sublinhar são as observações que indicam de que forma o poder português sobre o tráfico no Oceano Índico refletiu-se nas práticas comerciais. O controle marítimo era exercido pelo sistema de *cartazes* que, junto com a atividade corsária, monopolizou a ação portuguesa; corso e *cartazes* sendo o "anverso e reverso da mesma política de controlo do oceano, de que estes representam o aspecto preventivo, aquele o repressivo".[114] Os *cartazes* eram uma espécie de salvo-conduto concedido a reinos aliados para que pudessem dispor de um número de navios e de viagens predeterminado pela Coroa portuguesa. O interesse dos portugueses se fixava, sobretudo, em coibir a ação dos mercadores no mar Arábico, a fim de impedir que a pimenta seguisse o caminho do Estreito de Meca e chegasse aos portos do Mediterrâneo. Essa circulação fortaleceria tanto os mercadores levantinos como os muçulmanos da Índia, daí o fato de a maioria dos *cartazes* ter sido emitida para viagens ao Estreito, ou seja, era naquela região que se concentrava o controle português, assim como a ação punitiva das armadas. Somente nos anos 1570 passou a ser mais frequente a emissão de *cartazes* para a Ásia do Sudeste, numa resposta à retomada do comércio da pimenta pelo Mar Vermelho, fruto das alianças entre os turcos otomanos, que então controlavam o Estreito, e o sultão de Achém, ao norte da ilha de Sumatra, grande produtor de especiarias.

Outra decisão do mesmo período foi a centralização das emissões em Goa. Nos primeiros anos da presença portuguesa, muitas autoridades emitiam *cartazes*: vice-reis, governadores, capitães de fortalezas e armadas, feitores, e reis aliados ou em paz com os portugueses. O controle também tornou-se mais rígido, principalmente sobre os navios que se dirigiam ao Mar Vermelho. A emissão do *cartaz* passou a ser feita para um número fixo de navios, por uma viagem apenas, e não mais para todos os súditos de cada potentado ou para todos os armadores de cada porto. Um *cartaz*, emitido em Goa em 1621, oferece-nos um exemplo do teor desse gênero de documento:

> Fernão de Albuquerque [então governador do Estado da Índia] faço saber aos que este virem que tendo em respeito a amizade que Nizamoxa Elrey do Decao tem com este estado, e pollo contrato das pazes que com elle este feito lhe serem concedidos sete cartazes para sete naos suas poderem navegar, cinco para Ormuz um para Mecca, e outra para Malacca [...].

---

114 Luís Filipe Thomaz. "A crise de 1565-1575 na história do Estado da Índia", p. 489.

Além dessas informações, incluía algumas restrições que dão provas da preocupação com a circulação dos homens no espaço asiático, assim como o ingresso de material que pudesse ser usado contra os portugueses durante um ataque. Os navios que iriam de Chaul a Ormuz não poderiam trazer:

> rumes [turcos otomanos], turcos, abexins [naturais da Abissínia ou Etiópia], aço, breu, cobre, chumbo, latão, ferro, pimenta, canela de Ceilão nem de mato, bombas machos, salitre, enxofre, tudo mais contendo e declarando no regimento de S.M. nem levará Portugueses, nem trará cavalos sem licença minha e poderá trazer escravos e escravas de sua nação somente, e havendo suspeito, ou informação que alguns delles sai christãos ou filhos de christão, se fará com elles o exame declarado no concilio provincial [...].[115]

Nesse documento encontram-se vários aspectos das relações entre a administração portuguesa, a partir das diretrizes da Coroa, e os estados asiáticos: a proibição da circulação de armas, ou de materiais para sua fabricação, as restrições à circulação de portugueses e de convertidos, o controle sobre a venda de mercadorias consideradas monopólio da Coroa, como os cavalos. Por volta de 1515, Andrea Corsali mencionou o controle dos portugueses por meio desse sistema. Ele relatou que em Goa faziam escala as naus de Ormuz com cavalos para os senhores de Paleacate e o rei de Narsinga "porque, se em algum outro lugar desembarcassem, os Portugueses que são os senhores do mar, com licença dos quais se navega, tomariam as naus e tudo estaria perdido".[116] Por causa desses cavalos, que podiam ser vendidos por até dois mil ducados e que, em 1515, haviam rendido 30 mil ducados em impostos, Afonso de Albuquerque, segundo o relato do florentino, havia subjugado a cidade de Ormuz e feito ali uma fortaleza. Nenhum mercador que chegasse ao Golfo Pérsico podia transportar cavalos ou especiarias sem fazer escala em Ormuz e, assim, pagar direitos ao rei de Portugal. Apesar de outros viajantes italianos mencionarem esse sistema adotado pelos portugueses, foi no texto de Fedrici que encontramos pela

---

115 Cópia de cartaz reproduzida em Afzal Ahmad. *Indo-portuguese Trade in Seventeenth Century (1600-1663)*. New Delhi: Gian Publishing House, 1991, p. 192.

116 "Due lettere dall'India di Andrea Corsali", p. 26.

184   Andréa Doré

primeira vez a palavra. Ao deixar Ormuz, ele afirmou que em direção ao Golfo Pérsico não podiam seguir naus de mouros sem o "*cartacco*".

Outro aspecto da presença portuguesa no Índico referente à atividade comercial está ligado à já citada rede cristã constituída após a chegada dos portugueses. A cadeia de fortalezas serviu de roteiro para os viajantes, como vimos, e Fedrici incluiu em seu relato outro benefício que esta poderia trazer aos mercadores que pretendiam se aventurar por aquelas regiões. Sua recomendação visava assegurar os bens aos herdeiros dos comerciantes que morressem na Ásia. Segundo o autor, em todas as cidades portuguesas na Índia havia uma Santa Casa da Misericórdia. As escolas da Santa Misericórdia, como ele designou, se correspondiam entre si e desfrutavam de grande privilégio, não podendo contra elas nem o vice-rei.[117] Ele recomendava, então, que quando se chegasse à Índia, a uma dessas cidades, se fizesse o testamento, deixando a Santa Casa como sua comissária, mediante uma esmola. O mercador, passando para além da Índia, em terras de mouros e gentios, encontraria nas naus um capitão-mor português para administrar a justiça entre os cristãos. Sempre nessas viagens haveria algum mercador comissário da Santa Casa, com ordem para recuperar os bens em caso de morte. A Santa Casa, então, venderia as mercadorias e mandaria o dinheiro por letra de câmbio à Casa de Lisboa.[118]

Fedrici só não alertou que essa herança poderia demorar anos até chegar a quem pertencia por direito. Charles Boxer recuperou a trajetória de Lourenço Correia Ribeiro, natural de Cintra, que partiu de Lisboa em abril

---

117 O rei Filipe III, de Espanha, cita, em carta a D. Jeronymo de Azevedo de 10.03.1615, um regimento seu a respeito da administração e benefício das fazendas dos defuntos pelas Casas da Misericórdia datado de 29.02.1608 e uma provisão de 02.03.1590, documentos que não pudemos localizar. À margem da carta, lê-se: "não se acha cá este regimento, nem os viso-reys registam os seus regimentos de muito tempo para cá". Ver Documento 588. In: *Documentos remettidos da Índia ou Livro das Monções* (Direção de Raymundo Antonio Bulhão Pato). Lisboa: Typographia da Academia Real das Sciencias, 1884, III-312. Carla Alferes Pinto salienta a dificuldade de se precisar o alcance da expressão "Misericórdia", "se se trata de uma igreja, de um equipamento assistencial, de uma casa da Misericórdia". Ver "Damão: a Misericórdia e a cidade através das plantas e da documentação". *Anais de história de além-mar*. I. Lisboa, 2000, p. 78. Sobre essa instituição, ver Isabel dos Guimarães Sá. *Quando o rico se faz pobre: Misericórdias, caridade e poder no império português, 1500-1800*. Lisboa: CNCDP, 1997.

118 "Il viaggio di Cesare de' Federici...", p. 1080.

SITIADOS

de 1586 e morreu em Macau em 14 de fevereiro de 1598. Em seu testamento, feito em 11 de fevereiro, deixava a maior parte de seus bens para sua mãe viúva em Cintra, e também deixava uma herança substancial a dois irmãos, e 500 cruzados para garantir doações a dez jovens órfãs na mesma cidade. Fez provisões para a distribuição de trigo aos pobres na noite de Natal e várias outras doações para a caridade. Para executar seu último desejo nomeou a irmandade da Santa Casa da Misericórdia, da qual era membro. Exatamente como explicou Fedrici, a entidade em Macau ficou encarregada de liquidar os bens e enviar os lucros a Cintra por meio das Misericórdias de Cochim, Goa e Lisboa. O dinheiro, no entanto, não chegou a Cintra antes de 1625. Boxer afirma que esse atraso não deve ser atribuído à Santa Casa, que já em novembro de 1598 dispunha do dinheiro da herança. A ameaça dos holandeses ao comércio marítimo português no Índico seria a principal razão. Naquele período, para enfrentar a concorrência foram frequentes os empréstimos feitos à Coroa pelas Misericórdias, empréstimos estes que nunca eram pagos.[119] A administração dos bens dos defuntos portugueses na Ásia, e a sua remessa aos herdeiros em Portugal, significou uma importante fonte de renda às Santas Casas. Em 1590, por meio de alvará régio, essas instituições assumiram o papel dos "provedores dos defuntos", uma vez que estes eram acusados de não cumprirem o disposto nos testamentos.[120]

Esta incrível capacidade de dar segurança aos mercadores e de fazer circular notícias e fundos por um espaço tão amplo e heterogêneo poderia significar o completo revés da imagem de um império cercado que aqui se pretende clarificar. A imagem, no entanto, permanece e se torna ainda mais clara nos contornos da contradição, talvez fundamental, da presença portuguesa no Oriente. Pela orientação de Fedrici e pelos dados levantados por Boxer vê-se a fragilidade de qualquer cerco, virtual ou não, para os homens de negócios, em oposição a um cerco sempre eminente ao Estado da Índia. Diante da ameaça holandesa, a alternativa portuguesa foi obter fundos para novas fortalezas e armadas – empréstimos não pagos à Santa Casa ou a venda de cargos "à espanhola", como se fez no vice-reinado de D.

---

119 Ver Charles Boxer. "Casados and cabotagem in the Estado da Índia, 16th/17th centuries." In: *II Seminário Internacional de História Indo-Portuguesa*. Lisboa: IICT, 1985, p. 121-123.

120 Cf. Arquivo Histórico Ultramarino (AHU), Índia, Caixa 20, doc. 66. *apud* Sanjay Subrahmanyam, *O império asiático português 1500-1700*, p. 318-319.

Jerônimo de Azevedo (1612-1617) – e não apostar no apoio de reinos locais contra esses novos invasores.

Não escapou aos italianos o verdadeiro mote da empresa portuguesa: o controle do comércio marítimo. Giovanni da Empoli afirma que o "rei de Portugal é senhor de grandíssimas conquistas e terras e senhorias, mas muito mais no mar, e de riquezas de todo gênero".[121] Essa afirmação, como tantas outras que se pode depreender da leitura dos textos, reitera o caráter marítimo-comercial do império asiático português, com escalas em terra e cercado pelas muralhas. Na avaliação de Corsali, era a superioridade das armadas portuguesas o que permitia o domínio sobre o mar e os portos da Índia:

> E porque em muitas partes faltam víveres, nem se pode conduzi-los de um local a outro sem a navegação, por essa causa, nestas partes orientais não há nenhum porto que, estando a armada portuguesa a postos, não lhe obedeça e deixe fazer fortalezas e castelos onde quiserem, como até agora têm feito nos locais mais importantes da Índia.[122]

A permissão para a construção de fortalezas poderia fazer parecer a Corsali, nas primeiras décadas do século XVI, que a presença portuguesa se consolidaria de maneira definitiva às margens do Índico. Setenta anos depois, pelas palavras de Filippo Sassetti, vê-se descrita a condição de continuamente cercados que caracterizou essa presença, especialmente na costa ocidental da Índia:

> Os portugueses têm muitos locais nesta costa do mar, onde têm certas fortalezas feitas antigamente e com muitas dessas uma população; onde vive sua gente não sem muito perigo de se tornar presa dos naturais conforme a vontade deles, estando em tudo pouco precavidos e mal guardados; e o que é pior, dando a eles com frequência muitas razões. Em terra adentro não

---

121 Marco Spalanzanni. *Giovanni da Empoli*, p. 182.

122 "Due lettere dall'India di Andrea Corsali", p. 30.

têm um palmo, seja porque a conquista é dificílima, seja porque vindo todo o lucro da navegação não se têm dado o trabalho nesta parte.[123]

"Desta terra posso eu dar pouca notícia a Vossa Senhoria, porque em poucos dias se vê pouco do pouco que têm os portugueses",[124] escreveu o mesmo Sassetti, de Cochim, ao amigo Pietro Spina, em 1584. As informações desse arguto observador e, de forma geral, as contidas nos textos italianos reiteram, em larga medida, as conclusões de uma linha historiográfica que vê a presença portuguesa na Ásia como limitada, frágil, em suma, muito menos importante e impactante do que a historiografia tradicional sobre o tema, sobretudo portuguesa, tendeu a demonstrar. Seria preciso, no entanto, discutir de que forma, a partir de quais critérios, pretende-se avaliar a importância de uma presença estrangeira em determinado país, região ou continente. Se são privilegiados aspectos econômicos, culturais (incluindo os linguísticos e culinários, por exemplo) ou religiosos; se sua extensão territorial, se sua rigidez como poder político ou sua permanência no tempo. Verifica-se ao menos que os textos produzidos por italianos, ricos e significativos o suficiente para se constituírem numa fonte importante para o estudo da presença portuguesa na Ásia ao longo do século XVI, confirmam que essa presença esteve restrita a pontos fortificados às margens do Oceano Índico, sofrendo sempre o risco de ataques por parte dos reinos locais.

Para finalizar essa leitura dos textos italianos, Calicute merece mais uma vez uma consideração à parte porque seu declínio foi a alteração mais importante causada pela chegada dos portugueses na geografia comercial do Índico. A resistência do Samorim de Calicutee e os ataques portugueses à cidade, ao chegarem as primeiras expedições, fizeram com que uma aliança fosse estabelecida com o maior inimigo do Samorim na região, o rei de Cochim. A partir de então, as naus passaram a ser carregadas de pimenta no porto do Cochim, enquanto as armadas de patrulhamento impediam que os navios aportassem em Calicutee. Ao longo do século, no entanto, a situação se reacomodou, dessa vez em favor de Goa, sede do Estado da Índia, e para prejuízo de Cochim. Esse novo desenho não impediu que,

---

123 Carta a Francesco I de' Medici. Cochim 22.01.1584. *Lettere dall'India*, p. 47.

124 Carta a Pietro Spina. Cochim, janeiro de 1584, *Idem*, p. 68.

188   Andréa Doré

no imaginário dos viajantes italianos, a cidade de Calicutee representasse todas as riquezas da Índia. A longevidade dessa imagem deve-se tanto à potência da cidade em relação às suas vizinhas quanto à grande divulgação de suas riquezas por meio de textos e de mercadores, mas também ao fato do interesse de muitos viajantes italianos não estar no carregamento de pimenta, mas em produtos de transporte mais fácil, mais valiosos e menos volumosos, como as pedras preciosas e os tecidos.

Varthema encontrou Calicutee como "a cabeça da Índia, quer dizer, o lugar no qual é posta a maior dignidade da Índia".[125] Ele lhe dedicou o segundo livro da Índia, e uma relação feita pelo autor a respeito da movimentação de mercadores bastaria para demonstrar a importância da cidade que os portugueses se esforçaram por aniquilar. Encontravam-se ali numerosos mercadores mouros e de Malaca, Bengala e Ternassari, de Pegu, Coromandel, Ceilão, da ilha de Sumatra, de Coulão e Caicolon, de Bathecala, Dabul, Cevul, Cambaia, do Guzerate, de Ormuz, da cidade de Meca e ainda da Pérsia e da Arábia Feliz, da Síria e Turquia, da Etiópia e de Narsinga.

O viajante testemunhou também os prejuízos causados aos mercadores pelas desavenças entre o Samorim e as primeiras frotas portuguesas que ali chegaram. Exagerou ao afirmar que não pôde negociar na cidade, porque os mercadores não mais a frequentavam. Segundo ele, isso se explica pelo fato do rei de Calicutee ter consentido aos mouros matar quarenta e seis portugueses, os quais assegurou ter visto mortos. A feitoria de Calicutee foi realmente saqueada em 16 de dezembro de 1500 e foram mortos Aires Correia e seus companheiros, entre eles Pero Vaz de Caminha, depois que os portugueses atacaram uma nau de mouros fundeada no porto de Calicutee suspeitando estar carregada de pimenta. O Samorim, havia três meses alegava a falta da especiaria. A nau, no entanto, estava carregada de mantimentos. Para responder a esses fatos, os portugueses continuamente atacavam a cidade fazendo grande número de mortos, "de forma que a cidade foi gravemente desfeita".[126]

Depois de passar por Cananor, onde os portugueses "têm um castelo munidíssimo de armas", a frota em que se encontrava Andrea Corsali chegou a Calicutee, "principal terra e cabeça de todos os reinos dos

---

125   "Itinerario di Lodovico di Barthema...", p. 823.

126   *Idem*, p. 843.

SITIADOS

malabares".[127] A cidade, no entanto, encontrava-se já decadente, apesar
dos edifícios públicos, templos e palácios do rei, assim como as habitações particulares, feitas de pedra e não de palha como em outras partes,
ainda atestarem que esta havia sido *"capo di tutta l'India"*. Após anos de
embates, Afonso de Albuquerque havia obtido, em 1513, autorização para
a construção de uma fortaleza em Calicutee, como resultado de uma intriga digna do governador. A cidade sofria a divisão entre dois partidos: o
dos Pardexis,[128] ou "mouros da Meca", apoiados pelo Samorim, que apos-
tavam na rota do Mar Vermelho e não queriam a participação dos portugueses, e o dos Mapulas, ou "mouros da terra", muçulmanos há muitas gerações instalados na região, propensos a um entendimento com os
recém-chegados, pois assim contrabalançavam o poderio dos Pardexis e,
aumentando a procura pela pimenta, faziam subir os preços. Os Mapulas
contavam com o apoio do Nambiadarim, sobrinho materno do Samorim
e seu herdeiro. Albuquerque instigou-o a envenenar o tio e apossar-se do
trono, obtendo, apesar de várias manobras dos reis de Cochim e de Cananor, a permissão para erguer a fortaleza.[129]

Em 1529 a cidade de Calicutee ainda levava o veneziano Aloigi Giovanni, agente comercial do mercador Dominico Priuli em Alexandria, a
se declarar "ardendo de desejo de ver com os olhos".[130] Naquele momento,
ainda voltavam a se acirrar os conflitos entre o Samorim e os portugueses, que duraram até 1583 ou 1584, quando um acordo de paz foi assinado
e autorizada a construção, pelos portugueses, de uma fortaleza em Panane. Já em 1514 ou 1515 uma fortaleza havia sido construída em Calicutee,

---

127 "Due lettere dall'India di Andrea Corsali", p. 28.

128 O vocábulo pardexi, ou *paradeçi* deriva do *para*, "alheio", e *deça*, "país" e quer dizer
estrangeiro ou forasteiro. A palavra também se encontra nos textos portugueses grafada
como "paradezes", "pardetis" ou "paradezi". Ver Sebastião Rodolfo Dalgado. *Glossário
Luso-Asiático*. New Delhi/Madras: Asian Educational Services, 1998, II- 176s.

129 Ver Luís Filipe Thomaz. "Diogo Pereira, o Malabar", p. 54.

130 "Viaggio di Colocut descitto per messer Aloigi di messer Giovani Venetiano....". *Viaggi
fatti da Vinetia, alla Tana, in Persia, in India, et in Costantinopoli*. Venetia: Antonio
Manutio, 1543, p. 108. Esse texto não está incluído na antologia de Ramusio nem em
qualquer outra de nosso conhecimento. Utilizamos aqui um exemplar dessa edição
conservada na Biblioteca de Lisboa, da qual constam ainda os textos de Iosaphat Barbaro,
Ambrogio Contarini e do Comito veneziano.

mas a guerra voltou em 1524 e períodos de conflito e negociação se alternaram até os anos 1580.[131] Em 1586, Sassetti descreveu a armada portuguesa que foi a Calicutee para construir a fortaleza no porto de Panane, que desavenças futuras não permitiriam que se concretizasse, formada por sete galeras e setenta galeotas, com dois mil e quinhentos soldados. A cidade do Samorim era, então,

> muito grande de circuito, sem muro a não ser os de taipa para o lado do mar já em ruína; boa parte das casas abandonadas; os habitantes são na maior parte mouros, e os gentios que ali vivem estão entre os mais baixos.[132]

A decadência do porto de Calicutee pode ser considerada uma das alterações mais objetivas na geografia comercial do Oceano Índico após a chegada dos portugueses. O abandono da cidade pelas castas mais altas reflete a perda de poder econômico da cidade, verificada também em Goa nos mesmos anos 1580 com o acirramento da evangelização dos naturais.

A movimentação dos homens: súditos, estrangeiros e naturais

Uma vez instaladas as mais importantes fortalezas portuguesas, o esforço da Coroa se concentrou em mantê-las, reformando e ampliando as construções e garantindo que os homens nelas permanecessem. No início da presença portuguesa na Ásia, esse esforço teve algum resultado, sem que, no entanto, fosse dispensável o uso da força. Assim aconteceu após a conquista de Malaca, quando Afonso de Albuquerque se prepa-

---

131 Sobre os conflitos entre os portugueses e o Samorim de Calicutee e os sucessivos acordos de paz, ver Luís Filipe Thomaz. "Calicutee". *Dicionário de História dos Descobrimentos Portugueses*. Direção de Luís de Albuquerque, p. 162-165 e Zinadím. *Os portugueses no Malabar*, passim.

132 Carta a Francesco dei Medici. Cochim, 10.02.1586. *Lettere dall'India (1583-1588)*, p. 195.

rava, no início de janeiro de 1512, para retornar a Cochim e o castelo de Malaca foi atacado por um grupo de nobres de Java,

> de modo que o capitão deixou tudo guarnecido de gente e naus para guardá-la, e partiu sozinho para prover a Índia: de modo que entre os gritos de guerra e dos homens que ficavam forçados, era uma coisa miserável de se ver.[133]

Mais tarde, no entanto, alheios ao espaço protetor e regulador representado por essas fortalezas, os súditos, homens comuns ou membros da administração, soldados e capitães, permanentemente desconsideravam as fronteiras físicas do domínio português e aquelas que separavam os interesses del Rey dos particulares.

O império asiático português, para muitos homens sem espaço na administração, se mostrava como um império cercado, do qual era preciso fugir. Subrahmanyam afirma que, na perspectiva oficial portuguesa, fazia-se uma distinção:

> a oeste do Cabo Comorim afirma-se o império 'formal', com a sua ordem hierárquica e predomínio da classe nobre; para leste, domina o *alter ego* desarticulado, informal, governado pelas classes inferiores.[134]

Por volta de 1520, nas zonas costeiras do Golfo de Bengala, já há referência à fixação de centenas de portugueses que haviam abandonado a praça de Malaca ou desertado de guarnições do Índico Ocidental.[135] Da mesma forma Macau, no estuário do rio das Pérolas, no mar da China, foi fundada por mercadores privados portugueses à margem da política oficial portuguesa.[136]

---

133 Marco Spallanzani. *Giovanni da Empoli*, p. 163.

134 Sanjay Subrahmanyam. *Comércio e Conflito. A presença portuguesa no Golfo de Bengala*, p. 14.

135 *Idem*, p. 15.

136 A respeito do caráter autônomo de Macau, ver António M. Martins do Vale. "Macau, uma "república" de mercadores". *Os espaços de um império*. Estudos. Lisboa: CNCDP, 1999, p. 203-211.

Nos anos 1560, Cesare Fedrici, quando passou por Negapatan, relatou que a terra já havia sido de muita abundância, o que "levou muitos portugueses a ir habitá-la e a fazer casas em país estranho para viver com pouco gasto".[137] Ele próprio circulou muito e suas transações dão conta do complexo mercado interasiático que desviava os homens da rigidez do Estado da Índia. Também Filippo Sassetti, mais uma vez preocupado com os "colonos" portugueses, escrevia que, ao chegar o final do ano, cada um decidia o que fazer de sua vida, uma vez que faltavam bens estáveis de cujos frutos pudessem se sustentar. Era necessário, então, que encontrassem uma solução "saindo e andando nesta ou naquela parte a procurar remédio para sustentar a vida a si e a sua família".[138]

Ao chegar à Índia, não havia diferença entre aquele que seria soldado e o que se estabeleceria como "colono". Apenas depois de se casar com uma mulher da terra e obter o estatuto de *casado*, a situação poderia definir-se. Francisco Rodrigues, natural de Lamego, serviu como soldado na Índia de 1585 a 1598 e completa sem meias-palavras o relato de Sassetti:

> Esta gente, tanto que se desengana do que passa, procura por todos os modos e vias possíveis buscar algum remédio para a vida. Porque ser soldado tão longe da pátria, comer, vestir e calçar a sua custa, alugar casa de sua bolsa, comprar armas com seu dinheiro, e estar prestes para se embarcar de armada, sem mais que uma só paga cada anno e às vezes nenhuma – parece coisa impossível a quem não for commendador de Malta.
>
> De maneira que se não são alguns que têm seus meios para poderem sustentar-se, assim como ir-lhes de Portugal vinho, azeite ou reales, terem na Índia algum parente rico que os favoreça, acompanhar de noite algum contractador ou fidalgo, servirem actualmente aos capitães das armadas, serem destros no lançar dos dados, malsinar, alcovitar, roubar, acutilar, matar e adulterar: são raros os que, não tendo outro adjutório mais que o do soldo, sirvam de soldados.[139]

---

137 "Il viaggio di Cesare de' Federici...", p. 1044.

138 Carta a Giovambattista Strozzi. Cochim, 01.01.1586. *Lettere dall'India (1583-1588)*, p. 141.

139 *Memórias de um soldado da Índia*. compiladas por A. de S.S. Costa Lobo. Lisboa: Imprensa Nacional, 1877, p. 185 e ss. Esta obra contém alguns trechos do arbítrio produzido por Francisco Rodrigues Silveira. *Reformação da Milícia e Governo do Estado*

Aos soldados, realmente, pouco restava, uma vez que a alternativa era se ligar à clientela dos capitães para obter mesa em tempo de paz. As companhias de ordenança que poderiam agregar os homens de guerra para além do momento das campanhas nunca foram efetivadas. Tentou-se implantá-las na Índia a partir do reinado de D. Sebastião e nos seguintes, dos Filipes, justamente no momento da passagem de Sassetti. Em 1615 nada havia mudado a este respeito, a ponto de Filipe III afirmar que a falta de homens sempre alertada pelos vice-reis devia-se aos "soldados se espalharem por tão differentes partes" e, confirmando o que conta Sassetti, escreveu: "quando chegam do reino maltratados e enfermos de tão larga viagem, não acham em terra remedio algum, e andam pelas portas dos hospitaes e mosteiros pedindo esmola, e a maior parte d'elles perece ao desamparo".[140] Como solução, o rei apontou – mais do que ordenou, já que não comprometeu sua fazenda – que, para sustentar os homens até que viesse o verão, quando se iriam nas armadas, se utilizasse as casas de estâncias existentes nos passos de Goa, onde os soldados deveriam se recolher e se exercitar, recebendo mesa de um capitão "à conta de seus soldos"; caso contrário de nada adiantaria mandar do Reino os homens, "pois morrerão em terra os que houverem escapado das enfermidades e trabalhos do mar".[141]

Em outra carta, referente a Diu, o rei lembrava que o cuidado com os soldados se devia não apenas à necessidade que o Estado tinha de homens de armas e ao muito que custavam à fazenda enviá-los à Índia, mas porque "he justo acudir-se-lhe por meus vassallos, christãos e pobres", e mandava que o hospital de Diu, fechado durante seis meses do ano, permanecesse aberto "todo o anno para os soldados que andam no serviço somente, e que em sua cura e provimento se tenha muita conta."[142]

A Coroa foi insistente em coibir a livre circulação dos homens e das mercadorias, o que, para a metrópole, representava o abandono e o enfraquecimento da fazenda real. Qualquer intenção de controle ou estrutura

---

da Índia oriental. Introdução e edição da Luís Filipe Barreto, George Davison Winius e Benjamin N. Teensma. Lisboa: Fundação Oriente, 1996.

140 Carta régia ao vice-rei D. Jerônimo de Azevedo, 05.03.1615. *Documentos remettidos da Índia*, III-301.

141 *Idem*. Ver também Carta régia ao vice-rei D. Jerônimo de Azevedo, 23.03.1617, IV-164s.

142 Carta régia ao vice-rei Ruy Lourenço de Tavora. 22.02.1611. *Idem*, II-52.

punitiva, no entanto, esbarrava nos nove meses que demorava a comunicação entre Goa e Lisboa.[143] Numa mesma carta, de 26 de fevereiro de 1605, o rei escreveu ao vice-rei Martim Affonso de Castro ordenando que se mantivesse "em boa guarda" a fortaleza de Moçambique, que se acabasse a obra das cisternas "e que se agasalhe dentro n'ella, como he de sua obrigação, sem ir aos Rios de Cuama, como fizeram seus antecessores, pelo perigo em que ella fica". Afirmou ainda que seriam punidos os "capitães que desampararem a dita fortaleza, e contra os mais que occuparem em seus negocios e tratos os soldados".[144] À fortaleza de Ormuz o rei recomendava que "não haja falta nem diminuição no numero dos soldados a ella ordenados, e que assistam dentro n'ella os mais que poder ser, e pera isso se concertem as casas que ha dentro na dita fortaleza".[145] Naquele momento, em Ormuz, na fortaleza assistiam alguns portugueses e na cidade, que estava separada, viviam os *casados* e moradores, tanto cristãos como mouros de mistura.[146]

Essas ordens foram recorrentes e, ao analisar uma série de cartas, podemos destacar as preocupações mais comuns. Entre tantas outras visando ordenar o comportamento dos vassalos de além-mar, ou dos estrangeiros no interior do Estado da Índia, que incluíam a proibição do uso de palanquins entre gente de guerra, por ser "tão indigno" e "afeminado", e "que com a introdução d'elle se perde o exercício dos cavallos",[147] surgem duas políticas envolvendo a circulação dos homens.

---

143 A respeito da impossibilidade de uma ação política em relação ao ultramar, sobretudo, ver António Manuel Hespanha. "A constituição do Império português. Revisão de alguns enviesamentos recentes". In: João Fragoso, Maria Fernanda Bicalho e Maria de Fátima Gouvêa (orgs.). *O Antigo Regime nos trópicos: a dinâmica imperial portuguesa (séculos XVI-XVIII)*. Rio de Janeiro: Civilização Brasileira, 2001, p. 167-169.

144 *Documentos remettidos da Índia*, I-1.

145 *Idem*, I-3.

146 Ver carta régia ao vice-rei Martim Affonso de Castro, de 6.03.1605, *Idem*, I-28, na qual o rei relata o resultado do levantamento que havia pedido sobre a fortaleza, a fim de conceder-lhe ou não o título de cidade.

147 Carta régia a D. Jeronymo de Azevedo, 21.02.1615. In: *Documentos remettidos da Índia*, III-154. Cesare Fedrici menciona essa prática ao contar que partiu de Vijayanagar para Goa em companhia de dois portugueses, "che erano alquanto indisposti, li quali tolsero dui palanchini", enquanto ele comprou dois bois, um para si e outro para as mercadorias. "Il viaggio di Cesare de' Federici...", p. 1034. Para um outro exemplo da

SITIADOS

A primeira delas dizia respeito ao controle sobre os estrangeiros: "[...] prohibo o commercio dos estrangeiros e viverem n'essas partes da India e nas mais ultramarinas", escreveu o rei em 1606.[148] Do momento em que eram convidados, ou convocados, como ocorreu nas primeiras viagens à Índia, os estrangeiros passaram a ser tolerados para, no início do século XVII, serem perseguidos. Em carta que acompanha essa lei, Filipe III informava ter notícias de que moravam naquelas partes muitos estrangeiros, italianos, franceses, alemães, flamengos, que para lá passaram por terras da Pérsia e Turquia. Sua presença não era permitida mas, sabendo o rei que um reino cercado se perde facilmente por traição, recomendava muito cuidado na aplicação da lei, já que poderiam "seguir alguns inconvenientes, passando-se aos mouros e imigos, dando-lhes avisos de minhas fortalezas a que estão vizinhos, ensinando-lhes ardis e meios com que possam prejudicar".[149]

A mesma recomendação se fez em 1610, de que não fosse permitida a presença de nenhum estrangeiro sem licença do rei e, no ano seguinte, surge na correspondência o caso de Joseph e Jacques do Couto.[150] Subrahmanyam recupera a história desses dois irmãos flamengos como um exemplo de mercadores privados estrangeiros no Estado da Índia. Jacques e Joseph van de Coutre, naturais de Bruges, chegaram à Índia como soldados em 1592. Joseph era então casado com Maria Gomes e seu irmão Jacques viria a se casar com a irmã de Maria dez anos mais tarde, Catarina do Couto. Nos anos 1590, Joseph permaneceu em Goa e Jacques partiu para negociar na Ásia do Sudeste,

---

preocupação do rei com os "trajos efeminados, vida cara e dissipada" dos soldados ver Carta régia ao vice-rei conde do Redondo, 22.03.1620. *Documentos remetidos a Índia*, VI-452s. Catarina Madeira Santos salienta que o uso do palanquim representou um traço de orientalização no quotidiano do Estado da Índia. Os membros da corte e o vice-rei o utilizavam em detrimento do cavalo. Em 1597, o uso do palaquim só era permitido aos capitães das fortalezas, vedores da fazenda, secretário de Estado, ouvidor-geral do crime, desembargadores e ouvidores da cidade. Em 1615, ele foi proibido, podendo ser utilizado apenas com licença do vice-rei. Ver também sobre outras práticas orientais na corte de Goa, *"Goa é a chave de toda a Índia". Perfil político da capital do Estado da Índia (1505-1570)*. Lisboa: CNCDP, 1999, p. 233-236.

148 Carta régia a D. Martim Affonso de Castro, 28.11.1606. *Documentos remettidos da Índia*, I-47.

149 *Idem*, I-48.

150 Ver Carta régia a Ruy Lourenço de Tavora, 21.02.1610. *Idem*, I-360.

retornando em 1603 envolvido no comércio de diamantes em Bijapur e em negócios na corte mogol em Agra.[151] Os dois irmãos haviam escrito ao rei pedindo-lhe que fossem dispensados da lei que os obrigava a deixar a Índia, por residirem há quinze anos em Goa, casados com mulheres portuguesas, "de que teem muitos filhos, vivendo do Officio de lapidarios e de suas fazendas de raiz".[152] Além de pedir informações, o rei alertava o vice-rei para que "não se case n'esse Estado nenhuns estrangeiros".[153] Na correspondência régia que chegou à Índia na monção seguinte, de 1613, o rei, considerando que em matéria tão importante não convinha exceções, ordenou a saída de Joseph e Jacques do Estado da Índia.[154] Finalmente, em 1615, reiterando sua atitude, o rei pediu uma relação de todos os estrangeiros casados existentes naquele Estado, especificando -se como cada um procedia e do que se deveria fazer com eles.[155] O cerco aos estrangeiros, segundo Subrahmanyam, se intensificava à medida em que se tornavam mais frequentes os ataques holandeses e as perdas do Estado da Índia.[156]

O esforço regulador da Coroa visava também os "naturais" da terra, sua circulação, de suas mercadorias e suas relações com a administração portuguesa. Em provisão de 07 de fevereiro de 1575, o governador Antonio Moniz Barreto decidiu confiscar as fazendas móveis e de raiz dos brâmanes que haviam sido notificados para que deixassem as terras de Sua Alteza, em Goa,

---

151 Ver Sanjay Subrahmanyam. *O império asiático português 1500-1800*, p. 338.

152 Carta régia ao vice-rei Ruy Lourenço de Tavora, 08.02.1611. *Documentos remettidos da Índia*, II-16.

153 *Idem*, II-17.

154 Ver Carta régia a D. Jeronymo de Azevedo, 28.03.1613. *Idem*, II-441.

155 Ver Carta régia a D. Jeronymo de Azevedo, 18.03.1615. *Idem*, III-318 e ss. Ver também carta régia ao vice-rei Fernão de Albuquerque 22.03.1620, em que se trata de um mouro de Espanha e de um judeu denunciados pelo bispo de Cochim. *Idem*, VI-318.

156 Ver Sanjay Subrahmanyam, *op. cit.*, p. 340.

por serem prejudiciais à cristandade, para das ditas fazendas se vestirem os catecumenos que novamente se quiserem converter a nossa Santa Fé, [e] por se acharem os ditos bramanes nesta cidade e suas terras sem minha licença.[157]

Capitães de fortalezas e ministros da fazenda e da justiça também eram proibidos de tratar com os baneanes.[158] O rei tinha informações de que seus funcionários utilizavam-se desses mercadores para "alguas desordens contra sua obrigação, meu serviço, fazenda e vassallos".[159] Por seu alvará, o rei proibia que se servissem de baneanes e que entrassem em suas casas ou com eles tratassem, diretamente ou por meio de terceiros. A punição era rigorosa: a suspensão de cargos e de mercês para os portugueses e o degredo nas galés para os baneanes. Da mesma forma, os capitães e oficiais de guerra foram repreendidos por obterem empréstimos dos baneanes, contra os quais exerciam opressões.[160]

Outra lei atingiu os farazes, uma das mais baixas castas de Goa, que incluía os tratadores de cavalos e de tapetes e esteiras, dos quais muitos se fizeram cristãos. O rei proibia que mercadores portugueses ou mouros passassem "da cidade de Goa e doutras cidades e fortalezas do Estado da India a terras de mouros e infiéis com cavalos e levando para lhos curarem farazes cristãos", porque naquelas terras se descuidavam da fé católica e se deixavam ficar.[161] Além da preocupação com a saída de cavalos dos domínios da Coroa, a lei esclarece "que nenhum cristão da terra passe a outra banda", por esta representar uma ameaça à frágil conversão dos naturais. Preocupação presente também na lei sobre os bailadores mouros e gentios, que da terra firme também não podiam ir à ilha de Goa, já que "nos ditos bailos e ensaios delles metem muitas couzas torpes e cantigas ruins

---

157 *Apud* Carlos Renato Gonçalves Pereira. *História da Administração da Justiça no Estado da Índia*, vol. 1-299.

158 Trata-se dos jainas do Guzerate ou Cambaia que exerciam a mercancia. Por extensão os europeus assim se referiam a todos os comerciantes hindus. Sebastião Rodolfo Dalgado. *Glossário Luso-Asiático*, 1-93-95.

159 Alvará régio de 21.02.1611. In: *Documentos remettidos da Índia*, 11-176.

160 Ver Alvará régio 16.03.1616. *Idem*, 111-494.

161 Lei de 08.07.1598. In: *História da Administração da Justiça no Estado da Índia*, 11-231-232.

e outras couzas que so por arte diabolica as podem fazer".[162] A pena era de multas nas duas primeiras vezes e na terceira, dois anos de degredo nas galés para os homens e cativeiro para mulheres, que seriam vendidas em benefício da fazenda real. Em 1620, o governador Fernão de Albuquerque encaminhou ao rei a decisão do arcebispo primaz de Goa de proibir os casamentos dos gentios próximo às comunidades dos cristãos. As celebrações deveriam acontecer em terras de infiéis ou em alguma ilha afastada do trato dos cristãos, "aonde os da nova christandade os não vissem por não terem saudades dos ritus e superstições em que se criarão".[163] O rei também emitiu um alvará confirmando a proibição e determinava o degredo e três anos de galés aos infratores.

O cuidado da Coroa era então o de proteger os cristãos no exercício da fé e dos ofícios. O debate a respeito da integração de naturais na administração portuguesa atravessou os séculos de presença portuguesa na Índia e teve o seu auge no período pombalino quando, no sentido inverso, tentou-se legislar visando a integração dos naturais de Goa nos quadros da administração.[164] No século XVI, no entanto, D. Sebastião chegou a proibir que oficiais do Estado da Índia, vedores da fazenda, feitores, tesoureiros, almoxarifes, contadores, juízes e alcaides se servissem de brâmanes ou qualquer outro infiel em coisas de seu ofício. Para evitar enganos, proibia ainda que mouros ou gentios portassem trajes de cristãos, a não ser que trouxessem algum sinal pelo qual fossem rapidamente identificados.[165] Da mesma for-

---

162 Lei de 17.01.1599. *Idem*, II-232-234.

163 Alvará do governador Fernão de Albuquerque. Goa, 31.01.1620. *Documentos remetidos da Índia*, VI-271-273.

164 Ver a esse respeito Anita Correia Lima de Almeida. "O alvará pombalino contra a discriminação dos naturais de Goa". *Inconfidência no império: Goa de 1787 e Rio de Janeiro de 1794*. Tese (Doutorado em História), Rio de Janeiro: UFRJ, 2001. E Ângela Barreto Xavier, *op. cit*. A política de integração dos naturais também teve no Brasil. Cf. Rita de Heloísa de Almeida. *O Diretório dos Índios. Um projeto de civilização no Brasil do século XVIII*. Brasília: Editora da UnB, 1997. Sobre as políticas envolvendo os indígenas no norte do Brasil, ver também Nadia Farage. *As muralhas dos Sertões: os povos indígenas no Rio Branco e a colonização*. Rio de Janeiro: Paz e Terra/ ANPOS, 1991 e Ângela Domingues. *Quando os índios eram vassalos: colonização e relações de poder no Norte do Brasil na segunda metade do século XVIII*. LISBOA: CNCDP, 2000.

165 Lei de 22.03.1559. In: *História da Administração da Justiça no Estado da Índia*, I-232-234, ver também Alvará régio [1598]. *Idem*, II-293-295.

ma, os capitães de fortalezas estavam proibidos de ter, como feitores, judeus ou gentios.[166] A respeito da identificação dos não cristãos, Gasparo Balbi, que esteve em Goa em 1582, relatou que era costume dos portugueses não permitir que nenhum mouro ou gentio que residisse na ilha de Goa pudesse partir em direção à terra firme sem antes receber uma marca no braço com o selo de Portugal. O objetivo era permitir às autoridades reconhecê-los como habitantes quando retornassem à ilha.[167]

Essa legislação nos mostra que, tendo a seu dispor um número reduzido de homens, a Coroa portuguesa deveria trabalhar para que se ocupassem exclusivamente de seus interesses. Já lhes garantia mercês pelos serviços prestados, mas não podia arriscar que seus súditos, envolvendo-se com homens com os quais não partilhavam fidelidade ao rei, fizessem a cristandade perder almas e sua fazenda perder os lucros. O dia-a-dia nas áreas de domínio efetivo dos portugueses, as fortalezas, mostra, porém, que o isolamento projetado pela Coroa não aconteceu. Como se verá, a integração dos portugueses por meio da política dos *casados* foi apenas uma das formas de se relacionar com a sociedade asiática. A heterogeneidade cultural foi muito maior e incluiu a todos os que o rei queria ver afastados: mouros, judeus e gentios.

Fugindo do cerco: degredados, renegados e aventureiros

A atenção que os anônimos da expansão portuguesa têm recebido tornou mais complexa a questão que opunha os interesses do Estado aos de particulares. Também não se trata mais, como afirma Jorge Manuel Flores utilizando-se das categorias descritas por Vitorino Magalhães Godinho, do "fidalgo-comerciante" a dividir o espaço com o "negociante enobrecido".[168]

---

166 Alvará régio de 25 de fevereiro de 1598. *Idem*, II-280s. Ver também Cartas régias ao vice-rei D. Francisco da Gama de 25.01.1598 e de 19.12.1598, respectivamente Doc. 75 e 76. In: *Archivo Portuguez-oriental*. J.H. da Cunha Rivara (org.). New Delhi: Asian Education Services, 1992, Fsc. I, p. 121 e 125.

167 Ver Gasparo Balbi. *Viaggio dell'Indie Orientale*, fl. 72v.

168 Jorge Manuel Flores. "Um 'homem que tem muito crédito naquelas partes': Miguel Ferreira, os "alevantados" do Coromandel e o Estado da Índia". *Mare Liberum*, nº 5, 1993, p. 27.

A mobilidade dos homens superou esses enquadramentos e fez surgir um outro que divide os portugueses na Ásia em servidores do rei e rebeldes, estando neste segundo grupo vários casos que culminam no renegado, entendido não apenas como o apóstata da religião cristã, mais, sobretudo, como o traidor.[169] Os "lançados, alevantados e desorelhados"[170] citados pelos textos da época, os *vagabondi* que Fedrici encontrou em Martavão mudavam de lado na tentativa de se adaptar à realidade asiática.

Muitos homens foram forçados pela Coroa portuguesa a atuar na expansão ultramarina. O papel dos degredados foi fundamental, desde "descobridores",[171] como escreveu João de Barros, a línguas e povoadores. Trata-se aqui, no entanto, dos que, voluntária ou involuntariamente, deixaram o reino para tentar melhor sorte na Índia e viveram *fora* das muralhas. A tentativa de se subtrair às autoridades portuguesas não foi uma ação exclusiva das Índias. Das ilhas do Atlântico, muitos portugueses lançavam-se como "tangomaus",[172] ou seja, como intérpretes, em terra firme e entre as populações da África Ocidental, fornecendo produtos aos ingleses, franceses e holandeses. Vários deles eram judeus com amigos e familiares em Flandres.[173] Cadamosto, por sua vez, explica que esses "turgimões" eram negros feitos escravos, levados em seguida a Portugal e que, convertidos ao cristianismo, agiam como tradutores nos contatos entre europeus e povos africanos.[174]

Se muitos eram forçados a partir para a Índia ou o faziam sem refletir sobre os riscos envolvidos, o retorno ao reino, por sua vez, também não

---

169 Maria Augusta Lima Cruz. "Degredados e arrenegados portugueses no espaço índico". *Revista Textos de História*. Vol. 6, nº 1-2, 1998, p. 179.

170 Jorge Manuel Flores, *op. cit.*, p. 27.

171 João de Barros, ao tratar da resistência no reino à expansão para o Oriente, escreveu que: "ElRey D. Manuel mandando Pedr'alvares Cabral para a Índia. lhe deu este, e outros degredados pera os lançar nas terras, para que fossem por descobridores". *Apud* Teotónio R. de Souza. "Carreira, escalas e o serviço penal ao serviço do Império". In: *A Carreira da Índia e as rotas dos estreitos*. Actas do VIII Seminário Internacional de História Indo-Portuguesa. Angra do Heroísmo, 1998, p. 600.

172 *Turgimão*, intérprete, língua, do árabe *tarjuman*. Sebastião Rodolfo Dalgado. *Glossário Luso-Asiático*, II-393.

173 Ver Teotónio R. de Souza, *op. cit.*, p. 601.

174 Ver José Mascarenhas. "Os intérpretes – Gonçalo Madeira de Tânger". In: João Paulo Oliveira e Costa (org.). *Descobridores do Brasil*, p. 430 e ss.

era simples. A Coroa proibia que deixassem as Índias sem licença dos vice-reis e governadores "por ser de muito grande inconveniente a meu serviço e ao bem e conservação do estado da India".[175] Mesmo por terra se tentou controlar a volta a Portugal, só sendo permitida a licença a pessoas de muita confiança.[176] Neste caso, esperava-se tanto manter os homens na Índia como evitar que, ao retornarem ao reino, espalhassem pela rota dos infiéis – pelos portos do Mar Vermelho – e dos rivais – os entrepostos venezianos no Mediterrâneo – informações sobre os portugueses no Índico.

Os degredados, no âmbito da política oficial, formavam um grupo à parte. Sua contínua fuga da jurisdição portuguesa para auxiliar reinos adversários chegou a indicar que o envio de criminosos à Índia acabava sendo prejudicial, "por não servir naquellas partes mais que de fugir para as terras dos mouros e gentios, donde vem contra os mesmos Portugueses".[177] A punição de crimes com o degredo já era utilizada na Idade Média como uma estratégia para povoar terras de fronteira essenciais à defesa do território, o que continuou a ser feito no norte da África e em seguida nas Índias. Passavam a servir nas feitorias e fortalezas portuguesas e tinham o maior interesse em fugir do cerco imposto, neste caso, por seus próprios aliados. "Cabia-lhes, para além de explorar os sertões, contactar inimigos e aliados dúbios, recolher informações entre populações desconfiadas ou encabeçar os ataques mais sangrentos".[178]

Fugiam assim do controle português, degredados do reino, criminosos do próprio ultramar ou os que desejavam melhores oportunidades e se aliavam a um outro grupo, de homens livres que negociavam também a fé: os renegados, ou arrenegados. Para estes, a política de Afonso de Albu-

---

175 Provisão régia de 12.03.1592. *História da Administração da Justiça no Estado da Índia*, II-289. Ver também Alvará régio de 14.02.1613.

176 Ver Carta régia a D. Jerônimo de Azevedo, 16.02.1613. *Documentos remettidos da Índia*, II-329.

177 AHU. *Caixas da Índia*, nº 28, doc. 61 (26 de março de 1669). Citado por Teotónio de Souza, *op. cit.*, p. 602.

178 Ver Ricardo Lopes. "Degredados e arrenegados na armada de Pedro Álvares Cabral". In: João Paulo Oliveira e Costa (org.), *op. cit.*, p. 448-450. Ver ainda Bartolomé e Lucile Benassar. *Los cristianos de Alá. La fascinante aventura de los renegados*. Madrid: Nerea, 1989. Para o Brasil, ver Geraldo Pieroni. *Os excluídos do reino. Inquisição portuguesa e o degredo para o Brasil colônia*. Brasília: Editora da UnB, 2000.

querque, no início da presença portuguesa na Índia, foi um grande motor. Sua postura controladora e centralizadora estaria na origem da dispersão de muitos portugueses para o sudeste asiático e da criação de colônias espontâneas longe do alcance da administração portuguesa em Goa.[179] Igualmente, a política que a sucedeu, de Lopo Soares de Albergaria (1515-1518), marcada por "grande soltura", foi responsável pelo despovoamento das praças portuguesas, com a dispersão das guarnições interessadas em se dedicar à mercancia.[180] O vice-rei deu largueza aos homens para que fossem buscar sua vida por onde quisessem, resposta que os portugueses souberam dar, como bem observaram Cesare Fedrici e Filipo Sassetti.

O resultado semelhante de duas políticas opostas, uma de controle excessivo, outra de estímulo a iniciativas particulares, e que teria se acentuado na segunda metade do século XVI, conforme Subrahamanyam, nos leva a seguir a conclusão de Maria Augusta Lima Cruz. Segundo a historiadora, muitos dos renegados eram exilados convictos apenas à espera de uma ocasião para se evadirem, além do que a estrutura de classe da sociedade portuguesa na Ásia fazia "da deserção, o ser 'vira-casacas', e a marginalização elementos integrantes dos processos desenvolvidos no século XVI".[181]

Inflexível quanto à circulação dos homens, Albuquerque foi também o mais rigoroso em relação aos renegados. Em 1512, depois do fracasso do ataque do soberano de Bijapur a Goa, este foi obrigado a entregar dezenove desertores portugueses. O governador promoteu poupá-los, mas ordenou que a todos cortassem o nariz, as orelhas, a mão direita e o polegar esquerdo,[182] daí a referência aos "desorelhados" nas fontes da época. O desejo de vingança contra os renegados partiu mesmo dos homens comuns,

---

179 Teotónio de Souza, *op. cit.*, p. 602s. O termo renegado, diferente de rebelde ou mercenário, designava os portugueses que se convertiam ao Islão e que optavam por se colocar aos serviço de um rei muçulmano. Incluem-se, então, como explica também Maria Augusta Lima Cruz, tanto apóstatas quanto traidores. Ver Sanjay Subrahmanyam. *O império asiático português*, p. 352-361 que retoma também a trajetória de alguns arrenegados na Ásia.

180 Ver Luís Filipe Thomaz. "Diogo Pereira, o Malabar", p. 57.

181 Citado por S. Subrahmanyam. "A cauda abana o cão: o subimperialismo e o Estado da Índia". *Comércio e conflito*, p. 158. Esse artigo aborda a importância de particulares como mediadores entre o Estado da Índia e outros estados.

182 Rui Loureiro, *op. cit.*, p. 175.

como relata Lopo de Sousa Coutinho às vésperas do primeiro cerco de Diu, ao tratar de certo João de Santiago que "sempre teve melhor estrela com mouros que com cristãos" e tentou nadar até a fortaleza, "o que foi o mais curto caminho que pudera achar para suas prosperidades e adversidades terem fim como lha logo deram lançando quanto achavam sobre ele com tanto cuidado e presteza quanto suas maldades mereciam".[183]

D. Manuel, seguido de muitos governadores e capitães da Índia, ciente do prejuízo que as deserções causavam à manutenção das praças, propunha-lhes o perdão e mandava dar-lhes seguro, como recomendou ao governador por ocasião do segundo cerco de Goa, em 1512.[184] As Ordenações Manuelinas proibiam, no entanto, a todos os capitães, oficiais e juízes dos coutos de suspender o degredo de algum condenado ou dar licença para andarem de um lugar a outro. Somente ao rei cabia autorizar a circulação dessas pessoas ou conceder-lhes perdão.[185]

A excessiva movimentação dos portugueses nos portos do Golfo de Bengala e nas terras do reino de Pegu foi sempre motivo de preocupação para a Coroa. O perdão concedido aos criminosos foragidos para que voltassem aos domínios do Estado da Índia foi, em certas ocasiões, dirigido especialmente aos homiziados dessas regiões. Felipe II, em 1596, por meio de seu vice-rei na Índia, Francisco da Gama, conde de Vidigueira, concedeu um prazo de seis meses, a partir da divulgação da lei em Goa e naquelas partes, para que os acusados se apresentassem.[186] Anos depois, Filipe III teve a mesma atitude, decidiu "perdoar e commutar todos e quaesquer delictos e penas"[187] cometidas pelos portugueses que se dedicassem ao seu serviço nas armadas do Estado da Índia. O rei introduziu sua decisão considerando que esses portugueses, acusados de homicídio e outros crimes, lançavam-se com mouros e

---

183 Lopo de Sousa Coutinho. *Livro primeiro do cerco que os turcos poseram a fortaleza de Diu*. Coimbra: por João Alvarez imprimidor da Universidade, 1556. Para a atualização da grafia, utilizei *O primeiro cerco de Diu*. Lisboa: Alfa, 1989, livro I, cap. XIII, p. 65 e ss.

184 Ver Ricardo Lopes, *op. cit.*, p. 451.

185 Ver *Ordenações Manuelinas*, Liv. V, tit. CVII, nº 2.

186 Ver Carta de lei passada em nome de sua magestade pelo senhor D. Francisco da Gama, de 17.06.1597. *História da Administração da Justica no Estado da Índia*, II-171-173.

187 Alvará régio de 05.03.1615. *Documentos remettidos da India*, III-303.

gentios, com evidente risco de suas almas. Esse perdão, no entanto, não beneficiava os crimes de lesa majestade divina ou humana, sodomia, aleivosia, morte por traição ou por dinheiro ou de oficial de justiça e fabricação de moeda falsa. Não há referência nas correspondências ou nos alvarás a respeito da posição do Tribunal do Santo Ofício de Goa diante do perdão oferecido a esses homens, muitos deles também acusados de apostasia. Os seis meses concedidos ao rei para que o fugitivo se apresentasse assemelham-se, porém, ao "período da graça" também fixado pelo Santo Ofício. Caso se apresentasse dentro desse período o acusado livrava-se de julgamento pela justiça secular.

Muitos desses arrenegados eram estrangeiros. Varthema encontrou em Calicute, ao retornar das ilhas Molucas, dois cristãos milaneses: Giovanmaria e Pietroantonio. Haviam chegado à Índia com Vasco da Gama, em sua segunda viagem, em 1502, fingindo ser joalheiros. Durante o ataque do Samorim a Cochim, no ano seguinte, fugiram para Calicute. Conhecedores da técnica de fusão de artilharia, passaram a trabalhar para o Samorim. Os dois afirmaram a Varthema estar entre os primeiros homens do rei de Calicutee, e que todos os dias falavam com ele. Queriam voltar à Europa, mas não sabiam por qual via. Por aquela que tinham vindo não era possível, "porque eram fugitivos dos portugueses"[188] e afirmavam ainda que o Samorim lhes havia forçado a produzir grande quantidade de artilharia, entre quatrocentas e quinhentas bocas, grandes e pequenas. Tinham, com razão, medo dos portugueses, pois além de fazer artilharia, haviam ensinado a técnica aos gentios. Apesar do empenho que Varthema afirma ter empregado junto a D. Lourenço de Almeida, então em Cananor, para perdoar os dois milaneses, estes foram denunciados como espiões por um escravo e mortos por mercadores mouros de Calicutee.

Sem, no entanto, serem perseguidos pela justiça, muitos homens preferiram buscar melhor sorte fora das áreas controladas pelo Estado da Índia, e com frequência, cedo ou tarde, retornavam aos espaços portugueses. Nesse caso há uma diferença entre os que se refugiavam em Bijapur e Ahmadnagar, não muito distantes de Goa, e os que seguiam para o Golfo de Bengala e o sudeste asiático. No primeiro quadro, os homens que voltavam ao controle da Coroa, entre eles muitos fidalgos, espera-

---

188 "Itinerario di Lodovico di Barthema...", p. 870.

vam ao menos manter o nível social em que se encontravam quando partiram. Na segunda situação, "a fronteira geográfica podia *funcionar como fronteira social*".[189] Eles agiam como embaixadores autônomos e obtinham autorização para a construção de fortalezas onde o braço estatal ainda não alcançara, intervindo, como fariam as autoridades portuguesas em muitas ocasiões, nos conflitos locais. Assim fez Diogo Veloso, nos últimos anos do século XVI, acompanhado pelo castelhano Blas Ruiz de Hernán González, que liderou uma campanha militar contra o rei do Camboja, Phra Ream, devolvendo o trono ao filho exilado do antigo rei, Satha II. Ao obter sucesso em suas "aventuras", esses homens tinham a possibilidade de subir na hierarquia oficial, obedecendo aos padrões da sociedade luso-asiática. A Filipe de Brito, por exemplo, o rei concedeu o Hábito de Cristo e o título de fidalgo da Casa Real, após conseguir autorização para edificar uma fortaleza em Siriam – mesmo que algumas fontes indiquem que o trabalho deveu-se a um Ribeiro de Sousa.[190]

O papel de intermediários desempenhado por esses homens leva Subrahmanyam a afirmar que, no último quartel do século XVI, "a cauda abana o cão", ou seja, elementos da periferia do Estado acabam, no dizer do historiador, "por dominar todo um sistema".[191] Mesmo que não possamos afirmar que se tratou de um domínio assim tão amplo, a ação desses homens deixou muitas vezes de ser periférica e significou, por vias pouco convencionais, a expansão das áreas de atuação da Coroa. A estrutura militar que servia de base para as ações estatais tinha o duplo efeito de garantir alianças quando o interesse local era por proteção, mas também o de afastar possíveis aliados contrários às interferências no comércio.

Essa função de intermediários foi também exercida por fortalezas, cujas relações com as populações circundantes, hostis ou condescendentes, eram

---

189 Sanjay Subrahmanyam. "A cauda abana o cão: o subimperialismo e o Estado da Índia", p. 167. Grifo do autor. Num outro artigo, Subrahmanyam trata do papel de particulares portugueses como disseminadores das armas de fogo pelos estados asiáticos. "The Kagemusha effect. The portuguese firearms and the state in early modern south India". In: *Moyen Orient et Océan Indien*, IV, 1987, p. 97-123, traduzido em *História: Questões e Debates*, n° 45, Curitiba, 2006, p. 129-151.

190 Ver Sanjay Subrahmanyam. "A cauda abana o cão: o subimperialismo e o Estado da Índia", p. 161-165.

191 *Idem*, p. 153.

inevitáveis. Para descrevê-las nos parece bastante pertinente considerá-las como "sociedades intermediárias", comportando elementos asiáticos e europeus. Maria Johanna Schouten utiliza esse conceito para o estudo de aspectos linguísticos e religiosos de comunidades localizadas na parte oriental da Indonésia durante os séculos XVI e XVII, especificamente em Manado, onde os holandeses construíram um forte em 1665, pouco antes da definitiva expulsão dos portugueses e espanhóis das Molucas pela Companhia Holandesa das Índias Orientais, o que ocorreu em 1677.

Um "intermediário" pode ser definido "como uma pessoa que coloca em contato dois mundos que são praticamente fechados um ao outro, fazendo uso das possibilidades de que dispõe".[192] No caso dos portugueses no Oriente, há uma galeria de exemplos, a começar por João Machado, dos tempos de Afonso de Albuquerque,[193] ou Miguel Ferreira, que atuou entre a Pérsia e o Coromandel durante toda a primeira metade do século XVI.[194] Do lado dos asiáticos, podemos citar inicialmente duas pessoas que desempenharam essa função: Timoja, o mercador hindu que participou da tomada de Goa por Afonso de Albuquerque, e o quelin Nina Chatu, que ajudou os portugueses a tomarem Malaca e atuou depois como parceiro no comércio.[195]

As observações dos viajantes italianos indicam que a presença portuguesa era visível na paisagem urbana da Ásia desde o início do século XVI. A rede de fortalezas – base territorial do império asiático português – refletia-se numa sucessão de cidades visitadas que, com exceção da tríade Calicu-

---

192 O conceito de intermediário, no sentido cultural, foi muito utilizado pela Antropologia a partir dos anos 50 em seguida ao estudo de Eric Wolf sobre o México ("Aspects of group relations in a complex society: Mexico". *American Anthropologist*. nº 88, 1956, p. 1065-1079.) Maria Johanna Schouten. "Quelques communautés intermédiaires en Insulinde Orientale". In: Rui Loureiro & Serge Gruzinski (coord.). *Passar as fronteiras*. Lagos, 1999, p. 245 e ss.

193 A respeito desse personagem, ver Maria Augusta Lima Cruz. "As andanças de um degredado em terras perdidas: João Machado". *Mare Liberum*, nº 5, 1993, p. 39-46.

194 O artigo de Jorge Manuel Flores trata em detalhes da trajetória desse homem de armas. "Um 'homem que tem muito crédito naquelas partes': Miguel Ferreira, os "alevantados" do Coromandel e o Estado da Índia", *op. cit.*, p. 21-32.

195 Sobre o primeiro ver Catarina Madeira Santos. *op. cit.*, p. 99-101 e o segundo, ver Luis Filipe Thomaz. "Nina Chatu e o comércio português em Malaca". *De Ceuta a Timor*, p. 486-512.

tee-Cochim-Goa, não foi alterada pelos portugueses. Ao mesmo tempo, essa presença teve como característica uma profunda contradição: a administração do Estado da Índia se impunha um cerco voluntário enquanto os súditos portugueses buscavam liberdade e lucros sem respeitar fronteiras. A preocupação da Coroa era livrar o espaço que lhe pertencia da presença de estrangeiros, de hindus, mouros ou judeus, assim como de cristãos indesejáveis, como "os cazados de mao viver", que um alvará do governador de 1556 mandava "lansá-los fora da dita sidade" de Cochim.[196] Aos homens perigosos, no entanto, aos cristãos que algum mal pudessem trazer ao domínio português – renegados, principalmente – se abriam exceções perdoando seus crimes. Aos soldados, por sua vez, era preciso obrigar a frequentar o espaço da fortaleza. Um cerco virtual se impôs justamente quando o Estado se fechou no interior das muralhas, e tudo o que de português resistiu fora delas dá provas da complexidade da presença lusitana na Ásia.

---

196 Alvará do governador Francisco Barreto feito em Goa em 30 de outubro de 1556. In: K.S. Mathew & Afzal Ahmad (orgs.). *Emergence of Cochim in the pre-industrial era. A study of Portuguese Cochim*. Pondicherry: Pondicherry University, 1990, p. 32.

CAPÍTULO IV

O cerco:
a ameaça se concretiza

A fortaleza e o navio: espaços de reclusão

A CONSTRUÇÃO DE UMA FORTALEZA PRESSUPÕE, já na sua concepção, um conjunto de elementos que indicam à estrutura física e humana que a compõe a possibilidade de uma situação de cerco. Altos muros, fossos, baluartes, torres e artilharia para vigiar e afastar o inimigo, assim como cisterna, armazéns de víveres e munições para suportar um longo período de isolamento. As fortalezas portuguesas na Ásia foram muitas vezes chamadas a desempenhar, a um só tempo, a função de refúgio, de dominação e de controle. Os episódios em que os portugueses foram bem sucedidos serviram de tema para relatos em prosa e verso, enquanto as informações sobre as derrotas se encontram espalhadas por correspondências e narrativas que alertam para a fragilidade do domínio luso. Este capítulo analisa alguns cercos sofridos pelos portugueses desde a sua chegada à Ásia até a perda de Ormuz, em 1622, data em que a Coroa portuguesa adotou uma estratégia de retomada de espaço no Golfo Pérsico, com a construção de fortificações em localidades próximas, como Quelba e Mada, enquanto os holandeses avançavam tomando praças ao sul. Em primeiro lugar, propõe-se uma comparação entre o navio, instituição fundamental da expansão portuguesa, e a fortaleza como espaços de reclusão. Este último no momento do cerco, uma vez que, como já se pôde destacar, a circulação dos homens foi intensa, mesmo contra as ordens e interesses da Coroa. Por uma segunda via, o objetivo é reconstruir aspectos da vida cotidiana das fortalezas, tentando driblar a dispersão das fontes e privilegiando a leitura de narrativas de cercos. Essas narrativas são, finalmente, a fonte principal para analisar a visão dos cercados a respeito do inimigo e da ação dos próprios portugueses, uma vez que muitas delas foram escritas por testemunhas oculares de cercos sofridos nas Índias.

Partindo da familiaridade com o litoral manifestada pelos portugueses, é possível fazer algumas relações entre o navio – espaço de reclusão privilegiado pelos portugueses – e a fortaleza – igualmente um espaço de reclusão, funcionando como um enclave em terra firme. Sobre a fortaleza e o navio debruçou-se, já em finais do século xv, o espírito renascentista que buscava nos gregos a confirmação de suas especulações e no engenho humano a resposta para enfrentar as carências dos homens e a fúria dos elementos da natureza. Nesse caso devemos falar da arte da fortificação e da arte náutica ou da navegação.[1] A primeira se expandiu pela Europa a partir da Itália e encontrou na península Ibérica expressões e cronologia particulares, podendo a sua vulgarização ser incluída entre os fatores que propiciaram a construção de fortalezas em toda a extensão das navegações portuguesas. Tratados e manuais da arte de fortificar proliferaram no período, chegando a Portugal não só os textos como os mestres.[2]

A construção de barcas, naus, urcas, galeões e caravelas recebeu dos portugueses não só o aprimoramento e adaptações aos usos e aos mares, mas também o espírito científico da época. A arquitetura naval portuguesa teve como figura pioneira Fernando Oliveira, autor do *Livro da fabrica das naus*, publicado apenas em 1898 por Henrique Lopes de Mendonça e *Ars nautica*, cujo manuscrito foi localizado e editado por Luís de Matos em 1960. É também de sua autoria a *Arte da Guerra e do Mar*, publicado ainda em 1555 em Coimbra. Nascido em 1507, de família modesta, Oliveira foi educado pelos dominicanos, mas aos 25 anos abandonou a ordem e

---

1 Mário Pereira prefere considerar que na Idade Moderna assistiu-se à passagem da "'arte' de defender à ciência da fortificação", englobando como principal aspecto o avanço da pirobalística sobre a neurobalística e a consequente substituição da torre pelo baluarte. "Da torre ao baluarte". In: *A arquitectura militar na expansão portuguesa*. Lisboa: CNCDP, 1994, p. 38.

2 Ver item "A cultura das fortificações", no capítulo II. A respeito da participação dos arquitetos italianos na elaboração dos projetos e na construção das fortalezas portuguesas, ver Rafael Moreira. "A arte da guerra no Renascimento". In: Rafael Moreira (direção de). *História das fortificações portuguesas no mundo*. Lisboa: Alfa, 1989, p. 143-158. Sobre o primeiro desses mestres, ver John B. Bury. "Benedetto da Ravenna (c.1485-1556)". In: *A arquitectura militar na expansão portuguesa*, p. 130-134.

refugiou-se em Castela. No final dos anos 1530 entrou em contato com a corte de Henrique VIII da Inglaterra, depois que os ingleses o capturaram a bordo de uma nau francesa que havia participado da infeliz tentativa de invadir a Ilha. Seduzido pelas reformas do soberano inglês, Oliveira retornou a Portugal onde foi acusado de professar ideias ortodoxas, como as contidas em um dos capítulos da *Arte da Guerra e do Mar*. Oliveira pode ser considerado um dos poucos críticos ao comércio escravista em Portugal e afirmou nesta obra que não havia qualquer "guerra justa" contra muçulmanos, judeus ou pagãos, uma vez que nunca tinham sido cristãos e estavam dispostos a realizar comércio pacífico com os portugueses. Em 1547, já estabelecido o Tribunal da Inquisição, foi processado e considerado culpado. Essa sentença definitiva o levou a abjurar oficialmente em setembro de 1548, tendo passado ainda dois anos nos cárceres do Santo Ofício e um no monastério de Belém antes de obter o perdão. Oliveira foi outras vezes importunado pela Inquisição, até que em 1565 tem-se notícia de uma pensão anual de 20$000 réis concedida a ele pelo rei D. Sebastião. Dedicou-se, então, às suas duas principais obras náuticas, que não viriam a público enquanto durasse o Tribunal do Santo Ofício.[3]

No *Livro da fabrica das naus*, o objetivo do autor era trazer à luz, pela primeira vez, a disciplina da "arte da navegação", "da qual ninguem escreueo attegora, em nossa lingua, nem greca, nem latina, nem outra algua que eu sayba",[4] definindo regras de construção que atendessem à diversidade de funções das embarcações – de patrulha ou de carga – e dos produtos comercializados – pau-brasil, açúcar, metais, corantes, tecidos, tabaco, especiarias e escravos.

---

3 Ver H.L. de Mendonça. "O padre Fernando Oliveira e a sua obra náutica". In: *Memória da Academia Real das Ciências de Lisboa*. Lisboa, 1898; "O manuscrito autógrafo da "Ars nautica" de Fernando Oliveira". *Boletim Internacional de Bibliografia Luso-Brasileira*. vol. I, nº 2. Lisboa, 1960. Ver Roberto Lenti. "L'architettura navale portoghese all'inizio dell'età moderna". *Studi in onore di Luigi Bulferetti. Miscellanea Storica ligure*. Anno XVIII, nº 1, vol. 1. Genova, 1968, p. 216-219. Sobre as ideias de Fernando Oliveira contrárias à escravidão africana, ver Boxer. *O império marítimo português*, p. 225 e sobre a sua contribuição para uma gramática da língua portuguesa, Maria Leonor Carvalhão Buescu. *Historiografia da Língua Portuguesa*. Século XVI. Lisboa: Livraria Sá da Costa Editora, 1984, p. 7-28.

4 *Apud*. Roberto Lenti, *op. cit.*, p. 266.

Na arte da fortificação, como escreve Mathias Dagen, a natureza serve de modelo para o homem; ela é mestre em fortificar, usando tanto a terra como o mar. A arte, ao imitar a natureza, substitui as montanhas por bastiões e a água os rios ou o mar, por fossos.[5] Da mesma forma, Fernando Oliveira, no sétimo capítulo de seu livro, pretendeu mostrar como os homens deveriam imitar a natureza no fabrico das naus. A arquitetura naval deveria, assim, fazer das formas dos peixes seus elementos de trabalho: remos, timões e velas teriam sua origem na imitação das partes desses animais.[6]

Num primeiro momento, e para grande parte das fortificações, seria mais correto falar de castelo e não de fortaleza, o que aproxima ainda mais as fortalezas e os navios. Estes sendo, no momento da chegada dos portugueses à Índia, semelhantes aos castelos medievais, condizentes com a tradição da fidalguia portuguesa, mais interessada na luta com espadas, por ser essa considerada digna e nobre, do que na guerra baseada na artilharia. Durante o século xv, os navios funcionavam como "castelos navais móveis", seja no aspecto funcional, seja pela semelhança entre ambos,

> em especial com as naus em que as peças eram dispostas ou por cima da amurada ou em janelas redondas ou quadradas, rasgadas no corpo do navio, tal como nas fortalezas em terra, e apresentavam à popa e à proa dois alterosos castelos com sucessivos níveis de canhoneiras.[7]

O Infante D. Henrique teria sido o primeiro a incluir peças de artilharia a bordo das caravelas, mas sem resultado. D. João ii, em seguida, construiu peças de bronze para equipar os navios, resolvendo o problema do desequilíbrio instalando-as numa coberta situada em um plano inferior ao convés e no corpo dos navios. Nas fortalezas fez-se o contrário: as canho-

---

5   Ver Mathias Dagen. *L'Architecture militaire moderne ou Fortification.* Amsterdan: Louys Elzevier, 1648, p. 8.

6   Ver Roberto Lenti, *op. cit.,* p. 228.

7   Ver António Lopes Pires Nunes. *O castelo estratégico português e a estratégia do castelo em Portugal.* Lisboa: Direção do Serviço Histórico Militar, 1988, p. 72.

SITIADOS

neiras começaram a um nível inferior e logo passaram para um posiciona-mento mais alto, entre merlões.[8] Rafael Moreira compara:

> Se o *tiro rasante* à flor da água em ricochete experimentado por D. João II transformou as caravelas e naus em fortalezas flutuantes, o *cruzar de fogos* que fazia manter à distância os exércitos de potências hostis tornou os pri-meiros entrepostos fortificados em autênticas naves ancoradas em pedra.[9]

Invenções gêmeas do período das descobertas aproximam fortaleza e navio do ponto de vista técnico e foram responsáveis, na avaliação de Mo-reira, pelo sucesso obtido pelos portugueses no percurso de rotas marítimas inéditas assim como na manutenção de domínios terrestres pontuais e iso-lados. A primeira invenção diz respeito às fortificações. A chamada "frente abaluartada" reunia dois ou mais baluartes de forma a permitir uma defesa mútua do terreno e que, no seu início, era uma plataforma angular salien-te ao muro, com espaço suficiente para a instalação e manobra das peças de fogo. A outra invenção foi a caravela, desenvolvida ao longo do século XV e cuja forma seria fixada, após as viagens de Cristóvão Colombo e Vasco da Gama, na "caravela de armada", com velas latinas e quadradas. Baluarte e ca-ravela nasceram, segundo Moreira, de uma mesma necessidade: a de resistir a grandes pressões físicas contrárias. De um lado o ímpeto dos exércitos e, de outro, a força dos ventos. Enquanto o baluarte permitia o cruzar de fogos, a nova embarcação permitia a navegação à bolina, ou seja, navegar contra a direção dos ventos dominantes, assegurando o regresso nas viagens de reco-nhecimento ao longo da costa africana ou no mar alto.

Tanto para a fortaleza quanto para o navio, instituições essenciais da expansão, podemos aplicar o conceito de instituição total, estabelecido por Erving Goffman como

---

8 Ver *Idem*, p. 73. Os merlões são a parte maciça do parapeito que fica entre duas canhoeiras, no alto dos baluartes ou das muralhas.

9 Rafael Moreira. "Caravelas e baluartes". *Arquitectura militar na expansão portuguesa*, p. 85. Ver, do mesmo autor, "Cultura material e visual". In: Francisco Bethencourt & Kirti Chaudhuri (dir.). *História da expansão portuguesa*. Lisboa: Círculo de Leitores, 1998, vol. I, p. 465.

um local de residência e trabalho, onde um grande número de indivíduos com situação semelhante, separados da sociedade mais ampla por considerável período de tempo, levam uma vida fechada e formalmente administrada.[10]

Maria Angélica Madeira em seus estudos sobre a sociedade no navio escreve:

> Como instituição, a singularidade do navio mercante reside no fato de ser um 'híbrido social' flutuante, sociedade constituída para a circunstância daquela viagem. Ponto de cruzamento de interesses, espaço de alta tensão, pela concentração de poder, pela ansiedade com a expectativa do enriquecimento. Tensão também criada pela situação de provisoriedade e instabilidade assim como pela presença de estruturas altamente hierarquizadas em um espaço afeto às misturas.[11]

Em relação às fortalezas portuguesas na Índia, fala-se de unidades autônomas, organizadas de forma a oferecer o essencial a seus habitantes, cada uma delas identificada como uma periferia do reino com "claros contornos de espaço de fronteira".[12] Essa autonomia, no entanto, não dispensava o contato entre elas, o que não se fazia "senão por mar e com cáfilas". A centralização em Goa, capital do Estado da Índia, exigia por si só uma comunicação permanente. Um exemplo apenas: em carta do rei a D. Jerônimo de Azevedo sabe-se que, de Baçaim, no Guzerate, chegavam ao reino reclamações das Misericórdias de que não podiam mais sustentar os presos que ficavam a seu cargo. Os despachos para a conclusão dos processos deveriam ser feitos pela Relação de Goa, para onde seguiam

---

10 Erving Goffman. *Manicômios, prisões e conventos*. 6ª edição. São Paulo: Perspectiva, 1999, p. 11.

11 Maria Angélica Madeira. "Notícias sobre a história trágico-marítima". *Lugar comum*, nº 7, janeiro a abril de 1999, p. 96.

12 Amélia Aguiar Andrade. "Novos espaços, antigas estratégias: o enquadramento dos espaços orientais". *Os espaços de um império. Estudos*. Lisboa: CNCDP, 1999, p. 36.

SITIADOS 217

apenas uma ou duas vezes por ano, por causa das monções e dos cuidados necessários contra os corsários.[13]

A vida numa fortaleza, localizada em solo inimigo, pressupõe determinado rigor na conduta dos soldados, sérias medidas de segurança e, sobretudo, a distribuição de funções ao longo de uma rígida rotina. O que ocorria no Estado da Índia, por sua vez, era um esforço a partir da metrópole, e da burocracia sob sua tutela, de consolidar o espaço da fortaleza como uma unidade militar independente, capaz de garantir pelo controle do mar a manutenção do poder da Coroa. Esse esforço, no entanto, não foi bem sucedido, a se verificar o grande número de denúncias que chegavam a Lisboa de corrupção, abuso de poder, indisciplina e desmandos ocorridos na Índia.[14] Não se pode, apesar disso, desconsiderar que a fortaleza, no momento em que sofria um cerco, obrigava à convivência indivíduos que, de outra maneira, estariam separados. Se poucos homens havia para proteger o Estado da Índia, todos eram convocados quando surgia uma ameaça: fidalgos, soldados, marinheiros, comerciantes, *casados*, estrangeiros, servos e escravos. Quanto maior a liberalidade no momento de paz, maior também a contrariedade dos homens quando constrangidos a partilhar espaço, atividades e provisões.

Segundo Madeira, no navio a arquitetura estabelecia a hierarquia social, marcada pela posição e tamanho do espaço designado a cada membro ou grupo pertencente à tripulação, ou seja, "o local de residência".[15] As ca-

---

13 Ver Carta régia a D. Jerônimo de Azevedo. 06.03.1616. *Documentos remettidos da Índia ou Livro das Monções* (Direção de Raymundo Antonio Bulhão Pato). Lisboa: Typographia da Academia Real das Sciencias, 1884, III-440.

14 A respeito das denúncias de corrupção, ver uma síntese em George Davidson Winius. *A Lenda Negra da Índia Portuguesa. Contributo para o estudo da corrupção política nos impérios do início da Europa moderna*. Lisboa: Antígona, 1994.

15 Ver M. Angélica Madeira. "Relações de poder em naus mercantes". *Série Sociológica* nº 104. Brasília, 1993, p. 10. A bibliografia a respeito da vida a bordo nas naus durante a expansão portuguesa é abundante. Para citar alguns trabalhos significativos: Paulo Miceli. *O ponto onde estamos. Viagens e viajantes na História da Expansão e da Conquista*. 3ª ed. Campinas; Editora da Unicamp, 1998, p. 135-160; M. Fátima da Silva Gracias. "Entre partir e chegar: saúde, higiene e alimentação a bordo da Carreira da Índia no século XVIII", p. 457-468 e Inácio Guerreiro. "A vida a bordo na Carreira da Índia. A torna-viagem", p. 415-432, ambos em *A carreira da Índia e a rota dos estreitos*. Actas do VIII Seminário Internacional de História Indo-Portuguesa. Angra do Heroísmo, 1998; A.J.R

bines assim se dividiam de forma que a maior fosse destinada ao capitão, quase sempre um nobre que representava os interesses da Coroa, seguida da cabine do mestre; as duas seguintes, um pouco menores, para o piloto e o segundo piloto. Outras duas, ainda menores, cabiam ao escrivão e ao despenseiro. Outros quartos pequenos, localizados do lado da popa e a estibordo, eram destinados ao contramestre, ao guardião, aos carpinteiros e seus calafates, ao tanoeiro e aos marinheiros. Nos porões, além da pimenta e das pipas de água, vinho e vinagre, viajavam os escravos e os degredados. Os grumetes ficavam debaixo dos castelos de proa, ou a céu aberto. Sem um espaço especial, os soldados deveriam dormir no convés. Na sociedade compreendida no navio conviviam homens das mais variadas origens, a tripulação sendo recrutada pelos portos da Ásia ou da África, sobretudo para as *carreiras* do comércio interasiático. Esse caráter cosmopolita não livrava o espaço do navio de tensões, ligadas, sobretudo, a questões religiosas. Geoffrey Scammell cita o caso de um zeloso missionário que, num navio português em viagem de Cochim a Bengala, em 1628, precipitou-se, "com o crucifixo na mão nos 'alojamentos das mulheres mouras, as esposas dos marinheiros', para convertê-las enquanto ainda era tempo".[16] Para os que embarcavam na Carreira da Índia, as dificuldades eram incontáveis, como escreveu Filippo Sassetti:

> se muito se considerasse essa viagem antes de embarcar, e como se está sete meses a biscoito e água suja, num espaço pequeno em meio a oitocentos e novecentas pessoas, morto de fome, de sede, de penúria e maus tratos, imagino que ninguém, ou bem poucos se meteriam se quer a ver a Índia à custa de tanto sofrimento.[17]

Russell-Wood. "Seamen Ashore and afloat: the social environment in the *Carreira da Índia*, 1550-1750". *The Mariner's Mirror*, vol. 69, nº 1. Londres, fevereiro de 1983, p. 35-52.

16 Geoffrey Scammell. "Seafaring in the *Estado da Índia* c. 1500-1700". *Mare liberum*, nº 9, 1995, p. 444. A citação está em Francesco Carletti. *My voyage around the world*. Ed. e trans. Herbert Weinstock. Londres, 1965, p. 185 e ss.

17 Carta a Pier Vettori. Cochim, 27.01.1585. In: Filippo Sassetti. *Lettere dall'India (1583-1588)*. A cura di Adele Dei. Roma: Salerno Editrice, 1995, p. 76.

Entre dois espaços restritos e fortemente hierarquizados, a mobilidade tornava-se um elemento de grande valor. Afonso de Albuquerque com frequência reclamava que os navios tomavam o que caberia às fortalezas. Ao defender seus projetos, escrevia ao rei:

> [...] metem-nos na armada com um pouco de arroz e uns poucos cocos, e cada um com suas armas, se as tem; nos vossos armazéns cá não há nenhuma cousa, um prego que se cá faz, assim como o tiram da forja, assim o vão logo pregar no costado da nau.[18]

A atração que o navio exercia, apesar dos inumeráveis riscos da viagaem, pela promessa de lucro na realização do comércio, para não suspeitarmos de sua mobilidade em comparação ao confinamento da fortaleza, foi também registrada mais tarde, em 1546, às vésperas do cerco de Diu. Em carta ao vice-rei D. João de Castro, Henrique de Sousa Chichorro escreveu em 15 de maio daquele ano que a fortaleza não dispunha de mais de 560 homens, sendo 343 *casados* e os demais solteiros. Mas salientava que o vice-rei não deveria se espantar "da gente ser tam pouca porque aqui pode se mal goardar e mais com ouvidor que não ha d'entrar no mar e buscar navio e diz me que lhe mande a casa os capitães e os mestres e pilotos pera lhe dar juramento que não levem ninguem".[19] A artilharia também era com frequência desviada para os navios, como se verifica pela carta régia em que "se prohibe aos capitães das fortalezas o servirem-se da artilheria d'ellas em seus navios."[20]

Na fortaleza vivia-se à espera do assalto, no mar os riscos da calmaria. A falta de atividade física, consequência de uma navegação sem risco, levava a um estado de tensão os que viajavam num navio. Um sobrevivente da nau São

---

18 Afonso de Albuquerque. *Cartas para el-Rei D. Manuel I*. Selecção, prefácio e notas de António Baião. Lisboa: Livraria Sá da Costa Editora, 1942, p. 20.

19 *Colecção de São Lourenço*. Prefácio e notas de Elaine Sanceau. Lisboa: Centro de Estudos Históricos Ultramarinos da Junta de Investigações Científicas do Ultramar, 1975, vol. I, p. 268s.

20 Carta régia a D. Martim Affonso de Castro. 6.03.1605. Documento 7. *Documentos remettidos da Índia ou Livro das Monções*, I-29-32. Ver também Carta régia ao secretário do Estado da Índia Francisco de Sousa Falcão, 08.02.1602, III-512 e Carta régia ao vice-rei D. Jeronymo de Azevedo, 26.01.1612, II-142.

Paulo, que foi para a Índia em 1560, escreveu que "não se passava um dia sem que alguém fosse roubado ou ferido. Mesmo entre as pessoas corajosas houve querelas e alguns formavam bandos opostos que se odiavam mortalmente, de forma que o galeão estava repleto de pecadores".[21] O jogo, principalmente as cartas, era uma das poucas, porém condenadas, atividades a bordo de que os homens se ocupavam, sendo também a causa de muitas desavenças. Contra ele lutavam os padres embarcados, preocupados em "ocupar bem o tempo a gente que na nau vem ociosa", aliando a persuasão às multas e castigos físicos aplicados contra os que jogassem por "desenfadamento, se fosse fidalgo pagaria vinte cruzados para a Misericórdia, e se fosse baixo seria açoitado ao pé do mastro".[22] Ainda se uniam os religiosos contra outras práticas ilícitas a bordo, como a prostituição e a leitura de livros profanos.

O mesmo comportamento que, para driblar a monotonia gerava conflitos, se verificava na fortaleza. Num domingo, conta Lopo de Sousa, se juntaram jovens portugueses e meninos escravos que havia na fortaleza e se desafiaram. Cada parte elegia um capitão e tinha uma bandeira. Lutavam com paus e pedras como se a batalha fosse verdadeira. No domingo seguinte a luta se repetiu, com muitos feridos:

> E assim o fizeram algumas vezes, sendo os portugueses sempre vencedores. E, pelo mal que se faziam, foi-lhes vedado que o não fizessem mais. Mas era já a cousa tão acesa entre eles que, não esperando que viessem os domingos, nem menos ser-lhes concedido, em qualquer parte que se topavam, poucos ou muitos acometiam-se tão devotamente e com tanto ódio, que nos púnhamos a os ver admirados de tal mistério.[23]

---

21 *Apud* Giulia Lanciani. "Une histoire tragico-maritime". *Lisbonne hors les murs*. Paris: Editions Chandeigne, 1990, p. 97.

22 Para as citações, ver, respectivamente, Padre Antônio de Quadros, 18.12.1555. In: Joseph Wicki. *Documenta Indica* (1553-1557). Roma: MHSI, 1948, vol. 3, p. 391 e Cochim, janeiro de 1562. In: *Documenta Indica* (1561-1563), vol. 5, p. 490, ambos citados por. Paulo Miceli, *op. cit.*, p. 152 e 153. Também sobre o jogo a bordo, ver Inácio Guerreiro, *op. cit.*, p. 427-429.

23 Lopo de Sousa Coutinho. *Livro primeiro do cerco que os turcos poseram a fortaleza de Diu*. Coimbra: por João Alvarez imprimidor da Universidade, 1556. Para a citação com grafia atualizada, ver Lopo de Sousa Coutinho. *O primeiro cerco de Diu*. Lisboa: Alfa, 1989, livro II, cap. I, p. 84 e ss.

SITIADOS

Soluções improvisadas para vencer o espaço adverso e o tempo lento da clausura. No momento, porém, em que a ordem se desfaz, durante o cerco ou o naufrágio, é que estes dois espaços se assemelham de forma surpreendente. Vivia-se, então, situações-limite – ou "pontos de desordem",[24] como consta Madeira no caso do navio: o medo, a escassez de água, a fome, a vida em confinamento, a fúria dos soldados e do mar. Sentia-se, então, o medo da morte e o desejo de salvar a alma. Diante da ameaça do mar, assistia-se a confissões públicas dos pecados, quando se esperava obter a misericórdia divina. Durante o naufrágio da nau São Paulo, "cada um, a partir de então, desesperado da salvação de seu corpo, só pensava em salvar a alma e todos queriam se confessar aos religiosos que estavam no navio".[25] Na nau Conceição, que naufragou em 1555,

> todos, grandes e pequenos, chamaram por Nossa Senhora, com uma grita que não nos ouvíamos uns aos outros, chorando e pedindo misericórdia a Nosso Senhor de nossos pecados, com vozes tão altas que parecia que se fundia o Céu, e todos tínhamos aquela pela derradeira hora de nossa vida.[26]

---

24 Maria Angélica Madeira. "Notícias sobre a história trágico-marítima", p. 98. O termo "situação-limite" também é utilizado pela autora em um outro artigo: "A percepção do tempo como "situação-limite" – a vida como naufrágio e a condição do sujeito como náufrago, sobrevivente – parece-me metáfora suficientemente forte para fazer um texto extemporâneo falar de dentro do tempo presente". "Intertextualidade e transdisciplinaridade: problemas de método". In: *Language and literature today*, vol. II. Anais do XIX Congresso da Federação Internacional de Língua e Literatura Moderna, Brasília, 1996, p. 993. Esta autora possui um profundo estudo sobre as narrativas de naufrágios. *Livro dos Naufrágios. Ensaio sobre a História Trágico-Marítima*. Brasília: Editora da UnB, 2005.

25 *Apud* Giulia Lanciani. "Une histoire tragico-maritime", p. 98.

26 Manuel Rangel. "Relação do naufrágio da nau *Conceição* de que era capitão Francisco Nobre, a qual se perdeu nos baixos de Pêro dos Banhos aos 22 dias do mês de agosto de 1555". In: Bernardo Gomes de Brito (coord.). *História trágico-marítima*. Rio de Janeiro: Lacerda Editores/Contraponto, 1998, p. 99. Sobre as manifestações religiosas nos navios da *Carreira*, ver Maria de Jesus dos Mártires Lopes. "Devoções e invocações a bordo da Carreira da Índia (séculos XVI-XVIII)". In: *A carreira da Índia e a rota dos estreitos*, p. 433-444.

Giovanni da Empoli descreveu o naufrágio da nau *Flor del Mare* em 1512, e como, em seguida, com um pouco de biscoito e apenas uma ração de água por dia, feita a metade de água salgada, temendo perder a monção favorável para retornar a Goa, "eram tantos os tormentos e o murmúrio, olhar um o rosto do outro, [...] a fazer procissões e votos, que não havia santo no Paraíso que não se invocasse a cada dia".[27]

Em uma fortaleza cercada, diante da violência dos combates e da morte iminente, tentava-se também garantir a salvação eterna. O narrador do primeiro cerco de Diu descreveu o desespero no curso de um ataque especialmente sangrento em que os turcos

> lançando-lhes infinitos zargunchos e artifícios de fogo e muitas pedras, e pelos de fora tanta quantidade de frechas e espingardadas [...] e com isto tão estranhas gritas e brados fazendo mui diferentes sons que parecia que o mundo se transtornava. Mui amiúde desciam do muro e lugares da peleja muitos dos nossos feridos, suas faces cheias de sangue e pó, com melancolizados semblantes e atribulados espíritos [...]. Uns pediam que lhes fosse mostrada a figura do nosso Redentor antes que expirassem; [...] desciam outros queimados e abrasados do terrível fogo da pólvora, nus com as carnes despedaçadas tão disformes, que houve irmão que fugiu de irmão cuidando ser fantasma. Era coisa mui piedosa ver como em gritos e desassossegos, correndo com muita agonia que os tristes padeciam, andavam a buscar alguma água para mitigar sua inflamada miséria.[28]

Foi o temor, segundo Lopo de Sousa, a *causa mortis* de João da Nova. Seu histórico não era de um homem covarde, mas veio a ser "tão cortado do medo e vencido dele" que percorria os locais da peleja exortando a todos que se entregassem aos turcos, enquanto havia tempo para sua misericórdia. Recusou a mezinha oferecida pelos físicos e "en-

---

27 Marco Spallanzani. *Giovanni da Empoli. Mercante navigatore fiorentino*. Firenze: SPES, 1984, p. 166.

28 Lopo de Sousa Coutinho, *op. cit.*, livro II, cap. 18, p. 195.

tregando-se tanto ao temor que veio a desfalecer [...] sem febre, sem dor, nem outro mal algum",[29] acabou morrendo.

Esse narrador do primeiro cerco de Diu não mencionou confissões coletivas e em nenhum momento citou a presença de padres na fortaleza. Sabe-se que havia uma igreja que, mal acabou de ser construída, foi destruída pelos turcos. Tendo em vista que a fortaleza já estava pronta havia dois anos, é difícil acreditar que ainda não houvesse um padre. No cerco de 1546 a Diu, porém, fala-se de um clérigo que, com um crucifixo nas mãos acompanhou o capitão da fortaleza na exortação aos sobreviventes do ataque a um dos baluartes.[30] Já para o ano de 1565 tem-se um registro seguro. O Regimento para a fortaleza e cidade de Diu traz os rendimentos previstos para o vigário e também o Orçamento da Índia, de 1571, prevê 32$200 réis por ano ao vigário.[31] Em 1574, no entanto, o relatório da missão jesuíta no Oriente, escrita pelo Padre Jorge de Castro, afirma que nesta cidade, no reino de Cambaia, várias pessoas vinham pedir o batismo, "ainda que não haja padres e pessoas que particularmente se dediquem à conversão".[32]

No cerco imposto a Chaul em 1593, as confissões ocorriam também numerosas antes de cada combate. Na sua correspondência anual, Francisco Cabral escreveu que, por causa do cerco que já durava sete meses,

> Aconteceo muitas vezes assentarem-se os Padres à noite nos confessionários e não se alevantarem delles senão às cinco horas da manhã. Em todos os assaltos de importância vai algum dos nossos na dianteira com hum crucifixo, pera dar animo aos soldados, e outras pera confessarem os feridos e os ajudarem a recolher.[33]

---

29 *Idem.* Livro II, cap. 14, p. 166.

30 António Baião (ed.). *História quinhentista (inédita) do segundo cerco de Dio.* Coimbra: Imprensa da Universidade, 1927, p. 63.

31 *O Orçamento do Estado da Índia 1571.* Direção e prefácio de Artur Teodoro de Matos. Lisboa: CNCDP, 1999, p. 32.

32 Joseph Wicki. *Documenta Indica*, vol. 8, p. 742.

33 Doc. 53. Goa, 15.11.1593. In: *op. cit.*, vol. 16, p. 327.

Para preparar a alma antes da batalha também em Diu, após a chegada de D. João de Castro e antes do ataque que livraria a fortaleza, o vice-rei ouviu missa com todos os capitães e soldados.[34] Morrendo no ataque, no entanto, estariam salvos, já que "morrer não era mais que hu breve espaço, que não tinham mayor mal que não saber hu homem o que Deus delle esperava de fazer, por seus peccados, porque segundo a nossa fé sabiam sua certa e bem aventurança".[35] Foi também com essa esperança que, às vésperas do ataque do rei de Achém à Malaca, em 1574, o capitão Tristão Vaz da Veiga, ordenou "as coisas de sua alma, confessando-se e comungando e dispondo o mais que para aquele transe lhe pareceu necessário".[36]

Cabia também à justiça divina a graça pelas vitórias contra o infiel. O jesuíta Francisco Rodrigues, presente ao segundo cerco de Diu, em 1546, atribuiu a um milagre que "menos de 3.000 mataram grande multidão", milagre este partilhado pelos mouros, que "viam huma mulher que os cegava e não deixava ter o rosto direito aos portugueses". Procissões deveriam ser feitas e o milagre pregado nos púlpitos, segundo o narrador, "porque verdadeiramente neste dia hia todo o negocio da India".[37] Nos naufrágios, a própria função dos relatos está ligada à gratidão por não ter sido "engolido pelas águas" ou vitimado pela "bestialidade dos cafres", duas tópicas correntes nos textos, sendo o afogamento e o contato violento com os africanos igualmente frequentes.

A imagem síntese desses dois produtos e veículos da expansão é a *Figura de Lisboa*, de Francisco de Holanda. A ilustração integra a obra *Da fabrica que falece à cidade de Lysboa*, escrita em 1571 e dedicada a D. Sebastião, na qual o autor, depois de ter vivido na Itália, apresenta propostas de obras a serem feitas em Lisboa, no campo das fortificações, do arruamento e do abastecimento de água. Nesta figura, vê-se uma

---

34 António Baião (ed.), *op. cit.*, p. 86.

35 *Idem*, p. 63. O narrador Leonardo Nunes atribui essas palavras ao capitão da fortaleza D. João Mascarenhas ao exortar seus soldados.

36 Jorge de Lemos. "Descrição dos cercos de Malaca, sendo capitão Tristão Vaz da Veiga". *Textos sobre o Estado da Índia*. Lisboa: Alfa, 1989, Primeira Parte, cap. VIII, p. 89.

37 A primeira citação deste parágrafo está em Carta de Cochim a 8 de dezembro de 1547 e as duas seguintes em Carta de 16 de dezembro de 1546. In: *Documenta Indica*, vol. I, p. 230.

SITIADOS

mulher que emerge das águas do Tejo, segura uma nau nos braços e tem sobre a cabeça uma coroa na forma de uma muralha. Dois corvos, um sobre o ombro da mulher, outro sobre a nau, remetem àqueles que escoltaram a pequena embarcação que levou o corpo de São Vicente a Lisboa, conforme diz a lenda.

Assim como na imagem de Holanda estão presentes os veículos das ações portuguesas dignas de memória, outras formas de expressão, desta vez literárias, apoiaram-se na fortaleza e no navio, nos cercos e nos naufrágios para registrar esses feitos. Camões e *Os Lusíadas*, e outros poemas épicos, como se verá mais à frente tiveram o mesmo objeto.

Na fala dos religiosos, nos sermões, a mesma referência compósita. Em sermão pronunciado em 1636, na solenidade de São Tomé, o Padre Francisco de Macedo afirmava:

> Onde estão, Senhor, aquelles, que no cerco de Malaca se lavantavam doentes de febres a pelejar, e no fervor da peleja saravam? Onde aquelles leões encerrados de Chaul? Onde aquelles encantados de Diu? Onde está aquelle, que do alto de hua gávea de um galeão rendido, se defendia dous dias de hua armada inteira? [...] Pois, Senhor, naquella Chaga de pé direito, que grilhões vejo tam pezados, hum nas conquistas da terra, outro nas navegações do mar, impedidas huas, e outras pollo Herege, e pollo Mouro, que senhoreão o mar co armadas, & occupão a terra com fortalezas![38]

Bastante mais tarde, na nova fronteira do Império, no extremo oeste do Estado do Brasil, verifica-se a permanência das imagens gêmeas. Na Vila Real do Senhor do Bom Jesus do Cuiabá, na Província do Mato Grosso, em 1794, durante as comemorações do nascimento da Princesa da Beira, os comerciantes da vila se ofereceram para mandar fabricar dois navios de madeira e representar duas óperas. Não tendo sido possível aprontar os dois navios, fizeram apenas um e substituíram o outro por uma fortaleza.

---

38 P. Francisco de Macedo. *Sermão [...] na festa de S. Thomé [...], fls. 12-12v. apud* Marques, João Francisco. *A Parenética portuguesa e a dominação filipina.* Porto: Instituto Nacional de Investigação Científica, Centro de História da Universidade do Porto, 1986, p. 270-71.

estando o povo junto da dita praça, pelas quatro horas entrou por ela aquela esperada embarcação armada em guerra com todos os preparativos próprios, cuja entrada lhe foi disputada pela fortaleza, disparandolhe muitos tiros de peça.[39]

A vida no interior das muralhas

Ao se tentar descrever o cotidiano vivido no interior das muralhas, é preciso ressaltar a heterogeneidade dos espaços envolvidos na análise, devido à enorme extensão geográfica pela qual se espalharam as fortalezas do Estado da Índia. O que garante certa uniformidade é o fato de ter sido utilizada uma mesma estrutura administrativa em todas as praças, fossem elas na Ásia do Sudeste ou no Golfo Pérsico, além da acachapante presença de instituições eclesiásticas. Os regimentos das fortalezas, de um lado, podem nos indicar o que a administração portuguesa esperava regular. Mas, por outro lado, outras fontes, como cartas e relatos de viagens, oferecem informações muito diferentes, dependendo do momento a que se referem. No início da presença na Índia, a fortaleza era o único local para os portugueses em terra. O tempo possibilitou, mas não a Coroa, a dispersão dos homens. Os dados se alteram também quando dizem respeito a um momento de conflito eminente ou logo após um enfrentamento. E dependem ainda das condições geográficas (a presença de cidade próxima ou de água), das relações com a comunidade local, do estatuto do estabelecimento, se foi obtido por meio de uma concessão ou pela conquista. Dessa forma, o resultado desse panorama da vida no interior das fortalezas é, ao final, um mosaico de um dia-a-dia cujo desenho se desfazia pela própria circulação dos homens.

O aspecto de espaço cercado, de privações, com o inimigo à espreita manifestava-se já durante a construção, quando as fortalezas e fortes deveriam intimidar as populações locais ao demonstrar o poder dos por-

---

39 Joaquim da Costa Sequeira. "Compendio Histórico Chronologico das Notícias do Cuyabá. Repartição da Capitania de Mato-Grosso". *Revista do Instituto Histórico e Geográfico Brasileiro*, 2ª. Série, t. vi, Rio de Janeiro, p. 29, citado por Carlos Francisco Moura. *Teatro a bordo de naus portuguesas nos séculos xv, xvi, xvii e xviii*. Rio de Janeiro: Instituto Luso-Brasileiro de História/Liceu Literário Português, 2000, p. 21.

SITIADOS

tugueses. Para levantá-las enfrentava-se a falta de homens, um problema que foi crônico em toda a expansão portuguesa. Mais uma vez, Afonso de Albuquerque lamentava:

> Crede, Senhor, que é espírito de contradição qualquer trabalho que se cá dê à gente, porque não podem fazer fortalezas, nem andarem no mar, homens que nunca trabalharam; e Vossa Alteza manda que as façamos nós, e os aparelhos para isso estão nas vossas taracenas em Lisboa, e portanto, Senhor, as que se cá fazem, fá-las Deus milagrosamente.[40]

Recorria-se, então, ao trabalho forçado. Quando Albuquerque decidiu fazer uma nova muralha para o castelo de Cochim, ordenou que "todo homem de qualquer qualidade fosse ajudar a carregar e portar pedras, cal, areia e madeira e água", sob pena de ser degredado a Malaca por dez anos. Giovanni da Empoli afirma que esse trabalho poderia ser feito às custas do rei com os malabares da terra, mas que o governador "que é um daqueles homens que deseja ter fama pela crueldade",[41] querendo poupar-lhe dinheiro, preferiu fazer com sangue dos portugueses e cristãos.

O trabalho de construção e guarnição de feitorias e fortalezas era muitas vezes, ele próprio, resultado da pena de degredo, mais um indício do uso de degredados como mão-de-obra na expansão também para a Ásia. Esses homens, quando possível, mantinham a ocupação exercida em Portugal e

> iam para a Índia como passageiros compulsivos, excluídos dos róis de pagamento de soldo, e assim permaneciam nas fortalezas, recebendo, como os escravos, apenas o magro mantimento e sempre sob o olho ubíquo da justiça, que os mantinha num estado de semi-prisão.[42]

---

40 Carta de 01.04.1512. In: *Cartas para el-Rei D. Manuel I*, p. 20.

41 Marco Spallanzani. *Giovanni da Empoli*, p. 168s.

42 Teotónio R. de Souza. "Carreira, escalas e o serviço penal ao serviço do Império". *A Carreira da Índia e a rota dos estreitos.* Angra do Heroísmo, 1998, p. 450. A necessidade de homens em Malaca confirma a tese de Teotonio de Souza de que o degredo atendia às necessidades do Estado, p. 597-610. Ver também Ricardo Lopes. "Degredados e arrenegados na armada

Quando a "Armada dos Albuquerque" – assim chamada porque tinha Afonso de Albuquerque, seu sobrinho Vicente de Albuquerque e Francisco de Albuquerque como capitães dos navios – , que deixara Lisboa em 1503, chegou a Cochim, porto já aliado dos portugueses contra o Samorim de Calicute, o capitão-mor Francisco de Albuquerque pediu a El-Rey um lugar na boca do rio da Barra, em que se fizesse uma fortaleza, "que depois pelo tempo se poderia fazer de pedra, porque ao presente o nom queria pedir senão de madeira".[43] Árvores e palmeiras foram cortadas no local definido para a tranqueira. A escolha por este tipo de aparelho de madeira se explica não apenas pela atitude diplomática de não abusar de um gesto conciliatório, mas também pela necessidade de rapidamente dispor de um aparato de defesa e pela experiência neste tipo de fortificação. Desde os tempos de D. João I (1385-1433) se fabricavam em Portugal torres de madeira, também chamadas "bastidas", e depois castelos de madeira.

Anos mais tarde, D. António de Noronha, em 1515, utilizou o mesmo expediente na foz do rio de Mamora: a "villa de madeira" que levava foi erguida numa noite e, pela manhã, começou-se a levantar a fortaleza de pedra. Essa rapidez na execução fazia parte do efeito intimidador que as fortalezas deveriam ter sobre as populações locais, no que obtinham resultados, a considerar a lenda disseminada entre os habitantes de Aguz, no norte da África, segundo a qual os portugueses teriam numa só noite, entre o pôr-do-sol e o amanhecer, erguido uma fortaleza com ajuda dos anjos. Tratava-se, como afirma José Custódio da Silva, de um outro castelo de madeira.[44]

Lodovico de Varthema estava em Cananor em 1506, onde se concluía uma fortaleza, e escreveu:

---

de Pedro Álvares Cabral". In: João Paulo Oliveira e Costa (org.). *Descobridores do Brasil*. Lisboa: Sociedade Histórico da Independência de Portugal, 2000, p. 448-450.

43 Gaspar Correia. *Lendas da Índia*. Porto: Lello & Irmãos Editores, 1975, vol I, p. 383.

44 Ver J. Figanier. *História de Santa Cruz do Cabo de Gué (Agadir)*. Lisboa, 1945, p. 31, citado por José Custódio Vieira da Silva. "Arquitectura em madeira na expansão portuguesa". In: *A arquitetura militar na expansão portuguesa*, p. 30. Esses "castelos de madeira" eram guardados em peças soltas no Arsenal e podem ser considerados uma das "chaves das fulminantes vitórias de Afonso de Albuquerque". Ver Rafael Moreira. "Cultura material e visual", p. 467.

SITIADOS

O nosso comer era apenas arroz, açúcar e nozes, e não tínhamos água para beber dentro do castelo, mas era forçoso que duas vezes por semana saíssemos a buscar água num certo poço, o qual era distante do castelo um tiro de balestra.[45]

A cada saída para buscar água havia escaramuças com os mouros da cidade, que duraram de abril a agosto, quando chegou de Portugal um poderoso reforço: uma armada de quinze naus, sob o comando de Afonso de Albuquerque e Tristão da Cunha. Também em Diu, às vésperas do cerco de 1538, quando os planos do sultão Bahadur Shah contra os portugueses já se faziam sentir, o abastecimento da fortaleza era motivo de atritos. Da cidade de Diu a água era levada de carreto para o interior das muralhas e quando os portugueses "iam pela cidade eram tratados com muita soberba da gente de guerra que nela havia, posto que por vezes à culpa dos nossos, pelo que sucederam algumas brigas e entre elas mataram alguns homens e também morriam dos seus",[46] como conta Lopo de Sousa.

Giovanni da Empoli integrou, contrariado como se viu, a armada de Afonso de Albuquerque que conquistou Malaca em 1511. Nas batalhas contra a cidade morreram cerca de 140 homens, e nesta construção morreram "*di nostri*", em um mês, cerca de 700 pessoas e tantos outros guzerates. Primeiro, utilizando-se o expediente tradicional, construiu-se um forte de madeira, com árvore grossa e muita artilharia, trabalhando os homens de dia e de noite, e ao final de um mês estava pronto. Em seguida fez-se um forte de pedra,

o qual fizemos desfazendo as casas dos mouros, e mesquitas e outros edifícios deles; e o fizemos com grande dificuldade, carregando as pedras nas costas; e cada um era servente, pedreiro e talhador. [...] Fazia-se o castelo com a arma nas costas, com um calor e sol incomparáveis: [...] a terra é um local baixo e pantanoso; cheio de animais, de modo que gera muito fedor

---

45 "Itinerario di Lodovico Barthema in Arabia, in India e nell'Asia Sudorientale". In: G. B. Ramusio. *Navigazioni e Viaggi*. Torino: Giulio Einaudi editore, 1978, vol. I, p. 884.

46 Lopo de Sousa Coutinho, *op. cit.*, livro I, cap. 11, p. 52.

e pestilência. Não tínhamos que comer nada além de arroz; de forma que nossa gente começou toda a se adoentar.[47]

Em Goa a construção da fortaleza, orientada por Albuquerque, se deu após a tomada da cidade, com destruição de edificações dos mouros e o trabalho de fidalgos, dois aspectos de grande interesse que serão registrados em vários outros momentos:

> E como a terra foi despejada, entendeu logo na fortificação da cidade, e mandou fazer muita cal, e derribar todas as sepulturas dos Mouros, de que se tirou muita pedra para a obra; e a todos os capitães e fidalgos deu uma hora de trabalho, e dava grande pressa a se acabar, porque arreceava a vinda do Hidalcão, e não queria que o achasse desapercebido. E porque esperava que ali fosse o assento principal dos governadores da Índia, ordenou que os paços do Sabaio ficassem de dentro da cerca, por serem casas mui nobres, e obra mui formosa e bem lavrada.[48]

Giovanni da Empoli também relatou a destruição de templos. Foram desfeitos monumentos dos mouros e mesquitas e as pedras e madeiras levadas para fora da cidade, onde se fazia a fortificação, por três meses e meio, dia e noite.[49] Anos depois, em 1515, quando o embaixador florentino Andrea Corsali chegou a Goa, lamentou que na ilha de Dinari, próximo à cidade, os portugueses tivessem destruído um templo antigo, chamado "pagode",[50] "que era fabricado com maravilhosa arte, com figuras antigas de certa pedra negra trabalhadas de grande perfeição, das quais algumas

---

47 Marco Spallanzani. *Giovanni da Empoli*, p. 162.

48 Afonso Brás de Albuquerque. *Comentários de Afonso de Albuquerque*. Ed. de Joaquim Veríssimo Serrão. Lisboa, 1973. Tomo II, parte III, p. 19-21.

49 Ver Marco Spalanzanni. *Giovanni da Empoli*, p. 784.

50 Para os portugueses do século XVI pagode tinha três significações: o ídolo indiano, imagem de deuses; "o templo hindu e, por extensão, mesquita dos mouros e varela dos budistas"; e também uma certa moeda de ouro, cujo valor variava de 360 a 3:600 réis. Ver Sebastião Rodolfo Dalgado. *Glossário Luso-Asiático*. 1º ed. 1921. Nova Delhi/ Madras: Asian Educational Services, 1988, p. 129-133.

ainda continuam em pé, arruinadas e gastas, mas que estes portugueses não têm em nenhuma estima". Assim concluía a carta endereçada ao mecenas de Florença: "Se eu puder ter alguma em mãos, assim arruinada, a enviarei a V.S., a fim de que veja o quanto antigamente a escultura era por toda parte tida em apreço".[51]

Os estudos de Rafael Moreira indicam que já naquele momento havia em Goa dez pedreiros a servir nas obras da fortaleza, além dos indianos que abriam a cava e carregavam pedra e vinte negros que recolhiam as cascas das ostras para se fazer a cal.[52] Havia carência de material, seguramente, e pouca experiência dos naturais no trabalho com pedras, mas a destruição de templos e sepulturas indica outras leituras: a profanação de locais sagrados incluía-se entre os efeitos simbólicos da vitória sobre hindus e muçulmanos, da mesma forma que se poderá verificá-la nos enfrentamentos entre católicos e protestantes a partir do início do século XVII. O narrador muçulmano da chegada dos portugueses ao Malabar, Zinadím, entendia assim e ressentia-se do fato dos moradores terem sido obrigados a trabalhar na construção de uma igreja no local em que antes havia uma mesquita, destruída para as obras da fortaleza de Cochim. Ao mesmo tempo, uma vez levantadas as primeiras fortificações em madeira, os portugueses verificavam que para refazê-las em pedra era preciso utilizar material local e no Malabar, conforme David Lopes, apoiado nas informações dos cronistas, só os pagodes e as casas dos soberanos podiam ser de pedra e telha. Essa restrição ajuda a explicar a resistência dos soberanos em conceder esse direito aos portugueses e o fato de serem mais permeáveis à construção de fortes de madeira.[53] O aproveitamento das construções em Goa indica as instituições que prioritariamen-

---

51 "Due lettere dall'India di Andrea Corsali". In: G. B. Ramusio, II-27.

52 Ver Rafael Moreira. "A época manuelina". In: *História das fortificações portuguesas no mundo*, p. 112. O autor trata de vários pedreiros portugueses que, tendo iniciado no estaleiro dos Jerônimos, atuaram em praças indianas e da África oriental.

53 Zinadím. *Os portugueses no Malabar*. Lisboa: Antígona, 1998, p. 54 e ss. David Lopes foi o primeiro tradutor do texto de Zinadím para o português, em 1898, e a edição mais recente emprestou-lhe as notas. Sobre os efeitos simbólicos da vitória, no que diz respeito aos prisioneiros, apresento alguns elementos em "Charles Boxer, novas perguntas e os butins de guerra nos espaços portugueses no século XVII". In: Ronaldo Vainfas & Rodrigo Bentes Monteiro (orgs.) *Império de várias faces. Relações de poder nos impérios ibéricos da Época Moderna*. São Paulo: Alameda, 2009 , p. 195-216.

te ocuparam os edifícios mais importantes assim como a nova significação que lhes deram os portugueses. Os franciscanos instalaram-se sobre antigas mesquitas; os jesuítas, em 1543, receberam o Colégio de Santa Fé, antes de propriedade de padres seculares, também construído sobre uma mesquita. O palácio de Adil-Shah, sultão do reino de Bijapur, também chamado pelos portugueses de Sabaio e Hidalcão, de quem Afonso de Albuquerque tomou a cidade de Goa, serviu de sede para os vice-reis, até 1560, quando passou a alojar o Tribunal da Inquisição.[54]

A pressa na edificação dos muros das fortalezas e a escassez de mão de obra representaram em várias situações a dissolução momentânea da hierarquia entre os portugueses. Assim como relatou Albuquerque em Goa, Giovanni da Empoli o havia feito em Malaca, também Lopo de Sousa conta que as muralhas e os baluartes em Diu até o andar das ameias foram construídos em quarenta e nove dias de trabalho: "nela trabalhavam todos os homens que com o governador foram em sua armada, que, segundo o comprimento do muro, grossura e grandeza, foi decerto trabalhar de homens que folgavam de servir seu rey." Segundo o narrador, o sultão Bahadur foi ver a obra algumas vezes e observando os portugueses que nela trabalhavam, "cheios das imundícies", perguntou ao governador se aqueles homens recebiam uma boa paga, o que parecia digno diante do trabalho. O governador respondeu que aqueles trabalhadores, que ele via tão cheios de cal e pó, eram os fidalgos e capitães, "que a el-rei seu senhor sustinham a Índia", e completou com ironia "os quais, o tempo que lhes faltava a guerra, passavam naquelas branduras e delícias." O sultão espantou-se e disse que se ele "ao mais triste homem de guerra, que em seu arraial havia, tal mandasse, *incontinenti* bons e maus o deixariam".[55]

Mas pelo *Regimento das Fortalezas da Índia*, realizado por Diogo Velho, vedor da fazenda real em 1574, assim como pela abundante correspondência envolvendo questões relativas às fortalezas, verifica-se que a declaração de Lopo de Sousa não reflete a prática corrente nas praças do Estado da Índia, e que o seu destaque no texto deve-se justamente ao seu caráter excepcional. Tanto a hierarquia era rígida como os interesses da fidalguia iam

---

54 Cf. Walter Rossa. *Cidades Indo-Portuguesas. Contribuição para o estudo do urbanismo português no Hindustão Ocidental*. Lisboa: CNCDP, 1997, p. 43-44.

55 Lopo de Sousa Coutinho, *op. cit.*, livro I, cap. 9, p. 43s.

SITIADOS

muito além da construção de muros. As informações contidas no *Regimento* e no *Orçamento do Estado da Índia*, de 1571, apontam uma distinção entre os indivíduos que começa pela atribuição do soldo de acordo com a "qualidade" de cada um, para usar um termo da época. Tomando-se como exemplo a fortaleza de Ormuz, em primeiro lugar estava o capitão, com 600 mil réis por ano, soldo previsto pelo Regimento e confirmado pelo Orçamento, que computou ainda 210 mil réis referentes aos direitos de alfândega. Em seguida vinham o vedor da fazenda, o alcaide mor, o ouvidor e o feitor, cada um recebendo 100 mil réis, dois escrivãos recebiam, cada um, 50 mil réis anuais. Faziam parte do quadro o almoxarife do armazém (30$000), o mestre da ribeira (40$000), o mestre da feitoria (27$000) e o escrivão do armazém (20$000), o meirinho da fortaleza (24$000), o sobrerrolda (25$000), o condestable (46$000) e o língua do ouvidor, ou seja, o intérprete (7$200). O capitão tinha direito a 30 homens de guarda, que custavam à fazenda real 432$000 e mais 50 homens, "parentes e criados", ao custo de 600$000.[56]

Diogo do Couto denunciou como se processavam esses pagamentos. Ao assumir uma fortaleza um capitão recebia provisão, por exemplo, para 50 criados e 12 parentes; "aos parentes, que são soldos grandes, a alguns paga, e outros recolhe pera si; mas dos criados jamais tem consigo dez e doze, os mais recebe pera si, deitando no seu caderno o homem que já é morto, que anda por Melinde e Bengala; e outros fantásticos".[57] Em 1614, o rei, por ter entendido "que em todas estas cousas hão grandes desordens" e se consumiam as alfândegas em despesas de pagamentos "que se fazem fantásticos a pessoas que não res*idem* nas ditas fortalezas [...], e a outras que são mortas", expediu um alvará determinando que o dinheiro fosse dado "na mão da própria pessoa, a qual assinará no dito quaderno".[58] O próprio Diogo do Couto sugeria como remédio para os desvios a criação

---

56 Ver Pissurlencar Panduronga (estudo e notas). *Regimentos das fortalezas da Índia*. Bastorá-Goa: Tipografia Rangel, 1951, p. 168-177 e *O Orçamento do Estado da Índia –1571*. Direção e prefácio de Artur Teodoro de Matos. Lisboa: CNCDP, 1999, p. 23-29. A função do sobrerrolda estava ligada à ronda de vigilância das muralhas e o condestável pode indicar o chefe dos artilheiros ou o intendente das cavalariças.

57 *O Soldado prático*, 3ª ed. Lisboa: Livraria Sá da Costa Editora, 1980, p. 86-91.

58 Alvará régio de 04.04.1614. *Documentos remettidos da Índia*, III-161.

de um livro de registros, o que não foi solução, já que mais tarde chegariam ao rei denúncias de cadernos falsos.[59]

Para incrementar seus rendimentos, estavam em situação privilegiada os que, naturalmente, recebiam mais. As cartas e alvarás régios mandavam agir com rigor junto aos capitães e feitores que intimidavam e constrangiam os mercadores, prática disseminada por todo o Estado da Índia. A razão era puramente econômica: sendo constantemente obrigados a comprar determinados produtos e a embarcar em suas naus mercadorias do capitão da fortaleza, os mercadores, tanto portugueses como estrangeiros, afastavam-se desses locais, o que acarretava perdas para a fazenda real. Em carta ao vice-rei D. Martim Affonso de Castro de janeiro de 1608, o rei considerou que

> a causa de se despovoar de portuguezes a cidade de Malaca he quererem os capitães tomar o estanque de todas as mercadorias que vão a ella, com que escandalizam os estrangeiros, não lhas deixando vender livremente [...] não fazendo os capitães mais que desfructar os seus tres annos aquella fortaleza e irem-se, deixando-a sem paz, sem mantimento, gente nem artilheria.[60]

O alvará de 12 de fevereiro de 1611 foi emitido ao chegar ao reino a informação de que não só o capitão de Diu, mas também o ouvidor e oficiais da fazenda real,

> fazem muitas vexações assi aos mercadores d'aquella cidade como aos estrangeiros, gentios e mouros [...] obrigando-os, contra suas vontades, a lhes levarem suas fazendas, sem lhes pagarem gastos nem fretes, prendendo-os, se o não querem fazer, a hora da embarcação, arguindo-lhes culpas fantásticas.[61]

---

59 Ver Carta do vice-rei Conde do Redondo ao rei, 20.02.1619. *Idem*, v-219.

60 *Idem*, I-168; Ver também Carta régia ao vice-rei D. João Coutinho, Conde do Redondo, 27.03.1620. VI-310.

61 *Idem*, II-30. Ver também Carta régia a D. Jerônimo de Azevedo. 26.02.1616, III-413.

Além de confirmar essas acusações, ao afirmar que em Diu qualquer mercador que desejasse seguir viagem e ali tomar algum frete não o poderia fazer sem que a metade fosse do capitão da fortaleza, o soldado Francisco Rodrigues Silveira, autor da *Reformação da milícia e governo do Estado da Índia oriental*, acrescenta uma outra grave denúncia e prática muito contrária ao que afirmavam capitães e feitores:

> Pois não se poderá negar que não houve guerra ou cerco em fortaleza da India nos nossos tempos de que o capitão della não tirasse muito mais dinheiro do que houvera de tirar se a fortaleza estivera em paz: sendo todo ou a maior parte da fazenda real, de que elle n'aquella forçosa occasião foi dispenseiro.[62]

No estudo das fortalezas, pela sua componente física agressiva à paisagem e pelo comportamento dos homens, chama atenção a sua relação conflituosa com o exterior, sua presença indesejável. As fortalezas estavam separadas de uma "sociedade mais ampla" que possuía regras não só diferentes por se tratar de um espaço mais estendido, mas porque integrava uma outra cultura, estavam envolvidas por populações que lhes eram estranhas em tudo, na língua, na religião, nas formas de lutar e de fazer a lei. A única linguagem que parecia resistir era a do comércio.

Considerando as fortalezas como "instituições totais", a distribuição do espaço representa um aspecto fundamental para sua compreensão. O que de fato estava fora e o que existia dentro das muralhas? O detalhado estudo feito por Antonio Bocarro traz informações sobre as edificações que compunham a paisagem interna da fortaleza e a que se estendia para além dos muros. A primeira grande fortaleza que ele descreveu, seguindo o trajeto da Carreira da Índia, foi a de Moçambique. De formato qua-

---

62 *Memórias de um soldado da Índia*. compiladas por A. de S.S. Costa Lobo. Lisboa: Imprensa Nacional, 1877, p. 173. Para uma leitura mais abrangente do quadro apresentado por este soldado, ver *Reformação da Milícia e Governo do Estado da Índia Oriental*. Lisboa: Fundação Oriente, 1996. Gaspar Pereira, no entanto, capitão de Baçaim, escreveu ao rei afirmando o contrário. O cerco sofrido pela cidade havia exigido muito das economias do capitão, porque "tomando-me esta guerra no derradeiro anno do meu provimento; porque entrando n'ella rico, saio pobre e endividado". Carta de Gaspar Pereira ao rei, 18.12.1613. In: *Documentos remettidos da Índia*, 11-463.

drangular, possuía um baluarte em cada canto; três em forma de triângulo e um em forma de espigão. Junto da porta ordinária da fortaleza, coladas ao muro, estavam as casas do capitão, em forma de sobrado, "com gazalhados bastantes", pelo que se entendem que eram espaçosas com várias estâncias. Pelo meio da fortaleza havia casas onde viviam os soldados, mas eram de palha. Bocarro localizou intramuros também muitas casas térreas, cobertas de terrados, em que os *casados*, religiosos e moradores de Moçambique tinham seus depósitos de mantimentos, água e lenha. Protegidos pelas muralhas havia ainda dois armazéns, um de munições, outro de mantimentos, duas cisternas e, na praça do baluarte São João, uma casa de madeira para se fazer e refinar pólvora, que depois era guardada no armazém localizado debaixo das casas do capitão. Do lado de fora, convivendo com os habitantes da terra, ficava a povoação dos *casados*; eram setenta homens capazes de pegar em armas. Cada um tinha entre quinze e vinte cafres cativos. Os *casados* viviam em casas de pedra e cal "muito boas", com largos quintais, muitas árvores e hortas. Para dentro das muralhas encontravam-se uma igreja, chamada de São Sebastião (na povoação havia a igreja da Sé); uma igreja dos jesuítas, uma dos dominicanos, a Misericórdia – sustentada pelos *casados* – e o hospital. Bocarro contou ainda duas ermidas fora da povoação, uma ao pé da fortaleza, chamada Nossa Senhora do Baluarte, e outra além da povoação, de Santo Antonio. O *casado* Antonio Coutinho também possuía uma ermida, a de Nossa Senhora da Saudade, no meio da ilha de Moçambique.[63]

Na fortaleza de Chaul, construída no importante porto do Guzerate por meio de um acordo assinado em 1521, no interior da muralha, além do capitão residiam duzentos *casados* e cinquenta "pretos cristãos da terra", em boas casas sobradadas, construídas de pedra e cal, muitos possuindo escravos que podiam tomar armas para defender a cidade. Ainda no interior estavam as igrejas da Sé, a de São Paulo, o colégio e a igreja dos jesuítas, os conventos dos dominicanos, franciscanos e agostinhos, além da Misericórdia.[64]

---

63 Antonio Bocarro. *O livro das plantas de todas as fortalezas, cidades e povoações do Estado da Índia Oriental*. Vol. III – Transcrição. Lisboa: Imprensa Nacional/Casa da Moeda, 1992, p. 12, p. 11-15.

64 Ver Artur Teodoro de Matos. "Chaul. Porto estratégico, "Feira permanente" e terra de artífices". In: *Os espaços de um império*, p. 162s.

Já na fortaleza de Diu, grande parte das casas era coberta de palha, sendo que um incêndio iniciado em "casa de uma mulher solteira [...] queimou bem sessenta moradas de casas"[65] pouco antes do primeiro cerco. Mais tarde, durante o ataque turco, para realizar reparos foi necessário derrubar todas as casas que na fortaleza havia para utilizar-lhes as pedras,[66] o mesmo ocorrendo durante o segundo cerco, de 1546, quando os moradores agiram "como doce pelicano [que] deu do seu sangue a seos filhos",[67] nas palavras do narrador Leonardo Nunes.

Diogo de Teive, por sua vez, em seu relato sobre o segundo cerco de Diu, baseado em fontes da época, afirma que muitos indianos, que serviam como criados na fortaleza, tinham as suas moradas num local escavado junto à base da muralha, "a que se chamava cava".[68] Leonardo Nunes a descreve como "um lugar arruado, dentro da fortaleza, em que há moradores; porque he mais baixo dous ou tres lanços do andar das ruas e casas da fortaleza"[69] e escreve que ali viviam os negros e que algumas casas eram de *ola*, ou seja, de folhas de palmeira.

No interior da fortaleza de Diu encontravam-se a igreja da Sé, a Misericórdia, um hospital, a ermida de Santiago, a cadeia pública, uma cisterna de água e várias cisternas particulares. Fora da fortaleza, mas dentro dos muros da povoação, viviam, segundo Bocarro, cujo levantamento é dos anos 1630, 59 *casados* portugueses com seus escravos e cem "*casados* pretos cristãos". Dividiam o espaço com um grande número de gentios guzerates, alguns judeus brancos e mouros, com casas de pedra e cal cobertas de terrados, "feitas ao modo dos mouros, escuras e com portas e janelas muy pequenas e as ruas muy estreitas".[70] Contavam-se então 3 mil fogos, número bastante inferior aos 10 mil que a cidade já possuíra.

Dessa forma, entre as muralhas de Diu, trabalhavam e comerciavam indivíduos das mais diferentes religiões e procedências. Encontramos nes-

---

65 Lopo de Sousa Coutinho, *op. cit.,* livro II, cap. I, p. 86.

66 *Idem*, livro II, cap. XIII, 156.

67 António Baião (ed.), *op. cit.*, p. 93.

68 Diogo de Teive. *Relação das proezas levadas a efeito pelos portugueses na Índia, junto de Diu, no ano da nossa salvação de 1546.* Lisboa: Cotovia/CNCDP, 1995, p. 114.

69 António Baião (ed.), *op. cit.*, p. 69.

70 Antonio Bocarro, *op. cit.*, p. 76.

se espaço os casados portugueses, aos quais a Coroa, ao mesmo tempo em que reservava alguns privilégios, como o pagamento de direitos alfandegários mais baixos, podia convocar para a guerra no momento de um cerco. Usufruindo dos mesmos direitos estavam os *casados* pretos cristãos, ou seja, os naturais – no caso de Diu, os guzerates – que haviam, junto com suas famílias, se convertido ao cristianismo e deviam, também eles, portar armas em caso de conflito. Essas duas categorias, que tinham em comum a religião e os vínculos com a Coroa, dividiam o espaço com os inimigos tradicionais dos portugueses, seja no reino, seja no ultramar: os judeus e os muçulmanos. Os judeus brancos a que se refere Bocarro eram chamados também de *paradesis*, palavra do sânscrito (*paradeçi*) que significa estrangeiro, em oposição aos judeus pretos, cuja presença na Índia datava de muito mais tempo. Essa oposição entre os estrangeiros e os "da terra" verifica-se, igualmente, em relação aos muçulmanos do Malabar.[71]

Em Malaca, uma das mais importantes fortalezas portuguesas, sendo nos mares do sul a principal, o espaço reduzido no interior das muralhas não permitia muitas residências. A fortaleza era em forma de torre alta de cinco sobrados. No segundo vivia o capitão, numa casa quadrangular como a torre; nos outros três, o capitão recebia seus hóspedes e se guardava a pólvora; sua família residia também no nível do segundo sobrado.[72] Essa disposição, com o armazém de pólvora junto à casa do capitão da fortaleza, como se verificou em Moçambique e em outras praças, parece ser a única prédeterminada na ocupação de um espaço que exigia sempre adaptações. Do lado de fora estavam então 250 *casados* brancos, com 2 mil negros cativos, em casas de palha cercadas de pomares e hortas.

Manter-se no interior das fortalezas e garantir tanto a segurança quanto to a imagem de superioridade bélica dos portugueses cabia, no entanto, primordialmente à *gente de guerra*. A chamada gente de guerra branca era, em geral, recrutada por voluntariado na Europa e obrigada a permanecer

---

71 Panikkar afirma que no Malabar, a maior parte dos judeus vivia em Cangranor, e que a comunidade se dividia em "Black and White Jews". Ver K. M. Panikkar. *Malabar and the Portuguese*. New Delhi: Voice of India, 1997, p. 22s. Da mesma forma, José Alberto R. da Silva Tavim trata de judeus malabares ou *black juifs* e paradesis, ou judeus brancos, que formavam um minoria, porém mais abastada. Cf. "Uma presença portuguesa em torno da "sinagoga nova" de Cochim". *Revista Oceanos*, nº 29, 1997, p. 109.

72 Cf. Antonio Bocarro, *op. cit.*, p. 251.

na Ásia de três a oito anos, dependendo da expedição. Nas armadas que partiam do Reino seguiam entre mil e dois mil homens de armas e algumas dezenas de bombardeiros ou artilheiros.[73] O soldado Francisco Rodrigues, ao descrever Ormuz em 1595, afirmou que:

> porque assi o vir a pôr-se nas esquadras, como sair dellas hé livre, sem contradição alguma; de sorte que o presídio hé acaso, e está à discrição de vir gente à madeira de venda ou estalagem, que os que querem comer entram, e os que têm comido saem.[74]

Muito poucos eram aqueles que queriam dormir ou morar no interior da fortaleza. Apesar das ordens, quase apelos, do rei para que assim se fizesse. Diogo do Couto afirma que na impossibilidade de pagar em dia os soldos estava

> a razão, por que ha ja tão poucos, que queiram invernar às fortalezas de El Rey, e tantos que se fazem chatins, e se vam quasi a morar aos Reynos de Pegu, e Bengala pera ajudarem aquelles Reys, que tem guerra huns contra outros.[75]

Essa explicação pode fazer supor que os soldos, por si só, seriam suficientes para apaziguar a cobiça dos soldados. Podemos acrescentar, no entanto, que mesmo não chegando ao extremo de se lançar em terras de infiéis, para fugir da justiça ou dos capitães, os homens eram atraídos pela

---

73 Ver A. Botelho da Costa Veiga. "Organização militar do Oriente". In: Antônio Baião; Hernani Cidade e Manuel Múrias (orgs). *História da expansão portuguesa no mundo*. Lisboa: Editorial Ática, 1939, p. 85s e também os trabalhos mais recentes de Victor Rodrigues e os de Eugénia Rodrigues sobre o recrutamento em Moçambique.

74 Francisco Rodrigues Silveira. *Reformação da Milícia e Governo do Estado da Índia oriental*. Introdução e edição de Luís Filipe Barreto, George Davison Winius e Benjamin N. Teensma. Lisboa: Fundação Oriente, 1996, cap XX, fl. 127, p.86.

75 *Apud* Sanjay Subrahmanyam. "A cauda abana o cão: o subimperialismo e o Estado da Índia". *Comércio e conflito*. Lisboa: Edições 70, 1994, p. 164. O termo chatin aparece da documentação como próximo de mercenário; indivíduos que passavam para a zona de domínio dos gentios e atuavam como militares.

cidade fora da fortaleza por esta oferecer alguma liberdade de ação. No seu interior, vivia-se constantemente sob o olhar fiscalizador e muitas vezes opressor dos capitães e feitores, além dos cuidados de muitos religiosos no controle das atitudes que pudessem comprometer as almas. Assim, a própria necessidade de ordem e disciplina, inerente a um espaço fechado, afastava os portugueses da fortaleza, homens que, segundo Buarque de Holanda, possuíam "uma concepção *espaçosa* do mundo".[76]

Era preciso residir na fortaleza tanto para protegê-la como para evitar conflitos com os habitantes da cidade. Uma provisão do vice-rei D. Luís de Ataíde, de 19 de abril de 1569, também mandava agir com rigor contra os soldados que ao chegar a Cochim "andão de noite e de dia perturbando o povo com todas as armas e ofensivas e defensivas matando-se e ferindo-se huns aos outros e cometendo as mulheres cazadas". Por volta de 1611, mouros e gentios residentes na cidade de Diu eram importunados por soldados naturais e os que ali iam invernar, que entravam de noite em suas casas a fazerem "cousas malfeitas". O rei então ordenou que, para evitar esses abusos, os soldados "morem e durmam dentro da dita fortaleza, como antigamente se costumava".[77] A pena para os infratores era de dois anos de degredo para Malaca, enquanto o capitão deveria pagar 200 cruzados por cada soldado que deixasse morar fora da fortaleza.

A precária situação da fortaleza de Diu nesse período foi motivo de carta do rei ao vice-rei em Goa, Rui Lourenço de Távora, que exigiu satisfações do capitão Sebastião de Macedo de Carvalho. Este, por sua vez, devolveu ao vice-rei a responsabilidade: era preciso pagar à gente de guerra, pois "sem dinheiro não há quem a guarde nem a vigie, salvo o capitão com sua pessoa e creados".[78] Desde que assumira a fortaleza, um ano e meio antes, não haviam sido pagos mais do que dois quartéis. No restante do tempo, faltando as pagas não houve guarda e as portas da fortaleza estiveram fechadas.

---

76 Sérgio Buarque de Holanda. *Raízes do Brasil*, 18ª ed. Rio de Janeiro: José Olympio, 1986, p. 13. O grifo é do autor, que associa essa concepção à ética do aventureiro.

77 Alvará régio de 21.01.1611. *Documentos remettidos da Índia*, 11-40. Por soldados naturais se entende os que faziam parte da guarnição das fortalezas. A provisão do vice-rei está citada em K.S. Mathew & Afzal Ahmad. *Emergence of Cochim in the pre-indutrial era.* Pondicherry: Pondicherry University, 1990, p. 44s.

78 Carta de Sebastião de Macedo Carvalho encaminhada pelo vice-rei como resposta à sua carta de 14.12.1611. *Documentos remettidos da Índia*, 11-123.

Nova carta foi expedida pelo rei ao então vice-rei D. Jerônimo de Azevedo, em 1615, às vésperas da realização da primeira venda de cargos na administração do Estado da Índia. A 29 de abril seria vendida a capitania da fortaleza de Diu, por 53 mil xerafins, quase 16 contos de réis, ao mercador Fernão de Crom que a comprou para seu genro D. Pedro de Almeida.[79] Mas a carta do vice-rei, datada de 7 de fevereiro, ainda reclamava atitudes por parte do capitão Sebastião Macedo de Carvalho. O rei havia mandado que na fortaleza estivessem 350 soldados, mas tinha informações de que não se achavam dentro mais que 14, e que naquele ano não se faziam mais do que duas vigias, estando naquela praça mais de 20 mil homens mouros e gentios que poderiam tomar armas. Exigia-se, então, o cumprimento do regimento e ainda lançava-se pregão informando que "todas as pessoas que tivessem casas na dita fortaleza, se fossem viver a ellas",[80] caso contrário seriam perdidas para a fazenda real.

Nos anos 1630, quando visitou Diu, Antonio Bocarro constatou que poucos haviam dado atenção a essa ameaça. Ele encontrou ruínas de muitas casas, "muy nobres e fermozas", de dois ou três andares, onde antigamente moravam muitos *casados* portugueses com suas famílias. A causa do abandono, segundo o cronista, fora justamente "pela má vizinhança que lhes fazião os capitães da fortaleza com seus criados e parentes". A tirania dos capitães também havia contribuído para a queda na arrecadação da alfândega, que já chegara a 100 mil pardaus de mamudes (cada mamude valendo 90 réis) e Bocarro a encontrou com um rendimento de 60 mil.[81]

---

79 Ver *Relação de todo o dinheiro que se fez na venda dos cargos e fortalezas que se vendrão por ordem de sua magestade neste Estado da Índia* (1639), feita por Gregório de Pinna. Documento inédito datado de 8 de janeiro de 1639 com um estudo histórico de Maria Manuela Sobral Blanco, Lisboa, 1992, f. 337-v. A capitania da fortaleza de Malaca, primeira a ser vendida, em 8 de abril, foi arrematada por 32.200 xerafins – 9 contos de 660 mil réis. Fernão de Crom teve uma longa carreira no Estado da Índia. Nascido de Augsburgo, chegou em Goa em 1587 e lá permaneceu até 1624. Sobre sua trajetória ver Sanjay Subrahmanyam. O *império asiático português*, p. 337-339.

80 Carta régia a D. Jerônimo de Azevedo, 07.02.1615. *Documentos remettidos da Índia*, III-196.

81 Para a citação, Antonio Bocarro, *op. cit.*, p. 70. Pardau era a forma como se referiam a duas moedas na Índia: uma de ouro, que valia 360 réis e uma de prata, que valia 300 réis. Ver *Glossário Luso-Asiático*, II, p. 175-177.

O interior da fortaleza parecia só ter importância para os que, ligados à administração, dele poderiam tirar algum proveito. Em seu espaço conviviam simultaneamente duas hierarquias de poder, uma sob a figura do capitão, responsável pelas questões de guerra e pela guarnição militar, e a outra sob a pessoa do feitor, encarregado das demais atribuições, ou seja, teoricamente, a guerra para um e a mercancia para o outro. Essa convivência não estava livre de conflitos, resultantes do exíguo espaço onde se exerciam os poderes e da dificuldade em definir as competências. Outra razão para este embate, e que parece anteceder as demais, é apontada por Maria Emília Madeira Santos: a luta entre dois graus de nobreza – a hereditária ou fidalguia e a nobreza política ou civil.

> A nobreza de sangue sentia-se lesada perante os favores concedidos pelo rei à nobreza recém-chegada, enquanto que esta, protegida pela confiança do rei, se intrometia em áreas de poder tradicionalmente reservadas à fidalguia.[82]

A concessão de graus de nobreza da própria casa do rei havia sido a solução encontrada para remunerar os serviços prestados pelos funcionários, mas as recompensas oferecidas pelo príncipe eram vistas como uma afronta pelos fidalgos. Também provinha dessa disputa a resistência da fidalguia ao processo de venda de cargos experimentada durante o período filipino, já que eram as mercês da nobreza de sangue que se queria negociar. Os feitores, por sua vez, não evitavam o mal-estar, conforme já escrevera ao rei D. Manuel, Afonso de Albuquerque, também vítima da ação dos homens de fazenda que tentavam pôr os capitães contra ele:

> António Real que recebera benesses do rei apregoara-as e lera-as diante de quantos cavaleiros e fidalgos que vinham de Adém, com as pernas quebradas

---

82 Maria Emília Madeira Santos. "O confronto entre capitães e feitores no Estado Português da Índia (primeiras décadas do século xvi)". In: *As relações entre a Índia portuguesa, a Ásia do Sueste e o Extremo Oriente*. Actas do vi Seminário Internacional de História Indo-Portuguesa. Edição dirigida por Artur Teodoro de Matos e Luís Filipe F. R. Thomaz. Macau/lisboa, 1993, p. 533. Ver também Amélia Aguiar Andrade. "Novos espaços, antigas estratégias: o enquadramento dos espaços orientais", p. 40.

por vosso serviço, indo-se ele para esses Regnos. Deixou semeado descontentamento nos corações dos homens, que ainda agora não posso amansar [...].[83]

Nem nos momentos difíceis, como durante um cerco, quando "o tempo era mais de afagar homens que o de executar dívidas", eram menores os atritos. Já com a frota turca em frente a Diu, Francisco Pacheco, capitão de um dos baluartes, o da vila dos Rumes, foi à fortaleza numa fusta para "compor e ordenar o seu testamento e coisas necessárias à sua alma", quando o feitor António da Veiga solicitou ao ouvidor que cobrasse do capitão uma dívida que este tinha com el-rei:

> e posto que o dito Francisco Pacheco divulgasse que o desejo de descarregar sua consciência o trazia à fortaleza, ficou muito escandalizado e queixoso e disse mui ásperas palavras ao ouvidor, agravando-se não somente dos ditos oficiais, mas do capitão e de todos, fazendo-se tão ofendido na honra e danado que vinham suas queixas a causar riso.[84]

E ainda disse ao capitão da fortaleza, António da Silveira, que mandasse outro ao baluarte, porque ele em nenhuma maneira lá tornaria.

As diferenças entre capitães e feitores se faziam sentir, claramente, também nos recursos que cada um administrava, apesar de estarem ambos no topo da hierarquia, como se verificou no exemplo de Ormuz. O mesmo Orçamento de 1571, desta vez para a fortaleza de Diu, previa um ordenado de 600$000 anuais, mais 300$000 para dar mesa aos soldados, 700 pardaus de ouro na alfândega, pelas fazendas que despachasse (252$000), 97$200 para o pagamento de servidores, 3 candis de azeite para as tochas (18$000), 384$000 para o pagamento de 20 homens de guarda, "pera provisão de fora tem mais dez homens", para o soldo dos quais somam-se mais 192$000 às contas do capitão, além de 480$000 para o pagamento de 40 homens parentes e criados. Essas rubricas atingiam a soma anual de 2305$200. O feitor, por sua vez, recebia de ordenado 100$000, 72$000 para o pagamento de seis homens e

---

83 Carta de 20.10.1514. *Apud* Maria Emília Madeira Santos, *op. cit.*, p. 533.

84 Lopo de Sousa Coutinho, *op. cit.*, livro II, cap. VIII, p. 123-124.

mais 51$300 para servidores da feitoria, resultando em 223$300.[85] A forma como esse dinheiro podia ser embolsado já o sabemos por Diogo do Couto.

As queixas encaminhadas ao rei de uma e outra parte incluíam as de perdas à fazenda real causadas por incompetência ou corrupção, ou o desejo de ambas de ultrapassar os limites de suas atribuições. Esse quadro, segundo Madeira Santos, corresponde a um momento em que a delimitação rígida de classes e funções "estava a diluir-se com a viragem da mentalidade, que soportava ao nobre o exercício do comércio, e abria ao plebeu a ascensão social".[86] Não se pode deixar de sugerir o paralelo existente entre esses conflitos e aqueles existentes no navio: de um lado o capitão, fidalgo e representante da Coroa, e de outro o piloto, homem experiente nos assuntos do mar e a quem, na prática, cabia o bom termo da viagem.[87]

Em cada praça de certa importância havia, além da guarnição, uma força naval, liderada pelo capitão do mar, que deveria policiar as costas e a navegação em águas sob a jurisdição da fortaleza, e era, em momentos de cerco, o único meio de contato com o exterior. O número de homens de armas era bastante reduzido, considerando ainda que os homens do capitão – criados e parentes – raramente se encontravam na fortaleza, mesmo recebendo soldo. Essa situação permite concluir, como faz Victor Rodrigues, que o recurso a tropas locais e a escravos era corrente, além da convocação dos próprios *casados*.[88]

Edificações concebidas como proteção e controle, as fortalezas portuguesas na Ásia não eram, em tempos de paz, espaços fechados. A correspondência entre Lisboa e Goa indica que elas estavam sujeitas a uma série de restrições que a distância da metrópole se encarregava de amenizar. Tanto de Portugal seguiam ordens para regular o envolvimento dos portugueses com as comunidades locais, a fim de evitarem-se os abusos cometidos pelos capitães, quanto eram também frequentes as ordens para que os solda-

---

85 *O Orçamento do Estado da Índia 1571*. Direção e prefácio de Artur Teodoro de Matos. Lisboa: CNCDP, 1999, p. 29-31.

86 Maria Emília Madeira Santos, *op. cit.*, p. 533.

87 Temos também exemplos de desavenças entre o piloto e marinheiros experientes e casos de desastres no mar causados pela incompetência dos pilotos. Ver Paulo Miceli, *op. cit.*, p. 106-118.

88 Ver Victor Rodrigues. "A organização militar da 'Província do Norte' durante o séc. XVI e princípios do séc. XVII". *Mare liberum*, nº 9, julho 1995, p. 248-250.

dos permanecessem a maior parte do tempo no interior das fortalezas e não se espalhassem pela cidade. Mas era para esse espaço, onde aparentemente ninguém desejava ser obrigado a estar, que confluíam pessoas das mais variadas religiões, origens e atividades, uma sociedade visivelmente intermediária, mais asiática se considerarmos a origem da maioria da população que ali circulava, sem deixar, no entanto, de ser europeia pela forma de ordenar o tempo, exercer o poder e organizar a ocupação do espaço.

Para o segundo quartel do século XVI, em Ormuz, entrada do Golfo Pérsico, Francisco Rodrigues Silveira oferece um quadro do dia-a-dia no interior da fortificação, do qual vale reproduzir um longo trecho:

> Levanta-se pela manhã o alcaide-mor e vem abaixo abrir as portas, sem primeiro fazer alguma diligencia para ver as pode seguramente abrir. Depois de abertas por dez porteiros que servem de abrir e fechar (e tanto que as abrem cada um vai prover sua casa e família) chega o capitão ou caporal daquelle *quarto* (espaço de tempo que estão de guarda). E, primeiro que venha algum dos seus soldados, se passa pelo menos um par de horas, porque todos vão fazer os negócios que têm antes de vir ao quarto: e depois se vêm de seu vagar chegando para as portas, mandando diante por algum negro ou negra qualquer alabarda ou chuça velha. E é de saber que todos ou a maior parte destes soldados da guarda res*idem* fora da fortaleza em a cidade dos mouros.
>
> Chegados por esta maneira que sempre é já depois da fortaleza estar cheia de mouros, assim dos que trabalham nella em diversas obras como mercadores e outros que têm que fazer com o capitão e seus feitores e criados – porque nunca se pergunta a ninguém o que busca nem o que quer – assistem às portas até que se toca um sino: com que se largam as obras e trabalho da fortaleza, que é às onze horas. E cada um se vai pra sua casa, cerrando-se as portas grandes, com se deixar somente um postigo aberto, e em guarda delle um porteiro. Porque ainda que ametade dos porteiros sejam obrigados a estar de continuo em as portas cada quarto, como sejam homensinhos casados, pobres, que têm familia, e alguns delles cegos, coixos e aleijados (que outros que não sejam estes têm por infame aquelle cargo), gastam a maior parte do dia em negociar o que lhes é necessario para a vivenda.

Das onze a uma da tarde, quando novamente tocava o sino para que os homens voltassem ao trabalho, apenas três homens estavam a guardar as portas;

> e ainda d'alli a muito espaço, se vêm chegando os soldados do outro quarto, uns mais cedo, outros mais tarde, conforme ao pouco ou muito que cada um dormiu a sésta. [...]
> Os deste quarto da tarde estão até se pôr o sol; passeando-se todo o tempo que estão de guarda cada um por onde quer, indo jogar a bola e outros jogos distantes da fortaleza: ficando as portas com as alabardas somente arrimadas ao muro. Tanto que o sol se põe, desamparam todos a fortaleza, e se vão para suas casas: ficando as portas entregues aos porteiros que são taes que nem para guardar patas seriam sufficientes.[89]

Novamente nos atrai a curiosidade esse "jogar a bola" e outros jogos, como já havia sido o caso de Cananor, mencionado na introdução deste trabalho. Esses passatempos, no entanto, esperam ainda uma oportunidade de estudo. Do relato de Silveira fica a imagem de uma fortaleza desprotegida e muito mais permeável a trocas com o exterior do que sua função de defesa poderia supor.

As Índias vistas do interior das muralhas

Os cercos vividos nas Índias, o equivalente em terra dos naufrágios, receberam atenção dos cronistas portugueses dos séculos XVI e XVII, mas de forma muito diferente da que as desventuras no mar suscitaram. As narrativas de naufrágios conheceram muitas edições populares ainda no século XVI, sendo a *História Trágico-marítima*, organizada por Bernardo Gomes de Brito, editada em dois tomos em Lisboa nos anos 1735 e 1736 contendo 12 relatos e uma descrição, a compilação que tornou célebre o gênero.[90] As-

---

89 *Memórias de um soldado da Índia*, p. 121-122 e Francisco Silveira, *op. cit.*, cap. XX. fl. 127-130, p. 86-88.

90 Em 1998, foi editada pela primeira vez no Brasil pela Lacerda Editores, do Rio de Janeiro.

SITIADOS

sim como estas "incitam a colocar perguntas desconcertantes e, quem sabe, estratégicas, a um outro tempo histórico",[91] o mesmo se pode esperar das narrativas de cercos militares.

Diferentes razões, no entanto, moviam os autores das narrativas de naufrágios e de cercos. No caso dos primeiros, os textos funcionavam como ex-votos, cuja função era "agradecer à Virgem Madre de Deus o salvamento, guardando a memória daqueles fatos dolorosos que corriam o risco de serem esquecidos". No caso dos cercos também se queria evitar o esquecimento, mas esperava-se com isso elevar o povo português ao relatar seus feitos gloriosos. Havia ainda as motivações pedagógicas, os textos produzidos para pagar uma promessa ou como encomenda de algum familiar do náufrago. Na segunda metade do século XVI, os folhetos que narram as infelicidades sofridas na Carreira da Índia tornaram-se mais numerosos, marcando o que Madeira chamou de "'discurso narrativo do fracasso' [...] que reivindica o valor do infortúnio e o mérito do sofrimento".[92] A autora explica que o interesse por essas histórias trágicas, que colocam o leitor em contato com os acontecimentos reais, funcionaria como um contraponto aos discursos épicos e laudatórios sobre as façanhas expansionistas, comerciais e coloniais dos portugueses.

O cerco militar e a cidade sitiada, por sua vez, são temas recorrentes na ficção. Para ficarmos apenas em alguns poucos exemplos, podemos citar *A História do Cerco de Lisboa*, de José Saramago, onde a libertação da cidade das mãos dos mouros caberia apenas aos portugueses, sem a ajuda dos cruzados; *A Ilha do Dia Anterior*, de Umberto Eco, em que, após o naufrágio de um navio, o protagonista se salva em um barco abandonado e passa a rememorar um cerco vivido na juventude na cidade de Casale; e *O Deserto dos Tártaros*, de Dino Buzzatti, a eterna vigília na fortaleza à espera de um ataque que trouxesse honra e glória.[93] A atração que o tema exerce entre os ficcionis-

---

91 Maria Angélica Madeira. "'Relato de naufrágio': um artefato cultural". *VI Colóquio UERJ. Interseções: a materialidade da comunicação*. Rio de Janeiro, 1998, p. 304.

92 Para as citações deste parágrafo, ver Maria Angélica Madeira. "'Relato de naufrágio': um artefato cultural", respectivamente, p. 305 e ss e p. 309.

93 José Saramago. *A história do cerco de Lisboa*. São Paulo: Companhia das Letras, 1989; Umberto Eco. *L'isola del giorno prima*, 1994 (Ed. bras. *A ilha do dia anterior*. Trad. Marco Lucchesi. Rio de Janeiro: Record, 1995); Dino Buzzati. *Il deserto dei tartari*. 1940 (Ed. bras. *O deserto dos tártaros*. Trad. Aurora Fornoni Bernardini e Homero Freitas de Andrade. Rio de Janeiro: Nova Fronteira, 1984).

tas pela capacidade de exacerbar os sentimentos e levar a momentos limites ajuda a explicar alguns elementos que justificam o uso das narrativas reais de cercos como fonte prodigiosa para o estudo de sociedades e mentalidades.

Essas narrativas, apesar de menos numerosas se comparadas aos relatos de naufrágio, nem por isso deixam de apresentar uma tipologia. Elas são um concentrado de informações sobre a disposição portuguesa diante do habitante da terra, inicialmente invadida, que passa a ameaçar o enclave português. Identificam-se alguns elementos comuns. Em primeiro lugar é descrito o contexto do conflito, em que se destaca a forma como foi construída a fortaleza e o início das rivalidades. Em seguida trata-se do conflito, com inúmeras descrições de batalhas, baluartes destruídos, acometimentos violentos de ambos os lados. Neste momento salientam-se a luta de poucos contra muitos, o Deus cristão que apoia a guerra contra o infiel, a morte com glória, a ação dos heróis fidalgos e homens do povo, a atitude corajosa das mulheres. Após o desfecho, normalmente feliz para os portugueses, apresenta-se uma relação dos homens e mulheres que se destacaram durante os combates e eram, por isso, dignos de mercês. Esses textos são com frequência intercalados por trechos em que o autor reproduz as falas de um personagem, o capitão, o governador, um fidalgo, ou um diálogo mais coloquial entre soldados, artifícios para tornar mais próximos do leitor aquilo que é contado, para dar-lhes a "impressão de vida", como já ensinavam os antigos.[94]

Para os dois cercos de Diu, de 1538 e de 1546, há textos produzidos por testemunhas oculares. Lopo de Sousa Coutinho, autor do *Livro primeiro do cerco que os turcos poseram a fortaleza de Diu*, participou da defesa da fortaleza contra os turcos, e Leonardo Nunes esteve no segundo cerco. Sua narrativa foi publicada por António Baião em *História quinhentista (inédita) do Segundo Cerco de Dio*, em 1927. Baseado na narrativa de Leonardo Nunes, o humanista Diogo de Teive escreveu a *Relação das proezas levadas a efeito pelos portugueses na Índia, junto de Diu, no ano da nossa salvação de 1546.*[95]

---

94 A respeito dos elementos textuais que visam expressar a verdade do que é narrado, ver Carlo Ginzburg. "Descrição e citação". *O fio e os rastros*. São Paulo: Companhia das Letras, 2007, p. 17-40.

95 Baião também reuniu nesta edição, feita em Coimbra pela Academia de Ciências de Lisboa, um apêndice contendo vasta correspondência trocada durante o cerco entre Diu e Goa. Há outras duas edições desse relato: Leonardo Nunes. *Crónica de Dom*

SITIADOS   249

Também são de participantes dos eventos os relatos dos cercos impostos a Malaca pelo rei de Achém em 1573 e 1575, e pela rainha Japara em 1574, narrados por Jorge de Lemos em *História dos cercos de Malaca* e por Roque Correio em *Relaçam da grande vitoria que os portugueses alcansaram contra elrey do Achem no cerco de Malaca*. Os cercos de Moçambique, de 1608, impostos pelos holandeses são narrados por Antonio Durão, em *Cercos de Moçambique, defendidos por Dom Estêvão de Ataíde, capitão general, Governador daquela Praça*. Já os de Goa e Chaul, impostos por Idalcão e por Nizamaluco, soberano de Ahmednagar em 1570, foram descritos por Antonio de Castilho em *Commentário do cerco de Goa, e Chaul no anno de 1570 sendo viso-rey D. Luis de Ataide*. O cerco de Colombo, no Ceilão, imposto pelos holandeses em 1656, foi escrito por um anônimo com base num diário redigido durante o cerco.[96]

Muitos outros cercos foram registrados de maneira dispersa nas crônicas e nas correspondências, tanto religiosas como dos administradores do Estado da Índia. Pela riqueza da documentação, da qual se deduz o impacto que essas empresas militares tiveram entre os contemporâneos, detém-se aqui mais longamente nos cercos sofridos pela praça de Diu. O primeiro foi imposto aos portugueses pelos turcos comandados por Hadim Suleimão Pacha, ex-governador do Cairo, na esteira da campanha militar otomana de 1533-1536 contra a Pérsia, em que foi conquistada Bagdad (1534) e todo o Iraque árabe. Os rumes, como são chamados pe-

---

João de Castro. J.D.M. Ford. Cambridge/Massachussets: Harvard University Press, 1936 e Leonardo Nunes. *Crónica de D. João de Castro*. Ed. de Luís de Albuquerque. Lisboa: Alfa, 1989. A obra de Diogo de Teive recebeu edição recente em 1995 (Lisboa: Cotovia/CNCDP).

96 *História dos cercos de Malaca*. Editado em *Textos sobre o Estado da Índia*. Lisboa: Alfa, 1989, que contém ainda as cartas de Simão Botelho; *Relaçam da grande vitoria que os portugueses alcansaram contra elrey do Achem no cerco de Malaca*. Lisboa: por Pedro Craesbeeck, 1630; *Cercos de Moçambique, defendidos por Dom Estêvão de Ataíde...* Edição com prefácio de Edgar Prestage e notas de C. R. Boxer. Conforme a 1º edição de 1633. Lisboa: Tipografia Silvas, Limitada, 1937. (Separata do III volume do Arquivo Histórico de Portugal); *Commentário do cerco de Goa, e Chaul*. Lisboa occidental: na officina Joaquiniana da Musica, 1736; M.A.H Fitzler. *O cêrco de Columbo. Últimos dias do domínio português em Ceilão. Rompimento das hostilidades pelos holandeses até a rendição e Columbo (1652-1656)*. Coimbra: Imprensa da Universidade, 1928.

250 ANDRÉA DORÉ

los textos da época, nessa ocasião apoiavam as investidas do rei de Cambaia para a expulsão dos portugueses.[97]

Mesmo que a prioridade fosse o Mar Vermelho, onde os otomanos estavam empenhados em impor uma *pax turcica*, chegavam à corte otomana, pelo menos desde 1527, apelos de príncipes indianos para que os turcos interviessem no Índico contra os portugueses, aos quais se somavam vozes próximas ao Sultão, entre elas a de Suleimão Pacha. O próprio Bahadur Shah teria enviado emissários do Guzarate ao Cairo no inverno de 1532 e novamente no final de 1536, até que o Sultão decidiu finalmente enviar a expedição sob o comando de Suleimão.

Naquele momento a pimenta indiana, cuja exportação era controlada pelos portugueses, não chegava mais ao Egito, aos portos do Cairo ou Alexandria, mas ao porto de Diu, escala já tradicional das mercadorias de Malaca e do Extremo Oriente em direção ao Mar Vermelho. Com efeito, a ilha de Diu conjugava com a sua posição central nas rotas para o Golfo Pérsico características portuárias e defensivas naturais quase únicas. Apaziguadas em 1535, após uma frágil aliança com o sultão Bahadur, então em guerra com o imperador mogol Humayun, as relações conflituosas entre portugueses e o reino de Cambaia reiniciaram-se em 1537. O capitão da fortaleza, Manoel de Sousa, e seus fidalgos, observando o comportamento de Bahadur e de seus próximos, suspeitaram que o sultão planejava matar o governador Nuno da Cunha assim que este chegasse de Goa. Num incidente confuso e mal planejado, em que o sultão Bahadur foi visitar o governador em seu galeão, Manoel de Sousa, "homem muito cobiçoso de coisas de honra",[98] como escreve

---

97 O termo rume vem do árabe *rumî* e designava entre os muçulmanos o "romano", o súdito do Império Romano do Oriente. O seu uso foi substituído pelo de *firang* ou *firangui*, ou seja, "franco", com o declínio do Império e o início da presença européia na Terra Santa, com as Cruzadas. A partir do século XII, o termo *rumî* passou a designar os turcos, primeiro os Seljúcidas e depois os Otomanos, que ocuparam os territórios de Bizâncio na Ásia Menor. Ver "Franges", de Luís Filipe Thomaz. In: *Dicionário dos descobrimentos portugueses*. Luís de Albuquerque e Francisco Contente Domingos (dir.). Lisboa, 1994, vol. I, p. 435. Sobre a avaliação dos turcos a respeito dos portugueses e da preparação da futura expedição, ver Dejanirah Couto. "No rasto de Hadim Suleimão Pacha: alguns aspectos do comércio do Mar Vermelho nos anos 1538-1540". *A carreira da Índia e a rota dos estreitos*, p. 492-494.

98 Lopo de Sousa Coutinho, *op. cit.*, livro I, cap. 12, p. 60.

SITIADOS

Lopo de Sousa, o perseguiu numa fusta ao deixar o navio. Bahadur acabou morto a punhaladas e seu corpo nunca foi encontrado.

Esse incidente fez com que os aliados do sultão, liderados por Coge Çofar, que a crônica portuguesa diz ser um renegado italiano, "um homem de idade cinquenta anos, de grande discrição e sagacidade, no uso da mercancia habilíssimo, e nas coisas de guerra não menos sabido"[99] e 13 mil homens, iniciassem um ataque à fortaleza. Ao mesmo tempo, antecipou o lançamento da expedição turca, apesar das dificuldades encontradas na sua preparação. Entre elas estava a falta de tripulação que acabou sendo requisitada, conforme Dejanirah Couto, um pouco por toda parte e assim composta por grande número de prisioneiros cristãos. Os navios venezianos que se encontravam no porto de Alexandria tiveram suas tripulações aprisionadas e forçadas a trabalhar na construção da frota turca, entre 60 e 76 navios, conforme as diferentes fontes. Dos 20 mil homens reunidos, 800 eram cristãos e 1.500 cativos cristãos, remadores das galés.[100] O próprio Lopo de Sousa comenta essa captura e conta em 3 mil homens o total recolhido por Suleimão Pacha nos portos do Mediterrâneo, que, por serem "usados no mar, serviam de oficiais dos navios quando navegavam e de bons soldados quando cumpria".[101]

Entre esses prisioneiros encontrava-se, como já se mencionou, o autor de uma narrativa que ficou conhecido como o Comito Veneziano. Pelo seu relato sabe-se que a frota de 76 embarcações partiu de Suez em março de 1538, e avistou Diu em 2 de setembro, depois de submeter Adem. A armada turca permaneceu em frente a Diu por dois meses, levantando o cerco e retornando ao Mar Vermelho em novembro-dezem-

---

99 Khwaja Safar al-Salmani chegou à Índia nos finais dos anos 1520 numa missão inconclusa liderada por Salman Reis. Recebeu mais tarde de Bahadur Shah a cidade de Surate. Ver Sanjay Subrahmanyam. "The trading world of the western Indian Ocean, 1546-1565: A political interpretation". In: *A carreira da Índia e a rota dos estreitos*, p. 212. Lopo de Sousa o descreve como "um italiano renegado a quem el-rei se mostrava afeiçoado por amor de um seu filho gentil moço e lhe tinha dado Surrate" (*O primeiro cerco de Diu*, livro I, cap. 12, p. 58s); Sobre Coge Çofar, ver também *op. cit.*, livro I, cap. 13, p. 67s.

100 Ver Dejanirah Couto, *op. cit.*, p. 495.

101 Lopo de Sousa Coutinho, livro II, cap. 6, p. 111.

252 ANDRÉA DORÉ

bro de 1538.[102] Ao chegar, causou grande impressão aos poucos homens que protegiam a fortaleza:

> E como no baluarte de S. Tomé estivesse metido um mastro assaz comprido e dificultoso de subir, o qual servia de ter em cima uma bandeira de Cristo, não faltou quem se atrevesse a subi-lo, e de feito o fez; e sendo em cima dele, disse que via sete navios, os quais vinham daquela parte da Arábia, e disse que via outros mais emarados, e que a mesma derrota traziam. Não faltou, como nunca falta, quem de lugar assaz baixo e pouco compreensível dissesse logo que via por outras partes navios e muita quantidade deles e que discernia o modo de sua mareagem; e atrás disto começaram os juízos, e porfias, e apostas, uns dizendo que era armada de Portugal, outros que da Índia, outros não de o conhecerem, mas de uma certa inclinação que os provoca sempre a prognosticarem o que mais receiam, diziam que eram turcos; e como se o tiveram por carta, davam o número de gente e navios, particularizando o que não viam nem sabiam.[103]

Os turcos encontraram a fortaleza com "pouca gente e mal armada [...] e além disto, como todas as fortalezas das Índias sejam fracas e mal repairadas (que é assaz pra gemer), a nenhuma chegara tão grossa armada que pudera resistir três dias".[104] Mais do que as cenas de batalha que se sucedem, essa descrição da visão da armada turca, o burburinho e as especulações que provocou nos traz o comportamento de homens comuns, temerosos, mas também curiosos, especialistas nas coisas do mar. A descrição integra o relato, já muit utilizado nestas páginas, de Lopo de Sousa Coutinho, natural de Santarém que partiu com 18 anos para a Índia, em 1522, na frota de Pedro Castelo Branco. Ao voltar a Lisboa foi recebido por D. João III, a quem o texto é dedicado, e nomeado governador do Castelo de São Jorge da Mina, na costa africana. Depois

---

102 Ver "Viaggio de un comito veneziano a Diu". In: Ramusio, II- 465-496.

103 Lopo de Sousa Coutinho, livro II, cap. 5, p. 106.

104 *Idem*, livro II, cap. 6, p. 115.

SITIADOS

de vencer um cerco na Índia morreu em Povos, em 1577, "com uma per-
furação da sua própria espada, ao apear-se de um cavalo".[105]

Na dedicatória, o autor salienta que é coisa muito antiga e costumei-
ra que os feitos ilustres e famosos sejam "postos em memória, porque o
tempo com seu discurso & diversos efeitos, os não consuma e anule". Em
seu "grosseiro estilo", como ele mesmo afirma, se compromete a escrever
"não fantasiadas imaginações",[106] mas o que viu com seus próprios olhos.
Aqui encontram-se duas tópicas a que recorrem narradores e cronistas dos
séculos XV e XVI e que os aproximam das motivações que também impul-
sionavam os autores gregos dos quais os humanistas se queriam herdeiros:
preservar a memória dos feitos dignos e assegurar a verdade do relato por
meio de um testemunho de vista. Heródoto, Tucídides, Políbio e Luciano
de Samósata, este último autor de *Como se deve escrever a história*, tinham
estes como princípios do trabalho do historiador e a sua presença se verifica em inúmeros textos da chamada literatura da expansão.[107]

Sousa Coutinho dividiu seu relato em dois livros. No primeiro, do capítulo I ao IX são descritas as negociações entre o sultão do Guzerate e os
portugueses e a construção da fortaleza e, em seguida, até o capítulo XV,
trata-se do início das hostilidades entre as partes e do assassinato de Bahadur. No livro II narra-se o cerco propriamente, os primeiros ataques de
Coge Çofar, a chegada da frota turca e os ataques até o fim do cerco, dois
meses passados. Aos aspectos já enumerados sobre o conteúdo das narrativas acrescenta-se um outro, específico do contato com uma sociedade diversa, numa relação que oscila da hostilidade à parceria com certa rapidez:
a visão que os portugueses, acuados na fortaleza, têm daqueles que dese-
jam invadir seu limitado território.

Segundo Lopo de Sousa, os turcos ou rumes são "bem afortunados",
ele diz numa passagem, são "valentes e nobres", quando descreve o comportamento de um soldado, e assim como os portugueses, obtêm no cerco

---

105 "Comentário", de Luís de Albuquerque. In: Lopo de Sousa Coutinho. *O primeiro cerco de
Diu*, p. 217.

106 Lopo de Sousa Coutinho. *Livro primeiro do cerco que os turcos poseram a fortaliza de Diu*.
Coimbra: por João Alvarez, imprimidor da Universidade, 1561, Proêmio. A edição de
1989 não contém essa introdução.

107 A esse respeito ver Arnaldo Momigliano. *As raízes clássicas da historiografia moderna*.
Bauru: Edusc, 2000, p. 53-84 e C. Ginzburg, *op.cit.*

"honra e glória". O autor considera possível que o inimigo infiel obtenha glória com o massacre de cristãos portugueses e, neste sentido, um dos aspectos que se destaca nas narrativas de cerco, e nesta em particular, é o interesse maior dos dois lados de obter honra e reconhecimento na batalha, já que para ambos a guerra é considerada legítima. A atitude do autor não revela uma visão imparcial, mas, pelo contrário, aponto que a vitória numa disputa com adversários honrados só faria elevar os méritos – a valentia, a coragem, a astúcia – dos portugueses. Lopo de Sousa não deixa, no entanto, de tratar os turcos como "bárbaros inimigos", "de intoleráveis maneiras", "uma gente que vive mui a seu prazer".[108]

Os portugueses, por sua vez, não são incondicionalmente exaltados pelo autor. São homens de valor, corajosos, mas podem também ser desumanos, quando relata que Fernando Afonso, um homem de sessenta anos, caiu sem forças e foi pisoteado pelos próprios companheiros e

> trabalhando com suas debilitadas forças para se tirar debaixo dos pés dos impetuosos companheiros, já nunca mais o pôde fazer & ali espirou: sem ter nenhuma ferida nem outro algum mal, somente o que o fervor dos que pelejavam lhe causavam.[109]

Em duas passagens, ao menos, aos inimigos couberam os sentimentos mais nobres: o respeito pela bandeira e pelos mortos. O autor nota que durante a batalha, o alferes, que segurava a bandeira turca, foi morto e antes que caísse "eram já mais de dez pegados na haste da bandeira sustendo-a que não fosse derrubada". Em outro momento, a morte de um turco fez com que outros dois morressem na tentativa de levar o seu corpo, por ser "cousa costumada & cheia de honra entre eles, levarem os corpos dos capitães ou amigos".[110]

Não há, no texto de Sousa Coutinho, uma identificação da coragem com o povo português, mas ele cita os nomes de vários fidalgos, de mulheres e homens comuns que não fugiram à batalha e lutavam com "desprezo

---

108 Lopo de Sousa Coutinho, livro II, cap. 15, p. 171.

109 *Idem*.

110 *Idem*, livro II, cap. 18, p. 192 e 193, respectivamente.

pela vida". Bárbara Fernandes, mulher portuguesa, viúva, que fora ama de Manuel de Noronha, da ilha da Madeira, perdeu os dois filhos durante o cerco. Isabel Veiga, casada com Manuel de Vasconcelos, homem fidalgo e bom cavaleiro, natural da ilha da Madeira e que fora juiz da alfândega de Diu. Ana Fernandes, já velha, casada com o bacharel Fernão Lourenço, físico, ajudava o marido, "com seus panos e ataduras a cuidar dos feridos".[111]

Leonardo Nunes, durante o segundo cerco, ressalta também o ânimo das "donas virtuosas casadas e todas as molheres solteiras e de qualquer estado que seja, que neste ano no cerco se acharam, porque em tal caso as pedras e as aves dos céus e as águas do mar diriam suas façanhas". Ajudaram nos trabalhos, carregando pedra e terra, dando aos soldados panelas de pólvora e comida e enterrando os mortos. Algumas também têm seus nomes citados: Isabel Madeira, mulher do mestre João, muito moça e formosa. Este mestre João era o cirurgião que participou do primeiro cerco e que morreria neste segundo ataque à fortaleza. Gracia Roiz, mulher de Ruy Freire, e Caterina Lopez, mulher de Antonio Gil, feitor da fortaleza, e Isabel Diaz, mulher de Gaspar Roiz, feitor do capitão.[112]

Se o povo português é identificado em alguns poucos momentos, prevalecendo a experiência de indivíduos, homens e mulheres que se destacaram por sua coragem, é também pelo espírito individual que os turcos ou os reinos do Guzerate se põem em guerra contra os portugueses. Na observação de Lopo de Sousa, as guerras eram causadas pelo espírito belicoso do sultão, pelo amor aos exercícios da batalha do imperador mogol, ou pelos conhecimentos na arte de comerciar e guerrear de Coge Çofar, enquanto, de outro lado, à mercê desses temperamentos estava a população. A mesma avaliação fez Jorge de Lemos a respeito do ataque a Malaca, em 1574, comandado pelo Achém (forma com que os textos se referem ao rei de Achém), que, "por sua bárbara altivez e insolente orgulho"[113] mandou reforçar sua armada contra os portugueses.

---

111 *Idem*, livro ii, cap. 13, p. 153-155 e 131.

112 Para a citação, ver António Baião (ed.), *op. cit.*, p. 48s e também p. 65. Sobre o cirurgião, Lopo de Sousa Coutinho, livro ii, cap. 17, p. 182.

113 Jorge de Lemos. "Descrição dos cercos de Malaca, sendo capitão Tristão Vaz da Veiga", Primeira Parte, cap. iv, p. 84.

Uma vez iniciado o ataque à fortaleza, o narrador deixa de falar das causas da guerra, pouco trata dos capitães adversários, e a narrativa dá lugar aos homens comuns, às já mencionadas experiências individuais que ressaltam a coragem dos soldados. Mas nos momentos de luta mais violenta, ou seja, durante todo o mês de outubro de 1538, revelaram-se também nos limites da fortaleza manifestações de desesperança causadas pelo medo, pela fome, pela morte de amigos e filhos, pelos feridos que não se curavam e os ataques sem trégua. O autor, a partir de determinado momento, o dia 17 de outubro, descreve esses acontecimentos de sua cama, onde estava ferido.

O inimigo podia estar dentro ou fora da fortaleza, qualquer um que ameaçasse ou duvidasse de um final vitorioso. Meninos portugueses e escravos trabalhavam no reparo da fortaleza quando um escravo disse a outro: "Se estes turcos fossem homens e soubessem quão perdidos estes portugueses estão, já tiveram tomada esta fortaleza". Um moço português ouvindo isso lançou mão do dito escravo e junto com os companheiros lhe puseram uma corda ao pescoço para o enforcar. Levaram-no ao capitão que, ("para os contentar", conta Sousa Coutinho) disse que o deixassem e que ele o mandaria matar. Mas eles já vinham com

> pedras e paus em pequeno espaço, sem lhe poderem valer, o fizeram em pedaços e com grandes cantigas o foram deitar no mar, e dali avante não cumpria a nenhum escravo falar em sua linguagem, nem por entre os dentes com outro, porque era logo punido. Este determinado e odioso zelo era semeado não somente em os homens, mas em as mulheres e meninos.[114]

Pouca ajuda obteve a fortaleza de Diu dos portugueses nos portos do Guzerate. Apenas de Chaul mandou Simão Guedes um barril de duas arrobas de pólvora de espingarda, mas o fez com tão pouco cuidado que, ao desembarcar, caíram os arcos do barril e, "entrando a água em ela, se perdeu toda, sem aproveitar um só arrátel".[115] De Goa, ao final do mês de outubro, chegaram quatro embarcações pequenas mandadas pelo vice-rei e pou-

---

114 Lopo de Sousa Coutinho, *op. cit.*, livro II, cap. 17, p. 185 e ss.

115 *Idem*, livro II, cap. 14, p. 165.

co mais de trinta homens, mas não levavam nenhuma pólvora, nem outra munição.[116] Já a fortaleza de Malaca, durante o cerco de 1575 parece ter tido melhor sorte. A crer em Jorge de Lemos, o governador da Índia, D. Antônio de Noronha, escreveu a Negapatão, a São Tomé e aos "moradores mais ricos" de Cochim para que mandassem muitos mantimentos, carnes e manteiga. Além do pagamento, a ser recebido em Goa, eram prometidas mercês ao que "fizeram todos muito bem isto e em abundância".[117] Tratou-se mais de uma relação comercial do que propriamente da eficiência de uma rede de apoio entre as fortalezas, uma vez que a praça de Malaca, distante das numerosas fortalezas da costa da Índia, não poderia obter rápido apoio.

Quando os turcos levantaram o cerco a Diu, a 5 de novembro, havia na fortaleza quarenta homens capazes de portar armas e nenhuma munição além da que cada espingardeiro tinha em seu frasco. A vitória neste cerco confirmou aos olhos dos portugueses a força de sua presença na Índia, sua capacidade de enfrentar inimigos muito mais numerosos e bem armados e o poder da ajuda divina na luta contra os infiéis. Do ponto de vista político, no entanto, nada indicava que a permanência portuguesa tivesse sido fortalecida. A partida dos turcos significou o afastamento de poderosos concorrentes, mas as disputas locais se mantinham; daí a nova investida contra a fortaleza em 1546, liderada pelo sultão do Guzerate, novamente com o apoio de Coge Çofar.

Esse segundo ataque é descrito na *Crônica* de autoria de Leonardo Nunes, publicada por Baião na *História quinhentista (inédita) do Segundo cerco de Diu*. No mês de abril de 1546, no início do inverno, contando que por seis meses a monção contrária impediria a chegada de reforços aos portugueses, Coge Çofar reuniu príncipes da Índia e se dispôs a cercar a fortaleza a fim de vingar a morte do sultão Bahadur. Cercou Diu com quinhentos homens de armas, turcos e arábios e outros estrangeiros, quatrocentos espingardeiros e, para a guerra, trazia mais de 3 mil homens. No início de maio, com o apoio do rei de Cambaia, totalizava 30 mil o número de ho-

---

116 O narrador do cerco de Chaul de 1570 também reclama que naquele conflito não lhe valeram as demais fortalezas. Os reforços de Goa, Diu e Damão chegaram já ao final da batalha. Ver Antonio de Castilho. *Commentário do cerco de Goa e Chaul*, p. 29.

117 Jorge de Lemos. "Descrição dos cercos de Malaca...", Segunda Parte, cap. III, p. 99.

mens. O renegado não sobreviveria a esse cerco, vítima de "hu tiro perdido de hua bombarda", em 24 de junho à tarde.[118]

Leonardo Nunes sugere que naquele momento se organizava uma reação em bloco contra os portugueses em toda a Índia. O rei de Cambaia se teria reunido com todos os reis e senhores em cujas terras o rei de Portugal tinha suas fortalezas – o Bramaluco de Baçaim, o Hidalcão de Goa – "e assim outros por toda a costa do Malabar pera que estes tanto que vissem as pazes rotas e a guerra posta em efeito fizesse cada um outro tanto em suas terras".[119] D. João Mascarenhas, capitão da fortaleza, não tinha consigo mais do que 170 soldados, porque dinheiro não havia para lhes pagar e os que lá estavam eram às custas do capitão. Mandou então que entrassem todos os pedreiros, cavouqueiros (que cavam e cortam pedras) e carpinteiros que moravam à sombra da fortaleza e todas as vigas, mastros e taboado que fora estavam e mandou três homens, discretos na língua, trato e costume guzerate por espias. Ordenou também aos *casados* portugueses mercadores que metessem na fortaleza os mantimentos que pudessem.

No momento de um cerco, era esta a primeira ordem: convocar todos os homens a permanecerem no interior das muralhas, desde a escaramuça em Cananor, em 1507, citada por Gaspar Correia. Cesare Fedrici conta que, em sua primeira tentativa de retornar a Veneza, passou por Goa quando Hidalcão cercava a cidade e que "o vice-rei não deixava partir nenhum português por causa da guerra."[120] Recolhendo-se os homens, algumas medidas eram necessárias para que, de dentro, não fosse facilitada a entrada do inimigo. Segundo Jorge de Lemos, em Malaca, o capitão da fortaleza espalhou pelos baluartes entre os soldados muitos Jaus – javaneses - que na terra havia, muitos casados e com filhos, e o fez com o cuidado de mantê-los longe de suas habitações: "os de um bairro no baluarte doutro que mais remoto lhe ficava e os doutro noutro, dividindo os parentes e amigos e separando-os [...] para que juntos não imaginassem alguma traição".[121]

Em 18 de maio chegou a Diu o reforço de Goa, liderado por D. Fernando de Castro, filho mais novo de D. João de Castro, vice-rei, totalizando 450

---

118 António Baião (ed.), *op. cit.*, p. 33.

119 *Idem*, p. 8 e também p. 10s.

120 "Il viaggio di Cesare de' Federici nelle Indie Orientali". In: G. B. Ramusio, VI-1074.

121 Jorge de Lemos. "Descrição dos cercos de Malaca...", Segunda Parte, cap. VII, p. 102s.

SITIADOS 259

soldados. Esse jovem, entre 16 e 17 anos, acabou morrendo durante o cerco e foi enterrado na Sé. Outro reforço chegaria mais tarde com o outro filho do vice-rei, D. Álvaro de Castro: trinta navios e 600 homens.[122] Durante o cerco, a cada dia morriam pelo menos três portugueses, além da gente da terra, marinheiros, canaris[123] e guzerates, que ajudavam na artilharia. Essa gente da terra, segundo Nunes, morreu quase toda no início e alguns oficiais também não viram o fim do cerco. Num ataque feroz ao baluarte da Rama, o narrador escreve que morreram cinquenta homens, muitos deles fidalgos e cavaleiros muito honrados, para em seguida fazer um balanço: "serião todos os homens, com portugueses e homens da terra e escravos que aly estavão, mais de cento e vinte pessoas, os quais as mulheres enterraram quase de noite a todos".[124] Da mesma forma se deve relativizar quando o número de homens a defender a fortaleza é muito reduzido, uma vez que o autor só fala dos soldados e não considera os *casados*, servos e escravos.

Em ambos os relatos dos cercos de Diu, pouco se fala do tratamento aos feridos e da falta de comida. A respeito da água sabe-se que, como a cisterna fora construída às pressas, a mistura empregada não havia secado corretamente, o que provocou a doença de "boca danada" a quase todos os da fortaleza. Muitos perdiam os dentes e comiam com sofrimento o pobre manjar de arroz e pão "que mais não havia". E do que havia se tentava obter o máximo. O capitão António da Silveira foi obrigado a intervir num negócio: um homem, tendo uma galinha e um galo assaz magros deu a dois feridos por seis cruzados, desde que a perna da galinha e do galo – "que era mais que a carne" – ficasse com ele.[125]

Durante o segundo cerco, depois de já terem morrido, de ferro e de doença, mais de 150 homens e mais 50 estarem doentes, um candil de trigo amassado, que seria cerca de 20 alqueires, valia 120 pardaus de ouro, que eram 100 cruzados; e em grão valia 70; uma galinha para um doente valia entre oito e dez cruzados. Havia três meses não se comia carne, senão ga-

---

122 António Baião (ed.), *op. cit.*, p. 45 e 62.

123 Canarim é o habitante do Canará, mas os portugueses aplicavam erroneamente o termo ao povo de Goa que, geograficamente é concani. Canarins podiam ser também os gentios ou cristãos indígenas. Sebastião Rodolfo Dalgado. *Glossário Luso-Asiático*, 1-197s.

124 António Baião (ed.), *op. cit.*, p. 62s.

125 Lopo de Sousa Coutinho, *op. cit.*, livro II, cap. 13, p. 153 e cap. 14, p. 167.

tos, arroz e grãos, "que não punhão nihua sustancia", nem havia vinho.[126] Em Goa, durante o cerco de seis meses, Cesare Fedrici conta que ficou doente e gastou grande parte do que possuía devido à grande carestia: "por uma galinha bem triste se pagava sete ou oito liras, além das grandes despesas com médicos e remédios".[127]

Os meios sendo escassos, desfaziam-se as casas para construir os muros e, para proteger os homens das panelas de pólvora que lançavam os inimigos, mandou o capitão desmanchar todos os seus "guodamicis dourados"[128] para fazer botas e luvas.[129] Para lançar a pólvora só havia as panelas que cada um trazia de casa, com o que cozinhavam. Das cavas subia um cheiro pestilento de carne queimada e poeira e do lado de dentro os homens carregavam pedra às costas e terra à cabeça, sempre em vigia, sem muito abrigo contra a chuva que já se tornava intensa sendo avançado o inverno.

Do interior das muralhas, os portugueses podiam ver a vida que prosseguia entre os inimigos. Segundo Nunes, os 26 mil homens,

> estavam seguros na cousa que tinham feito, ao longo dos nossos muros, da banda de fora, suas casas assoalhadas por riba e suas estancias alcatifadas, com chagunco d'água fria e seus bazares ali perto, com tamanha confiança como se estiveram na cidade de Madaba; ali tinhão suas mesquitas em riba da casa de S. Tiago, da banda de fora, chamavão ao Alcorão à meia-noite e até manhã sem nunca lhe podermos matar o caciz.[130]

A visão das casas atapetadas, a água fria ao alcance da mão, as preces diárias que não se interrompiam acentuavam entre os cercados o sentimento de desconforto, de privação e de impotência. Um momento durante esse segundo cerco em que a fortaleza, já muito destruída, recebeu reforços de Goa,

---

126 António Baião (ed.), *op. cit.*, p. 57.

127 "Il viaggio di Cesare de' Federici...", p. 1074.

128 Guadamexim ou guadamecim era um tipo de tapeçaria de couros pintados e dourados. Ver Antonio de Moraes Silva. *Diccionário da Língua Portugueza*. Lisboa: Lacérdina, 1813, p. 103.

129 António Baião (ed.), *op. cit.*, p. 51.

130 *Idem*, p. 77. Caciz significa sacerdote muçulmano.

SITIADOS

expressa não só a dificuldade enfrentada pelos soldados como a angústia de se sentirem aprisionados num ambiente hostil. D. Álvaro de Castro, filho do vice-rei, chegara em 28 de agosto com 50 homens:

> Os soldados que de refresco vieram, receosos do arrunhar dos mouros e do picar que ainda faziam no lanço do muro e vendo tão bem morrer ante si alguns portugueses, que os mouros matavam e ouvindo falar nas minas que é espantoso genero de guerra, como homens desacustumados dela, pesava-lhes muito de se verem cercados e desejavão de ir pelejar fora da fortaleza.[131]

Realmente saíram para lutar, tendo à frente D. Álvaro de Castro e D. Francisco de Meneses. Morreram nessa infeliz empreitada trinta portugueses, entre eles muitos fidalgos.

Os dois cercos de Diu aconteceram durante o reinado de D. João III, momento em que, oficialmente, a Coroa portuguesa abandonou os projetos cruzadísticos de D. Manuel de luta contra o infiel visando a Terra Santa. A mentalidade dos homens, no entanto, havia se alterado muito pouco e a luta se travava ainda entre cristãos e mouros. No primeiro cerco, Ana Fernandes subiu ao muro tendo nas mãos um devoto retábulo da figura de Cristo e descobrindo-o de uma toalha bradou:

> Ó cavaleiros cristãos, esta é a figura daquele que, sem nos ter nenhuma obrigação mais que a de sua misericórdia, quis padecer mais de que todos juntos aí morrendo podereis sentir; [...] o que morrer tem muita certa a glória e o que viver merecimento ante Ele e honra ante o mundo.[132]

O discurso é praticamente o mesmo no segundo cerco, feito pelo capitão D. João Mascarenhas acompanhado de um clérigo com um crucifixo. Lembrava aos soldados que "morressem pela fé de Christo, que ali viam crucificado, cuja verdadeira especia, por amor delles padecera; [...]

---

131 António Baião (ed.), *op. cit.*, p. 73s.

132 Lopo de Sousa Coutinho, *op. cit.*, livro II, cap. 18, p. 196.

que morriam mártires e bem-aventurados e sem pagarem culpa nem padecerem pena, haviam de ir ao paraíso". Leonardo Nunes elogia a maestria do inimigo ao lançar pedras, mas conclui: "São estes mouros tão braceiros que se assim tivessem o estômago, todas as vitórias seriam suas, se nós não fôssemos cristãos".

Só depois de vencido o cerco, quando os homens, liderados por D. João de Castro que chegara de Goa com mais de oitenta velas, saíram matando os soldados e tudo o mais que encontravam, "velhos e velhas e meninos, até as molheres prenhes lhe tiravão os filhos do ventre e lhe cortavão as cabeças em cima das mães; nem derão vida ha gatos e a cães, nem a bois, nem a cavalos, nem a ninhua coisa viva", o cronista volta a falar dos portugueses no lugar dos cristãos. Seu sumário havia sido feito para mandar ao reino, "pela obrigação que tenho ha patria e natureza portuguesa em lhe dar tão boas novas".[133]

Essas "boas novas" não deixariam de ser cantadas, mesmo já entrado o século XVII. O sentimento de uma "natureza portuguesa", na expressão final do autor, seria também lembrado por outros autores, como se verá nas páginas que seguem, natureza esta marcada pela modéstia e pela superioridade diante das aventuras dos gregos e romanos. A descrição de Leonardo Nunes sobre o tratamento dado aos vencidos após o levantamento do cerco, entre "mujtas cruezas",[134] nos lembra igualmente o desafio que cabia aos gregos também enfrentar. Ésquilo, em sua obra *Agamêmnon*, ao escrever sobre o fim do cerco mais célebre da história, onde, no entanto, os cercados entregaram as armas, afirma que a honra e a glória devem ser mantidas após a vitória:

> Clitemnestra:
> Agora os soldados aqueus dominam Troia.
> Na praça capturada certamente ouve-se
> o burburinho de mil vozes bem distintas.
> Derrame-se vinagre e azeite num só vaso;
> os dois não se misturarão de modo algum,
> como se fossem inimigos acirrados.

---

133 Para as citações, ver António Baião (ed.), *op. cit.*, sequencialmente, p. 63, 86, 90 e 95.

134 *Idem*, p. 91.

Da mesma forma, os brados dos vitoriosos
e do dos vencidos são de todo inconfundíveis;
separa-os diferenças enormes de fortunas.
Mulheres desvairadas tentam descobrir
os corpos dos irmãos e dos esposos mortos.
Sobre os cadáveres dos pais crianças choram
(são lábios antes livres lamentando males).
Mas os felizes vencedores já refeitos
dos sobressaltos e fadigas e perigos
da derradeira luta nas noturnas trevas,
reúnem-se famintos junto aos poucos víveres
inda restantes na cidade saqueada
para a primeira refeição provada em paz. [...]
Se cultuarem os bons deuses como devem
e os santuários da cidade subjugada,
de vencedores não se tornarão vencidos.
Dominem os conquistadores a soberba
e não se deixem arrastar pela cobiça
a temerárias, a sacrílegas pilhagens!
A luta não termina com a vitória; falta
a volta, que é metade de um longo caminho.[135]

Este trecho sugere muitas outras questões de que os relatos tratam muito rapidamente. Ésquilo escreve sobre "a primeira refeição provada em paz", após o fim do cerco sobre Troia. Igualmente, afugentados os que cercavam Diu, o cronista português relata o saque da cidade. "a qual estava com todas suas praças cheas de carne fresca e as molheres fazendo de comer". No texto grego, o autor lembra o culto aos "bons deuses", enquanto na costa indiana, no "dia da gloriosa Santa Catherina", uma missa foi mandada dizer fora da fortaleza. A respeito do "culto aos santuários da cidade subjugada", defendido por Ésquilo, conta Leonardo Nunes que em Diu "todas suas mesquitas e alcorões lhe mandou

---

135 Ésquilo. *Oréstia. Agamêmnon. Coéforas. Eumênides.* 6ª. edição. Tradução do grego, introdução e notas de Mário da Gama Kury. Rio de Janeiro: Jorge Zahar Ed., 2003. p. 31.

[o governador] derribar".[136] São aspectos relevantes - que um conjunto mais amplo de fontes talvez possa melhor esclarecer - porque integram "a volta" da batalha, correspondem às consequências da vitória e fazem parte dos usos que os portugueses fizeram dela para a sua manutenção na Ásia. Para além de vencer um conflito armado era preciso que a notícia se espalhasse, que o "nome português", a "reputação",[137] como dirá Antonio Vieira, desaconselhasse outras resistências.

---

136 António Baião (ed.), *op. cit.* A referência à alimentação está na p. 91 e as duas seguintes na p. 94.

137 Antonio Vieira. *Papel que fez o padre Vieira a favor da entrega de Pernambuco aos Hollandezes.* In: *Obras inéditas do padre Antonio Vieira.* Lisboa: J.M.C. Seabra & T.Q. Antunes, 1856-1857, transcrito em Luiz Felipe Baeta Neves. *Terra cidade celeste. Imaginação social jesuítica e Inquisição.* Rio de Janeiro: Atlântica Editora, 2003, p. 170.

Conclusão

Os cercos e a epopeia portuguesa

A IMAGEM DOS PORTUGUESES NA ÁSIA COMO INDIVÍDUOS SITIADOS, ideia de um império sitiado propõe a compreensão da presença portuguesa nas Índias durante o século XVI e princípios do XVII a partir do interior dos espaços limitados das fortalezas cuja soma caracterizou esse império e aponta para um conjunto de ações desenvolvidas na contradição dos interesses das instituições e dos indivíduos. A precariedade da fixação portuguesa às margens do Índico levou a Coroa portuguesa, assim como a espanhola, no período da União Ibérica, a sofrer um sítio permanente, sendo o cerco militar vivido em momentos decisivos o exacerbar de uma situação latente. A primeira impressão, ao estudar a forma como esse modelo condicionou a inserção dos portugueses na dinâmica asiática, foi a de que a concentração do poder nas fortalezas manteve os homens isolados, sendo o envolvimento com as populações locais proporcional ao apego por suas terras, ou seja, pontual, superficial e voltado para o lucro imediato obtido pelo controle da navegação. Ao finalizar essa pesquisa conclui-se que as relações foram, no entanto, mais ambíguas e complexas. Retomando a proposta de Michel de Certeau, a estratégia da Coroa era de criar um espaço cristão, onde osganhos por meio do comércio não fugissem ao seu controle, mas as táticas dos indivíduos foram em muitas outras direções. Os indivíduos fizeram uso do que as táticas exigem: astúcia. O que as táticas obtêm, no entanto, "não se conserva. Este não-lugar lhe permite sem dúvida mobilidade, mas numa docilidade aos azares do tempo, para captar no vôo as possibilidades oferecidas por um

268   ANDRÉA DORÉ

instante".[1] O enfrentamento violento por meio do cerco às fortalezas apontou muitas vezes os limites e os riscos dessa mobilidade.

A produção literária e iconográfica em torno dos cercos militares fez pensar na influência que essas experiências tiveram na contrução de uma imagem do reino português e seus domínios e no próprio impacto que esses momentos obtinham junto aos que ficavam em Portugal. Foram justamente esses momentos que estimularam discursos ficcionais produzidos na "século de ouro" dos portugueses na Ásia, e não as aventuras dos homens e mulheres dispersos pelas terras orientais.

Em trabalho recente sobre a querela literária que opôs antigos e modernos na França no final do século XVII, Joan DeJean lembra que os franceses resistiam em superar os cânones da antiguidade, ainda na esperança de produzirem sua grande epopeia.[2] Luís de Camões deu aos portugueses seu poema épico e teve os feitos lusos na Índia como seu material, feitos estes que apenas na narrativa poética foram inteiramente grandiosos.

Os cronistas da expansão portuguesa, de Fernão Lopes a Diogo do Couto, passando por Zurara, João de Barros, Fernão Lopes de Castanheda e Damião de Góis, aliavam a concepção de história herdada da Antiguidade com a ênfase na figura do rei e do povo português. A historiografia que daí resultou exalta a gesta portuguesa e se ocupa dos mesmos objetos que servem de tema para as epopeias. A inspiração clássica, sobretudo de Tito Lívio, faz com que, por meio da exaltação das glórias da pátria, a história e a epopeia se aproximem.[3] Em se tratando da presença portuguesa na Índia, os cercos oferecem inúmeros elementos tanto para um, a história, como se viu nas narrativas desses conflitos, quanto para outro, a epopeia.

Os Lusíadas, a grande epopeia portuguesa, é vista por Denys Lombard como "um projeto de conquista universal"[4] e nesta categoria se aproxima

---

1   Michel de Certeau. *A invenção do cotidiano*. 1. Artes de fazer. 9º ed. Petrópolis: Vozes, 2007, p. 100-101.

2   Ver Joan DeJean. *Antigos contra Modernos. As Guerras Culturais e a construção de um fin de siècle*. Rio de Janeiro: Civilização Brasileira, 2005, p. 75.

3   Ver Nair de Nazaré Soares. "A historiografia do Renascimento em Portugal: referentes estéticos e ideológicos humanistas". In: *Aquém e Além da Taprobana*. Ed. organizada por Luís Filipe F.R. Thomaz. Lisboa: CHAM, 2002, p. 25 e ss.

4   Denys Lombard. "Les *Lusiades* comparées a deux autres 'visions' de la fin du XVIe siècle: le *Xi Yang Ji* et le roman malais d'Alexandre". In: *As relações entre a Índia portuguesa, a Ásia*

Sitiados   269

de outras epopeias, o que nos faz também compreender porque a falta de um poema deste gênero incomodava a França no tempo do Rei Sol. Considerando-se amplos espaços, a produção épica foi prodigiosa no século xvi. Contemporâneos à obra de Camões, Lombard localizou outros dois textos, um chinês e outro malaio. Enquanto a ação dos portugueses dava origem ao poema épico que tem no centro a figura de Vasco da Gama, ao mesmo tempo, na Ásia, seguindo outros modelos, com outros roteiros e espaços geográficos, fabricavam-se outros textos de cariz universalizante. Trata-se do romance (de 100 a 120 capítulos, dependendo da versão) intitulado *Viagens do eunuco Sanbao nos mares do Oeste*, datado de 1597, e do texto malaio, *História de Iskandar, o Bicorne*, na verdade uma versão do *Romance de Alexandre, o Grande*). Cada autor à sua maneira relata viagens de um herói e seus companheiros privilegiando determinados espaços: a Europa, as costas da África, a Índia e a Ásia do Sudeste, no caso da obra de Camões. O autor do romance chinês, Lo Moudeng, trata minuciosamente da geografia do império chinês, mas não vai além de Mogadiço, Aden e Meca. E o *Romance de Alexandre* parte de uma visão cujo centro é o Oriente Médio e assim, com exceção da América, todo o globo é percorrido.

No caso da contribuição europeia, a obra *Os Lusíadas* é considerado por Hernâni Cidade, quando trata da literatura portuguesa dos séculos xv e xvi, como a síntese da chamada "literatura da expansão", porque revela a realidade histórica e geográfica (mesmo que lacunar como se viu acima), a astronomia, as ciências da natureza, a etnografia e, mais do que objeto de deleite, pretende "fixar para a posteridade as façanhas" com que os portugueses serviram o interesse nacional e o humano.[5] Os cercos, numerosos em toda a expansão, momentos de prova para os portugueses, foram temas privilegiados de exaltação, dos quais as vitórias em Diu se destacam. Camões, no Canto ii, escreve:

> Vereis a inexpugnável Dio forte
> Que dous cercos terá, dos vossos sendo.
> Ali se mostrará seu preço e sorte,

---

do Sueste e o Extremo Oriente - Actas do vi. Seminário Internacional de História Indo-Portuguesa. Lisboa: IICT, 1993, p. 173-185. Para a citação, ver p. 179.

5 Hernâni Cidade. *A literatura portuguesa e a expansão ultramarina*. Coimbra: Armenio Amado Ed., 1963, vol. i, p. 327.

Feitos de armas grandíssimos fazendo.
Envejoso vereis o grão Mavorte
Do peito lusitano, fero e horrendo.
Do mouro ali verão que a voz extrema
Do falso Mahamede ao céu blasfema.

Com esses versos, em que o "grão Mavorte" é Marte, deus da guerra, e "Mahamede", a referência a Maomé, Júpiter tranquiliza Vênus, protetora do herói português, descrevendo o que os portugueses farão na Ásia, mesmo depois da viagem de Vasco da Gama, matéria central do poema. No Canto X, novamente por meio de profecias, desta vez de Calíope, fala-se das vitórias em Diu, por doze estrofes. O poeta conclui a história do cerco dizendo:

Feitos farão tão dignos de memória
Que não caibam em verso ou larga história.
(Canto X, estância 7, 7-8)

Antes dessa estância, no entanto, sem que tenha sido explicitado, se reconhecem fortificações portuguesas não só a de Diu, como de Chaul, Baçaim, Malaca.

Fortalezas, cidades e altos muros
Por eles vereis, filha, edificados;
Os turcos belecíssimos e duros
Deles sempre vereis desbaratados.
(Canto II, estância 46, 1-4)

Os princípios estruturais do poema épico, aplicados de forma singular por Camões, estiveram, no entanto, também presentes mesmo que de forma imperfeita em outras obras produzidas durante o século XVI sobre o tema das navegações portuguesas. Nesses poemas estão dois aspectos presentes em *Os Lusíadas* e que os colocam entre as tentativas de epopeias modernas: a narração de fatos verdadeiros e a comparação com os heróis das epopeias clássicas, gregos e romanos, dando vantagem aos portugueses. Para um contemporâneo como Damião de Góis, Homero teria na "epopeia lusíada motivo não fabuloso mas verdadeiro para uma 'Ilíada'

SITIADOS

ou uma 'Odisseia' ".[6] Da mesma forma, tanto *Os Lusíadas* quanto os dois poemas aqui descritos, receberam parecer favorável da Inquisição, tendo sido examinados pelo mesmo censor, Frei Bartolomeu Ferreira. O poema de Camões em 1571, o do primeiro cerco de Diu em 1587 e o do segundo em 1574. O censor, em relação aos dois poemas que descrevem os cercos, teve o mesmo juízo: "he lição e história que edificará, por tratar de vitórias de cristãos contra infiéis".[7]

O primeiro cerco que os turcos puserão ha fortaleza de Diu nas partes da Índia é de autoria de Francisco de Andrade, cronista-mor do Reino nomeado em 1593, autor também de uma crônica, escrita por ordem de Filipe II, *Comentários da milagrosa vitória que, no ano atrás passado de 1594 os portugueses [...] houveram do poderoso exército do Inizamaluco na tomada e expugnação do morro de Chaúl.*[8] São vinte cantos que variam entre 90 e 130 estrofes de 8 versos, só publicado, ao que se sabe, uma vez, em Coimbra em 1589. No lugar das musas, a quem os autores clássicos pediam inspiração, o autor remete-se a Deus a fim de escrever o poema:

> Socorre eterno senhor supremo,
> Porque eu em mar tam largo desatino
> Ond'hu naufragio certo espero & temo
> Se me faltar o teu favor divino
> Nem m'atrevo chegar a tanto estremo
> D'alto verso, sem ti, que o faço dino
> D'aquelles q por ti con peitos fortes
> Derão & receberam crueis mortes.
>
> (Canto I, estrofe 2)

---

6 Damião de Góis. "Três comentários acerca da segunda guerra de Cambaia". *Opúsculos históricos*. Porto, 1945, p. 215.

7 Esta avaliação se refere ao poema de Francisco de Andrade e foi feita em 01 de dezembro de 1587. Em 16 de fevereiro de 1574, o mesmo frei Bartolomeu Ferreira havia escrito a respeito do poema de Jeronimo Corte Real: "liçam da qual tenho pera my que edificará muito, por se referirem nela batalhas & vitórias de cristãos contra infiéis".

8 Francisco de Andrade. *Comentários da vitória de Chaúl*. Prefaciado e anotado por Jorge Faro. Lisboa, 1945.

Note-se neste início o recurso à imagem do naufrágio, como metáfora do desespero e da perdição. Pela sequência dos acontecimentos descritos nesse poema e pelo tempo que o separa do que é narrado (o primeiro cerco data de 1538), podemos afirmar que o autor utilizou como base o texto de Lopo de Sousa Coutinho. Nos cantos XI e XII, Francisco de Andrade fala longamente de Lopo de Sousa e a última estrofe contém exatamente as mesmas informações com que a narrativa em prosa é concluída: um curioso diálogo que se passa após a partida dos turcos.[9]

Jerônimo Corte Real (1530-1588), que foi capitão de uma armada no Oriente, é o autor do poema que narra o segundo cerco: *Sucesso do Segundo Cerco de Diu. Estando Dom Joham Mazcarenhas por capitam da fortaleza*, contendo 21 cantos e cuja primeira edição data de 1574, em Lisboa. O primeiro canto começa com a *Proposição*, por meio da qual o poeta anuncia o tema, o objeto e o objetivo do seu canto:

> As forças, a destreza, a valentia,
> Opiniam, valor, e esforço grande
> Dos Portuguezes canto: e o trabalho
> De hum perigoso, estreito, duro cerco.
> A batalha tambem canto daquelle
> Insigne Visorey dom Joan de Castro.
> Na qual os Capitães do gram Mamude[10]
> Forao todos vencidos: e a Cidade
> Populosa de Diu toda entregue
> Ao furor dos Soldados, cobiçosos
> Da Honrada fama, mais que de riquezas.

O pedido de inspiração – a *Invocação* do poema – o autor também não o faz às musas, mas a Jesus e à Virgem Maria. Ele deixa as musas e invoca a fonte:

---

9 Cf. Lopo de Sousa Coutinho. *Livro primeiro do cerco que os turcos poseram a fortaleza de Diu*. Coimbra: por João Alvarez imprimidor da Universidade, 1556.

10 O "gram Mamude" refere-se ao sultão do Guzerate, Mahmûd III ibn Latif, que reinou de 1537 a 1553.

Deixo o monte Parnaso, e a Cabalina
Fonte, tam celebrada noutro tempo.
Deixo Apolo, e Minerva: deixo as Musas
Que os antigos Poetas invoncarao,
Nam alcançando o bem tam verdadeiro
De nossa Fé sagrada, e luz divina.
O gram Calvario invoco, invoco a fonte.

Aqui a superação dos antigos, pela pena do autor, não está apenas nos feitos portugueses, mas no conhecimento da fé católica, na Revelação, que os gregos não alcançaram. Mesmo assim, não faltam no poema menções à ação dos deuses, como matéria de poesia, como justificou o censor Frei Bartolomeu em seu parecer. Ao final, utilizando o mesmo artifício de Camões, já inspirado em Virgílio, Corte Real faz uso de profecias para descrever o que aconteceria depois do cerco. Um velho – o Merecimento – fala ao vice-rei da Índia, D. João de Castro, líder da resistência aos turcos neste segundo cerco, que é levado ao Templo da Victoria, onde as ações portuguesas da África e Índia estão pintados em uma parede. Entre as profecias está também a do nascimento do próprio rei D. Sebastião, a quem é dedicado o poema e que "tantas cousas dele o ceo promete".[11] O autor fez acompanhar o poema de ilustrações, que apesar da controversa qualidade artística, contém detalhes de grande interesse, sobre as fortalezas, tendas de campanha, embarcações, armamentos. Corte Real também escreveu um poema baseado em outro grande momento da expansão portuguesa: o *Naufrágio e lastimoso sucesso da Perdiçam de Manoel de Sousa de de Sepúlveda & Dona Leonor de Sá sua molher & filhos*, publicada em 1593.[12]

Estes dois poemas, apesar de não seguirem rigorosamente a estrutura da epopeia clássica, correspondem à definição básica de epopeia: a narra-

---

11 Jerónimo Corte Real. *Sucesso do segundo cerco de Dio*. Fielmente copiado da edição de 1574. Lisboa: Offic. de Siman Thaddeo Ferreira, 1784, canto XXI.

12 Sobre a vida de Corte Real, assim como as críticas às suas obras, ver Jerônimo Corte Real. *Sucesso do Segundo Cerco de Diu*. Códice Cadaval 31-ANTT. Introdução de Martim de Albuquerque. Lisboa: Edições Inapa, 1991, p. 7-24. Nesta edição se reproduzem as ilustrações. No século XIX, o autor brasileiro Pereira da Silva enfatizava o naufrágio de Sepúlveda e a obra de Jerônimo Corte Real, como mostra o artigo de J. Cândido Martins. "O Naufrágio de Sepúlveda na narrativa romântica do brasileiro Pereira da Silva: Jerónimo Corte Real (Crônica do Século XVI)", p. 1-8. (www.alfarrabio.di.uminho.pt/vercial.)

tiva poética de qualquer ação grandiosa, a ciência literária lhe reservando dois sinais definidores: a extensão narrativa e a excepcionalidade da ação e dos temas. Na esteira de *Os Lusíadas*, esses poemas igualmente se distanciam da epopeia clássica para se filiarem à epopeia moderna inaugurada por Camões. Maria Leonor Carvalhão Buescu considera que o poeta épico, autor da epopeia, "distanciando-se do historiador ou do cronista que convoca o factual, preferirá ou será obrigado pelo cânone a preferir a discordância propriamente artística entre os tempos da narração e da acção". Diferentemente então dos textos de Homero e Virgílio, que se reportam a fatos de um passado distante, Camões se inspira no presente e seu poema é, pois, "uma resposta moderna ao imediato".[13] Da mesma forma, Francisco de Andrade e Jerônimo Corte Real tratam de um presente – ou de um passado próximo – que não querem ver esquecido. Na análise de Sérgio Buarque de Holanda, essa literatura quinhentista, de João de Barros a Camões, que cresce à medida em que declina o poderio português, figuraria como uma "espécie de engrandecimento retrocessivo".[14]

Nesta "epopeia moderna" de padrão camoniano descrita por Buescu, encontramos ainda dois elementos. O primeiro é a superioridade dos modernos. Na carta ao leitor, Jerônimo Corte Real diz que vai mostrar que os feitos portugueses não diferem das proezas inimagináveis dos gregos, troianos e romanos, "impossíveis pela elegância das palavras". Essa comparação, inevitável, com os feitos que inspiraram os épicos clássicos, também está presente na obra de Camões. Para citar apenas um exemplo:

> Se do grande valor da forte gente
> De Luso não perdeis o pensamento,
> Deveis de ter sabido claramente,
> Como é dos fados grandes certo intento,
> Que por ela s'esqueçam os humanos
> De assírios, persas, gregos e romanos.
> (Canto I, 24,3-8)

---

13 Maria Leonor Carvalhão Buescu. "*Os Lusíadas* e o exotismo literário". In: *Épica. Épicas. Épica camoniana*: Lisboa: Edições Cosmos, 1997, p. 36 e ss.

14 S. B. de Holanda. *Raízes do Brasil*, 10º. ed. Rio de Janeiro: José Olympio, 1986, p. 77.

SITIADOS

Se os combates de Roma e Troia não superam os dos portugueses, cabe a estes divulgar a sua superioridade. Buescu cita um trecho do *Cancioneiro Geral* de Garcia de Rezende que ressalta a modéstia portuguesa – se podemos chamar assim – em relação a outros povos da Europa:

> Porque a natural condição dos portugueses é nunca escreverem coisa que façam [...] porque se os feitos tivessem sido feitos por Roma, Tróia e todas as outras antigas crónicas e histórias, não achariam maiores façanhas nem mais notáveis feitos do que dos nossos naturais se podiam escrever assim dos tempos passados como de agora.[15]

Essa "natural condição dos portugueses" é testemunhada por outros autores. Lopo de Sousa Coutinho tem uma opinião semelhante ao descrever a façanha de um soldado português que, arrancando um dente, armou sua espingarda e o atirou nos inimigos.

> Deste só caso, sei eu gente na Europa que fez gran volume, assentando em cabeceira de mesa mas eu sou tão português que ainda que este homem atirara com quantos dentes tinha na boca, & com cada um matara muitos inimigos, não gastara mais regras em seu louvor. Porque cousa é mui costumada em os Portugueses, ofenderem seus inimigos com as cousas impossíveis, quando as possíveis lhes faltam. E pois este é o verdadeiro & acostumado trajo Português.[16]

Leonardo Nunes, no prólogo de sua *Cronica* sobre o segundo cerco de Diu, também afirma que: "À culpa do grande descuido, fraqueza e pouquo [zelo] q ha nossa nação portuguesa tem de suas façanhas pera delas fazer escrituras, resurgio ho meu fraco ingenho(...)".[17] Francisco de Andrade, as-

---

15 *Apud* Maria Leonor Carvalhão Buescu, *op. cit.*, p. 38.

16 Lopo de Sousa Coutinho, *op. cit.*, livro II, cap. XVIII, p. 197.

17 António Baião (ed.), *História quinhentista (inédita) do segundo cerco de Dio*. Coimbra: Imprensa da Universidade, 1927, p.1.

sim como Jerônimo Corte Real, quer ver mudado este quadro. O primeiro escreve no Canto III, 7-8: "Heroicos varões, eu direi tanto / De vós, que ao mundo seja inveja e espanto". E Corte Real conclui assim a apresentação de seu poema: "Como português desejo ver as coisas da pátria engrandecidas e divulgadas por todas as nações."

O outro elemento inserido por Camões em seu poema e presente também nas outras duas obras é a preocupação com a verdade. Buescu chega a afirmar que "o verídico é a condição da epopeia moderna".[18] No Canto v, Camões compara as invenções dos antigos com a verdade dos portugueses:

> Nestas fábulas vãs, tão bem sonhadas,
> A verdade que eu conto, nua e pura,
> Vence toda grandíloca escriptura!
> (Canto v, 89, 6-8)

E Corte Real, na *Invocação*, pede:

> Ajudai-me Senhor, para que cante
> Dos vossos Capitaes os grandes feitos,
> Que no cerco de Diu bem mostrarao
> Ser por Vós ajudados, e regidos.
> Informai meu estillo, e juntamente
> Guiay a minha lingua grossa, e ruda:
> Para que dê notícia eterna ao mundo,
> Das mortes, dos estragos, dos incendios:
> Daquelle grande estrago, e total perda,
> Que em Diu receberam os imigos
> De vossa sancta Fé, e sacro nome.
> (Canto I)

Mas, seguramente, não só o cerco de Diu foi alvo da pena dos humanistas. Diogo Paiva de Andrade, filho de Francisco de Andrade, escreveu *Chauleida*, um poema épico sobre a defesa da cidade de Chaul e a "célebre vitória dos Portugueses contra as tropas de Inizamaluco (Nizam

---

18 Maria Leonor Carvalhão Buescu, *op. cit.,* p. 40.

SITIADOS 277

Shah, sultão de Ahmadnagar)", publicada em 1628 e reeditada em 1725.[19] Sá de Menezes também publicou, em 1634, uma epopeia influenciada por Ariosto, intitulada *Malaca conquistada* sobre a dominação da cidade por Afonso de Albuquerque em 1511.[20]

Objeto de exaltação da presença portuguesa na Índia, o cerco de Diu inspirou também uma outra obra, a *Comédia do Cerco de Diu*, escrita pelo poeta Simão Machado e impressa por Pedro Craesbeeck em Lisboa, em 1601. Esta pode ser vista como uma obra mais conciliadora ou portadora de outros objetivos, para além da exaltação. Machado escreveu ainda a *Comédia da Pastora Alfea* e, mais tarde, sob o hábito franciscano e o nome de Frei Boaventura, escreveu um poema consagrado ao Pe. Pedro Dias, jesuíta morto em 1571 próximo às Canárias por corsários franceses, ao final de uma viagem que tinha como destino o Brasil. A *Comédia do Cerco de Diu*, "o primeiro drama histórico de grande espetáculo"[21] se refere ao primeiro cerco imposto pelos turcos à fortaleza em 1538. Para redigi-la, Simão Machado contou, igualmente, com a narrativa de Lopo de Sousa Coutinho. Três intrigas se cruzam: a principal, política, e outras duas secundárias, de ordem sentimental.

A intriga pode assim ser resumida: O rei Bahadur de Cambaia, que junto com o conselheiro Coge Çofar (Cojosofar, como escreve o autor), quer expulsar de Diu os portugueses e chama o capitão da fortaleza, Manuel de Sousa ao palácio. Apesar da advertência do governador Rao, seu amigo, o capitão português apresenta-se perante o rei e lhe anuncia a chegada da armada do governador Nuno da Cunha. Despeitado, Bahadur manda degolar Rao e vai se encontrar com Nuno da Cunha em sua nau. Ao sair é atacado por Manuel de Sousa e os dois acabam mortos. Coge Çofar, ferido, consegue escapar. Segundo Lopo de Sousa, os próprios portugueses liberaram Coge Çofar para que tranquilizasse os habitantes da cidade, aflitos e ameaçando deixá-la após a morte do sultão. Para substituir Manuel de Sousa, Nuno da Cunha designa Antonio da Silveira e Coge Çofar é nomeado governador de Diu. O general mogol Mirizam torna-se rei com o consentimento dos portugueses, mas os

---

19 Sobre este épico, ver Antonio Andrade. "Ecos do episódio de Niso e Euríalo na *Chauleida de Diogo Paiva de Andrade*". *III Colóquio Clássico – Actas*. João Manuel Nunes Torrão (coord.) Aveiro, 1999, p. 295-319.

20 Ver Francisco de Sá de Menezes. *Malaca conquistada*. Lisboa: Pedro Craesbeeck, 1658

21 Claude-Henri Frèches. *Introdução ao teatro de Simão Machado*. Lisboa: O mundo do livro, 1971, p. 16.

nobres do reino já haviam escolhido Moulay Ali, sobrinho de Bahadur. Os exércitos rivais travam batalha.

A política, assim como o romanesco, entra na constituição trágica da *Comédia do cerco de Diu*, mas o autor não deixa também de pintar um quadro da vida militar nas praças da Índia. As personagens populares desempenham o papel do coro, fazendo comentários à ação, enquanto os soldados portugueses são retratados como personagens realistas à moda de Gil Vicente. Claude-Henri Frèches alerta para o fato de que Simão Machado equipara-se a João de Barros quando examina o sistema colonizador português e recomenda que não seja "esmagado o povo com o peso dos impostos e que não se dizimem as populações".[22]

A *Comédia* refere-se, na verdade, apenas aos fatos narrados no livro I do texto de Lopo de Sousa. Os turcos não chegam a atacar a fortaleza e o que se vê em cena são os antecedentes do cerco, os preparativos, a morte do sultão, as artimanhas de Coge Çofar. O cerco, propriamente, não chega a acontecer. Os diálogos entre o rei e o renegado ou entre os guzerates servem, em alguns momentos, para que o autor expresse uma suposta visão "do outro lado", ou seja, ele se utiliza dos adversários para fazer uma crítica à ação dos portugueses. Vê-se então o que não se encontra na narrativa de Lopo de Sousa ou nos textos épicos: a afronta que a construção de uma fortaleza pode ter significado para os moradores de Diu ou a indignação causada pelo assassinato do sultão, sem provas evidentes de que esse tramasse contra os portugueses. O governador de Diu, Rao, num diálogo com o capitão da fortaleza, Manuel de Sousa, o alerta a respeito do desejo de Bahadur de ver os portugueses fora da cidade e pondera que não seria sem razão se os expulsasse:

> Que em ciudad tan opulenta,
>
> Y de las suyas primera,
>
> Dize que es bien que se sienta,
>
> Que tener gente estrangera
>
> Fortaleza, le es afrenta.[23]

Pelas palavras de Coge Çofar ao rei também se verifica a opinião do autor a respeito dos abusos que os portugueses cometiam:

---

22 *Idem*, p. 19.

23 Simão Machado. *Comédia do cerco de Dio*. *Comédias portuguesas*. Lisboa: Pedro Craesbeeck, 1601, Primeira Parte, fl. 1v.

Si huviste por bien que hiziesse
Fortaleza em tu ciudad
Por conformar su amistad
Creiste que no saliessen
Jamas de tu voluntad.
Mas ellos quieren mandallo
Todo, y sin guardar tu ley,
Hazer de suerte que hallo,
Que cada uno esta Rey,
Y tu de todos vassallo.[24]

Em relação ao assassinato do sultão, Simão Machado também considera que era difícil aos nobres do Guzerate mantê-lo sem resposta e por intermédio de Audalim, sobrinho de Bahadur, afirma:

Que tal muerte a tal Rey dada
Passe solo com llorada,
Pues fue de todos la afrenta,
Sea de todos vengada.[25]

O autor tem igualmente clara a fragilidade do domínio português na cidade, um domínio que não ía além das muralhas. Ao repreender dois soldados, ele afirma por intermédio da personagem de Manuel de Sousa:

As revoltas em que andais
CosMouros, porque não vedes
O que nellas arriscais,
Pois entre quatro paredes
Na sua própria terra estais.[26]

---

24 *Idem*, Primeira Parte, fl. 4.

25 *Idem*, Segunda Parte, fl. 42v.

26 *Idem*, Primeira Parte, fl. 2v.

Dessa forma, é na ficção que encontramos em palavras objetivas o sentimento de estar constantemente cercados vivido pelos portugueses na Ásia, sentimento este que atingia mesmo os homens que nunca deixaram o reino, como Simão Machado. A precária condição dos soldados também está presente no seu texto, sem dúvida um assunto de impacto junto ao público, visto que não sendo membro da fidalguia ou de ordem religiosa, era nessa categoria que os portugueses chegavam à Índia. Em Diu, eram vigias, onde "Nem o logar he seguro / Nem as merces vem nem vão".[27] Como também destacam as narrativas, enfrentavam uma luta de poucos contra muitos; "quatro soldados" enquanto os "Mafomas malditos/ São tantos como mosquitos".[28]

Ao lado da arguta percepção do autor a respeito das condições dos portugueses na Índia, um aspecto de grande interesse se destaca na forma da obra. Simão Machado constrói, à moda do que então se praticava em Portugal, um texto bilíngue. A opção feita pelo autor não está dissociada do momento político vivido na península: os heróis portugueses têm suas falas em português enquanto os mouros em castelhano. Em plena união das coroas de Portugal e Castela, ou de dominação espanhola, como parece melhor entender o autor, a *Comédia do cerco de Dio* foi levada à censura em 1624 e recebeu o "imprimatur" em 1626. As autoridades civis só permitiram a impressão no ano seguinte. Mas já impressas, as comédias voltaram ao exame da censura em outubro de 1631.[29]

O bilinguismo em Portugal foi uma das mais fortes evidências da proximidade cultural com o reino de Castela durante o século XVI. Jerônimo Corte Real, autor dos poemas sobre o cerco de Diu e o naufrágio de Sepúlveda, escreveu também um texto em espanhol, *Austríaca* ou *Felicíssima Victoria concedida del Cielo al Señor D. Juan de Áustria em el golfo de Lepanto de la Poderosa Armada Otomana em el Año de Nuestra Salvación de 1572,* publicado em Lisboa em 1578. Isabel Buescu salienta que a corte era bilíngue, devido à sucessão de alianças matrimoniais, sendo, no entanto, o teatro "o veículo mais importante para a difusão do castelhano junto das camadas populares". Durante a monarquia dual e nos círculos cortesãos, o castelhano se revestiria, para nobres e letrados, de uma importância instrumental. Mas a análise do bilinguismo neste período não pode ser desvinculada do que já vinha ocorrendo desde o início do sécu-

---

27 *Idem*, fl. 2v.

28 *Idem*, fl. 3.

29 Cf. Claude-Henri Frèches, *op. cit.*, p. 10.

lo: manifestações de afirmação da língua portuguesa frente ao castelhano e ao latim. O que surgia eram novas situações, já que a escolha do idioma poderia incluir um significado político, sem que se estabeleça um paralelismo rígido entre essa opção e "a lógica das fidelidades políticas".[30]

Por meio de vários exemplos, entre eles o comentário dos *Lusíadas*, de Manuel de Faria e Sousa, ou dois discursos musicológicos de D. João IV, escritos em castelhano, Jean-Frédéric Schaub conclui que "seria absolutamente ilusório tomar a escolha de uma ou de outra língua como um indicador de patriotismo mais ou menos acentuado". A justificativa para o uso do castelhano, além da ampla circulação dos dois idiomas, era por ser esta a língua materna do rei, quando a obra se destinava a ele, e por se esperar, quando o objetivo era exaltar o reino de Portugal, que um número maior de pessoas pudesse lê-lo. Assim, conclui Schaub, estamos "perante um caso linguístico puramente pragmático no qual não existe uma ligação entre o objecto do discurso e a língua de expressão".[31]

Podemos concordar que em muitos casos o pragmatismo tenha dirigido as escolhas, mas há indícios suficientes para afirmar que Simão Machado não distribuiu aleatoriamente as falas em sua comédia. Se aos mouros, inimigos dos portugueses em muitos séculos, coube a língua espanhola, o autor pode muito bem ter lançado uma provocação contra os espanhóis, atenuada sem dúvida pelo próprio enredo da peça, mais tolerante e conciliador do que foram os conflitos na realidade e pelo gênero escolhido, a comédia. Sua obra tinha, assim, vários objetivos: a clássica exaltação dos feitos portugueses mas também uma crítica, já que nem tudo que se fazia nas Índias dava honra aos lusitanos. E, acima de tudo, no início do século XVII, vinte anos após a união das coroas ibéricas, Machado adotou um tema caro aos portugueses ligado ao ultramar para discutir também o que ocorria na península. Optou talvez pelo evento mais marcante do ponto de vista militar ocorrido na Índia portuguesa quinhentista, inúmeras vezes citado, que se traduziu para os homens da época como prova da superioridade portuguesa, seja frente aos gregos e

---

30 Ana Isabel Buescu. " 'Y la Hespañola es facil para todos'. O biliguismo, fenómeno estrutural (séculos XVI-XVIII)". In: *Memória e poder. Ensaios de história cultural (séculos XV-XVIII)*. Lisboa: Edições Cosmos, 2000, p. 51 e 60.

31 Jean-Frédéric Schaub. *Portugal e a monarquia hispânica (1580-1640)*. Lisboa: Livros Horizonte, 2001, p. 18.

romanos, como quiseram os poetas, seja frente aos mouros, inimigos ancestrais de Portugal. O autor desejava, então, que essa superioridade se manifestasse também em relação aos homens de língua castelhana e projetava, nos diálogos entre os inimigos na Índia, o desfecho para o cerco sofrido pelos portugueses em sua própria terra.

A situação dos portugueses sitiados na Ásia não se desfez ao longo do século XVII. Seu império transformou-se gradualmente de "império da pimenta" em "império do açúcar",[32] mas não se livrou do cerco. O Pe. Antonio Vieira, em 1648, aconselhava D. João IV a entregar a praça de Pernambuco aos holandeses visando preservar a Índia "e as conversões de tantos reinos e impérios regados com o sangue de tantos martyres, que é a maior dilatação da fé, que nunca teve a egreja". Frente às sucessivas guerras com Holanda, travadas na Ásia, África e América, concluía:

> Esta é, senhor, a desigualdade das condições que tanto se abominam, capituladas com uma república a mais florente, a mais poderosa, e a mais soberba do mundo, por um reino hoje de menos poder, e cercado por todas as partes de um tão superior inimigo.[33]

Poderíamos dizer que eram bastante parciais as informações de Vieira sobre a Índia. Não houve conversão de reinos e impérios na dimensão em que acreditava o pregador. A república protestante de Holanda, o "superior inimigo", não era também a única ameaça às possessões portuguesas. A imagem, porém, mesmo a partir de expectativas e notícias imprecisas, reproduz o sentimento de reclusão, de estado de sítio, de domínios cercados partilhado por indivíduos durante toda a expansão portuguesa, marcando o revés da proteção e poder que as muralhas esperavam encarnar.

---

32 Essa passagem, segundo Luís Filipe Thomaz, teria se processado a partir de finais do século XVI, tendo em vista o caráter promissor do comércio Atlântico e a dificuldade cescente em se manter as praças no Índico. Ver *De Ceuta a Timor*. Lisboa: Difel, 1994, p. 503.

33 Antonio Vieira. *Papel que fez o padre Vieira a favor da entrega de Pernambuco aos Hollandezes*. In: *Obras inéditas do padre Antonio Vieira*. Lisboa: J.M.C. Seabra & T.Q. Antunes, 1856-1857, transcrito em Luiz Felipe Baeta Neves. *Terra cidade celeste. Imaginação social jesuítica e Inquisição*. Rio de Janeiro: Atlântica Editora, 2003. As citações estão respectivamente nas páginas p. 167 e 174.

CADERNO DE IMAGENS

Imagens de 1 a 6
A produção de vistas de fortalezas na Índia destaca a presença pontual dos portugueses, circunscrita às regiões litorâneas, desde a inaugural e malograda abordagem de Calicute. Já esta sucessão de vistas da fortaleza portuguesa de Diu, na costa ocidental da Índia, permite apontar as modificações no complexo defensivo após o primeiro cerco, de 1538, com ênfase na construção de uma segunda muralha e na adaptação dos baluartes. As imagens indicam ainda a realização de cópias, resultantes da circulação do material cartográfico e a prática corrente de elaboração de panoramas das possessões portuguesas às margens do Oceano Índico.

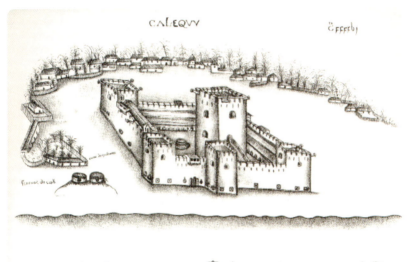

Imagem 1: Vista de Calicutee, feita pelo cronista Gaspar Correia em obra finalizada em 1563. Primeiro porto atingido pelos portugueses na Índia, Calicutee figurava no mapa mundi de Fra Mauro, de 1459, como o local onde nascia a pimenta.

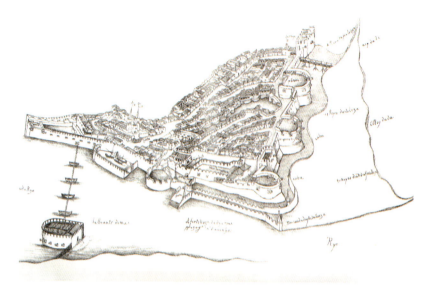

Imagem 2: Vista de Diu, por Gaspar Correia, anterior a 1563.

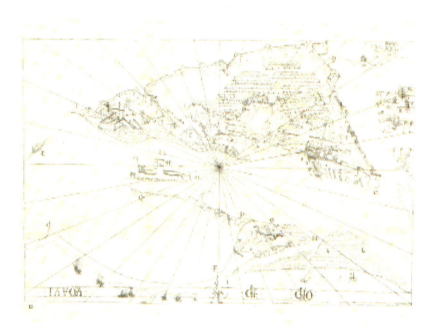

Imagem 3: Vista de Diu, por D. João de Castro, produzida entre 1538 e 1541.

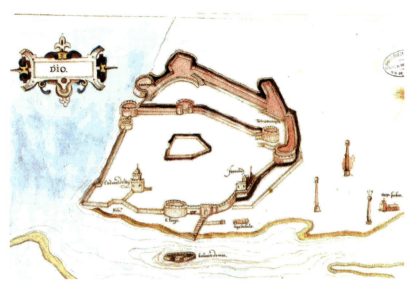

Imagem 4: Vista de Diu feita pelo cartógrafo malaio-português Manuel Godinho de Erédia. Esta imagem integra o atlas com vinte *Plantas de praças das conquistas de Portugal*, feito por ordem do vice-rei Rui Lourenço de Távora e datado de 1610. O Atlas pertence ao acervo da Biblioteca Nacional do Rio de Janeiro.

Imagem 5: Imagem de Diu de Pedro Barreto de Resende que acompanha o levantamento feito por Antonio Bocarro, concluído em 1635.

Imagem 6: Vista de Diu provavelmente copiada do levantamento feito por Bocarro e Resende. Integra o códice 1471 da *Biblioteca do Paço Ducal de Vila Viçosa*, datado por Luís Silveira entre 1633-1641.

Imagem 7: Obra *Delle Fortificationi*, de Galasso Alghisi da Carpi, de 1570. O autor defendia a fortaleza com cinco baluartes como o modelo ideal de um sistema defensivo. Nesta página de rosto, vê-se as quatro virtudes cardeais - Fortaleza, Prudência, Temperança, Justiça - a proteger o Império, que está ao centro. As virtudes e as artes juntas, anuncia ainda a ilustração, defenderão e aumentarão o Império. As artes aqui representadas são a Arquitetura, a Geometria, a Aritmética e a Astronomia, unindo disciplinas do *quadrivium* à arte liberal da arquitetura.

Imagem 8: Página de rosto da obra *Da fábrica que falece à cidade de Lisboa*, de Francisco de Holanda, finalizado, segundo o autor, em 1571. Frei Bartolomeu Ferreira autorizou sua impressão em 1576, mas a obra permaneceu inédita até 1879.

Imagem 9: *Figura de Lisboa*, de Francisco de Holanda, imagem síntese da expansão portuguesa ao integrar dois instrumentos essenciais para o estabelecimento de possessões no ultramar: as fortalezas e as naus.

Imagem 10: Detalhe da tapeçaria Descobrimento da Índia, que um documento de 1504 referia como "à maneira de Portugal e da Índia", figurando embarcações de médio porte, a remo e à vela, usadas pelos portugueses no Oceano Índico. (Banco Nacional Ultramarino).

Imagens 11 e 12: Representações do mesmo tema, navios e fortalezas, na iconografia produzida na Índia, a partir de conflitos que não envolveram os portugueses, mesmo após sua chegada ao Índico. A primeira imagem retrata uma batalha naval (National Museum, Nova Delhi) e a segunda um cerco entre forças asiáticas. Nesta pintura de 1590, *A siege in Progress*, os homens do imperador mogol Akbar (1556-1605) cercam a cidade Rajput de Ranthambore.

Imagens 13, 14 e 15: Ilustrações referentes aos cantos 3, 4 e 17 do poema épico *Sucesso do Segundo Cerco de Diu*, de Jerônimo Corte Real, publicado em 1574. Tanto o poema quanto a ilustração integram um conjunto de obras produzidas em torno das vitórias portuguesas obtidas em Diu. Nessas imagens identificam-se alguns elementos presentes nos relatos de cercos, como o trabalho das mulheres carregando pedras e a hierarquia que se desfaz em nome da segurança da praça, ao retratar fidalgos realizando o trabalho braçal.

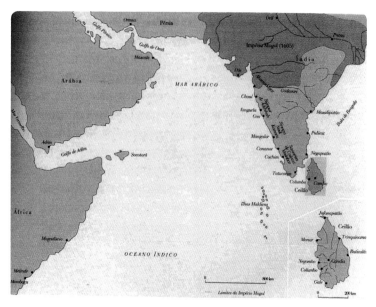

Mapa 1: Mapa do mar Arábico e subcontinente indiano.

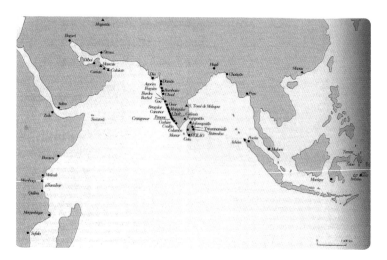

Mapa 2 : Mapa das localidades controladas ou freqüentadas pelos portugueses no Oriente.

Bibliografia geral

Fontes impressas

Albuquerque, Afonso de. *Cartas para el-Rei D. Manuel I*. Selecção, prefácio e notas de António Baião. Lisboa: Livraria Sá da Costa Editora, 1942.

Albuquerque, Afonso Brás de. *Comentários de Afonso de Albuquerque*. Ed. De Joaquim Veríssimo Serrão. Lisboa, 1973.

Andrade, Francisco de. *O primeiro cerco que os turcos puserão ha fortaleza de Diu nas partes da Índia*. Coimbra, 1589.

_____. *Comentários da vitória de Chaúl*. Prefaciado e anotado por Jorge Faro. Lisboa, 1945.

Baião, António (ed.). *História quinhentista (inédita) do segundo cerco de Dio*. Coimbra: Imprensa da Universidade, 1927.

Balbi, Gasparo. *Viaggio dell'Indie Orientale*. Vinezia: Camillo Borgominieri, 1590.

Barros, João de. *Décadas*. Selecção, prefácio e notas de António Baião. 3 ª ed. Lisboa: Livraria Sá da Costa Editora, 1982. 4 vols.

Battûta, Ibn. *Voyages*. Traduction de l'arabe de C. Defremery et B.R. Sanguinetti (1855). Introdução e notas de Stéphane Yerasimos. Paris: La Découverte, 1994. 3 vols.

Bocarro, António. *O livro das plantas de todas as fortalezas, cidades e povoações do Estado da Índia Oriental*. Lisboa: Imprensa Nacional/Casa da Moeda, 1992. 3 vols.

Brenna, Guglielmo (a cura di). *Relazione di viaggi di Piero di Giovanni di Dino nelle costi dell'Africa e delle Índia*. Firenze: Cellini, 1885.

Brito, Bernardo Gomes de. *História trágico-marítima*. Rio de Janeiro: Lacerda Editores/Contraponto, 1998. (1ª ed. 1735-1736)

Camões, Luís de. *Os Lusíadas*. Edição comentada. Introdução de Gladstone Chaves de Melo. Rio de Janeiro: Biblioteca do Exército, 1980. (1ª ed. 1571).

Carpi, Galasso Alghisi. *Delle fortificationi*. s./d., 1570.

Castilho, Antonio de. *Commentário do cerco de Goa, e Chaul no anno de 1570 sendo viso-rey D. Luis de Ataide*. Lisboa occidental: Officina Joaquiniana da Música, 1736.

Coleção de São Lourenço. Prefácio e notas de Elaine Sanceau. Lisboa: Centro de Estudos Históricos Ultramarinos da Junta de Investigações Científicas do Ultramar, 1975.

CORREIA, Gaspar. *Lendas da Índia*. Porto: Lello & Irmãos Editores, 1975. 4 vols. (Obra finalizada em 1563; 1ª ed. 1858-1866.)

CORREIO, Roque. *Relaçam da grande vitoria que os portugueses alcansaram contra elrey do Achem no cerco de Malaca*. Lisboa: por Pedro Craesbeeck, 1630.

CORTE REAL, Jerónimo. *Sucesso do Segundo Cerco de Diu. Estando Dom Joham Mazcarenhas por capitam da fortaleza. Anno de 1546*. Fielmente copiado da Edição de 1574. Por Bento Jose de Sousa Farinha. Lisboa: Offic. de Simam Thaddeo Ferreira, 1784.

_____. *Sucesso do Segundo Cerco de Diu*.Códice Cadaval 31-ANTT. Introdução de Martim de Albuquerque. Lisboa: Edições Inapa, 1991.

COUTINHO, Lopo de Sousa. *Livro primeiro do cerco que os turcos poseram a fortaleza de Diu*. Coimbra: por João Alvarez imprimidor da Universidade, 1556. (Encadernado em MACHADO, Diogo Barbosa (collegida por). *Notícia dos cercos heroicamente sustentados pelos portuguezes nas quatro partes do mundo*. s.l: s.d, tomo 1.)

_____. *O primeiro cerco de Diu*. Apresentação de Luís de Albuquerque. Lisboa: Alfa, 1989.

COUTO, Diogo do. *O Soldado prático*. Texto restituído, prefácio e notas de M. Rodrigues Lapa, 3ª ed. Lisboa: Livraria Sá da Costa Editora, 1980.

DAGEN, Mathias. *L'Architecture militaire moderne ou Fortification*. Amsterdan: Louys Elzevier, 1648.

Documentos remettidos da Índia ou Livro das Monções. Vols I-IV, ed. Raymundo Antonio de Bulhão Pato. Lisboa: Typographia da Academia Real das Sciencias, 1880-1935; Vols. VI-X, ed. Antonio da Silva Rego. Lisboa: Imprensa Nacional/Casa da Moeda, 1974-1982.

"Due lettere dall'India di Andrea Corsali". In: RAMUSIO, G. B. *Navigazioni e Viaggi*. Vol. II. Torino: Giulio Einaudi editore, 1979.

ÉSQUILO. Oréstia. Agamêmnon. Coéforas. Eumênides. 6a. edição. Tradução do grego, introdução e notas de Mário da Gama Kury. Rio de Janeiro: Jorge Zahar Editora, 2003.

ERÉDIA, Manuel Godinho de. *Eredia´s Description of Malaca, Meridional India, and Cathay*. Traduzido do português com notas de J.V. Mills e nova introdução por Cheah Boon Kheng, Kuala Lumpur: MBRAS, 1997.

SITIADOS 295

"Il viaggio di Cesare de' Federici nelle Indie Orientali". In: RAMUSIO, G. B. *Navigazioni e Viaggi*. Vol. VI. Torino: Giulio Einaudi editore, 1980.

GÓIS, Damião de. "Três comentários acerca da segunda guerra de Cambaia". *Opúsculos históricos*. Porto, 1945, p. 215-254.

GUERREIRO, Fernão. *Relaçam Annual das cousas que fezeram os padres da Companhia de Iesus nas partes da India Oriental, & em alguas outras da conquista deste reyno no anno de 606 & 607 & do processo da conversão & christandade daquelas partes*. Lisboa: por Pedro Craesbeeck, 1609.

HOLANDA, Francisco de. *Da Fábrica que Falece à cidade de Lisboa*. [1571] Introdução, notas e comentários de José da Felicidade Alves. Lisboa: Livros Horizonte, 1984.

"Itinerário di Lodovico di Barthema in Arábia, in Índia e nell'Asia sudorientale". In: RAMUSIO, G. B. *Navigazioni e Viaggi*. Vol. I. Torino: Giulio Einaudi editore, 1978.

Livro das plantas das fortalezas, cidades e povoações do Estado da Índia Oriental com as descrições do marítimo dos reinos e províncias onde estão situadas. Ed. de Luís Silveira. Lisboa: Centro de Documentação e Informação do IICT, 1988.

MACHADO, Simão. *Comédias portuguesas*. Lisboa: Pedro Craesbeeck, 1601.

MAGALHÃES, Joaquim Romero e MIRANDA, Susana Münch (orgs.). *Os Primeiros 14 documentos relativos à Armada de Pedro Álvares Cabral*. Lisboa: CNCDP-Torre do Tombo, 1999.

MAGGI, Girolamo. *Della Fortificatione delle Citta*. Veneza: Camillo Bogominiccio, 1583.

MENEZES, Francisco de Sá de. *Malaca conquistada*. Lisboa: Pedro Craesbeeck, 1658.

MISRA, S.C. & MATHEW, K. S. (editores). *Chronica do Reyno de Gusarate*. Trad. Francis A. Mendonça. Baroda: The Maharaja Sayajirao University of Baroda Press, 1981.

O cerco de Columbo. Últimos dias do domínio português em Ceilão. Rompimento das hostilidades pelos holandeses até a rendição de Columbo (1952-1656). FITZLER, M. A. H. (ed.) Coimbra: Imprensa da Universidade, 1928.

O descobrimento das Índias. O Diário da viagem de Vasco da Gama. Introdução, notas e comentários finais de Eduardo Bueno. Rio de Janeiro: Objetiva, 1998.

O Livro de Marco Polo. O Livro de Nicolau Veneto. Carta de Jeronimo de Santo Estevam, conforme impressão de Valentim Fernandes, introdução e índices de Francisco Maria Esteves Pereira. Lisboa: Oficinas Gráficas da Biblioteca Nacional, 1922, com três fac-símiles da edição de 1502.

O Orçamento do Estado da Índia –*1571*. Direção e prefácio de Artur Teodoro de Matos. Lisboa: CNCDP, 1999.

O Tombo de Diu 1592. Direção e prefácio de Artur Teodoro de Matos. Lisboa: CNCDP, 1999.

O Tombo de Chaul 1591-1592. Direção e prefácio de Artur Teodoro de Matos. Lisboa: CNCDP, 2000.

PANDURONGA, Pissurlencar (estudo e notas). *Regimentos das fortalezas da Índia*. Bastorá-Goa: Tipografia Rangel, 1951.

PERAGALLO, Prospero (ed.). *Carta de El-Rei D. Manuel ao Rei Catholico*. Apêndice: *Relação de Lunardo Cha Masser*. Lisboa: Academia Real de Sciencias, 1892.

PEREIRA, Carlos Renato Gonçalves (org.). *História da Administração da Justiça no Estado da Índia*. Século XVI. Lisboa: Agência Geral do Ultramar, 1964-1965. 2 vols.

PEREIRA, Paulo Roberto (org.). *Os três únicos testemunhos do descobrimento do Brasil*. Rio de Janeiro: Lacerda editores, 1999.

POLO, Marco. *Le devisement du monde*. Texte établi par A-C. Moule et Paul Pelliot. Version française de Louis Hanibis. Paris: La Découverte, 1991. 2 vols.

_____. *O Livro das Maravilhas*. Trad. Elói Braga Júnior. Porto Alegre: L&PM, 1996.

QUEIROZ, Fernão de. *Conquista temporal e espiritual do Ceylão*. Goa, 1.10.1687. Biblioteca Nacional do Rio de Janeiro. MS 454 (1-2).

_____. *Conquista temporal e espiritual de Ceylão*. Colombo: H.C. Cottle. Government Printer, 1916.

RADULET, Carmem. *Vasco da Gama. La prima circumnavigazione dell'Africa (1497-1499)*. Reggio Emilia: Diabasis, 1994.

RAMUSIO, Giovanni Battista. *Navigazioni e Viaggi*. A cura di Marica Milanesi. Torino: Giulio Einaudi editore, 1978-1980. 6 vols.

Relação das Plantas & Dezcripsões de todas as Fortalezas, Cidades, e Povoações que os Portuguezes tem no Estado da India Oriental. Ms. do século XVII. Lisboa: Biblioteca Nacional, 1936.

Relação de todo o dinheiro que se fez na venda dos cargos e fortalezas que se vendrão por ordem de sua magestade neste Estado da Índia (1639), feita por Gregório de Pinna. Estudo histórico de Maria Manuela Sobral Blanco, Lisboa, 1992.

RIVARA, J. H. da Cunha. *Archivo Portuguez-oriental*. Nova Delhi: Asian Education Services, 1992.

ROUSSEAU, Jean-Jacques. *Discours sur l'origine et les fondements de l'inégalité parmi les hommes.* Paris: GF-Flammarion, 1992.

RUBROUCK, Guillaume de. *Voyage dans l'Empire Mongol.* Trad. Claude et René Kappler. Paris: Payot, 1985. (1ª ed. completa e traduzida do latim para o inglês: 1625-1626).

SASSETTI, Filippo. *Lettere dall'India (1583-1588).* A cura di Adele Dei. Roma: Salerno Editrice, 1995.

SILVEIRA, Francisco Rodrigues. *Memórias de um soldado da Índia.* Compiladas por A. de S.S. Costa Lobo. Lisboa: Imprensa Nacional, 1877.

_____. *Reformação da Milícia e Governo do Estado da Índia oriental.* Introdução e edição de Luís Filipe Barreto, George Davison Winius e Benjamin N. Teensma. Lisboa: Fundação Oriente, 1996.

SPALLANZANI, Marco. *Giovanni da Empoli. Mercante navigatore fiorentino.* Firenze: SPES, 1984.

TEIVE, Diogo de. *Relação das proezas levadas a efeito pelos portugueses na Índia, junto de Diu, no ano da nossa salvação de 1546.* Lisboa: Cotovia/CNCDP, 1995.

Textos sobre o Estado da Índia. Lisboa: Alfa, 1989.

THETI, Carlo. *Discorsi delle fortificationi, espugnationi & difese delle cittá, & d'altri luoghi.* Venetia: Apresso Francesco de Franceschi Senese, 1589.

Viaggi fatti da Vinetia, alla Tana, in Persia, in India, et in Costantinopoli. Veneza: Antonio Manutio, 1543.

VIEIRA, Antonio. Papel que fez o padre Vieira a favor da entrega de Pernambuco aos Hollandezes. In: *Obras inéditas do padre Antonio Vieira.* Lisboa: J.M.C. Seabra & T.Q. Antunes, 1856-1857, transcrito em NEVES, Luiz Felipe Baeta. *Terra cidade celeste. Imaginação social jesuítica e Inquisição.* Rio de Janeiro: Atlântica Editora, 2003.

VITRUVIO. *Da arquitetura.* Introdução de Julio Roberto Katinski, 2ª ed. São Paulo: Hucitec/ Annablume, 2002.

Voyages de Vasco da Gama. Traduits et annotés par Paul Teyssier et Paul Valentin. Paris: Editions Chandeigne, 1995.

WICKI, Joseph. *Documenta Indica.* Vols I e VIII. Roma: IHSI, 1948-1962.

ZINADÍM. *História dos portugueses no Malabar.* Lisboa: Antígona, 1998.

Livros, artigos e teses

AHMAD, Afzal. *Indo-portuguese Trade in Seventeenth Century (1600-1663)*. Nova Delhi: Gian Publishing House, 1991.

ALEGRIA, Maria Fernanda, GARCIA, João Carlos e RELAÑO, Francesc. "Cartografia e viagens". In: BETHENCOURT, Francisco e CHAUDHURI, Kirti. *História da Expansão Portuguesa*. vol. I. Lisboa: Círculo de Leitores, 1998.

ALENCASTRO, Luiz Felipe de. *O trato dos viventes*. São Paulo: Companhia das Letras, 2000.

ALEXANDROWICZ, Charles H. "Le droit des nations aux Indes Orientales". *Annales*, 19 année, nº 5, setembro – outubro de 1964, p. 869-884.

_____. "Le droit des nations aux Indes Orientales". In: *Annales*, 19 année, nº 6, novembro – dezembro de 1964, p. 1066-1084.

ALMEIDA, Anita Correia Lima de. *Inconfidência no império: Goa de 1787 e Rio de Janeiro de 1794*. Tese (Doutorado em História), Rio de Janeiro: UFRJ, 2001.

ALMEIDA, Rita Heloísa de. *O Diretório dos Índios. Um projeto de "civilização" no Brasil do século XVIII*. Brasília: Editora da UnB, 1997.

ANDRADE, Amélia Aguiar. "Novos espaços, antigas estratégias: o enquadramento dos espaços orientais". *Os espaços de um império. Estudos*. Lisboa: CNCDP, 1999, p. 35-45.

ANDRADE, Antonio. "Ecos do episódio de Niso e Euríalo na *Chauleida* de Diogo Paiva de Andrade". *III Colóquio Clássico – Actas*. João Manuel Nunes Torrão (coord.) Aveiro, 1999, p. 295-319.

ARAÚJO, Julieta M. A. de Almeida & SANTOS, Ernesto J. Oliveira dos. "Os portugueses e o reino no Congo. Primeiros Contatos". In: *Missionação Portuguesa e Encontro de Culturas*. vol. 1. Braga: Universidade Católica/CNCDP, 1993, p. 637-659.

AUBIN, Jean. 'L'Itinerário' de Ludovico di Varthema". *Le latin et l'astrolabe. Recherches sur le Portugal de la Renaissance, son expansion en Asie et les relations internationales*. Collection de textes établie par Françoise Aubin. Vol II. Lisbonne-Paris: CNCDP-Fondation Calouste Gulbenkian, 2000, p. 483-492.

_____. "L'apprentissage de l'Inde. Cochim 1503-1504". *Moyen Orient & Océan Indien*, IV, 1987, p. 01-96.

_____. "Le royaume d'Ormuz au début du XVI siècle". *Mare Luso-Indicum*, nº 5, Tomo II. Genève: Librairie Droz, 1973, p. 77-179.

SITIADOS

Azevedo, Aroldo de. *Vilas e cidades do Brasil colonial*. Faculdade de Filosofia, Ciências e Letras. Boletim nº 208. Geografia nº 11. São Paulo, 1956.

Ballong-Wen-Mewuda, J. Bato'Ora. "A fortaleza de São Jorge da Mina: Testemunho da presença portuguesa na costa do Golfo da Guiné do século xv ao século xvii". *Revista Oceanos. Fortalezas da Expansão Portuguesa*. nº 28, Lisboa, 1996, p. 27-39.

Banha de Andrade, Antônio Alberto. *Mundos Novos do Mundo. Panorama da difusão, pela Europa, de notícias dos Descobrimentos Geográficos Portugueses*. Lisboa: Junta de Investigações do Ultramar, 1972. 2 vols.

Bethencourt, Francisco. "A administração da Coroa". Bethencourt, Francisco & Chaudhuri, Kirti (dir.). *História da expansão portuguesa*. Vol. i. Lisboa: Círculo de Leitores, 1998, p. 387-412.

_____. "O Estado da Índia". In: Bethencourt, Francisco & Chaudhuri, Kirti (dir.). *História da expansão portuguesa*. Vol. ii. Lisboa: Temas e Debates 1998, p. 284-314.

Biedermann, Zoltán. "*Nas pegadas do apóstolo*. Socotorá nas fontes européias dos séculos xvi e xvii". *Anais de história de além-mar*. i. Lisboa: Centro de História de Além-Mar da Universidade Nova de Lisboa, 2000, p. 287-386.

Biscetti, Rita. "Portogallo e portoghesi nelle due lettere di Andrea Corsali a Giuliano e a Lorenzo de' Medici incluse nelle 'Navigazioni' di G. B. Ramuzio". Separata da *Revista da Universidade de Coimbra*. vol. xxxii, 1985, p. 79-87.

Blanco, Maria Manuela Sobral. *O Estado Português da Índia. Da rendição de Ormuz à perda de Cochim (1622-1663)*. Tese de doutoramento. Faculdade de Letras da Universidade de Lisboa. Vol. i - Estudo Histórico, 1992.

Bompaire, J. "Diplomatie et rhétorique à l'époque de Michel viii Paléologue". *La Vie, la mort, la foi, le temps. Mélanges offertes à Pierre Chaunu*. Paris: PUF, 1993.

Bouchon, Geneviève. "L'Ocean Indien à l'époque de Vasco da Gama". *Mare Liberum*, nº 1, 1990, p. 71-77.

Bouchon, Geneviève. *Vasco de Gama*. Paris: Fayard, 1997.

Bouza Alvarez, Fernando. *Portugal no tempo dos Felipes. Política, cultura, representações (1580-1668)*. Trad. Ângela Barreto Xavier e Pedro Cardim. Lisboa: Edições Cosmos, 2000.

Boxer, Charles. "Antonio Bocarro and the 'Livro do Estado da Índia Oriental'". Separata de *Garcia da Orta. Revista da Junta das Missões Geográficas e de Investigações do Ultramar*. Número especial, 1956, p. 203-219.

_____. *A igreja militante e a expansão ibérica 1440-1770*. Trad. Vera Maria Pereira. São Paulo: Companhia das Letras, 2007.

_____. "Casados and cabotagem in the Estado da Índia, 16th/17th centuries". *II Seminário Internacional de História Indo-Portuguesa*. Lisboa: Instituto de Investigação Científica Tropical, 1985, p. 121-127.

_____. *O império marítimo português (1415-1825)*. Tradução. Anna Olga de Barros Barreto. São Paulo: Companhia das Letras, 2002.

BOYAJIAN, James C. *Portuguese Trade in Asia under the Habsburgs, 1580-1640*. Baltimore-London: The Johns Hopkins University Press, 1993.

BRAUDEL, Fernand. *L'Identité de la France*. I: Espace et histoire. Paris, 1986.

_____. *Le Modèle Italien*. Paris: Champs Flammarion, 1994. Ed. bras São Paulo: Companhia das Letras, 2007. Trad: Luiz Fernando Franklin de Matos

BUESCU, Ana Isabel. "Y la Hespañola es facil para todos". O biliguismo, fenômeno estrutural (séculos XVI-XVIII)". *Memória e poder. Ensaios de história cultural (séculos XV-XVIII)*. Lisboa: Edições Cosmos, 2000, p. 49-66.

BUESCU, Ana Isabel. *D. João III. 1502-1557*. Lisboa: Círculo de Leitores, 2005.

BUESCU, Maria Leonor Carvalhão. *Historiografia da Língua Portuguesa. Século XVI*. Lisboa: Livraria Sá da Costa Editora, 1984.

BUESCU, Maria Leonor Carvalhão. "*Os Lusíadas* e o exotismo literário". *Épica. Épicas. Épica camoniana*: Lisboa, 1997.

BURY, John B. "Benedetto da Ravenna (c.1485-1556)". *A arquitectura militar na expansão portuguesa*. Lisboa: CNCDP, 1994, p. 130-134.

CARDINI, Franco. "I fiorentini e l'espansione europea". *Mare Liberum*, nº 2, 1991, p. 31-36.

CARITA, Rui. A defesa do Atlântico nos séculos XV e XVI. *Arquitetura Militar na Expansão Portuguesa*. Lisboa: CNCDP, 1994, p. 111-126.

CATROGA, Fernando. "A história começou a Oriente". *O orientalismo em Portugal. Séculos XVI-XX*. Lisboa: CNCDP / Inapa, 1999, p. 197-240.

CATTANEO, Angelo. "Scritture di viaggio e scrittura cartografica. La mappamundi di Fra Mauro e i racconti di Marco Polo e Niccolò de' Conti". *Itineraria*. III-IV, 2005, pp. 157-202.

CERTEAU, Michel de. *A invenção do cotidiano. 1. Artes de fazer. 9º ed*. Trad. Ephraim Ferreira Alves. Petrópolis: Vozes, 2007.

CHKLOVSKI, Victor. *Le voyage de Marco Polo*. Paris: Payot, 1983.

SITIADOS 301

CID, Isabel. "Uma visão sobre as fortalezas do Estado da Índia". *Actas do II Colóquio Panorama e Perspectivas actuais da história militar em Portugal*. Lisboa: Comissão Portuguesa de História Militar, 1991, p. 249-258.

CIDADE, Hernani. *A literatura portuguesa e a expansão ultramarina*. Vol. I. Lisboa: Divisão de Publicações e Biblioteca, Agência Geral das Colônias, 1943.

CIDADE, Hernani. *A literatura portuguesa e a expansão ultramarina*. Vol. II. Coimbra: Armênio Amado Ed., 1963.

COLLEY, Linda. *Captives. Britain, Empire, and the World, 1600-1850*. New York: Anchor Books, 2004.

CONDURU, Robert. "Geometria bélica: cartografia e fortificação no Rio de Janeiro setecentista". *Universo urbanístico português 1415-1822*. Lisboa: CNCDP, 1998, p. 119-141.

CORDEIRO, Luciano. *Batalhas da Índia. Como se perdeu Ormuz. Processo inédito do século XVII*. Lisboa: Imprensa Nacional, 1896.

CORREIA. José Manuel. *Os portugueses no Malabar (1498-1580)*. Lisboa: CNCDP/ Imprensa Nacional – Casa da Moeda, 1997.

COSTA, João Paulo Oliveira e. "O Império Português em meados do século XVI". In: *Anais de história de Além-Mar*. III. Lisboa: CHAM-UNL, 2002, p. 87-122.

_____. *A descoberta da civilização japonesa pelos portugueses*. Lisboa: Instituto Cultural de Macau; Instituto de História do Além-Mar, 1995.

COUTO, Dejanirah. "A fortaleza de Baçaim". *Revista Oceanos. Fortalezas da Expansão Portuguesa*. nº 28, Lisboa, 1996, p. 105-118.

_____. "L'Inde Portugaise". *Historiens & Géographes*. nº 353, s./d., p. 105-117.

_____. "No rastro de Hadim Suleimão Pacha: alguns aspectos do comércio do Mar Vermelho nos anos 1538-1540". In: *A Carreira da Índia e as rotas dos estreitos*. Actas do VIII Seminário Internacional de História Indo-Portuguesa. Angra do Heroísmo, 1998, p. 483-508.

_____. "Alguns dados para um estudo ulterior sobre a 'sociedade espontânea' no Estado da Índia na primeira metade do século XVI". In: *Metahistória. História questionando História. Homenagem ao Prof. Dr. Teotônio R. de Souza*. Charles Borges, S.J. & M. N. Pearson (coord.). Lisboa: Vega, 2007, p. 283-301.

CRUZ, Maria Augusta Lima. "As andanças de um degredado em terras perdidas: João Machado". *Mare Liberum*, nº 5, 1993, p. 39-46.

_____. "Degredados e arrenegados portugueses no espaço índico". *Revista Textos de História*. Vol. 6, nº 1-2, 1998, p. 169-184.

DELSON, Roberta Marx. *Novas vilas para o Brasil-Colônia*. Brasília: Ed. ALVA-CIORD, 1997.

DELUMEAU, Jean et RICHARD, Jean. "Sociétés et compagnies de commerce en Orient e dans l'Ocean Indien". *Annales*, 23 ème année, nº 4, 1968.

DIAS, Pedro. "As fortificações portuguesas da cidade magrebina de Safi". *Revista Oceanos. Fortalezas da Expansão Portuguesa*, nº 28, Lisboa, p. 10-26.

DISNEY, A. R. *A decadência do império da pimenta. Comércio português na Índia no início do séc. XVII*. Lisboa: Edições 70, 1981.

DOMINGUES, Ângela. *Quando os índios eram vassalos: colonização e relações de poder no Norte do Brasil na segunda metade do século XVIII*. Lisboa: CNCDP, 2000.

DORÉ, Andréa; LIMA, Luis Filipe Silvério e SILVA, Luiz Geraldo (orgs.). *Facetas do Império na História: conceitos e métodos*. São Paulo: Hucitec, 2008.

DORÉ, Andréa. "As atuações no Reino do Congo e na Costa da Pescaria: aproximações para o estudo do Império Português no século XVI". In: DORÉ Andréa; LIMA, Luis Filipe Silvério e SILVA, Luiz Geraldo (orgs.). *Facetas do Império na História: conceitos e métodos*. São Paulo: Hucitec, 2008, pp. 227-243.

_____. "Manuel Godinho de Erédia e a cartografia sobre o Estado da Índia no período filipino". In: VAINFAS, Ronaldo; SANTOS, Georgina Silva dos e NEVES, Guilherme Pereira das (orgs.). *Retratos do Império. Trajetórias individuais no mundo português nos séculos XVI a XIX*. Niterói: Eduff, 2006, p. 375-388.

_____. "Diplomacia e relações comerciais entre o Oriente e o Ocidente: duas experiências do século XIII". *Tempo*, – UFF, nº 10, Niterói, p. 137-158.

_____. *La connaissance et la clarté du regard des voyageurs sur l'Asie entre le XIIe et le XIVe siècles*. Paris: EHESS, 1995. (monografia policopiada).

DUVERGER, Maurice. "O conceito de império". In: DORÉ Andréa; LIMA, Luis Filipe Silvério e SILVA, Luiz Geraldo (orgs.). *Facetas do Império na História: conceitos e métodos*. São Paulo: Hucitec, 2008, p. 19-38.

ELIADE, Mircea. *O sagrado e o profano. A essência das religiões*. Trad. Rogério Fernandes. São Paulo: Martins Fontes, 1992.

ELLIOTT, J. H. "A conquista espanhola e a colonização da América". In: BETHELL, Leslie (org.). *História da Amércia Latina*. vol. I – América Latina Colonial. São Paulo: Edusp, 1997, p. 135-194.

FARAGE, Nadia. *As Muralhas dos Sertões: os povos indígenas no Rio Branco e a colonização*. Rio de Janeiro: Paz e Terra/ ANPOCS, 1991.

FARO, Jorge. *Manuel Godinho de Erédia*. Lisboa: s.d., 1955.

SITIADOS 303

FEBVRE, Lucien. *O problema da incredulidade no século XVI. A religião de Rabelais.* Trad. Maria Lucia Machado. São Paulo: Companhia das Letras, 2009.

FERNANDES, José Manuel. "O lugar da cidade portuguesa". *Povos e Culturas.* nº 2: A cidade em Portugal: onde se vive. Lisboa, 1987, p. 79-94.

_____. "De Cochim a Diu - análise de alguns espaços urbanos na Índia de influência portuguesa". *Encontros sobre Portugal e a Índia.* Lisboa: Fundação Oriente/Livros Horizonte, 2000, p. 153-164.

FERNANDES, Manuela Mendonça de Matos. "Alguns aspectos das relações entre Portugal e as repúblicas italianas no último quartel do século XV". *Portugaliae Historica*, 2ª série, vol. I – Portugal no Mundo. Lisboa: 1991, p. 41-65.

FERREIRA, Ana Maria Pereira. "Estrangeiros na Índia no tempo de Afonso de Albuquerque: os anónimos". *Anais de história de além-mar*, nº 1. Lisboa: CHAM-UNL, 2000, p. 53-58.

FIALHO, Madalena da Câmara. "Os conceitos de Império e o imperialismo português". *Rumo*, nº 2, 1946, p. 222-240.

FLORES, Jorge Manuel. "Um 'homem que tem muito crédito naquelas partes': Miguel Ferreira, os "alevantados" do Coromandel e o Estado da Índia". *Mare Liberum*, nº 5, 1993, p. 21-32.

_____. *Os portugueses e o Mar de Ceilão (1498-1543).* Lisboa: Cosmos, 1998.

FONSECA, Luís Adão da. "O imaginário dos navegantes portugueses dos séculos 15 e 16". *Estudos Avançados.* 6 (16), 1992, p. 35-52.

_____. *De Vasco a Cabral.* Bauru: Edusc, 2001.

FONTANA, Josep. *A história dos homens.* Trad. Heloísa Jochims Reichel e Marcelo Fernando da Costa. Bauru: Edusc, 2004.

FRÈCHES, Claude-Henri. *Introdução ao teatro de Simão Machado.* Lisboa: O mundo do livro, 1971.

GABRIELI, Giuseppe. *L'Oriente nella 'Divina Commedia'.* Estratto dagli "Atti del IV Congresso Nazionale di Studi Romani", s/l. Istituto di Studi Romani, 1938.

GALLAGHER, Catherine e GREENBLATT, Stephen. *A prática do novo historicismo.* Trad. Gilson César Cardoso de Sousa. Bauru: Edusc, 2005.

GARCIA, José Manuel. "Breve roteiro das fortificações portuguesas no Estado da Índia". *Revista Oceanos. Fortalezas da Expansão Portuguesa.* nº 28, Lisboa, 1996, p. 121-126.

GARIN, Eugenio. *Moyen Age et Renaissance*. Trad. Claude Carme. Paris: Gallimard, 1969 (1ª ed. italiana: 1954).

_____. *Ciência e vida civil no Renascimento italiano*. Trad. Cecília Prada. São Paulo: Unesp, 1994.

GIL, Juan. "Europeos en la India a la llegada de los Portugueses". In: Loureiro, Rui M. & Gruzinski, Serge. (coords.). *Passar as fronteiras*. Lagos: Centro de Etudos Gil Eanes, 1999, p. 229-244.

GINZBURG, Carlo. "Descrição e citação". *O fio e os rastros*. Trad. Rosa Freire d'Aguiar e Eduardo Brandão. São Paulo: Companhia das Letras, 2007, p. 17-40.

GIUCCI, Guillermo. *Viajantes do Maravilhoso. O Novo Mundo*. São Paulo: Companhia das Letras, 1992.

GODINHO, Vitorino Magalhães. *Les Découvertes XV – XVI: une révolution des mentalités*. Paris: Autrement ("Série Mémoires"), 1990.

GOFFMAN, Erving. *Manicômios, prisões e conventos*. Trad. Dante Moreira Leite, 6ª ed. São Paulo: Perspectiva, 1999.

GOMES, Paulo Varela. "Ovídio malabar (Manuel de Faria e Sousa, a Índia e a arquitectura portuguesa)". *Mare Liberum*, nº 11-12, 1996, p. 73-86.

GONÇALVES, Antonio Custódio. "A ação evangelizadora e cultural de Portugal no Congo (1491-1543)". *Missionação Portuguesa e Encontro de Culturas*. Vol. 1. Braga: Universidade Católica/ CNCDP, 1993, p. 565-578.

GRACIAS, M. Fátima da Silva. "Entre partir e chegar: saúde, higiene e alimentação a bordo da Carreira da Índia no século XVIII". *A Carreira da Índia e as rotas dos estreitos* – Actas do VIII Seminário Internacional de História Indo-Portuguesa. Angra do Heroísmo, 1998, p. 457-468.

GREENBLATT, Stephen. *Possessões maravilhosas*. Trad. Gilson César Cardoso de Souza. São Paulo: Edusp, 1996.

GUERREIRO, Inácio. "A vida a bordo na Carreira da Índia. A torna-viagem", *A carreira da Índia e a rota dos estreitos*. – Actas do VIII Seminário Internacional de História Indo-Portuguesa. Angra do Heroísmo, 1998, p. 415-432.

HAMBIS, Louis. "Les Empires mongols". In: DUVERGER, Maurice (dir.). *Le concept d'empire*. Paris: PUF, 1980, p. 417-431.

HARLEY, J. B. *La nueva naturaleza de los mapas. Ensayos sobre la historia de la cartografia*. Trad. Leticia García Cortés, Juan Carlos Rodriguez. México: FCE, 2005.

SITIADOS 305

HARTOG, François. *Os antigos, o passado e o presente*. José Otávio Guimarães (org.). Trad. Sonia Lacerda, Marcos Veneu e José Otávio Guimarães. Brasília: Editora Universidade de Brasília, 2003.

HEERS, Jacques. *Marco Polo*. Paris: Fayard, 1983.

HERMANN, Jacqueline. *No reino do Desejado*. A construção do sebastianismo em Portugal (séculos XVI e XVII). São Paulo: Companhia das Letras, 1998.

HESPANHA, Antônio Manuel. "A constituição do Império português. Revisão de alguns enviesamentos correntes". In: FRAGOSO, JOÃO; BICALHO, Maria Fernanda e GOUVÊA, Maria de Fátima (orgs.). *O Antigo Regime nos trópicos: a dinâmica imperial portuguesa (séculos XVI-XVIII)*. Rio de Janeiro: Civilização Brasileira, 2001, p. 163-188.

HOLANDA, Sérgio Buarque de. *Raízes de Brasil*, 10ª ed. Rio de Janeiro: José Olympio, 1986.

_____. *Visão do paraíso. Os motivos edênicos no descobrimento e colonização do Brasil*, 6ª ed. São Paulo: Brasiliense, 1994.

DEJEAN, Joan. *Antigos contra Modernos. As Guerras Culturais e a construção de um fin de siècle*. Zaida Maldorado. Rio de Janeiro: Civilização Brasileira, 2005.

LANCIANI, Giulia. "Une histoire tragico-maritime". *Lisbonne hors les murs*. Paris: Editions Chandeigne, 1990, p. 89-116.

LANE, Frederic. *Venise, une république maritime*. Trad. Yannick Bourdoiseau et Marie Ymonet. Paris: Champs Flammarion, 1985.

LAPA, José Roberto do Amaral. *A Bahia e a Carreira da Índia*. São Paulo: Hucitec, 2000. Ed. Fac-similada.

LE GOFF, Jacques. "O Ocidente medieval e o Oceano Índico". *Para um novo conceito de Idade Média – Tempo, trabalho e cultura no Ocidente*. Lisboa: Estampa, 1979, p. 263-280.

LENTI, Roberto. "L'architettura navale portoghese all'inizio dell'età moderna". *Studi in onore di Luigi Bulferetti. Miscellanea Storica ligure*. Ano XVIII, nº 1, vol. 1. Genova, 1968, p. 215-288.

LIMA, Priscila de. *Uma leitura do arbitrismo português a partir das obras O soldado prático e da Reformação da milícia e governo do Estado da Índia oriental*. Monografia. Departamento de História - UFPR. Curitiba, 2008.

LOBATO, Manuel. "Fortalezas do Estado da Índia: do centro e periferia". A *arquitetura militar na expansão portuguesa*. Lisboa: CNCDP, 1994, p. 43-55.

LOMBARD, Denys. "Le concept d'empire en Asie du Sud-Est". In: DUVERGER, Maurice (dir.). *Le Concept d'empire*. Paris: PUF, 1980, p. 433-442.

306   ANDRÉA DORÉ

_____. "Les *Lusiades* comparées a deux autres 'visions' de la fin du xvie siècle: le *Xi Yang Ji* et le roman malais d'Alexandre". *As relações entre a Índia portuguesa, a Ásia do Sueste e o Extremo Oriente* – Actas do vi Seminário Internacional de História Indo-Portuguesa. Macau/Lisboa: Instituto de Investigação Científica e Tropical, 1993, p. 173-185.

Lopes, Maria de Jesus dos Mártires. "D. João iii e a gênese da sociedade indo-portuguesa". In: *D. João iii e o Império*. Actas do Congresso Internacional comemorativo do seu nascimento. Lisboa: CHAM-CEPCEP , 2004, p. 424-432.

Lopes, Ricardo. "Degredados e arrenegados na armada de Pedro Álvares Cabral". In: Oliveira e Costa, João Paulo (org.). *Descobridores do Brasil. Exploradores do Atlântico e Construtores do Estado da Índia.* Lisboa: Sociedade Histórica da Independência de Portugal, 2000, p. 447-468.

Lopez, Roberto. S. "Nuovi luci sugli italiani in Estremo Oriente prima di Colombo". *Studi colombiani*, iii, Genova, 1952, p. 337-398.

Loureiro, Rui. "O encontro de Portugal com a Ásia no século xvi". In: Albuquerque, Luís de; Ferronha, Antonio Luís; Horta, José da Silva e Loureiro, Rui. *O confronto do olhar.* O encontro dos povos na Época das navegações portuguesas. Lisboa: Caminho, 1991, p. 155-211.

Lunde, Paul. "La llegada de los portuguees al Oceano Indico segun las fuentes arabes". *Mare Liberum.* nº 10, 1995, p. 431-436.

Madeira, Angélica. *Livro dos Naufrágios. Ensaio sobre a História Trágico-Marítima.* Brasília: Editora da UnB, 2005.

_____. " 'Relato de naufrágio': um artefato cultural". *vi Colóquio UERJ. Interseções: a materialidade da comunicação.* Rio de Janeiro, 1998, p. 304-313.

_____. "Intertextualidade e transdisciplinaridade: problemas de método". *Language and literature today.* Vol. ii. Anais do xix Congresso da Federação Internacional de Língua e Literatura Moderna, Brasília, 1996, p. 987-994.

_____. "Notícias sobre a história trágico-maritima". *Lugar comum*, nº 7, janeiro – abril de 1999, p. 93-102.

_____. "Relações de poder em naus mercantes". *Série Sociológica* nº 104. Brasília, 1993.

Martins, J. Cândido. "O Naufrágio de Sepúlveda na narrativa romântica do brasileiro Pereira da Silva: Jerónimo Corte Real (Crônica do Século xvi)", p. 1-8. (www.alfarrabio.di.uminho.pt/vercial)

Mathew, K.S. & Ahmad, Afzal. *Emergence of Cochim in the pre-industrial era: A study of Portuguese Cochim.* Pondicherry: Pondicherry University, 1990.

SITIADOS 307

MATOS, Artur Teodoro de. "Chaul. Porto estratégico, "Feira permanente" e terra e artífices". *Os espaços de um império. Estudos*. Lisboa: CNCDP, 1999, p. 161-167.

MCPHERSON, Kenneth. "Paravas and the Portuguese – a study of portuguese strategy and its impact on an indian seafaring community". *Mare liberum*, nº 13, 1996, p. 69-82.

MELLO, Cristiane Figueiredo Pagano de. "Os corpos de ordenanças e auxiliares. Sobre as relações militares e políticas na América Portuguesa". *História: Questões e Debates*. nº 45. Curitiba: Ed. da UFPR, 2006.

MICELI. Paulo. *O ponto onde estamos. Viagens e viajantes na História da Expansão e da Conquista*, 3ª ed. Campinas: Editora da Unicamp, 1998.

MOLINARI, Italo. "Un articolo d'autore cinese sur Marco Polo e la Cina". *Annali*, Sup. 30, vol. 42. Napoli: Istituto Orientali di Napoli, 1982.

MOLLAT, Michel. *La vie quotidienne des gens de mer em Atlantique IX-XVI siècle*. Paris: Hachette, 1983.

_____. *Les Explorateurs du XIII au XVI siècle*. Paris: Éditions du CTHS, 1992.

MOMIGLIANO, Arnaldo. *As raízes clássicas da historiografia moderna*. Trad. Maria Beatriz Borba Florenzo. Bauru: Edusc, 2004.

MONTANARI, Massimo. *A fome e a abundância. História da alimentação na Europa*. Trad. Andréa Doré. Bauru: Edusc, 2004.

MOREIRA, Rafael & CURVELO, Alexandra. "A circulação das formas. Artes portáteis, arquitetura e urbanismo". In: BETHENCOURT, Francisco e CHAUDHURI, Kirti (dir.). *História da Expansão Portuguesa*. Vol. II. Lisboa: Temas e Debates, 1998, p. 532-571.

MOREIRA, Rafael (dir.). *História das fortificações portuguesas no mundo*. Lisboa: Alfa, 1989.

_____. "A fortaleza de Diu e a arquitetura militar no Índico". *Os espaços de um império. Estudos*. Lisboa: CNCDP, 1999, p. 139-147.

_____. "Caravelas e baluartes". *A arquitetura militar na expansão portuguesa*. Lisboa: CNCDP, 1994, p. 83-89.

_____. "Cultura material e visual". In: BETHENCOURT, Francisco e CHAUDHURI, Kirti (dir.). *História da Expansão Portuguesa*. Vol. I. Lisboa: Círculo de Leitores, 1998, p. 455-486.

_____. "Fortalezas do Renascimento". *A arquitetura militar na expansão portuguesa*. Lisboa: CNCDP, 1994, p. 127-129.

Morineau, Michel. *Les grandes compagnies des Indes Orientales (xvi-xix siècles)*. Paris: PUF (Que sais-je?), 1994.

Moura, Carlos Francisco. *Teatro a bordo de naus portuguesas nos séculos xv, xvi, xvii e xviii*. Rio de Janeiro: Instituto Luso-Brasileiro de História / Liceu Literário Português, 2000.

Mundy, Barbara. *The Mapping of New World. Indigenous Cartography and the Maps of the Relaciones Geográficas*. Chicago: The University of Chicago Press, 1996.

Múrias, Marcel. "Os domínios ultramarinos portugueses e a administração Filipina". *Congresso do Mundo Português*, vol. vi. Lisboa, 1940, p. 493-513.

Neves, Luiz Felipe Baêta. *Terra cidade celeste. Imaginação social jesuítica e Inquisição*. Rio de Janeiro: Atlântica Editora, 2003.

Noonan, Laurence A. *John of Empoli and his relations with Afonso de Albuquerque*. Lisboa: IICT, 1989.

Nunes, Antônio Lopes Pires. *O castelo estratégico português e a estratégia do castelo em Portugal*. Lisboa: Direção do Serviço Histórico Militar, 1988.

Oliveira e Costa, João Paulo (org.). *Descobridores do Brasil. Exploradores do Atlântico e Construtores do Estado da Índia*. Lisboa: Sociedade Histórica da Independência de Portugal, 2000.

Olschki, Leo. "Dante e l'Oriente". *Il Giornale Dantesco*, vol. xxxix, Nuova Serie – Annuario Dantesco, ix, Florença, 1936, p. 65-90.

Olschki, Leo. *Storia letteraria delle scoperte geografiche*. Firenze: Leo S. Olschki Editore, 1937.

Panikkar, K.M. *Malabar and the Portuguese*. (1ª ed. 1929). New Delhi: Voices of India, 1997.

Parker, Geoffrey. "Philip ii, Maps and Power". Sucess is never final. Empire, War, and Faith in Early Modern Europe. New York: Basic Books, 2002.

Pearson, M. N. *Os portugueses na Índia*. Lisboa: Teorema, 1990.

Pereira, Mário. "Da torre ao baluarte". *A arquitetura militar na expansão portuguesa*. Lisboa: CNCDP, 1994, p. 35-42.

Picchio, Luciana Stegagno. "A literatura de viagens e o diálogo italo-português. Postilas a um colóquio". *Mare Liberum*, nº 2, 1991, p. 89-95.

_____. "Portugal e portugueses no livro das "Navigationi" de G. B. Ramusio". Separata da *Revista da Universidade de Coimbra*. vol. xxx, 1984, p. 5-21.

SITIADOS

PINTO, Carla Alferes. "Damão: a Misericórdia e a cidade através das plantas e da documentação". *Anais de história de além-mar*. I. Lisboa, 2000, p. 77-100.

PINTO, João Rocha. *A viagem. Memória e Espaço*. Cadernos da Revista História Econômica e Social, 11-12. Lisboa: Livraria Sá da Costa, 1989.

PIRENNE, Henri. *Storia d'Europa dalle invasioni al XVI secolo*. Trad. Cristina Maria Carbore. Roma: Orsa Maggiore Editrice, 1991.

POTIEMKIN, M. (sous la direction de). *Histoire de la diplomatie*. Tome Premier. Paris: Librairie de Médicis, 1953.

PRATT, Mary Louise. *Os olhos do império. Relatos de viagem e transculturação*. Trad. Jézio Hernani Bonfim Gutierre. Bauru: Edusc, 1999.

RADULET, Carmem. "Girolamo Sernigi e a importância econômica do Oriente". Separata da *Revista da Universidade de Coimbra*. vol. XXXII, 1985, p. 67-77.

_____. "Os Italianos nas rotas do comércio oriental (1500-1580)". *A Carreira da Índia e as rotas dos estreitos*. Actas do VIII Seminário Internacional de História Indo-Portuguesa. Angra do Heroísmo, 1998, p. 257-267.

_____. *Os descobrimentos portugueses e a Itália*. Lisboa: Vega, 1991.

RADULET, Carmem & THOMAZ, Luis Filipe F. R (eds.). *Viagens portuguesas à Índia (1497-1513). Fontes italianas para a sua história*. Lisboa: CNCDP, 2002.

RAMA, Angel. *A cidade das letras*. Trad. Emir Sader. São Paulo: brasiliense, 1985.

REGE, Ashish K. "Paradigmas do urbanismo da fase de implantação dos portugueses, espanhóis e ingleses na Ásia: estudo comparativo". *Universo urbanístico português 1415-1822*. Lisboa: CNCDP, 1998, p. 455-466.

REICHEL, Heloisa Jochims. "Relatos de viagens como fonte histórica para o estudo de conflitos étnicos na região platina (séc. XIX)". In: VÉSCIO, Luiz Eugênio & SANTOS, Pedro Brum (orgs.). *Literatura & História. Perspectivas e Convergências*. Bauru: Edusc, 1999, p. 55-78.

RENOUARD, Yves. *Les Hommes d'affaires italien du Moyen Age*. Paris: Armand Colin, 1968.

RODRIGUES, Eugénia. "Cipaios da Índia ou soldados da terra? Dilemas da naturalização do exército português em Moçambique no século XVIII". *História: Questões e Debates*. nº 45. Curitiba: Ed. da UFPR, 2006, p. 57-96.

RODRIGUES, Victor Luís Gaspar. "A acção reformadora dos Filipes no seio da estrutura militar do Estado da Índia: a persistência do modelo tradicional de organização dos homens de armas (1584-1622)". Separata das *Actas do IX Colóquio 'Os Militares na sociedade portuguesa'*. Lisboa: 1999, p. 65-74.

_____. "A organização militar na Província do Norte durante o séc. XVI e princípios do XVII". *Mare Liberum*, nº 9, 1995, p. 247-265.

_____. "Da Goa de Albuquerque à Goa Seiscentista: aspectos da organização militar da capital do 'Estado da Índia'". *Revista Militar*. Vol. 51 do II Século. Lisboa, 1999, p. 59-92.

ROSSA, Walter. "O urbanismo regulado e as primeiras cidades coloniais portuguesas". *Universo urbanístico português 1415-1822*. Lisboa: CNCDP, 1998, p. 507-536.

_____. *Cidades Indo-Portuguesas. Contribuição para o estudo do urbanismo português no Hindustão Ocidental.* Lisboa: CNCDP, 1997.

RUSSELL-WOOD, A. J. R. "Fronteiras de integração". In: BETHENCOURT, Francisco & CHAUDHURI, Kirti (dir.). *História da Expansão Portuguesa*. Vol. I. Lisboa: Círculo de Leitores, 1998, p. 238-255.

_____. *Um mundo em movimento. Os portugueses na África, Ásia e América (1415-1808)*. Lisboa: Difel, 1998.

_____. "Seamen Ashore and afloat: the social environment in the *Carreira da Índia*, 1550-1750". *The Mariner's Mirror*, vol. 69, nº 1. London, 1983, p. 35-52.

SÁ, Isabel dos Guimarães. *Quando o rico se faz pobre: Misericórdias, caridade e poder no império português, 1500-1800*. Lisboa: CNCDP, 1997.

SAID, Edward. *L'Orientalisme*. Paris: Seuil, 1980. Ed. bras: *O orientalismo. O oriente como invenção do Ocidente*. Trad. Tomas Rosa Bueno. São Paulo: Companhia das Letras, 1990.

SALDANHA, António Vasconcelos. *Iustum Imperium. Dos tratados como fundamento do império dos portugueses no Oriente*. Lisboa: Fundação Oriente / Instituto Português do Oriente, 1997.

SANTOS, Catarina Madeira. *"Goa é a chave de toda a Índia". Perfil político da capital do Estado da Índia (1505-1570)*. Lisboa: CNCDP, 1999.

SANTOS, Maria Emília Madeira. "O confronto entre capitães e feitores no Estado Português da Índia (primeiras décadas do século XVI)". *As relações entre a Índia portuguesa, a Ásia do Sueste e o Extremo Oriente* – Actas do VI Seminário Internacional de História Indo-Portuguesa. Macau/Lisboa: IICT, 1993, p. 531-536.

SCAMMELL, Geoffrey. "Seafaring in the *Estado da Índia* c. 1500-1700". *Mare Liberum*. nº 9, 1995, p. 441-451.

SCHAUB, Jean-Frédéric. *Portugal e a monarquia hispânica (1580-1640)*. Trad. Isabel Cardeal. Lisboa: Livros Horizonte, 2001.

SITIADOS

SCHMITT, Jean-Claude. "L'histoire de marginaux". In: LE GOFF, Jacques (dir.). *La nouvelle histoire. Paris: Editions Complexe*, 1988 (1º ed. 1978). Trad. A história Nova. São Paulo: Martins Fontes, 2001, pp. 261-289.

SCHOUTEN, Maria Johanna. "Quelques communautés intermédiaires en Insulinde Orientale". In: LOUREIRO, Rui & GRUZINSKI, Serge (coords.). *Passar as fronteiras*. Lagos, 1999, p. 245-264.

SILVA, José Custódio Vieira da. "Arquitectura em madeira na expansão portuguesa". *A arquitetura militar na expansão portuguesa*. Lisboa: CNCDP, 1994, p. 27-35.

SILVEIRA, O.F.M., Ildefonso. *Enfrentando os guerreiros tártaros medievais*. Petrópolis: Vozes, 2000.

SINOR, Denis. "Langues et Echanges culturels le long des routes de la soie". *Revue Diogéne*, 171, 1995.

SOARES, Nair de Nazaré. "A historiografia do Renascimento em Portugal: referentes estéticos e ideológicos humanistas". *Aquém e Além da Taprobana. Estudos Luso-Orientais à memória de Jean Aubin e Denys Lombard*. Edição organizada por Luís Filipe F.R. Thomaz. Lisboa: CHAM, 2002, p. 15-38.

SOUZA, Marina de Mello e. "Religião e poder no Congo e Angola". In: SOUZA, Laura de Mello e, FURTADO, Junia Ferreira e BICALHO, Maria Fernanda (orgs.). *O governo dos povos*. São Paulo: Alameda, 2009, p. 281-300.

SOUZA, Teotonio R. de. "Carreira, escalas e o serviço penal ao serviço do Império". *A Carreira da Índia e as rotas dos estreitos* – Actas do VIII Seminário Internacional de História Indo-Portuguesa. Angra do Heroísmo, 1998, p. 597-609.

_____. *Goa medieval. A cidade e o interior no século XVII*. Lisboa: Estampa, 1993.

SUBRAHMANYAM, Sanjay. "O efeito *Kagemusha*. As armas de fogo portuguesas e o Estado no sul da Índia no início da época moderna". *História: Questões e Debates*. Curitiba, nº 45. Curitiba: Ed. da UFPR, 2006, p. 29-154. (Tradução do artigo: "The *Kagemusha* effect. The Portuguese firearms and the state in early modern South India". In: *Moyen Orient & Océan Indien*. IV, 1987, p. 97-123.)

_____. "The trading world of the western Indian Ocean, 1546-1565: A political interpretation". *A carreira da Índia e a rota dos estreitos estreitos* - Actas do VIII Seminário internacional de História Indo-Portuguesa. Angra do Heroísmo, 1998, p. 207-228.

_____. *Comércio e conflito. A presença portuguesa no Golfo de Bengala 1500-1700*. Lisboa: Edições 70, 1994.

_____ *O império asiático português, 1500-1700. Uma história política e econômica.* Trad. Paulo Jorge Sousa Pinto. Lisboa: Difel, 1995.

Tavares, Célia Cristina da Silva. *Jesuítas e inquisidores em Goa: a cristandade insular (1540-1682).* Lisboa: Editora Roma, 2004.

Tavin, José Alberto R. da Silva. "Uma presença portuguesa em torno da "sinagoga nova" de Cochim". *Revista Oceanos,* nº 29, 1997, p. 108-117.

Teixeira, André. "O primórdios da presença portuguesa em Baçaim (1534-1554): notas sobre a situação financeira e político-militar do primeiro "território" do Estado da Índia". *D. João III.* Actas do Congresso Internacional comemorativo do seu nascimento. Lisboa: CHAM-CEPCEP, 2004, p. 337-366.

Thomaz, Luís Filipe F. R. & Alves, Jorge Santos. "Da cruzada ao Quinto Império". In: Bethencourt, Francisco & Curto, Diogo Ramada (coords). *A memória da nação.* Lisboa: Livraria Sá da Costa Editora, 1991.

_____. "A crise de 1565-1575 na história do Estado da Índia". *Mare Liberum,* nº 9, 1995, p. 481-508.

_____. "Diogo Pereira, o Malabar". *Mare Liberum.* nº 5, 1993, p. 49-61.

_____. "A ideia imperial manuelina". In: Doré, Andréa; Lima, Luís Filipe Silvério & Silva, Luiz Geraldo (orgs). *Facetas do Império na História: conceitos e métodos.* São Paulo: Hucitec, 2008. Artigo publicado originalmente. In: Aubin, Jean (éd.) *La Découverte, le Portugal et l'Europe – Actes du Colloque.* Paris: Fondation Calouste Gulbenkian / Centre Culturel Portugais, 1990, p. 35-104.

_____. *De Ceuta a Timor.* Lisboa: Difel, 1994.

Thomaz, Luís Filipe F. R. *A questão da pimenta em meados do século XVI. Um debate político do governo de D. João de Castro.* Lisboa: Universidade Católica Portuguesa, 1998.

Vacca, Giovanni. "Un documento cinese sulla datta del ritorno di Marco Polo". *Studi colombiani,* vol. III, p. 45-48.

Vainfas, Ronaldo. *Trópico dos Pecados.* Rio de Janeiro: Editora Nova Fronteira, 1997.

Vainfas, Ronaldo & Mello e Souza, Marina de. "Catolização e poder no tempo do tráfico: o reino do Congo da conversão coroada ao movimento antoniano, séculos XV-XVIII". *Tempo.* Vol. 3, nº 6, Rio de Janeiro: Sete Letras, 1998, p. 95-118.

Vale, M. Martins do. "Macau, uma "república" de mercadores". *Os espaços de um império.* Estudos. Lisboa: CNCDP, 1999, p. 203-211.

SITIADOS

VALENSI, Lucette. *Venise et la Sublime Porte. La naissance du despote*. Paris: Hachette, 1987.

VALLADARES, Rafael. *Castilla y Portugal en Asia (1580-1680) Declive imperial y adaptación*. Louvain: Presses Universitaire de Louvain, 2001.

VASCONCELOS, Frazão de. *Subsídios para a história da Carreira da Índia no tempo dos Filipes*. Lisboa: O mundo do livro, 1960.

VEIGA, A. Botelho da Costa. "Organização militar do Oriente". In: BAIÃO, Antônio; CIDADE, Hernani e MÚRIAS, Manuel (orgs.). *História da Expansão Portuguesa no Mundo*. Lisboa: Editorial Ática, 1939, p. 85-92.

VIALLON, Marie F. *Venise et la Porte Ottomane (1453-1566). Un siècle de relations vénéto-ottomanes de la prise de Constantinople à la mort de Soliman*. Paris: Economica, 1995.

VIDAL, Laurent. *Mazagão. A cidade que atravessou o Atlântico. De Marrocos à Amazônia (1769-1783)*. Trad. Manuel Ruas. Lisboa: Teorema, 2007.

WEINBERGER-THOMAS Catherine (ed.) *L'Inde et l'imaginaire*. Paris: Editions de l'EHESS, 1988.

_____. *Cendres d'immortalité. La crémation des veuves en Inde*. Paris: Seuil, 1996.

WINIUS, George Davison. *A lenda negra da Índia portuguesa. Diogo do Couto, os seus contemporâneos e o* Soldado Prático. *Contributo para o estudo da corrupção política nos impérios da Europa moderna*. Trad. Ana Barradas. Lisboa: Antígona, 1994.

_____. *The fatal history of Portuguese Ceylon*. Cambridge, Mss: Harvard University Press, 1971.

WOOD, Frances. *Did Marco Polo Go to China?*. London: Secker & Warburg, 1995.

XAVIER, Ângela Barreto. "Dissolver a diferença. Mestiçagem e conversão no império português". *Itinerários*, 2008, p. 709-727.

_____. *A invenção de Goa. Poder imperial e conversões culturais nos séculos XVI e XVII*. Lisboa: ICS, 2008.

Dicionários

ALBUQUERQUE, Luís de (direção de). *Dicionário de história dos descobrimentos portugueses*. Lisboa: Circulo de Leitores, 1994.

DALGADO, Sebastião Rodolfo. *Glossário Luso-Asiático*, 1ª ed. 1921. Nova Delhi/ Madras: Asian Educational Services, 1988.

FRILEL. *Adágios, provérbios, rifãos e anexis na Língua Portugueza*. Lisboa: Typografia Rollandiana, 1780.

SILVA, Antonio de Moraes. *Diccionário da Língua Portugueza*. Lisboa: Lacérdina, 1813.

VAINFAS, Ronaldo (dir.). *Dicionário do Brasil Colonial (1500-1808)*. Rio de Janeiro: Objetiva, 2000.

Lista de Ilustrações

IMAGEM 1: *Vista de Calicute.*
In: Gaspar Correia. *Lendas da Índia*, vol 2. Porto: Lello & Irmãos Editores, 1975. (Obra finalizada em 1563, 1ª ed. 1858-1866.)

IMAGEM 2: *Vista de Diu.*
In: Gaspar Correia. *Lendas da Índia*, vol 2. Porto: Lello & Irmãos Editores, 1975. (Obra finalizada em 1563, 1ª ed. 1858-1866.)

IMAGEM 3: *Vista de Diu.*
In: D. João de Castro. *Roteiros da Índia de D. João de Castro. Estudo introdutório de Luís de Albuquerque*. Lisboa: Inapa, 1988. (Obra realizada entre 1538-1541.)

IMAGEM 4: *Vista de Diu.*
In: Manuel Godinho de Erédia. *Plantas de praças das conquistas de Portugal, 1610.* (Acervo da Biblioteca Nacional do Rio de Janeiro.)

IMAGEM 5: *Vista de Diu.*
In: Antonio Bocarro. *Livro das plantas de todas as fortalezas, cidades e povoações da Índia Oriental*. Lisboa: Imprensa Nacional/Casa da Moeda, 1992. 3 vols. (Obra concluída em 1635).

IMAGEM 6: *Vista de Diu.*
Livro das plantas das fortalezas, cidades e povoações do Estado da Índia oriental com as descrições do Marítimo dos reinos e províncias onde estão situadas e outros portos principais daquelas partes, códice 1471. Biblioteca do Paço Ducal de Vila Viçosa, c. 1633-1641. Edição preparada e prefaciada por Luís Silveira. Lisboa: IICT, 1991.

SITIADOS

IMAGEM 7: *Fortaleza com cinco baluartes* (detalhe).
In: Galasso Alghisi Carpi. Delle fortificationi. s/d., 1570.

IMAGENS 8 e 9: *Folha de rosto e "Figura de Lisboa".*
In: Francisco de Holanda. *Da Fábrica que Falece à cidade de Lisboa.* [1571] Introdução, notas e comentários de José da Felicidade Alves. Lisboa: Livros Horizonte, 1984.

IMAGEM 10: Detalhe da tapeçaria *Descobrimento da Índia*, c. 1504. (Banco Nacional Ultramarino).
In: Maria Antónia Gentil Quina. *À maneira de Portugal e da Índia. Uma série de tapeçaria quinhentista.* Lisboa: Maribérica/Líber Editores, 1998.

IMAGEM 11: *Batalha naval, pintura sobre papel.* National Museum, Nova Delhi.
In: Francisco Bethencourt & Kirti Chaudhuri (dir.). *História da expansão portuguesa*, vol. I. Lisboa: Círculo de Leitores, 1998, p. 183.

IMAGEM 12: *A Siege in Progress*, c. 1590. Pintura sobre papel
In: Douglas Mannering. *Great works of Indian Art*. Bristol: Parragon, 1996.

IMAGENS 13, 14 e 15: Ilustrações da obra de Jerônimo Corte Real. *Sucesso do Segundo Cerco de Diu.* Códice Cadaval 31-ANTT. Introdução de Martim de Albuquerque. Lisboa: Edições Inapa, 1991. (1ª ed. 1574)

MAPA 1: *Mapa do mar Arábico e subcontinente indiano.*
In: Francisco Bethencourt & Kirti Chaudhuri (dir.). *História da expansão portuguesa*, vol. I. Lisboa: Círculo de Leitores, 1998, p. 167.

MAPA 2: *Mapa das localidades controladas ou freqüentadas pelos portugueses no Oriente.*
In: Francisco Bethencourt & Kirti Chaudhuri (dir.). *História da expansão portuguesa*, vol. I. Lisboa: Círculo de Leitores, 1998, p. 397.

AGRADECIMENTOS

DESDE QUE SE DESENHOU O TEMA DESTE LIVRO, acumulam-se, felizmente, dívidas de gratidão. Muito especialmente, elas são impagáveis a Jacqueline Hermann, a quem devo o estímulo e a amizade, desde o projeto inicial até a leitura da versão final com sugestões definitivas, e a Ronaldo Vainfas, pela confiança, e também pelo entusiasmo com que orientou minha tese de doutorado da qual partiu este livro, defendida em 2002, na Universidade Federal Fluminense; mais ainda, agradeço hoje por sermos amigos.

Sou grata aos professores Denys Lombard e Dejanirah Couto, pelo incentivo às minhas primeiras pesquisas sobre a Ásia em Paris. Em Lisboa, agradeço com muito carinho a Eugénia Rodrigues e Nascimento, e a Mariana Caixeiro pela acolhida. E Zoltán Biederman, Andreia Martins, Catarina Madeira Santos, e João Paulo Oliveira e Costa pelas referências e a proveitosa convivência. A Ângela Barreto Xavier por dicas preciosas. A Luís Filipe Thomaz, pelo que aprendi com seu trabalho e pela sua generosidade.

A Anita Almeida e Célia Tavares, companheiras no interesse pela Índia, pelo diálogo, a troca de livros e de dúvidas. Agradeço ainda a Judith Mota, Isabel Travancas, Francisco Pereira das Neves Vieira, Maria Aparecida Marques Lloret, Vivian Wyler, Carlos Francisco Moura, Luís Filipe Silvério Lima e Rodrigo Bentes Monteiro, e pela atenção no Real Gabinete Português de Leitura, de Vera Lúcia de Almeida e Carla Gonçalves. Agradeço aos pesquisadores, hoje meus colegas, Maria Fernanda Bicalho e Ronald Riminelli, pelas críticas ainda no período de finalização da tese.

Às minhas irmãs Márcia e Maria Teresa, agradeço muito pela confiança no meu trabalho e por terem me garantido a tranqüilidade para realizá-lo.

A Iria, minha mãe, entre um universo de coisas boas, essenciais, agradeço muito por ter sido minha companheira de leitura, desde o início. Espero que goste muito desta.

Agradeço aos meus colegas e alunos na Universidade Federal do Paraná, pela convivência desde 2003, à Capes pelo suporte financeiro para a realização da pesquisa e ao Pronex-CNPq-Faperj e à Companhia das Índias, pelo apoio à sua publicação.

Esta obra foi impressa em Santa Catarina pela Nova Letra Gráfica & Editora no inverno de 2010. No texto foi utilizada a fonte Minion, em corpo 10,5, com entrelinha de 14 pontos.